中国财务公司协会
CHINA NATIONAL ASSOCIATION OF FINANCE COMPANIES

中国企业集团财务公司
行业发展报告
（2020）

DEVELOPMENT REPORT ON
CHINA'S FINANCE COMPANIES (2020)

中国财务公司协会
中国社会科学院财经战略研究院 编著

社会科学文献出版社
SOCIAL SCIENCES ACADEMIC PRESS (CHINA)

编 委 会

前　言

2019年，面对严峻复杂的国内外经济形势，中国企业集团财务公司行业在党中央的统一领导下，坚持稳中求进总基调，立足功能定位，紧密围绕集团需求，扎实推进高质量发展，为企业集团实施资金集约管理和服务实体经济发挥了积极的作用。

加强党的建设，完善公司治理体制机制。2019年，财务公司坚持党的领导，牢固树立“四个意识”，坚定“四个自信”，坚决做到“两个维护”，确保党中央大政方针和决策部署在各项工作中得到坚决贯彻落实。坚定不移地把党的领导融入公司治理的各个环节，进一步健全公司治理体制机制，搭建规范的“三会一层”治理架构，各治理主体之间的职责进一步明确，内部管理机制不断完善。

立足功能定位，提升服务实体经济质效。2019年，财务公司行业坚定不移地服务供给侧结构性改革，发挥贴近实业优势，服务产业需求，助力集团降低财务成本、优化资源配置。信贷支持继续加大，行业全年累计发放贷款5.23万亿元，累计为集团及成员企业节约各项成本460.46亿元。切实推进集团产业链良性发展，在依法合规、风险可控的前提下，部分符合条件的财务公司稳步开展延伸产业链金融服务、买方信贷和融资租赁业务，为产业链上下游小微企业提供融资便利，降低上下游企业的融资成本，为破解民营和小微企业融资难题发挥了积极作用。

坚持“两个属性”，做好集团资金集中管控。2019年，财务公司行业紧紧围绕服务集团资金集中管理的基本定位，坚持发挥集团内部金融服务和辅助管理两个属性，立足集团主业发展，充分发挥四个平台功能，不断加强企业集团资金集中管理，提高企业集团资金使用效率。截至2019年末，行业各项存款余额5.7万亿元，同比增长11.43%，全行业资金集中度达到51.65%，较2018年末上升2.17个百分点，为企业集团资金集约管理发挥了积极作用。不断转变发展理念，财务公司苦练内功，在做好资金集中管控的同时，发挥辅助管理属性，在筹融资和集团管理等方面探索突破，为集团出谋划策，提供债券承销、融资顾问、研究咨询等服务。

切实防控风险，优化全面风险管理体系。2019年，在强监管、严监管的金融监管环境下，财务公司行业继续推进全面风险管理体系建设，完善风险治理架构，优化风险管理制度，强化风险管控职能，丰富风险管理手段，充实风控人员队伍。截至2019

年末，全行业风险水平整体运行平稳，风险总体可控，无不良资产的财务公司共 220 家，占全行业的比例超过 85%，年末不良贷款率 0.86%，较上年末减少 0.1 个百分点，资本充足率、流动性比率、担保比例等各项监管指标均保持健康稳定。

2020 年，突如其来的新冠肺炎疫情，给我国经济社会发展带来前所未有的冲击。全球疫情和经贸形势不确定性很大，我国发展面临一些难以预料的影响因素，但我们有独特的政治和制度优势，有雄厚的经济基础、巨大的市场潜力，有亿万人民的勤劳智慧，中国的发展必将充满希望。面对疫情，财务公司行业保持整体稳健态势，坚持正常经营，全力以赴支持所在集团抗击疫情、复工复产，在特殊时期为集团贡献了自己的金融服务价值。2020 年，财务公司行业继续以习近平新时代中国特色社会主义思想为指导，全面贯彻党的十九大、十九届二中、三中、四中全会精神，坚持以供给侧结构性改革为主线，坚定不移贯彻新发展理念，服务实体、扎根集团，密切关注风险因素变化对企业集团及其财务公司的影响，防微杜渐，实现更高质量发展。

为记录企业集团财务公司行业发展历程，中国财务公司协会第五次组织编著了《中国企业集团财务公司行业发展报告》。报告内容丰富、翔实，主要包括环境篇、机构篇、业务篇、服务篇、发展篇和专题，从多个角度、多个层面对企业集团财务公司行业进行介绍、分析和展望。从 2016 年第一本行业发展报告出版至今，五年来，企业集团财务公司行业发展日新月异，取得了全方位的进步，同时也面临阶段性的挑战，行业发展报告将行业取得的主要成绩、运行特点及机遇挑战逐年记录，为行业发展积累了宝贵的资料。

本报告编著人员均有丰富的从业经验和扎实的研究功底，在报告撰写过程中，召开了数次研讨会议，对报告的框架和内容进行了反复沟通和不断完善，以期为社会各界了解企业集团财务公司发展现状以及业内外交流提供一定的参考。

中国财务公司协会

2020 年 7 月

导　言

2019年是新中国成立70周年，是决胜全面建成小康社会第一个百年奋斗目标的关键之年。放眼全球，国际政治经济形势动荡起伏，世界经济面临增长不力和结构性大分化趋势。2019年世界经济增长约2.4%，美国经济整体保持繁荣态势但增长动力持续弱化，欧元区、日本经济持续面临显著下行压力，新兴市场经济体亦呈现结构性分化态势。美国主导的单边主义愈演愈烈，逆多边合作、逆全球化、产业链“脱钩”的政策思维和行动持续冲击现有国际经济政治格局，给全球经济带来了巨大的不确定性。

立足国内，面临内外的诸多不确定性，2019年中国经济持续保持稳健发展态势，较好完成各项经济发展目标，经济运行在合理区间，我国全年国内生产总值同比增长6.1%，至99.1万亿元。2019年中国经济物价水平整体稳定，就业目标超额完成，供给侧结构性改革成效显著，消费支出贡献突出，国际收支保持基本平衡，金融风险防控主动有效。当然，中国经济的结构性问题仍然存在，不平衡不充分矛盾较为突出，经济体制机制完善有待进一步加强，供给侧结构性改革有待进一步深化，经济高质量转型仍在路上。

面对日益复杂的国内外形势，尤其是中美经贸摩擦的冲击，企业集团财务公司作为我国金融体系一个重要的组成部分，服务国内250多家大中型企业集团及其20多个重要产业，认真贯彻党中央国务院的各项方针政策，坚决贯彻稳健货币政策和积极财政政策，坚持服务实体经济的初衷，坚决贯彻高质量转型发展战略，深化供给侧结构性改革，为产融结合、降本增效和实体经济发展提供了有益的支撑。

2019年，企业集团财务公司行业整体继续保持良好的发展态势，持续深化服务实体经济，继续加快业务结构转型，坚决守住不发生系统性金融风险的底线，整体取得了较好的发展业绩。一是机构数量有所增加，资产规模平稳增长。截至2019年末，全行业法人机构数量258家，较2018年末增加5家。2019年末，全行业表内外资产总额首度突破10万亿元大关，至10.33万亿元，同比增长8.74%，表内资产增速高于银行业平均增速2.73个百分点。二是财务公司行业持续稳健经营，但收入及利润增速放缓。2019年，全行业实现营业净收入1421.1亿元，同比增长0.57%；全行业实现净利润 817.15 亿元，同比增长 3.39%。收入和利润增速分别放缓 15.22 个和 1.53 个百分点。三是财务公司行业风险控制有力。虽然个别财务公司的风险事件仍继续影响行业风险管理，但是 2019 年财务公司行业整体经营稳健，风险指标整体优良。2019 年末，财务公司行业不良资产余额为 501.96 亿元，平均不良资产率 0.65%；不良贷款率 0.86%，较上年末减少 0.1 个百分点，低于商业银行平均水平 1 个百分点。行业平均资本充足率 19.78%，核心一级资本充足率 18.78%，拨备覆盖率 356.49%。四是财务公司行业资金集中度再创新高，资金管控能力持续加强。截至 2019 年末，全行业平均资金集中度达到 51.65%，较 2018 年末增加 2.17 个百分点。

财务公司坚决贯彻稳中求进政策基调以及“六稳”工作要求，继续坚持服务实体经济的基本定位，深化金融供给侧结构性改革，不断提升服务实体经济的能力与水平。2019 年，财务公司行业紧扣集团和所在行业的发展需求，不断加大对集团和成员单位的信贷支持力度，支持实体产业发展成效显著。行业全年累计发放贷款 5.23 万亿元，累计为集团及成员企业节约各项成本 460.46 亿元。在服务好所在企业集团的同时，财务公司行业积极探索服务产业链和服务实体经济的新机制，尤其是重点拓展产业链金融服务。2019 年，有 59 家财务公司开展产业链金融服务，比 2018 年多增 5 家。财务公司通过产业链金融更好地服务集团主业，改善产业链上下游企业融资难、融资贵的现状，提升财务公司服务实体经济的能力和水平。

2019 年，财务公司资产负债匹配良好，资产规模从高速增长转为稳健增长，负债规模保持稳健增长态势，动态有效地支持企业集团产业转型和高质量发展。2019 年末，全行业表内外资产总额 10.33 万亿元，同比增长 8.74%。其中，表内资产总额 7.02 万亿元，同比增长 10.87%。2019 年末，财务公司全行业负债规模与资产规模有序统筹，全行业负债为 6.02 万亿元，同比增长 11%。存款仍是财务公司最主要的负债业务类型，2019 年末各项存款占总负债的比重为 94.62%。

2019 年，财务公司同业业务风险管控进一步加强，整体保持稳健发展态势，存放同业保持稳步增长，其余同业业务呈现收缩状态。截至 2019 年末，财务公司行业存放同业余额 2.73 万亿元，同比增长 11.16%；同业拆入余额 1113.6 亿元，同比下降 7.86%；拆放同业余额 405.16 亿元，同比下降 27.78%。2019 年财务公司行业各项中间业务保持平稳发展，其中担保业务呈现高速发展。行业结算业务发生额 490.10 万亿元，较上年同期增长 15.70%；担保业务发生额 2034.85 亿元，较上年同期大幅增长 97.26%；票据承兑业务发生额 8436.46 亿元，较上年同期小幅下降 0.28%；委托贷款业务余额 18877.94 亿元，较上年同期小幅下降 2.06%。国际化业务交易规模基本稳定，创新发展趋势较为显著，业务结构不断完善，各项业务取得积极进展。2019 年，共 74

家财务公司开展外汇交易，交易金额 1.42 万亿元、笔数 4.29 万笔，与 2018 年基本持平。截至 2019 年末，共有 86 家财务公司持有外汇即期会员资格，当期有 67 家财务公司开展即期结售汇业务，金额 1.3 万亿元。

面对国内外风险挑战明显上升、金融风险易发高发的复杂局面，在“稳定大局、统筹协调、分类施策、精准拆弹”的基本方针指导下，财务公司风险管理与经营活动紧密结合，不断优化提升风险管理架构设计、流程管理、控制措施和人才配置，风险监管指标总体良好，行业总体风险水平保持稳定，守住了不发生系统性风险的底线。在金融领域个别风险事件的启发下，2019 年财务公司行业进一步完善风险治理结构、加强风险管理制度建设、增强风险管理文化，重点加强信用风险、市场风险、操作风险、流动性风险等管控，尤其是着力于新兴业务的风险管理，并通过风险管理信息系统建设夯实风险管控的技术基础。

2019 年，财务公司服务功能不断深化，对于企业集团、成员单位和产业链等的服务功能不断深化完善。一是在服务稳增长上，着力服务企业集团发展提质增效，助力企业集团开拓创新，以业务发展作为稳增长的基本支撑。二是在服务国家战略上，财务公司积极配合企业集团，重点推进经济体制改革，提速发展先进制造业，稳步实施区域协调战略，进一步服务“走出去”和“一带一路”建设，大力发展普惠金融。三是在探索财务公司服务能力建设上，大力发展资金平台核心能力，拓展外部市场连通能力，打造链式服务整合能力，增强集团风险管控能力，优化智库增值服务能力。

2019 年，财务公司行业基于行业发展新特点，有效应对行业发展新挑战，把握行业发展新趋势，着力财务公司行业转型升级，构建高质量发展的新体系。过去一段时间，财务公司行业发展呈现四个新的特点：一是更加注重高质量发展和服务实体经济；二是更加注重基本功能发挥和金融风险防控；三是更加注重服务效率与服务质量；四是更加注重融入集团战略和整合内外部金融资源。在新的历史形势下，财务公司行业面临三个重要挑战：一是外部环境的负面冲击加大，外溢效应不断强化、深化甚至恶化；二是行业竞争力提高更为紧迫，相对封闭的运营体系较难适应双向开放和技术创新的发展要求；三是风险事件导致行业分化更加明显，中小财务公司的发展面临显著瓶颈。

为了更好地实现转型升级和高质量发展，财务公司需要在以下五个方面进行布局。一是适应新常态发展需要再出发。主动适应新常态发展，立足本位，扎根实业；强化与金融市场的联系沟通，强化外部业务合作，优化资产配置途径；运用金融科技手段，预警、评估、监控和化解成员单位和企业集团各类经济金融风险。二是利率并轨倒逼转变发展思路。加强自身利率定价能力和资产负债匹配能力建设，推动集团公司转变对财务公司的考核角度，向精细化管理要效益，以数字化转型释放发展潜能。三是开放合作破解票据发展难题。随着票据法规修改、上海票交系统完善、应收账款票据化推动，供应链上下游票据支付和融资业务发展大有可为，在强化财务公司内部合作的同时，需要强化商业银行与产业链的业务合作。四是探索区块链等金融科技的内化应用。财务公司应发挥金融专业特长，健全基于区块链等新兴技术的授信体系和风控体系，完善产业链金融客户数据库和交易模型，促进金融科技在财务公司行业的创新应用。五是落实金融衍生业务新要求。从落实监督责任、严守套保原则、有效管控风险、规范业务操作、强化监督检查、建立报告制度等方面提出要求，构建金融衍生业务监管制度框架体系，切实发挥金融衍生业务促进企业平稳运行功能。

目　录

Contents

第一篇　环境篇

2019 年，世界经济分化继续，纵横跌宕。2019 年，全球经济增长持续放缓，比上年下滑 0.7 个百分点至 2.9%，发达经济体继续呈现大分化趋势，美国经济走向历史性繁荣阶段，日本经济增速上半年反弹后回落，而欧元区仍旧保持相对疲弱态势。新兴市场经济体经济形势不容乐观，印度经济增速有所回落，巴西、俄罗斯在经济增长触底后小幅反弹，南非经济持续低迷。美国的一系列政策举措成为影响世界经济增长、扰动国际金融市场和改变国际经贸规则等的主要因素，全球经济整体发展前景堪忧。

在新中国成立 70 周年之际，在动荡的全球经济环境下，中国积极应对内外复杂形势，坚持稳中求进工作总基调，积极的财政政策加力提效与稳健的货币政策松紧适度相配合，通过深化供给侧结构性改革，实现经济平稳高质量发展，GDP 同比增长 6.1%。经济结构持续优化，高质量发展扎实推进，就业目标超额完成。物价水平整体保持稳定，工业价格有所下滑。消费支出贡献持续上升，投资保持稳健增长，进出口规模持续扩大，国际收支整体保持平衡。

2019 年，我国货币金融环境整体有序适宜。2019 年，宏观杠杆率保持基本稳定，居民部门杠杆率快速上升势头有所遏制。稳健货币政策调控较好地把握了支持实体经济、防范金融风险和保持国际收支平衡之间的关系，体现了前瞻性、精确性、主动性和有效性。社会融资、货币供应、新增信贷等与经济发展匹配度较好，货币市场、股票市场、债券市场和外汇市场等平稳运行。人民币汇率宽幅震荡、小幅贬值，在“破 7”后整体保持相对稳定。外汇储备保持在 3 万亿美元以上。

2019 年，金融监管政策紧紧围绕坚决打好防范化解包括金融风险在内的重大风险攻坚战，不断增强金融服务实体经济能力等方面持续发力。国资委强化管资本构建国有资本管理体系，出台重要政策支持央企财务公司稳健发展。2019 年，中国财协继续完善行业自律，继续重视行业维权工作，继续发挥行业协调优势，继续提升行业服务质效。

Part 1 Environment

In 2019, the division of the world economy continues, with ups and downs. In 2019, the global economic growth continued to slow down, down 0.7 percentage points from the previous year to 2.9%, and the economies continued to show a trend of great divergence. The U.S. economy is heading towards a historic stage of prosperity. Japan's economic growth rebounded in the first half of the year and then fell, while the Eurozone remained relatively weak. The economic situation of emerging market economies is not optimistic: India's economic growth has slowed down; Brazil and Russia rebounded slightly after their economic growth bottomed out; and South Africa's economy continued to be in a downturn. A series of US policy measures have become the main disturbing factors affecting world economic growth, disrupting international financial markets, and changing international economic and trade rules. The overall development prospects of the global economy are worrying.

On the 70th anniversary of the founding of the People's Republic of China, in the turbulent global economic environment, China is actively responding to complex internal and external situations, adhering to the general keynote of seeking progress while maintaining stability. Proactive fiscal policy coordinates with the tight monetary policy, and the real economy keeps steady and high-quality development through deepened structural reforms, with GDP increasing by 6.1% year-on-year. The economic structure continued to be optimized, high-quality development progressed steadily, and employment targets were over fulfilled. The overall price level remained stable, and industrial prices declined. The contribution of consumer spending continued to rise, investment maintained steady growth, the scale of imports and exports continued to expand, and the overall balance of payments kept stable.

In 2019, the monetary and financial environment remained orderly and suitable as a whole. The macro leverage ratio remained basically stable, and the rapid increase in the leverage ratio of the residential sector was curbed. The prudent monetary policy control has a good grasp of the relationship between supporting the real economy, preventing financial risks and the balance of international payments, and embodies forward-looking, precise, proactive and targeted mindset. Social financing, money supply, new credit, etc. are well matched to economic development, and the money market, stock market, bond market and foreign exchange market are operating smoothly. The renminbi exchange rate fluctuated widely and depreciated slightly, and remained relatively stable after "breaking 7". Foreign exchange reserves are maintained at more than US$3 trillion.

In 2019, financial regulatory policies continued to focus on resolutely fighting against major risks, including financial risks, and continuously enhancing the ability of financial services to serve the real economy. The State-owned Assets Supervision and Administration Commission strengthened capital management to build a state-owned capital management system, and issued important policies to support the steady development of state-owned financial companies. In 2019, China National Association of Finance Companies continued to improve industry self-discipline, protect industrial legal rights, leverage industrial coordination advantages, and improve industrial service quality and efficiency.

第一章
经济环境

2019年，全球经济增长持续放缓，发达经济体继续呈现大分化趋势，美国经济走向历史性繁荣阶段，日本经济增速上半年反弹后回落，而欧元区仍旧保持相对疲弱态势。新兴市场经济体经济形势不容乐观，印度经济增速有所回落，巴西、俄罗斯在经济增长触底后小幅反弹，南非经济持续低迷。在动荡的全球经济环境下，2019年我国国民经济运行总体平稳，经济结构持续优化，高质量发展扎实推进。

一　2019年世界经济回顾

（一）全球经济概况

2019年，全球经济增长步伐放缓，各国虽然采取逆周期调节措施，但经济增长压力仍巨大。世界银行在2020年1月8日发布的《全球经济展望》（*Global Economic Prospects*）中指出，世界经济形势将从2019年疲软状态中有所回升，但下行风险仍然存在，世界经济增长前景不容乐观。2019年全球GDP增速约为2.4%，较2018年下降了0.6个百分点。具体来看，发达经济体的GDP增速为1.6%，比2018年下降0.5个百分点；新兴市场和发展中经济体增长3.5%，较2018年增速回落0.8个百分点（见表1-1）。

2020年3月11日，世界卫生组织（WHO）正式宣布将新型冠状病毒肺炎（COVID-19，简称“新冠肺炎”）列为全球性大流行病（Pandemic）。在最新一期的《全球经济展望》中，世界银行指出：“新冠肺炎引发了数十年来程度最深的全球衰退。虽然最终结果尚不确定，但全球大流行将会导致大多数新兴市场和发展中经济体出现经济收缩，还将对劳动生产率和潜在产出造成持久损害。政策的当务之急是减少生命损失和减轻近期的经济损失。”据此，世界银行大幅下调 2020 年全球经济增长预期。

表 1-1 世界经济增长统计与预测

单位：%，个百分点

项 目	2017 年	2018 年	2019 年 e	2020 年 f	2021 年 f	与 2020 年 1 月预测的差异	
						2020 年 f	2021 年 f
世界	3.3	3.0	2.4	−5.2	4.2	−7.7	1.6
发达经济体	2.5	2.1	1.6	−7.0	3.9	−8.4	2.4
美国	2.4	2.9	2.3	−6.1	4.0	−7.9	2.3
欧元区	2.5	1.9	1.2	−9.1	4.5	−10.1	3.2
日本	2.2	0.3	0.7	−6.1	2.5	−6.8	1.9
新兴市场和发展中经济体	4.5	4.3	3.5	−2.5	4.6	−6.6	0.3
中国	6.8	6.6	6.1	1.0	6.9	−4.9	1.1
俄罗斯	1.8	2.5	1.3	−6.0	2.7	−7.6	0.9
巴西	1.3	1.3	1.1	−8.0	2.2	−10.0	−0.3
印度	7.0	6.1	4.2	−3.2	3.1	−9.0	−3.0
南非	1.4	0.8	0.2	−7.1	2.9	−8.0	1.6
世界贸易量	5.9	4.0	0.8	−13.4	5.3	−15.3	2.8
大宗商品价格							
油价	23.3	29.4	−10.2	−47.9	18.8	−42.5	16.9
非能源类商品价格指数	5.5	1.8	−4.2	−5.9	3.0	−6.0	1.3

注：e 为估计，f 为预测。世界银行的预测会基于新信息和不断变化的（全球）情况进行频繁更新。
资料来源：世界银行《全球经济展望》，2020。

总体上看，2019 年各经济体都面临着较大的压力。一是新兴市场经济体规模庞大的债务积累。高债务不仅限制了政府使用财政政策工具刺激经济的力度，还会降低政府抵御外来风险冲击的能力。新兴市场和发展中经济体的债务总额占 GDP 的比例已由 2010 年的 115% 跃升至 2018 年的 170%，这意味着政府必须尽快采取措施来控制债务的快速积累，降低财政风险。二是动荡的国际局势对全球贸易的影响。中美经贸摩擦、日韩贸易摩擦、伊美冲突和英国脱欧事件严重冲击国际市场，给国际贸易带来了下行压力。特别是德国、韩国等对外部市场依赖度较高的经济体，2019 年的经济增长下行压力较大。三是世界各国生产率增长速度放缓。投资效益降低、行业资源再分配收益减弱、教育质量提升步伐放缓是影响生产率增长的主要因素。生产率的增长是加快经济发展、改善生活水平的动力源泉。因此，采取政策提升投资效率、完善资源和人才配置机制、提高教育水平、强化企业创新能力是政府工作的重中之重。

（二）发达经济体概况

1. 美国：温和下降

2019 年，美国 GDP 增速温和回落，四个季度 GDP 增长率分别为 2.65%、2.28%、2.07% 和 2.33%。尽管 GDP 增长率处于小幅下行趋势，但相对而言，美国经济仍然具有强大的韧性，仍处于历史性繁荣阶段。

特朗普总统上台后，美国与部分贸易伙伴的贸易摩擦直接导致其出口受到严重冲击。关税上涨不仅提高了贸易成本，增大了市场风险，还严重影响了美国私人投资者的积极性。美国国内私人投资总额（GPDI）环比折年增长率已经连续两个季度出现负值（见图 1–1）。同时，美国农产品行业、制造业都遭受了一定的损失，部分中小型企业经营困难。面对经济潜在的下行压力，美联储继续采取大幅宽松的货币政策，在 8 月、9 月、10 月连续 3 次降息，将政策利率下调了 75 个基点，降至 1.50% ~ 1.75%。宽松的货币政策提升了风险偏好水平，为美国股市繁荣提供了支撑。

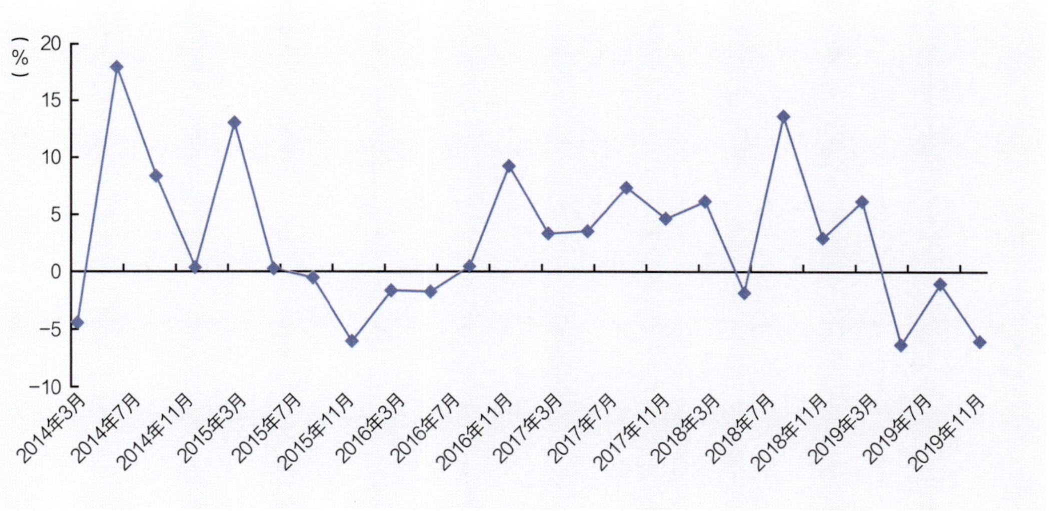

图 1–1　近几年美国国内私人投资总额环比折年增长率

资料来源：CEIC Data 数据库。

良好的就业形势是支撑美国经济保持相对平稳的重要因素。2019 年，美国失业率保持连续四个季度的下降态势，2019 年底失业率达 3.53%，是近年来的最低水平（见图 1-2）。较低的失业水平和稳定的收入预期提高了居民的消费需求，2019 年美国私人消费继续平稳增长，占名义国内生产总值的比重为 68%。此外，政府支出在一定程度上促进美国经济增长。据国际货币基金组织数据，2019 年美国政府支出占国内生产总值比重为 36.19%，较 2018 年提高 1.05 个百分点。

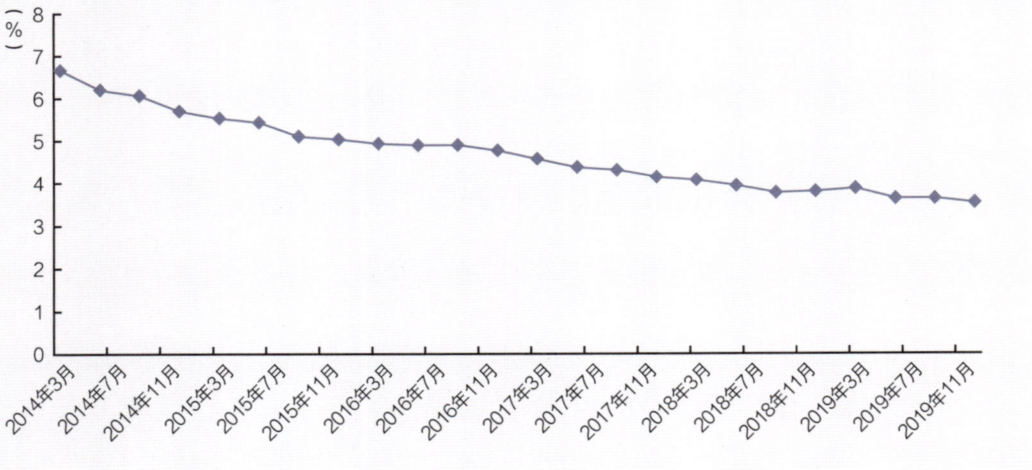

图 1-2 近几年美国失业率（季节性调整后）水平

资料来源：CEIC Data 数据库。

2. 欧元区：显著恶化

欧元区持续较长时间的经济疲软。2019 年，欧元区 19 国 GDP 折合约 13.3 万亿美元，GDP 增长率仅有 1.2%，经济景气指数也在不断下行。2019 年，欧元区经济增长“火车头”德国经济受到严重冲击，前三个季度的 GDP 实际增长率只有 0.6%，第四季度更是遭遇了“零增长”，这是德国自 2013 年以来经济增长的最低点。此外，欧元区还有多个经济体陷入季度衰退局面。

欧元区经济显著恶化主要有以下几个原因。一是中美经贸摩擦对欧洲市场产生了巨大冲击。国际局势的不稳定导致德国出口受到重创，德国的支柱产业——机械制造业产值较上年降低了 2%。作为欧元区最重要的动力引擎，德国经济发展的停滞直接拖累了欧元区的经济增长。二是欧元区制造业发展动力不足。2019 年 12 月，欧元区制造业采购经理指数为 45.9，连续 11 个月下滑（见图 1-3）。欧元区产能利用率不断下滑，由 2018 年末的 83.5% 降为 2019 年末的 81.2%。制造业困境还进一步向服务业等其他行业蔓延，令欧元区经济发展“雪上加霜”。三是欧元区旷日持久的人口老龄化难题，使得就业市场无法匹配实体经济的劳动力需求。

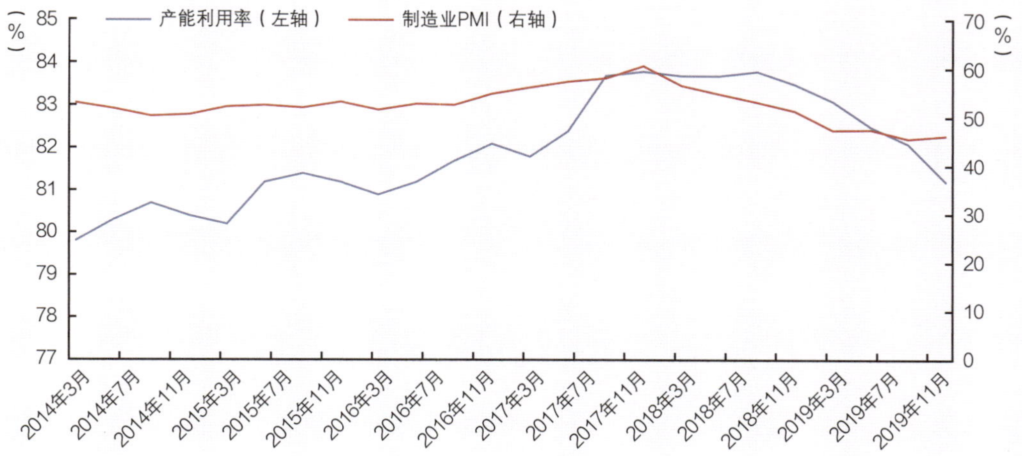

图 1-3 近几年欧元区制造业发展情况

资料来源：CEIC Data 数据库。

3. 日韩：低速增长

2019 年日韩两国经济都面临较为明显的内部和外部冲击。2019 年日本实际 GDP 增速仅 0.7%；韩国实际 GDP 增长 2.01%，较上年下降了 0.66 个百分点。

从国际环境看，日韩两国面临相似的困境。一是作为日韩最大的两个贸易伙伴，中美两国的经贸摩擦严重冲击了日韩的外贸市场。二是日韩两国的贸易争端对双方的产业链合作和贸易往来均有不利影响。日本的出口额增长率由 2018 年的 4.36% 降至 −5.59%，韩国出口总额增长率由 2018 年的 6.03% 骤降至 −10.28%。

从国内需求看，2019 年前三个季度日本居民消费小幅增长。2019 年 10 月，日本国内将消费税由 8% 上调至 10%，明显削弱了私人消费需求。第四季度日本个人消费环比下降 2.8%。2019 年韩国居民消费同样处于低迷状态。此外，韩国制造业投资增长不力，其中，半导体行业受到严重冲击（见图 1-4）。

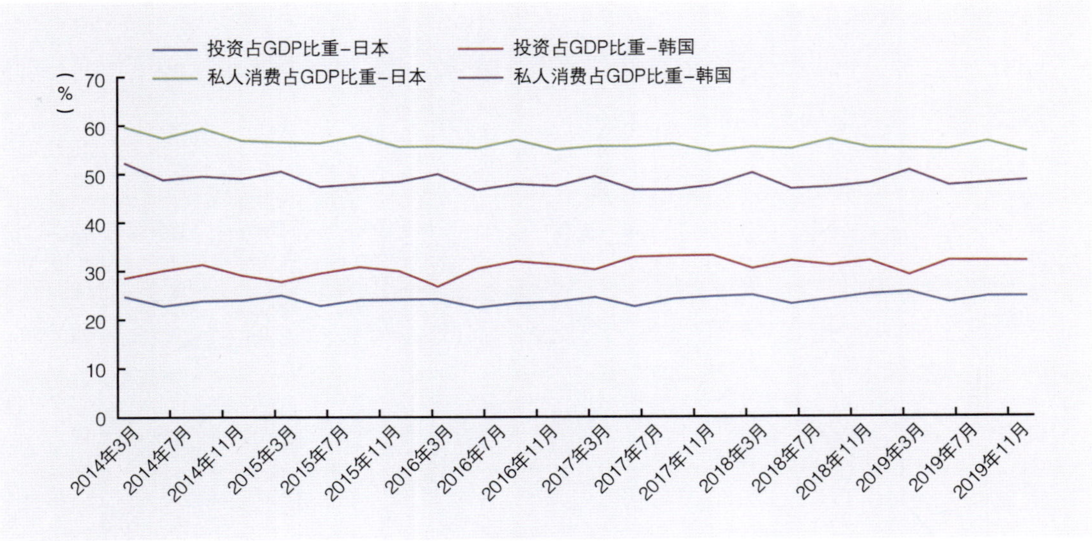

图 1-4　日韩两国近几年投资和消费情况

资料来源：CEIC Data 数据库。

（三）新兴市场经济体概况

2019 年印度经济明显回落。近几年，印度与中国一直扮演引领全球经济增长的角色。2018 年印度国内生产总值同比增长 7.3%，居世界第一位。但是 2019 年印度经济增速持续回落，四个季度实际 GDP 增长率分别为 5.67%、5.61%、5.09% 和 4.71%。印度金融风险爆发对经济增长造成显著负面影响。2018 年 9 月，印度一家非银行业金融机构债务违约，导致印度非银行业金融风险暴露，直接后果便是国内汽车、住房等金融服务受挫，耐用消费品成交量骤降。2019 年 8 月，印度一家合作银行出现资金管理问题，进一步诱发金融风险。金融部门风险显现使得印度的社会消费受到严重冲击，经济增长速度下滑。

2019 年，俄罗斯经济发展持续低迷。前三个季度 GDP 增长率分别为 0.77%、0.93%、1.63%。据国际货币基金组织预测，2019 年俄罗斯 GDP 约为 1.64 万亿美元，较上年的 1.66 万亿美元有所下降。2019 年由于全球经济放缓和贸易环境恶化，石油、天然气等能源价格不断下滑，俄罗斯油气出口收入急剧减少，影响了经济增长。但是俄罗斯农业及工业有所发展。据俄罗斯农业部估计，2019 年俄罗斯粮食产量将达 1.2 亿吨，较上年同期增长 6%。鲜果、禽肉、猪肉等农产品的出口总额达 250 亿美元，其中粮食出口额增长 36%，鱼类出口额增长 13%。2019 年俄罗斯工业生产指数同比增长 2.34%。此外，俄罗斯政府大力推进公共基础设施建设，加大投资力度，缓解俄罗斯经济下行压力。

2019 年巴西经济增长率为 1.1%，连续三年保持稳定。巴西总统博索纳罗上台后采取了一系列改革措施，包括养老金改革、降低税负、促进私有化、扩大开放等。这些改革措施有效地刺激了国内经济发展。巴西央行 2019 年连续四次降息，有效促进投资、消费需求，并使股票市场大幅上涨。截至 2019 年 12 月，巴西商业信心指数为 64.3，较上年同期增加 0.5；就业率为 55.1%，较上年同期增长 0.6 个百分点，达到三年来的最高水平。

二 2019年中国经济回顾

2019 年，我国经济保持平稳运行态势。在国际环境变幻莫测、国内经济下行压力加大的情况下，中国坚持稳中求进工作总基调，通过深化供给侧结构性改革、减税降费、加强逆周期调节等一系列举措，有力地保证了经济平稳运行。据初步核算，2019 年国内生产总值 990865 亿元，比上年增长 6.1%。其中，第一产业、第二产业、第三产业分别增长 3.1%、5.7% 和 6.9%，三次产业占国内生产总值比重分别为 7.1%、39.0% 和 53.9%。2019 年，人均国内生产总值 70892 元，比 2018 年增长 5.7%。

（一）消费支出贡献突出，投资结构呈现分化

2019 年，我国最终消费支出对国内生产总值增长的贡献率为 57.8%，资本形成总额的贡献率为 31.2%，货物和服务净出口的贡献率为 11.0%。

2019 年，我国居民人均消费性支出增长稳中趋缓，四个季度居民人均消费性支出同比分别增长 5.4%、5.19%、5.66%、5.5%，消费仍是经济增长的重要动力源泉。其中，城镇居民人均消费支出增长 4.38%，同比提高了 0.13 个百分点。农村居民人均消费支出增长 6.60%，比城镇居民人均增速高了 2.22 个百分点，但较 2018 年回落了 2.7 个百分点，城乡居民消费支出差距减小（见图 1–5）。2019 年，我国消费者信心指数稳步提高，由 2018 年的 121.13 增至 124.57，消费者满意指数则由 2018 年的 116.28 增至 119.24（见图 1–6）。

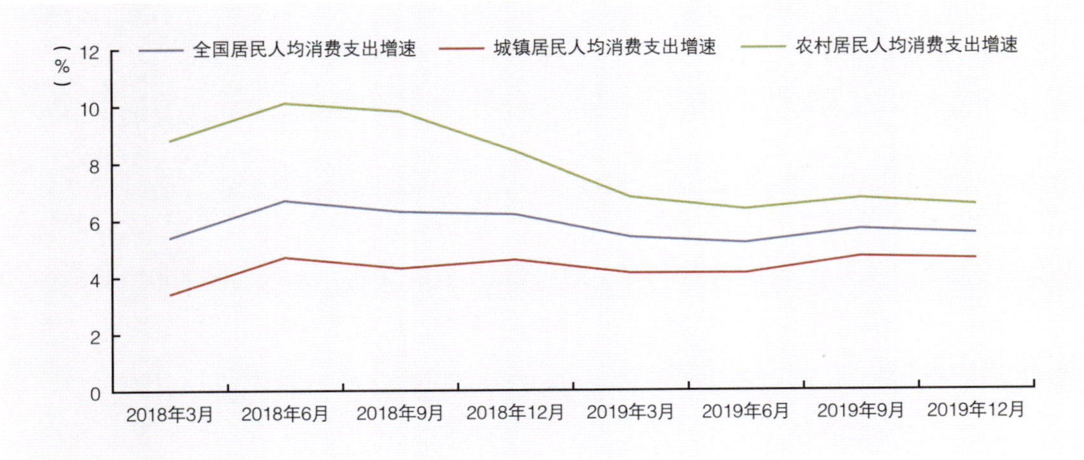

图 1-5　2018～2019 年我国居民消费支出情况

资料来源：中经网统计数据库。

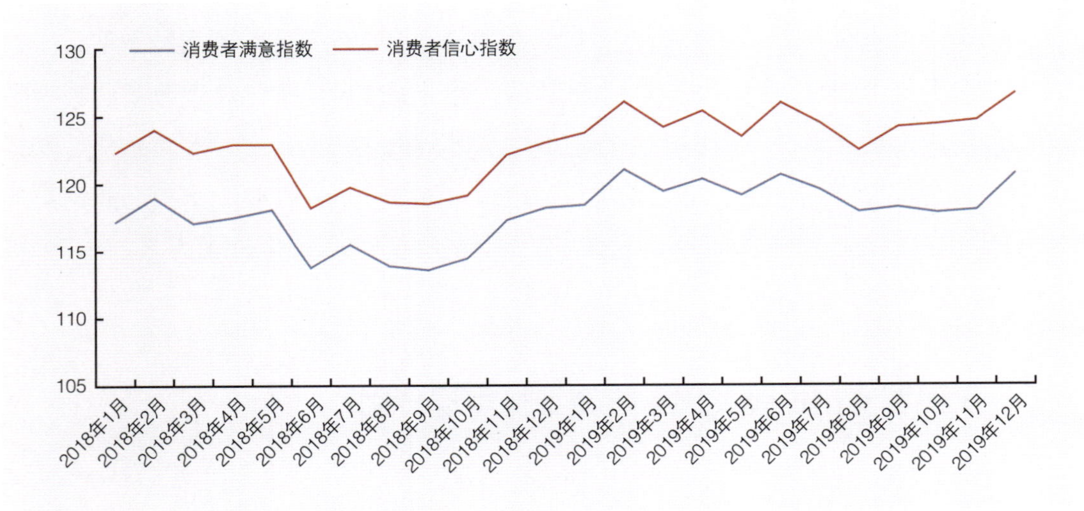

图 1-6　2018～2019 年我国消费者满意指数和信心指数

资料来源：中经网统计数据库。

分类别来看，2019 年我国服务消费领域快速增长，需求结构有所改变。这得益于旅游市场和文娱市场的蓬勃发展。《2019 年旅游市场基本情况》显示，国内旅游经济稳步增长，2019 年游客数量达 60.06 亿人次，同比增长 8.4%，旅游收入增长了 11.0%。《2019 年中国电影市场数据洞察报告》显示，2019 年中国电影票房总额达 642.66 亿元，创历史新高，较 2018 年增长了 5.4%。我国电影院线数量也在不断扩大，“十一”黄金周期间观影人次较 2018 年增长超过 1 倍，拉动了 2019 年票房总收入的上涨。汽车和通信产品消费陷入低迷状态。截至 2019 年 11 月，中国汽车累计销量为 2311 万辆，较

2018 年同期下降 9.1%；2019 年中国智能手机市场出货量达 3.7 亿台，同比下降 7.5%，较 2018 年降低了 3 个百分点。生活消费品增速有所下降。其中，烟酒类消费支出增长 6.9%，回落 1.7 个百分点。服装消费下降明显，2019 年仅增长 3.3%，较上年同期下降 5.6 个百分点。

从投资需求来看，中美经贸摩擦使宏观环境存在较大不确定性，国内环保压力、绿色发展要求等提高了投资门槛，企业观望情绪上升，长期投资增速放缓。2019 年，我国固定资产投资第一季度增长 6.2%，第二季度增长 5.8%，第三季度增长 5.5%，第四季度增长 5.3%，固定资产投资面临一定的下行压力（见图 1–7）。

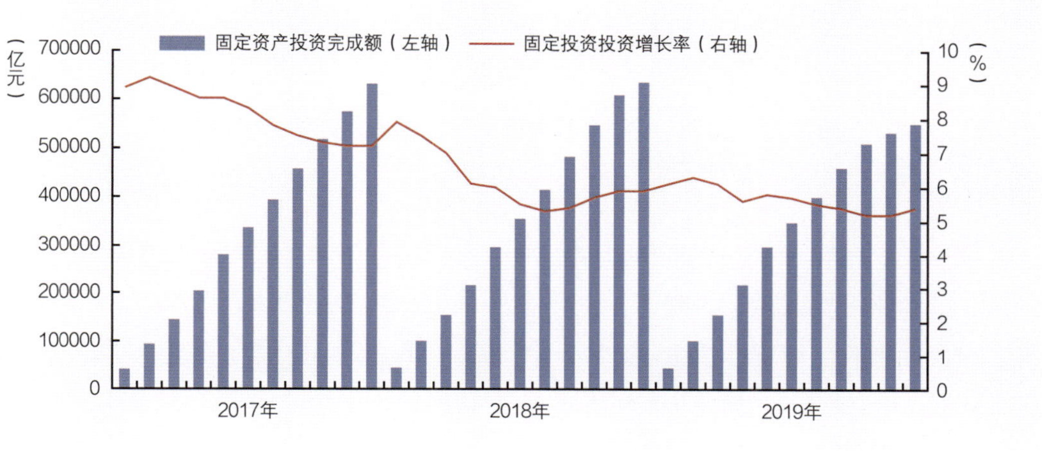

图 1–7　2017 ~ 2019 年我国固定资产投资情况

资料来源：中经网统计数据库。

分细项来看，基础设施投资规模稳步提高，制造业投资增速回落较为明显，投资结构呈现分化特征。2019 年制造业投资增长仅为 3.2%，较 2018 年回落了 3.7 个百分点，制造业面临新旧动能转换的难题。2019 年房地产投资完成额同比增长 10.4%，较上年提高 2.6 个百分点。社会领域投资规模快速增长，其中，文化、体育和娱乐业投资增速达 17.4%，其中，教育投资增长 17.2%，较上年同期增长了 3.2 个百分点。科技领域中，科学研究和技术服务业投资增速 11.7%（见图 1–8），信息传输、软件和信息技术服务业增速 9.3%，都超过固定资产投资的整体增速，这表明我国产业结构升级持续向前迈进。

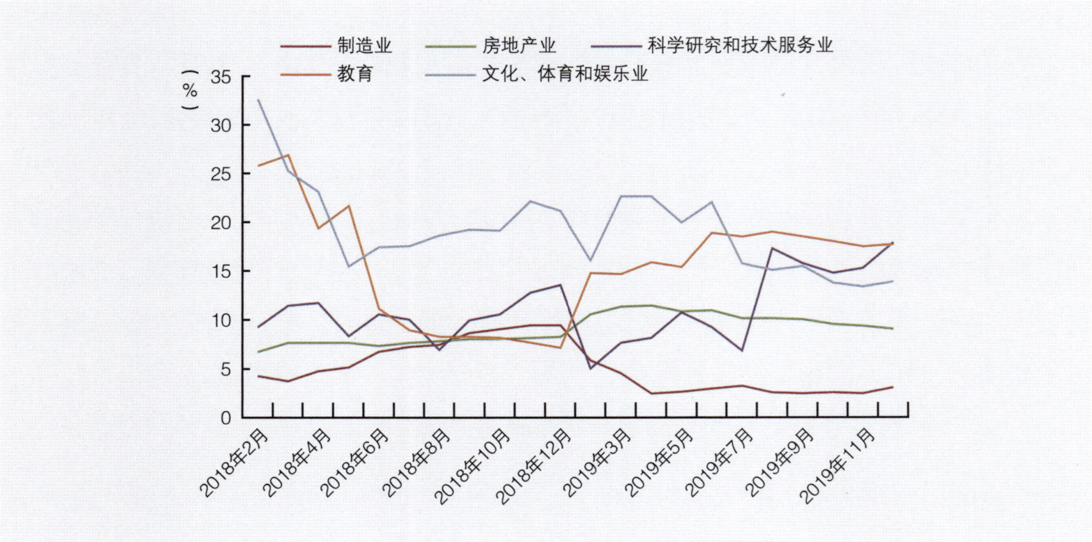

图 1-8　2018 ~ 2019 年分行业固定投资累计同比增速情况

资料来源：中经网统计数据库。

从总需求结构来看，在消费方面，消费市场存在的两个问题需要引起重视。一是中美经贸摩擦给就业带来了冲击，部分企业裁员、减少招聘人员数量，给消费者带来一定的负面情绪。二是消费市场供需不平衡。“90 后”“00 后”正变为消费主力，对消费提出了新的要求，消费市场的信息匹配和供给转型尚需时间。在投资方面，一是应加大逆周期调节力度，提高政府的投资能力。加大基础设施项目建设，优化资金配置，提高资金使用效率。适当提高对中小微企业的支持度，引导金融机构贷款向中小微企业倾斜。二是深化供给侧结构性改革，促进制造业投资稳定提高，鼓励地方政府为新兴产业提供政策支持，调动民间投资积极性，鼓励支持民间资本投资。

（二）就业总体稳定，创新创业推动就业增加

就业是人民改善生活水平的基本途径。2018 年 7 月，中央政治局会议提出切实做好经济工作“六稳”要求，其中“稳就业”便排在首位。2019 年的《政府工作报告》进一步将就业政策放在宏观政策的优先位置。这体现出国家对就业的高度重视，并有效对冲中美经贸摩擦的负面影响。2019 年末全国就业人员 77471 万人，其中城镇就业人员 44247 万人，占全国就业人员比重的 57.1%，比 2018 年末上升 1.1 个百分点。2019 年末全国城镇调查失业率为 5.2%，城镇登记失业率为 3.6%，整体保持稳定（见图 1-9）。

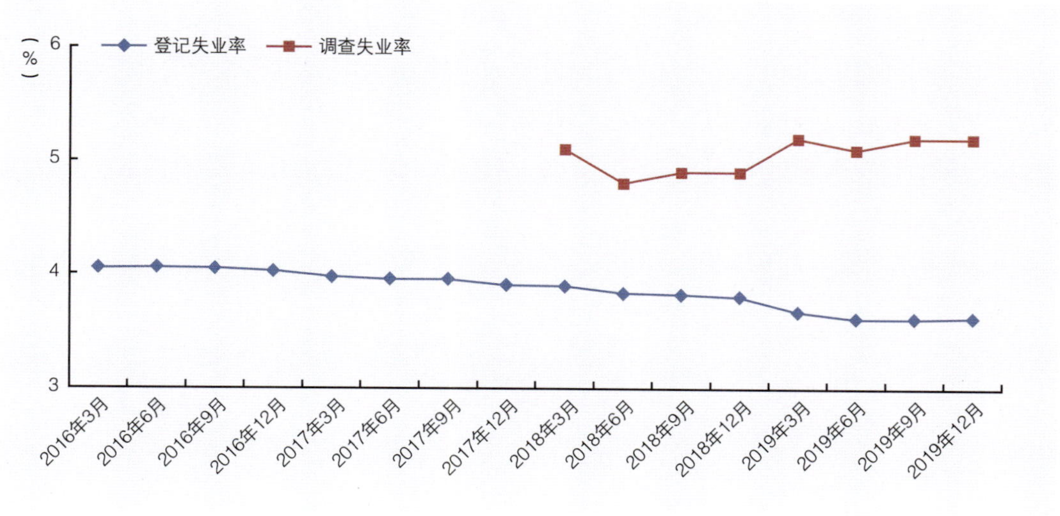

图 1-9　2016 ~ 2019 年全国城镇登记失业率和调查失业率

资料来源：中经网统计数据库。

创新创业蓬勃发展。在“大众创业、万众创新”的鼓励和新经济业态的发展下，出现了大批市场主体，为社会提供了大量就业岗位，并催生出自媒体从业者、职业规划师、酒店试睡员、电子竞技员、网络主播等新兴职业。就业结构不断优化，劳动者有了更多的就业途径。2019 年，服务业增加值实际增长指数达 106.9，对 GDP 的贡献率达 60.6%。随着网络购物、微商、快递、外卖、共享单车等依托互联网平台的新型行业模式不断涌现，服务业吸纳就业的能力不断提高。

我国劳动力市场结构性问题比较突出，某些领域存在供不应求的情形。2019 年，我国公共就业服务机构市场求人倍率为 1.24，就业市场上的结构性失衡进一步凸显。高级技术人才十分短缺，高级工程师、高级技能人员的求人倍率都达到了 2 以上。中美经贸摩擦影响国内企业的出口，对部分外资企业也产生了不利影响，给就业市场带来了不利影响。为有效应对外部环境的挑战，促进产业结构升级，维持就业规模稳中有升，实现高质量、高效率的就业，还需要完善创业扶持体系，加大对新兴行业的扶持力度；建立要素自由、高效流动的市场体系，提高人力资源配置效率；积极引导企业开展技能培训课程，培养更多高素质的优秀人才；鼓励“互联网 +”与传统企业相结合，为增加就业提供更多空间。

（三）消费价格有所上升，工业品价格持续回落

2019 年，我国居民消费价格指数（CPI）稳步提高，全年同比上涨 2.9%，较 2018

年提高 0.77 个百分点（见图 1-10）。城市 CPI 和农村 CPI 涨幅分别为 2.8% 和 3.2%，较 2018 年分别上涨了 0.7 个和 1.1 个百分点，城市居民消费价格指数上涨略慢于农村。从世界范围来看，我国 CPI 涨幅处于中等水平，高于美国（1.7%）、欧盟（1.6%）等发达经济体，低于印度（7.4%）、俄罗斯（4.8%）、南非（4.3%）和巴西（3.9%）等新兴市场经济体。

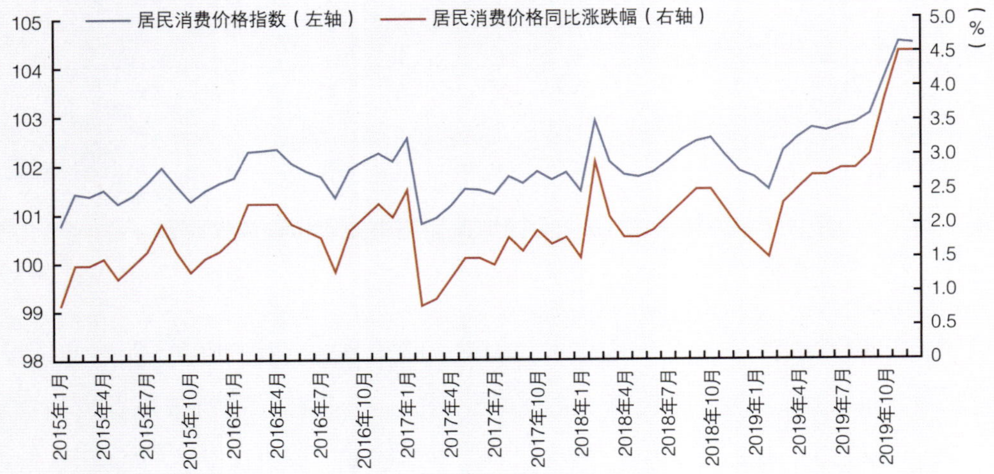

图 1-10　2015 ~ 2019 年我国 CPI 变化情况

资料来源：中经网统计数据库。

工业生产者出厂价格指数（PPI）持续走低。2019 年 PPI 同比下降 0.3%，较 2018 年回落 3.8 个百分点。其中，生产资料价格同比下降 0.8%，原材料价格同比下降 2.6%，较 2018 年分别回落 5.4 个和 8.9 个百分点，这是拉低 PPI 的重要影响因素。2019 年 6 月至年底，生产资料价格持续为负，其中原材料价格下降较为明显，说明生产领域的需求相对不足。分部门来看，电力工业、煤炭及炼焦工业、化学工业、机械工业等价格下降最为明显；纺织工业和造纸工业的价格也明显下降；受国际原油市场冲击影响，国内石油及相关行业价格环比由涨转降。

（四）外贸规模持续扩大，“一带一路”合作空间拓展

2019 年，我国对外贸易规模不断扩大，进出口总额达 31.55 万亿元，增长率达 3.4%。其中，进口 14.32 万亿元，同比增长 1.6%；出口 17.23 万亿元，同比增长 5%。受中美经贸摩擦的影响，我国对外贸易增速有所下降，其中出口增速较 2018 年降低

2.1 个百分点，进口增速下跌 11.3 个百分点，进出口总额增速下降 6.3 个百分点（见图 1-11）。尽管贸易保护主义不断升温，但我国进出口规模仍不断攀升，进出口增速高于日本、德国、巴西等大型出口型经济体，体现了我国对外贸易较强的韧性。

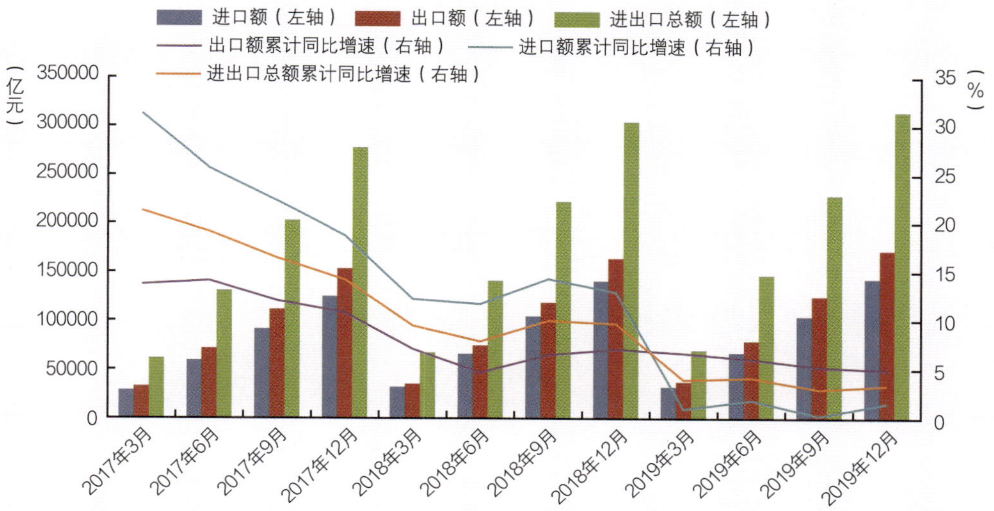

图 1-11　2017 ~ 2019 年我国进出口规模变化

资料来源：中经网统计数据库。

从政策环境来看，随着政府坚定贯彻“六稳”中的“稳外贸”政策，采取了一系列减税降费措施，我国的营商环境不断优化。据海关总署发布的数据，2019 年 12 月全国进口、出口整体通关时间分别为 36.7 小时和 2.6 小时，较 2017 年缩短了 62.3% 和 78.6%，提前两年完成到 2021 年底进出口贸易通关时间比 2017 年压缩一半的目标。我国跨境贸易便利度排名不断提高，目前居全球第 56 位。同时，我国不断扩大进口规模，采取了举办中国国际进口博览会等一系列措施，充分体现了中国坚定不移支持贸易自由化的决心。这有利于中国更好助力经济全球化发展，推进世界各国同发展、共进步一致目标的实现。

从对外贸易发展的动能来看，随着国内产业结构调整升级，我国出口产品的质量不断提高，高质量、高技术、高附加值的产品在国际上的竞争优势越发明显。我国的服务贸易也在快速发展，大数据、人工智能等新技术的出现为服务贸易带来新的路径和动力。

“一带一路”建设为中国的对外贸易提供了新的动力源泉。2019 年，中国企业对“一带一路”共建国家或地区投资额达 150 亿美元。我国从“一带一路”共建国家或地区进口增速达 6.8%，较 2018 年同期提高 2 个百分点。目前，中国已与 18 个“一带一路”共建国家或地区签署了“经认证经营者”（AEO）的互认合作。“一带一路”建设将不断提高贸易便利化水平，畅通国际贸易通道，降低贸易成本，为各国发展提供新的机遇。

（五）国际收支基本平衡，人民币汇率保持平稳

2017 ~ 2019 年，我国国际收支差额主要构成见表 1-2。2019 年，我国国际收支延续基本平衡。2019 年经常账户顺差 1413 亿美元，全年顺差与 GDP 之比为 1.0%，处于相对均衡的发展水平，体现内部结构调整和优化的成效。跨境资本流动总体稳定，非储备性质的金融账户顺差 378 亿美元，其中直接投资顺差规模较大，体现中国仍是长期资本投资的主要目的地，证券投资呈现净流入态势，显示人民币资产的境外需求仍然较高，其他投资延续小幅逆差态势，说明市场主体跨境融资较为理性有序。2019 年，我国国际收支总体平衡，表现出较强的稳健性和适应性。储备资产保持基本稳定，年末外汇储备余额 31079 亿美元。

表 1-2　2017 ~ 2019 年我国国际收支差额主要构成

单位：亿元

年份	经常账户				非储备性质的金融账户		
	初次收入	二次收入	货物贸易	服务贸易	证券投资	直接投资	其他投资
2017 年	-654.75	-803.6	32076.44	-17497.99	1951.41	1825.06	3553.32
2018 年	-3393.83	-133.34	26366.17	-19312.01	6954.02	6964.05	-5197.56
2019 年	-2406.21	705.3	31970.19	-18026.89	2954.95	4064.94	-3578.72

资料来源：中经网统计数据库。

2019 年，受内外部多种因素影响，在岸人民币双向波动较为明显，中美经贸摩擦成为影响汇率全年走势的重要因素。2018 年底，中美两国首脑在阿根廷达成贸易谈判的阶段性一致意见，至 2019 年 4 月底开展了多轮双边谈判，这期间在岸人民币兑美元汇率中间价累计升值 2%。由于谈判进展存在波折，美国于 5 月对中国 2000 亿美元商品加征 25% 关税，境内人民币兑美元汇率跌破 6.9，中间价单月下跌 2.5%，再次逼近 7.0 的心理关口。到第三季度，美方再度施压，提出对中国 3000 亿美元商品加征 10% 关税，境内人民币兑美元汇率交易价和中间价分别于 8 月 5 日和 8 日跌破 7.0 关口。随即，美国财政部将中国列为汇率操纵国。第四季度，市场情绪随中美谈判进展而得到修正，人民币兑美元汇率围绕 7.0 关口上下波动。2019 年，人民币汇率双向波

动幅度增大，但跨境资金流动较为平稳。这一市场形势表明了人民币汇率“守 7”与“破 7”并无关键意义，在以市场供求为基础、参考一篮子货币进行调节、有管理的浮动汇率制度框架下，今后改革要点还是进一步完善人民币汇率形成机制，提高汇率市场的特性。

三　2020年经济形势展望

（一）世界经济形势展望

在没有考虑新冠肺炎疫情的情况下，市场预期认为 2020 年全球经济的不确定性、不稳定性将更加突出。一方面，中美达成第一阶段经贸协议，英国脱欧正式落定，有助于缓和国际局势、稳定投资者信心；另一方面，美国单边主义行径不改，地缘政治风险上升，主要经济体经济增速下滑，将增加世界经济衰退的风险。总体上，2020 年世界经济具有高度不确定性，陷入衰退可能性不能排除。由美国国民经济研究局（NBER）和圣路易斯美联储联合开发的全球经济政策不确定性指数（EPU）于 2019 年第三季度达到创纪录水平。2019 年 11 月瑞银集团对分散在全球 13 个市场 3400 多名“高净值”人士进行调查发现，半数以上的人认为 2020 年会出现经济衰退，六成受访者表示将用增加现金的方式来为应对 2020 年衰退做准备，55% 的人认为 2020 年底前会出现大规模市场抛售。

2020 年 2 月以来，新冠肺炎疫情在全球持续蔓延，这一“黑天鹅”事件将给全世界带来广泛、深刻、复杂的影响。第一，新型冠状病毒的传染性较强。部分国家难以采取有效的隔离措施，医疗资源缺乏，导致新冠病毒处于失控的边缘，通过人员流动对其他防控较为有效的国家造成新一轮冲击。第二，新冠肺炎疫情显著冲击全球经济增长。全球供应链遭遇中断风险、人员流动受到限制、投资者预期风险加大，这使得全球经济增长进一步下挫。第三，新冠肺炎疫情增加金融市场恐慌情绪。新冠肺炎疫情与原油价格大幅下跌相叠加，2020 年 3 月，美国股市发生多次熔断；全球股市大幅下跌，股市、债市、商品期货、外汇市场之间的风险传染不容忽视。世界银行等机构警告称，全球经济或将陷入类似于 20 世纪 30 年代的大萧条。面对诸多不确定性，各国只有进一步加强国际交流与合作，才有可能走出困境，实现经济增长。

2020 年发达经济体经济增速将全面放缓。美国制造业采购经理指数（PMI）截至 2019 年 12 月已连续 5 个月下跌，2020 年美国经济或将陷入二战以来的最严重衰退。

2020 年是美国的大选年，特朗普政府为获连任，必然想方设法保证经济增长，但在疫情冲击和美国体制约束下，经济政策的效果可能十分有限，为此要进一步警惕保护主义和民粹主义加剧。欧元区将保持经济疲软的现状，在新冠肺炎疫情冲击下将陷入负增长。欧元区的制造业衰退严重，欧洲央行持续采取量化宽松政策的刺激效果逐渐减小。由于欧元区难有统一的财政政策，在应对疫情时的手段更加缺乏，欧元区也将陷入经济衰退的困境之中，部分财政困难的欧洲国家政府债务问题将重新显现。日本经济 2020 年同样十分困难。2019 年 12 月，日本政府出台了经济刺激方案，旨在通过扩大公共支出、促进企业投资来拉动内需，促进经济发展。但在全球供应链、产业链和价值链受到巨大冲击的环境下，日本外需型的经济难以改善；随着 2020 年奥运基础设施相继完工，国内消费税率由 8% 增至 10%，内部需求将大幅下降，经济增长后续动能不足。

新兴市场经济体经济增长稳中放缓，疫情冲击将使各国经济增长存在重大的不确定性。2019 年全球各经济体纷纷放松货币政策，2020 年世界经济将在低利率的环境下运行，这能在一定程度上为新兴市场经济体的经济增长提供支持。巴西政府颁布一系列促进改革的措施，致力于促进营商环境的改善。印度在经历了 2019 年经济增速骤跌后，下调企业所得税税率、补齐消费短板，致力于提振经济。俄罗斯大力推动公共基础设施建设，经济稳定增长。但是，新兴市场经济体上述政策以及新的政策放松可能都无法有效对冲新冠肺炎疫情的系统性冲击，2020 年新兴市场经济体经济增长前景整体堪忧。除疫情冲击外，新兴市场经济体还需要高度警惕外部因素冲击，有效防范金融风险。受疫情冲击，美国金融市场剧烈震荡，但是，由于美元体系的不对称性和不均衡性，受冲击更大的将是那些具有较高外部脆弱性的新兴市场经济体，甚至不能排除新兴市场经济体发生金融危机的可能性。

（二）中国经济形势展望

受新冠肺炎疫情冲击，2020 年我国经济下行压力明显加大，经济形势十分复杂。从直接影响看，疫情使第一季度 GDP 增速显著下降。受疫情管控影响，2 月国内餐饮住宿业、旅游业、房地产业、传统批发零售业基本处于停工、半停工状态，消费增长大幅下降。由于人员流动受限，制造业、建筑业、采掘业等行业开工不足，第二产业增速明显低于以往水平。受疫情冲击，我国 2020 年第一季度 GDP 同比下降 6.8%，是 1992 年实施现行 GDP 核算方法以来的最低水平。从对全年的影响来看，疫情影响全球价值链，将对全年经济增长形成压力。国内部分中小微企业、民营企业和外向型企业因短期无法开工，面临无力维持经营、订单减少和海外市场流失等困难，疫情结束后可能“无工可复”。由于开工不足，民间投资将进一步下降；部分居民收入减少甚至无新增收入，必然抑制消费增长。疫情在全球蔓延，特别是对东南亚、日本、欧盟、美国等主要贸易伙伴的冲击，将对我国进出口形成显著打击。要实现全年预期增长目标，压力较大，困难较多。

为抗击疫情，党中央、国务院采取一系列前所未有的防控和救治举措，分区分级推进复工复产，取得了重大成效。从全年的政策趋势来看，财政政策将更加积极，减税降费力度进一步增加，稳健货币政策更加灵活适度，全力做好“六税”“六保”工作。固定资产投资将聚焦两个重点方向：一是加大 5G 网络、大数据中心、工业互联网等“新基建”的投入，部分中西部地区基础设施的投资，从而积累支撑长期经济增长的资本；二是补短板领域，如环保、城市基础设施、农村环境整治、公共卫生设施的投入，也包括公共医疗服务、职业教育、应急物资储备等社会领域的投入。货币政策方面，美国启动无限制量化宽松政策，欧洲、日本负利率政策等外部环境将对国内货币政策操作形成压力，国内稳健货币政策将更加灵活适度，加大逆周期调节力度，保证流动性合理充裕，维护金融市场稳定，防范化解重大金融风险，为经济恢复提供有力支撑。

在一系列政策的支持下，我国需求冲击将有所缓解，消费将稳步复苏，特别是电子商务与传统产业不断融合，三、四线城市的消费活力将被有效激发。预计 2020 年我国新增就业人数将稳中略降。从影响就业的因素来看，一是全球经济面临衰退压力，美国、日本、欧元区等主要经济体经济增长乏力，消费者信心指数降至低谷，我国对外贸易吸纳就业人数的能力有所下降。二是随着我国产业结构升级，传统制造业吸纳就业能力下降，部分劳动力流动到新兴行业，但在劳动力转移过程中可能存在效率低下、供需不匹配等问题，摩擦性失业情形将比较突出。三是疫情仍存在不确定性，对物流、人员流动构成制约，也影响就业增加的力度。

第二章
货币金融环境

2019 年以来，金融环境受到经贸摩擦冲击而动荡起伏。全球主要央行货币政策转向宽松，美联储在 2019 年初停止加息进程并在之后连续展开三次降息。全球多个经济体迈开降息步伐，部分经济体政策利率已经接近历史低位。总体来看，美国一系列政策调整是 2019 年全球金融环境动荡、贸易秩序失调的主要源头。2020 年初新冠肺炎疫情给中国经济、世界经济和国际金融市场带来重大的不确定性，党中央、国务院科学防控，精准施策，疫情控制与复工复产相统筹，为经济增长和金融稳定提供了重要的政策支撑。预计 2020 年经济发展和金融体系短期波动或较大，但长期向好趋势不会改变。

中国货币金融环境整体稳健有序。稳健的货币政策调控较好地把握了支持实体经济、防范金融风险和兼顾内外均衡之间的权衡，体现了前瞻性、精确性、主动性和有效性。2019 年末，广义货币（M2）同比增长 8.7%，社会融资规模存量同比增长 10.7%，M2 和社会融资规模增速与国内生产总值名义增速保持较强关联。宏观杠杆率保持基本稳定，居民部门杠杆率快速上升势头有所遏制。2019 年，人民币汇率宽幅震荡、小幅贬值，人民币汇率指数为 91.39，较上年末微跌 2.03%。2019 年国民经济继续保持稳定运行，全年国内生产总值（GDP）同比增长 6.1%，居民消费价格指数（CPI）同比上涨 2.9%，外汇储备保持在 3 万亿美元以上。①

① 中国人民银行:《2019 年第四季度中国货币政策执行报告》，2020 年 2 月 19 日。

一 货币市场环境

（一）货币供应与社会融资

2019 年，受中美经贸摩擦的影响，我国实体经济增速有所放缓，货币政策逆周期功能不断显现。货币供给增速有所提升，金融机构贷款增长较快，信贷结构持续改善，货币供应量、社会融资规模增速略高于国内生产总值名义增速，总体呈现平稳增长态势。2019 年末，广义货币供应量 M2 余额为 198.6 万亿元，同比增长 8.7%，比上年末高 0.6 个百分点。狭义货币供应量 M1 余额为 57.6 万亿元，同比增长 4.4%，比上年末高 2.9 个百分点（见图 2–1）。2019 年全年现金净投放 3981 亿元，较 2018 年多投放 1418 亿元。2019 年以来货币供应增速总体趋稳、宏观杠杆率保持稳定。

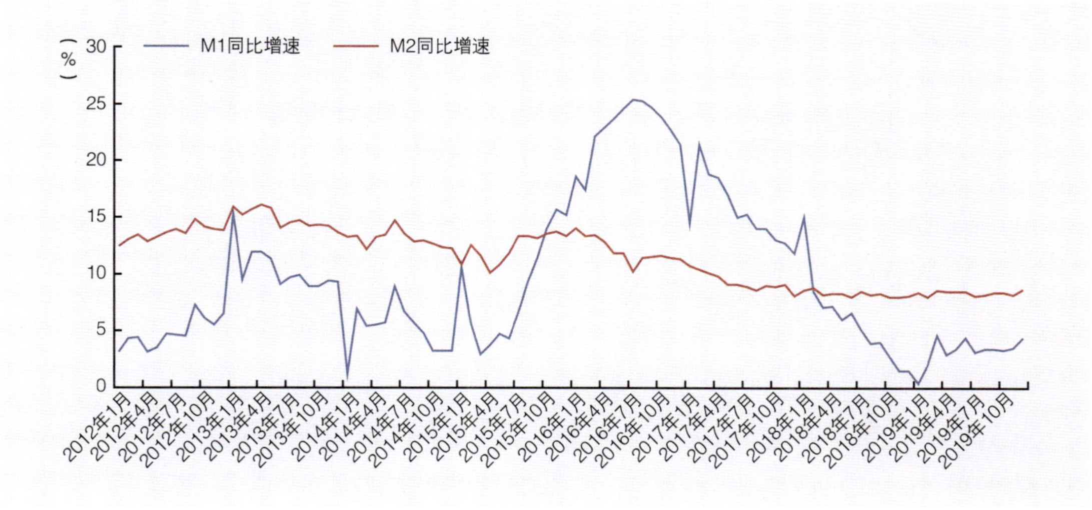

图 2–1 中国货币供应量增速走势

资料来源：Wind。

2019 年，社会融资规模保持适度增长，较好地支持了实体经济的融资需求。年末社会融资规模存量为 251.31 万亿元，同比增长 10.7%，增速较 2018 年末提高了 0.4 个百分点。社会融资规模全年增量为 25.58 亿元，较 2018 年多增加 3.08 万亿元。2019 年社会融资规模增量有以下特点。一是人民币贷款同比多增规模较大（见图 2–2），货币金融政策对实体支撑力度较大。二是委托贷款、信托贷款和未贴现银行承兑汇票同比减少，传统信贷功能有所强化。三是企业债券融资增加较多，股票融资增长略低于上年。四是政府债券融资增加额较上年有所减少，政府公共债务水平得到进一步控制。五是存款类金融机构资产支持证券融资少于上年，贷款核销同比多增规模较上年有所增加。

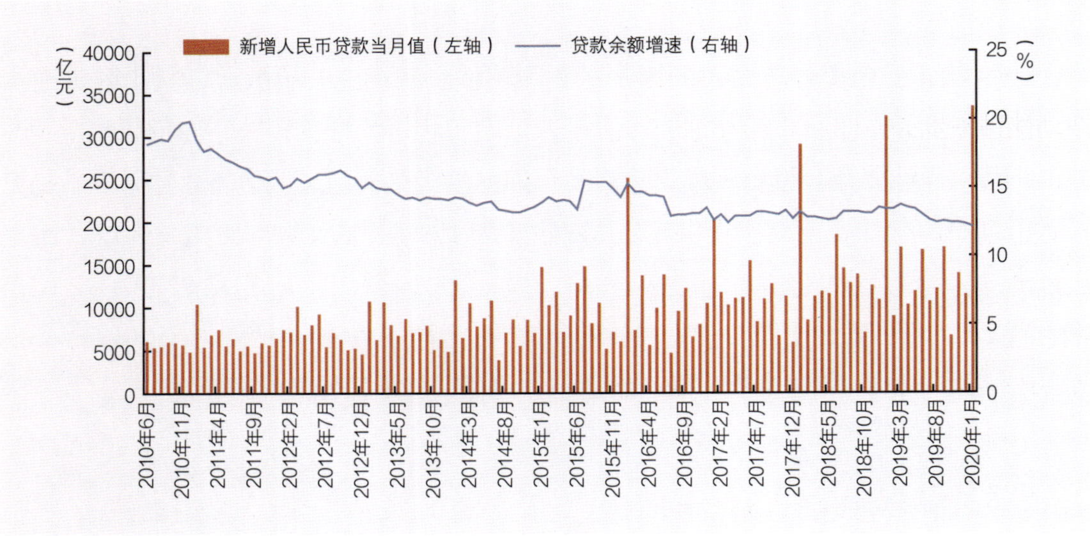

图 2-2　新增人民币贷款与人民币贷款余额增速

资料来源：Wind。

（二）公开市场操作

2019 年，国内外经济金融形势更加复杂多变，中国人民银行全面贯彻落实党中央、国务院决策部署，实施稳健货币政策，将改革和调控、短期和长期、内部均衡和外部均衡结合起来，加大逆周期调节、结构调整和机制改革的力度，保持货币信贷合理增长，推动信贷结构持续优化，以改革的办法疏通货币政策传导，降低企业综合融资成本，为实现“六稳”和经济高质量发展营造适宜的货币金融环境。

在公开市场操作方面，中国人民银行灵活搭配长、中、短期货币政策工具，保持银行体系流动性合理充裕。2019 年，在综合运用降准、定向降准、中期借贷便利（MLF）等工具投放中长期流动性的基础上，中国人民银行以 7 天期逆回购为主，灵活开展公开市场操作，进一步提高政策前瞻性、针对性和主动性，保持流动性合理充裕。第四季度以来，通过合理安排逆回购操作期限品种，精准对冲税期高峰、节前现金投放、年末监管考核等短期流动性扰动因素。从 12 月中旬开始连续开展 14

天期逆回购操作，提前投放跨年流动性，为各类市场主体平稳跨年提供了有利的流动性环境。

稳定公开市场操作利率，引导货币市场平稳运行。2019 年中期借贷便利和逆回购操作中标利率分别下行 5 个基点，有利于释放逆周期调节信号，并通过 LPR 传导进一步降低实体经济融资成本。随着公开市场操作利率小幅下降，货币市场利率中枢有所下行。银行间市场存款类机构以利率债为质押的 7 天期回购利率（DR007）在合理区间平稳运行，2019 年均值为 2.54%，比 2018 年低 10 个基点。年末货币市场利率走势平稳，波动性进一步下降，12 月末 DR007 为 2.81%，比 2018 年末低 23 个基点（见图 2–3）。

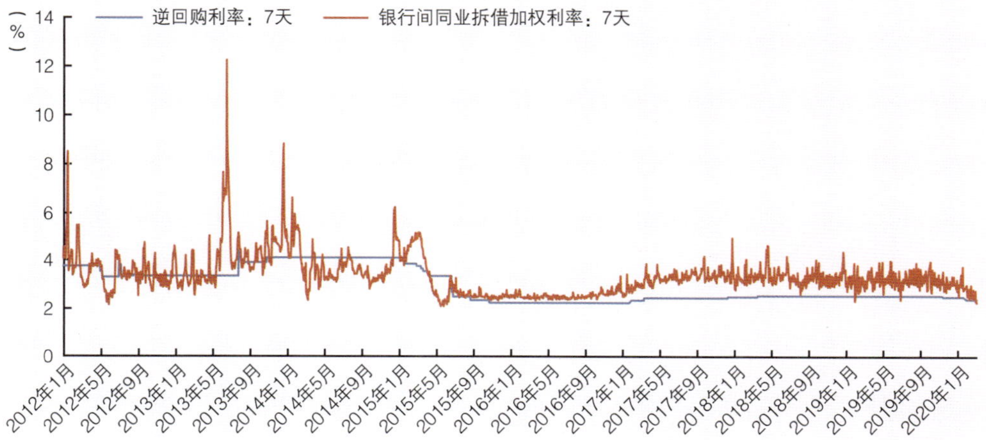

图 2–3 部分重要短期利率走势

资料来源：Wind。

为提升银行永续债的市场流动性，支持银行发行永续债补充资本，增强金融服务实体经济的能力，2019 年中国人民银行累计开展了 7 次共计 320 亿元的央行票据互换（CBS）操作，换入债券既有国有商业银行、股份制银行发行的永续债，也有城商行发行的永续债。中国人民银行在银行永续债发行之初及时创设 CBS 工具并连续开展操作，对提升银行永续债的流动性发挥了积极作用。

2019 年中国人民银行逐步建立了在港常态化发行人民币央行票据的机制，全年在香港成功发行 12 期共计 1500 亿元央行票据，目前余额 800 亿元。这丰富了离岸人民币高信用等级人民币资产，优化了离岸市场的债券结构，促进了离岸人民币货币市场的健康发展，有利于进一步推动人民币国际化。①

① 中国人民银行：《2019 年第四季度中国货币政策执行报告》，2020 年 2 月 19 日。

（三）银行间市场交易

银行体系流动性合理充裕，货币市场利率明显下行，为实体经济融资提供了相对较好的货币市场环境。2019 年 12 月同业拆借加权平均利率为 2.09%，比上年同期低 48 个基点；质押式回购加权平均利率为 2.10%，比上年同期低 58 个基点。其中银行业存款类金融机构间利率债质押式回购加权平均利率为 1.98%，比上年同期下降 45 个基点。Shibor 各期限利率整体有所下行。2019 年末，隔夜和 1 周 Shibor 分别为 1.69% 和 2.74%，分别较上年末下降 86 个和 16 个基点。2019 年整体尤其是 2019 年底货币市场利率下行较为显著，这与宏观经济变化和货币政策能动性预调微调紧密相关。2020 年新冠肺炎疫情暴发以来，中国人民银行继续优化流动性安排，着力逆周期调节，确保金融市场预期稳定和流动性合理充裕。其中，仅 2 月 3 日和 4 日就投放 1.7 万亿元流动性。

银行间回购、拆借交易较快增长，中资大中型银行仍是资金主要净融出方。从总量看，2019 年银行间市场债券回购累计成交 819.6 万亿元，日均成交 3.3 万亿元，同比增长 14.3%；同业拆借累计成交 151.6 万亿元，日均成交 6065 亿元，同比增长 9.7%。从期限结构看，回购和拆借隔夜品种的成交量分别占其总量的 85.2% 和 91.4%，占比分别较上年同期上升 3.6 个和 1.3 个百分点。交易所债券回购累计成交 238.9 万亿元，同比增长 3.4%。

同业存单和大额存单业务平稳运行。2019 年银行间市场发行同业存单 2.8 万只，发行总量为 17.9 万亿元，较 2018 年有所下降。二级市场交易总量为 145 万亿元，年末同业存单余额为 10.7 万亿元。同业存单发行交易全部参照 Shibor 定价。2019 年 3 个月期同业存单发行加权平均利率为 2.97%，比 3 个月 Shibor 高 14 个基点。金融机构发行大额存单共 5.04 万期，发行总量为 12 万亿元，同比增加 2.8 万亿元。大额存单发行有序推进，进一步扩大了金融机构负债产品市场化定价范围，有利于培养金融机构自主定价能力，健全市场化利率形成及传导机制。

（四）利率走势

2019 年金融机构贷款保持较快增长，金融支持实体经济的力度较为扎实。2019 年末，金融机构本外币贷款余额为 158.6 万亿元，同比增长 11.9%，比年初增加 16.8 万亿元，同比多增 6987 亿元。人民币贷款余额为 153.1 万亿元，同比增长 12.3%。

信贷结构继续优化，小微企业贷款增长较快。从期限上，中长期贷款比年初增加 11.3 万亿元，同比增加 7986 亿元，占同期贷款增量的 67.3%，较上年提高 2.3 个百分点。从信贷对象看，住户贷款增速放缓，主要是中长期贷款增速略放缓，而非金融企业及机关团体贷款同比多增。2019 年以来，中国人民银行继续引导金融机构加大对普惠口径小微企业的贷款支持力度，效果逐步显现。2019 年普惠小微贷款新增 2.1 万亿元，是上年增量的 1.7 倍，年末余额增速高达 23.1%。2020 年新冠肺炎疫情暴发后，中国人民银行继续引导金融机构强化疫情防控的信贷支持力度，着力满足“抗疫”行动的多样化金融服务需求。

贷款市场报价利率（LPR）改革较大地推进了利率市场化进程。LPR 改革后，2019 年 11 月 1 年期 LPR 较 10 月下降 5 个基点至 4.15%，5 年期以上 LPR 较 10 月下降 5 个基点至 4.80%。2019 年 12 月新发放企业贷款加权平均利率为 5.12%，较 LPR 改革前（7 月）下降了 20 个基点，降幅明显超过 LPR 调整水平。这反映了两个趋势：一是 LPR 改革能增强金融机构自主定价能力；二是 LPR 改革能促进贷款利率下行。LPR 在贷款利率市场化促进上将进一步凸显功能。中国人民银行将继续推进存量浮动利率贷款定价基准转换，促进银行积极有序运用 LPR 定价，坚决打破贷款利率隐性下限，疏通货币政策传导。

Shibor 走势整体有所下行。2019 年末，隔夜和 1 个月 Shibor 分别为 1.69% 和 2.98%，分别较上年末下降 86 个和 49 个基点（见图 2-4）。2019 年整体尤其是 2019 年底货币市场利率下行较为显著，这与宏观经济变化和货币政策微调是紧密相关的。

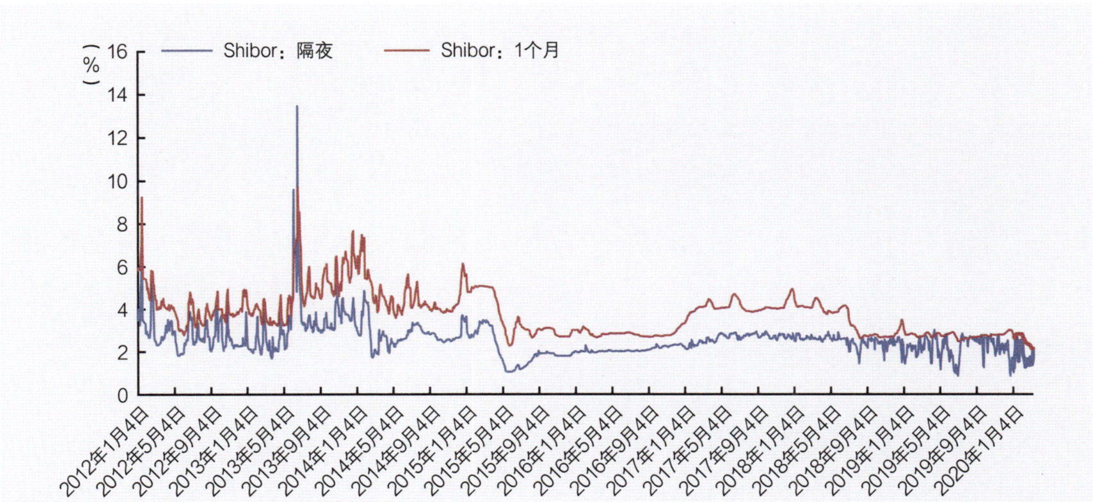

图 2-4 部分 Shibor 走势

资料来源：Wind。

（五）存款准备金调整

存款准备金率是我国基础性货币政策工具。2019 年，中国人民银行三次下调金融机构存款准备金率，全面下调和定向下调相结合，完善“三档两优”存款准备金制度。2019 年 1 月和 9 月全面下调存款准备金率共 1.5 个百分点，市场流动性高达 2.3 万亿元。2019 年 5 月起三次定向下调农商行存款准备金率，2019 年 10 月起两次下调仅在本省经营的城商行存款准备金率 1 个百分点。经过多年实践，存款准备金制度基于机构规模和支持实体经济特征形成了“三档两优”框架。“三档”的第一档是大型银行，主要是系统重要性银行；第二档是中型银行，主要是股份制银行和城商行；第三档是服务县域的银行。“两优”是在基准档次基础上再有两项优惠：一是大中型银行达到普惠金融定向降准政策考核标准可享受 0.5 个或 1.5 个百分点优惠；二是服务县域的银行达到新增存款一定比例用于当地贷款考核标准可享受 1 个百分点优惠。该政策框架兼顾了总量性调控需要和结构性政策导向，也凸显了货币政策调控差异化和精准性。

（六）对财务公司的影响与财务公司的应对

财务公司的资金来源主要有企业存款、发行财务公司债券、通过回购市场和同业拆借市场操作等。企业存款往往难以完成满足集团公司内部调剂余缺，而通过其他途径都需要考虑货币市场的环境状况。2019 年，中国人民银行连续三次降低存款准备金率，释放 2.7 万亿元流动性，稳健的货币政策使得市场利率有所下降，财务公司外部资金筹集的可得性和成本均有所好转。

在 2018 年个别财务公司票据形成违约后，2019 年财务公司更加注重自身融资结构优化及流动性管理。由于中国人民银行对市场释放的流动性合理充裕，货币市场利率有所下降，财务公司的市场环境压力有所缓解，财务公司整体保持稳健，财务公司行业整体没有出现显著的流动性风险事件。

2019 年，为了应对内外部金融环境的波动，中国人民银行加强了逆周期调节的节奏，2019 年中期借贷便利和逆周期操作中标利率分别下行 5 个基点，有利于货币市场利率中枢的下行。货币市场流动性、融资成本等问题得到了缓解，这为财务公司缓释了外部融资的市场压力，但是，同时也为资产端配置带来新的压力。财务公司在新形势下根据未来货币市场及其利率走势，进一步强化了资金筹资结构、流动性管理、利率定价以及资产负债等的管理，流动性管理也在优化。

财务公司2020年度业务开展的货币金融环境继续有所改善，但新冠肺炎疫情对实体经济和集团公司的冲击不容忽视。2020年初，新冠肺炎疫情在我国暴发并在全球范围内蔓延。为了应对疫情对市场流动性的影响，中国人民银行于2月3日开展1.2万亿元公开市场逆回购操作投放资金，公开市场操作7天期逆回购和14天期逆回购的中标利率分别为2.40%和2.55%，均较前期下行10个基点。2月4日又开展了5000亿元公开市场逆回购操作投放资金。流动性的投放使得货币市场和债券市场利率小幅下行。但是，由于新冠肺炎疫情可能对实体经济、集团所属产业以及集团公司产生重大冲击，集团、成员单位以及产业链上下游企业的经营活动可能受到较为负面的影响，财务公司的经营业务基本面可能较为负面，在资产负债管理、流动性管理以及风险管理上应进一步强化。

二　资本市场环境

2019年，金融市场整体运行平稳，货币市场利率下行，交易量较快增长；债券发行利率回落，发行规模同比多增，国债收益率曲线总体下移并呈陡峭化趋势，现券交易量、发行量均有所上升；股票市场指数回升，成交量和筹资额同比增加；保险业保费收入和资产增速有所回升。

（一）债券市场

1. 债券市场运行状况

受益于稳健货币政策和流动性合理充裕，2019年债券发行利率回落，现券交易量、发行量上升。国债收益率曲线陡峭下移，债券市场指数上行。2019年末，1年期和10年期国债收益率分别为2.36%和3.14%，分别较上年末下行24个基点和9个基点。各类债券发行利率明显回落。2019年12月，10年期国债发行利率为3.13%，比上年同期低12个基点；国开行发行的10年期金融债利率为3.48%，比上年同期低11个基点；主体评级AAA的非金融企业发行的1年期短期融资券（债券评级A-1）平均利率为3.47%，比上年同期低55个基点。

在经济下行压力较大的背景下，债券市场融资功能和支持实体经济功能在强化。2019年地方债券存量创新高，中央结算地方债券总托管量达21.12万亿元，同比增长

16.87%，其中专项债券托管量同比增长 29.73%。2019 年按照“开前门、堵后门”的思路，新增地方政府专项债务限额 2.15 万亿元，较 2018 年增加 8000 亿元，涨幅高达 59%。在年中，根据经济形势变化和实际需要，又提前下达了 2020 年地方政府专项债券 1 万亿元。2020 年初，我国暴发新冠肺炎疫情，第一季度经济增长面临大幅回落风险，地方政府债券发行力度可能持续加大。①

2. 债券市场违约率较高

2019 年，随着我国货币当局对流动性的释放以及地方政府债券发行机制的完善创新，债券违约率急速上升的趋势得到控制，但受外部不确定性冲击，债券违约规模仍居高位。2019 年新增违约债券规模 1536.35 亿元，同比下降 2.64%，较 2018 年违约规模超 3 倍增长的状况显著改善。2019 年新增违约债券 200 只，同比增加 14.94%；违约企业共 68 家，比上年违约企业多增 15 家（见图 2–5）。

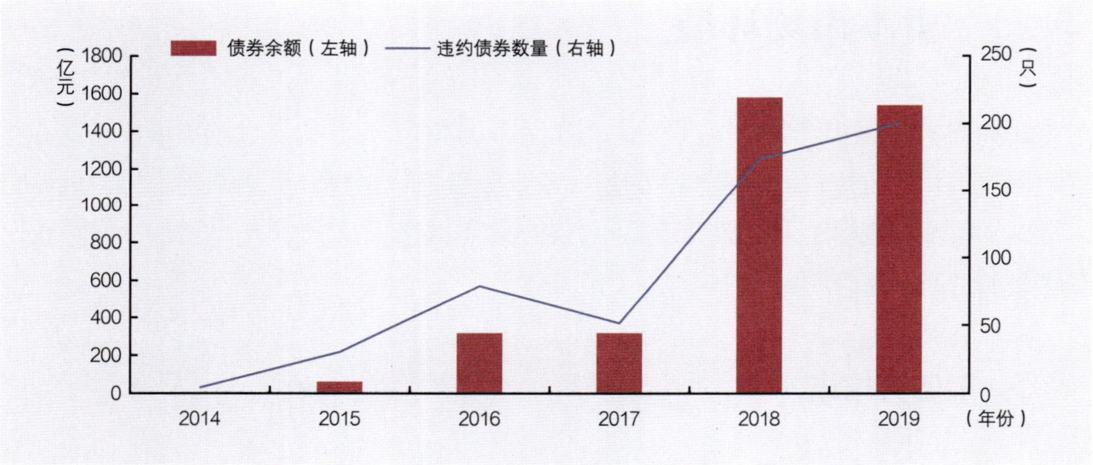

图 2–5　2014 ~ 2019 年中国债券市场违约债券数量与余额

资料来源：Wind。

债券违约 2018 年后有所恶化有多方面的原因。首先，从外部环境来看，贸易保护主义抬头造成了中国出口面临较大压力，使得出口型企业生存更加困难。其次，我国经济面临下行压力，尽管货币政策做出诸多逆周期调整，但融资环境对企业尤其是民营企业整体仍偏紧，债券发行人违约的情况也较多。再次，从市场环境来看，受 2018 年以来违约事件集中爆发影响，债券市场投资人风险偏好明显下降，不同资信水

① 中央结算公司：《2019 年债券市场统计分析报告》，2020 年 1 月 17 日。

平的发行人融资状况加剧分化，进一步加大信用风险暴露。最后，从发行人来看，外部环境变化暴露了中低评级发行人在竞争能力、战略规划与公司治理等方面的诸多问题，尤其是公司经营基本面呈现弱化趋势。市场竞争能力较弱、战略规划较为激进、股权结构与实际控制关系复杂、存在较大规模关联方资金占用的发行人面临着更高的违约风险。

此前违约事件增速较快在2019年得到较好的控制。在债券违约主体方面，2019年民营企业的债券违约数量和违约金额均占主要部分。融资难、流动性危机及经营困境是2019年债市违约的主要因素。2019年监管当局推出违约债券转让服务及担保品违约处置业务来完善债券市场风险疏导机制，提高了违约债券处置效率，促进信用风险出清。

3. 对财务公司的影响与财务公司的应对

财务公司是债券市场的重要参与者，受债券市场影响较为显著。一是财务公司通过债券市场进行资产负债管理；二是财务公司通过债券市场进行融资；三是财务公司可以承销成员单位的企业债券、试点在银行间交易商协会承销企业集团成员单位债券或者作为债券承销财务顾问开展相关业务。这三个方面的业务都受到债券市场发展状况的影响，特别是债券收益率的变化对财务公司的资产收益具有直接的影响。

2019年，受中美经贸摩擦及我国经济增长整体放缓等因素的影响，债券市场出现了较为显著的调整，给财务公司的融资、投资和流动性管理等带来更大的难度。不过，值得注意的是，这种负面冲击相对有限。首先，由于财务公司与债券市场相关的业务规模及其占比仍然十分有限，债券市场变化对财务公司整体的影响仍较小。其次，财务公司通过债券市场的投资规模相对较小，对财务公司整体投资收益的直接影响也相对有限，但对于其他投资渠道收益降低的间接影响个体差异较大。财务公司融资后主要用于公司内部或企业集团及成员单位，风险仍然可控。最后，财务公司普遍较为完善的风险管理体系，尤其是企业集团作为流动性问题最后责任人的制度安排，使得财务公司流动性风险较小。

由于财务公司通过债券融资的资金占比相对较小，财务公司需要更多考虑收益率变化导致的价格变化及其对资产端的影响。2020年受新冠肺炎疫情影响，中国人民银行已向市场投入合理充裕流动性，并引导市场利率下行，2020年存量债券价格可能有所上升，但是由于新冠肺炎疫情防控、经济增长和市场博弈均存在不确定性，债券收益率存在大幅波动的可能性。债券市场流动性以及收益率变化给财务公司资产负债管理带来了更多不确定性，特别是财务公司在银行间市场拆入资金的期限不能超过7天，短期流动性管理难度加大。最后，受新冠肺炎疫情影响，我国不少企业经营将陷入困境，存量债券兑付风险将有所上升，财务公司需警惕债券信用风险特别是债券违约的影响并做好风险预案。

（二）股票市场

1. 股票市场运行状况

2019 年，美联储、欧央行等货币政策转向宽松，带动全球较多经济体降息。货币政策宽松给资本市场注入了充裕流动性，尽管贸易摩擦仍在加剧，全球经济下行压力仍旧较大，但宽松货币政策的利好使得全球主要股票市场仍有不同程度的上涨。2019 年，中国 A 股市场上涨较多、表现较好，上证综指和深圳成指大幅上涨 22.30% 和 44.08%；香港恒生指数温和上涨 9.07%，弱于 A 股。美国三大股指分别上涨了 22.34%、28.88% 和 35.23%（见图 2-6）。

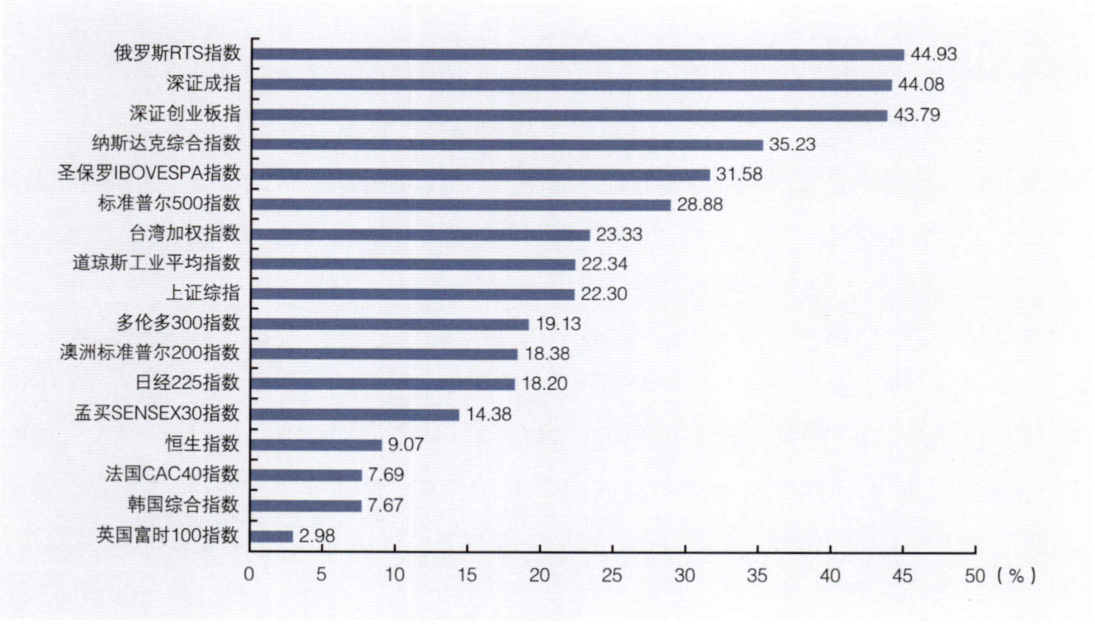

图 2-6　2019 年全球重要股指涨跌幅情况

资料来源：Wind。

国内股票市场成交量明显增加，2019 年沪、深股市累计成交 127.4 万亿元，日均成交 5222 亿元，同比增长 40.7%。股票市场筹资额稳健增长，A 股全年筹资 6148 亿元，同比增加 11.2%。

2. A 股市场估值结构调整

2019 年，随着科创板正式推出等利好及合理充裕流动性支持，A 股市场大幅增长，同时估值结构产生重大变化。2019 年末，沪市 A 股加权平均市盈率从上年的 12.50 倍上升至 14.28 倍，深市 A 股加权平均市盈率从上年末的 20.16 倍降至 26.25 倍，估值水平明显提升。化工、钢铁、有色金属、家用电器、电子、传媒等行业的市盈率大幅上升，仅有建筑装饰、商品贸易、公用事业这三个行业的市盈率有小幅下降（见图 2-7）。估值结构变化反映了投资风格和风险偏好的相对变化，2019 年 A 股市场风险偏好有所提升。

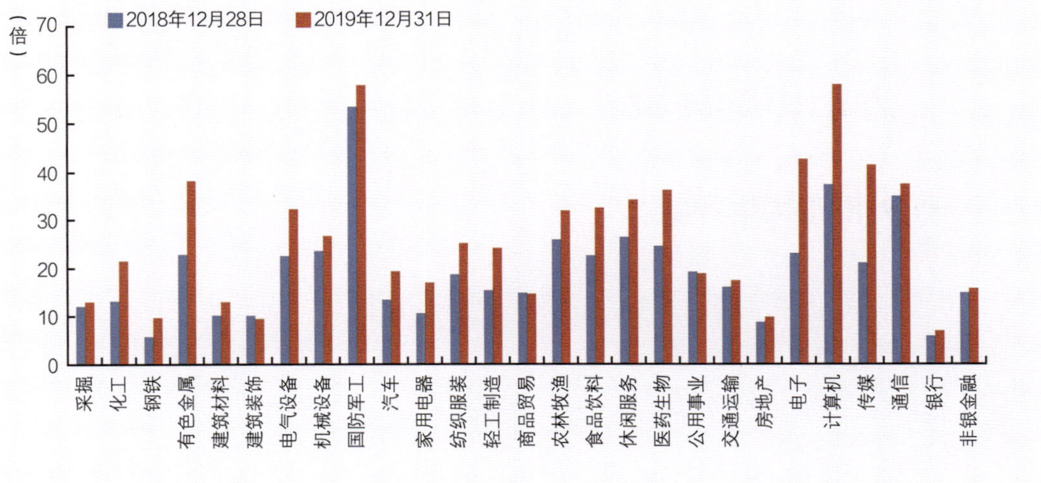

图 2-7　2018 ~ 2019 年 A 股各行业市盈率变化

资料来源：Wind。

2019 年，随着科创板的推出，股票市场公开发行数量大幅上升，共计 203 家公司在 A 股市场上市融资，其中科创板上市数量 70 家，较 2018 年多 98 家，家数同比增加 93.3%，IPO 市场募资总额 2532.48 亿元，其中科创板募资总额 824.28 亿元。科创板的正式推出提振了投资者的信心，也有助于进一步调节市场结构，有利于 A 股市场长期向好发展。

2020 年，随着新冠肺炎疫情的全球大流行，股票等金融遭遇了巨大的冲击，尤其是 2020 年 3 月，全球股票市场遭遇了近十年的最大冲击，美国股票市场在 3 月 9 ~ 16 日遭遇历史性的三次熔断。美联储紧急降息 100 个基点并启动 7000 亿美元量化宽松政策亦难以改变市场颓势。如果疫情扩散没能得到控制，包括股票市场在内的国际金融市场将会动荡剧烈甚至引发重大金融危机。

3. 对财务公司的影响与财务公司的应对

作为机构投资者，股票市场波动会对财务公司的股权投资形成直接影响。作为财务公司资产配置的一个重要方向，股票市场涨跌幅对财务公司的效益提升和风险管理具有重要的意义。2019 年股票市场上涨幅度较大，但波动较为剧烈，财务公司股权投资整体稳健运行，有效控制风险，取得了较好的投资业绩。

从国内财务公司的实践来看，财务公司在股票市场的投资整体规模较小、投资风格稳健、收益相对稳定，但是，需要时刻跟踪疫情演进及其对市场波动的冲击，适当限制头寸，多措并举控制风险。

三　外汇市场环境

（一）外汇市场运行状况

2019 年，国际经济贸易形势复杂化，全球外汇市场出现较大波动，人民币汇率呈现宽幅波动态势。2019 年末，中国外汇中心（CFETS）的人民币汇率指数为 91.39，较上年末下跌 2.03%。2019 年 1 ~ 4 月，受国民经济开局平稳、境外资金流入等影响，人民币兑美元汇率有所升值；5 月以后受国际经济金融形势和贸易保护主义措施影响，人民币兑美元汇率有所贬值。2019 年 8 月 5 日，中美经贸摩擦升级使得人民币兑美元汇率“破 7”。9 月后市场预期趋于平稳，人民币兑美元汇率和兑一篮子货币汇率小幅升值，并在 12 月后稳定在 7.0 以内（见图 2-8）。2019 年人民币汇整体保持稳定，汇率制度弹性明显增强，宏观经济调节和国际收支“自动稳定器”功能有所强化。

2019 年我国收支保持基本平衡。2019 年我国经常账户顺差 1775 亿美元，其中货物贸易顺差增长，服务贸易逆差缩小。资本和金融账户中，直接投资净流入 591 亿美元，证券投资顺差约 600 亿美元。截至 2019 年末，外汇储备余额为 31079 亿美元，较 2018 年末增加 352 亿美元。2019 年 9 月末，我国全口径（含本外币）外债余额为 20523 亿美元。其中，短期外债余额为 12055 亿美元，约占外债余额的 59%。

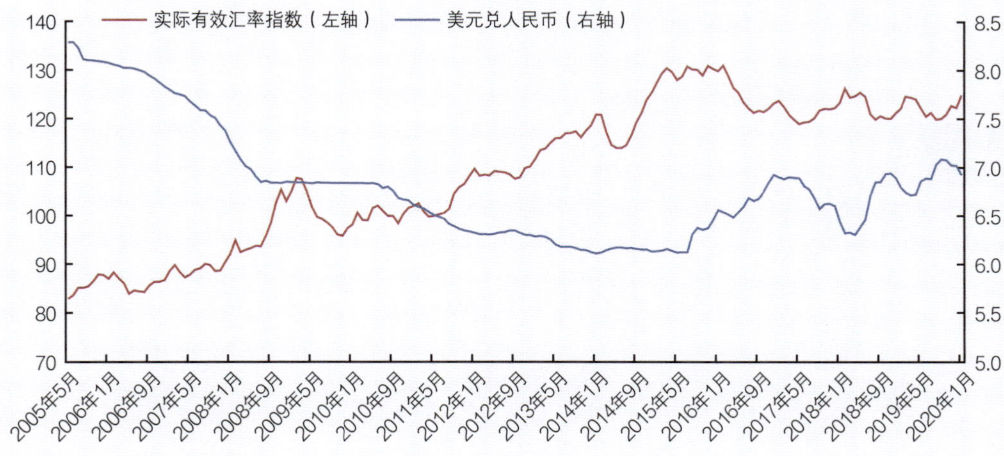

图 2-8　人民币汇率走势

资料来源：Wind。

2019 年以来，中国外汇市场整体发展态势良好，交易机制不断创新，交易效率不断提升，外汇市场广度和深度不断强化。截至 2019 年末，共有即期市场会员 711 家，远期、外汇掉期、货币掉期和期权市场会员各 245 家、239 家、197 家和 146 家，即期市场做市商 30 家，远掉期市场做市商 27 家。2019 年，人民币外汇即期成交金额 7.9 万亿美元，同比增长 4%；人民币外汇掉期交易累计成交金额折合 16.4 万亿美元，同比减少 0.5%，其中隔夜美元掉期成交 9.5 万亿美元，占掉期总成交额的 57.9%。

（二）对财务公司的影响与财务公司的应对

外汇市场的波动将影响财务公司的跨境资金管理业务、结售汇业务以及集团公司贸易往来，对进出口占比较大的财务公司有一定的影响。多年来，财务公司积极拓展外汇市场相关业务，外汇业务逐步成为财务公司的一个重要业务品种。2019 年财务公司行业外汇业务整体平稳发展，较好地服务集团及成员单位的海外业务。2019 年财务公司行业没有出现重大外汇风险事件。

2020 年财务公司外汇市场业务需要警惕新冠肺炎疫情大流行的潜在影响。在疫情全球大流行的背景下，境外市场和汇率市场波动也会影响财务公司的跨境业务、资金管理及结售汇等业务，对集团进出口占比较大的财务公司应注重外汇风险的管理。

第三章
政策环境

2019年，面对国内外风险挑战明显上升的复杂局面，国家坚持稳中求进工作总基调，坚持以供给侧结构性改革为主线，聚焦高质量发展，强化宏观经济政策逆周期调节，扎实做好“六稳”工作，在推动经济社会持续健康发展的同时，也为财务公司行业高质量发展营造了良好的外部环境，助推财务公司行业日趋规范完善。

一 宏观经济政策环境

2019年宏观经济工作继续坚持稳中求进，继续打好三大攻坚战，进一步做好“六稳”工作，强调宏观政策逆周期调节功能，供给侧结构性改革重心由“三去”转至“一降一补”，更多在“巩固、增强、提升、畅通”上发力。2019年我国宏观经济政策紧紧围绕“六稳”目标，进行逆周期调节，推动经济社会健康发展。

2019年初宏观经济短暂企稳，“结构性去杠杆”重回视野。2019年4月19日召开中央政治局会议延续中央经济工作会议总基调，坚持稳中求进基本思路，但是，基于第一季度经济运行开局平稳、市场信心明显提升、GDP同比增长6.4%等情况，此次会议对经济基本面的担忧明显减少，更加强调结构性改革，明确要通过改革开放和结构调整巩固经济社会稳定大局，“促改革、调结构”的重要性开始提升。逆周期调节方面，积极的财政政策加力提效与稳健的货币政策松紧适度依然未变，并更加聚焦“推动高质量发展”。

中美经贸摩擦使得宏观经济政策稳增长的压力陡增。面对中美经贸摩擦日趋复杂、负面效应开始显现，叠加外部需求下降，2019年第二季度大部分经济金融数据有所回落，国内经济下行压力不断加大。7月30日召开的中央政治局会议重提“六稳”，要求全面做好“六稳”工作以有效应对经贸摩擦，“稳增长”的重要性有所提高。在政策方面，继续强调财政政策要加力提效，重点是继续落实落细减税降费政策，货币政策在松紧适度的基础上，新增“要保持流动性合理充裕”的要求，政策进入温和结构性宽松时期。

另外，国务院常务会议多次聚焦“六稳”，要求“稳外贸”，进一步扩大对外开放、推动进出口稳中提质；要求“稳就业”，加大力度落实就业优先政策、促进扩大就业。其中，2019 年 9 月 4 日国务院常务会议要求把做好“六稳”工作放在更加突出位置。面对中美经贸摩擦加剧和经济下行压力加大的担忧，“六稳”重新全面回归宏观政策调节主基调。

2019 年，在以“六稳”为主基调的宏观经济政策调节下，我国国民经济运行总体平稳，经济结构持续优化，高质量发展扎实推进；消费对经济增长的拉动作用增强，工业生产和投资较为稳定，进出口规模扩大；就业总体稳定，物价变化呈现结构性变化趋势，尤其是猪肉价格上涨较为明显，但整体仍在政策目标之内。全年实现国内生产总值同比增长 6.1%，全国居民消费价格指数同比上涨 2.9%，货物贸易顺差高达 2.9 万亿元。

二 货币政策环境

（一）货币政策

2019 年以来，我国货币当局积极应对经济下行等各种不利局面，坚持金融服务实体经济，实施稳健货币政策，力求改革和调控、短期和长期、内部均衡和外部均衡有机结合，加强逆周期调节和结构调整，适时预调微调，通过降准、改革 LPR 报价等引导实体融资成本下降，为实现“六稳”和经济高质量发展营造了适宜的货币金融环境。

聚焦结构性货币政策坚持“滴灌”。中国人民银行坚持稳健政策取向，不断加强结构性调节，重点支持制造业、民营企业和小微企业等。一方面，构建“三档两优”存款准备金框架，并先后三次降准。2019 年初，中国人民银行扩大普惠金融定向降准优惠政策覆盖面，将普惠金融定向降准中的小微企业贷款考核标准由“单户授信小于 500 万元”调整为“单户授信小于 1000 万元”，同时分两次实施普惠金融定向降准。5 月，中美经贸摩擦升级，为缓解部分中小金融机构局部性、结构性的流动性紧张，对服务县域的农商行实行优惠存款准备金率，分三次下调 2 ~ 3.5 个百分点至农村信用社档次，全部用于发放民营企业和小微企业贷款。9 月，通过“全面降准 + 定向降准”的“组合拳”，释放长期稳定资金，同时精准“滴灌”，对仅在省域内经营的城市商业银行额外降准 1 个百分点，分两次落实到位，引导中小银行立足当地、回归本源。全年三次降准共释放资金 2.7 万亿元，有效满足了流动性需求，降低了社会融资成本。另一方面，灵活运用公开市场操作工具引导企业融资成本下行。6 月 14 日，中国人民银行增加再贴现额度 2000 亿元、常备借贷便利（SLF）额度 1000 亿元，加强对中小型银行流动性支持；自 2018 年末创新定向中期借贷便利（TMLF）以来，2019 年全年又开展三次，支持大型商业银行、股份制商业银行向小微和民营企业提供长期稳定资金，鼓励发挥大中型银行“领头羊”作用，带动企业降低融资成本。

LPR 重磅落地疏通货币政策传导。中国人民银行坚持“用改革的办法疏通货币政策传导”的货币政策主线，稳妥推进利率市场化改革，推动“两轨并一轨”。8 月 17 日，中国人民银行决定改革完善 LPR 形成机制，通过挂钩中期借贷便利（MLF）、增加 5 年期以上期限品种、增加 8 家报价行、降低报价频率为每月一次、纳入宏观审慎评估体系（MPA）等方式，打破贷款利率隐性下限，疏通市场化利率传导渠道，迈出了利率“两轨合一轨”工作的重要一步，完成了利率市场化改革的关键一环（见表 3-1）。

表 3-1　LPR 改革历程

时间	出处	相关内容
2013.7.19	中国人民银行《关于进一步推进利率市场化改革的通知》	全面放开金融机构贷款利率管制
2015.10.23	中国人民银行《关于下调金融机构人民币贷款和存款基准利率并进一步推进利率市场化改革的通知》	放开了存款利率上限，我国利率管制基本放开
2018.2.14	2018 年中央经济工作会议	货币政策调控和传导机制进一步健全
2018 年第一季度	《2018 年第一季度中国货币政策执行报告》	首提“两轨并一轨”
2018 年第三季度	《2018 年第三季度中国货币政策执行报告》	开始主动将“两轨并一轨”纳入下阶段主要政策思路
2018 年第四季度	《2018 年第四季度中国货币政策执行报告》	在下阶段主要政策思路中再提“两轨并一轨”
2019.1.4	2019 年中央经济工作会议	稳妥推进利率“两轨并一轨”
2019.8.17	中国人民银行公告〔2019〕第 15 号	完善 LPR 形成机制，推出新的 LPR 报价原则、形成方式、期限品种、报价银行、报价频率和运用要求

中国人民银行积极督促 LPR 推广运用，稳妥推进存量贷款定价基准转换。中国人民银行将银行新发放贷款运用 LPR 的占比情况纳入宏观审慎评估体系（MPA），促进银行积极有序运用 LPR 定价，将 LPR 下降效果有效传导至贷款利率。2019 年初至 7 月，新发放企业贷款加权平均利率在 5.30% 附近波动，LPR 改革后贷款利率下降明显，12 月新发放企业贷款加权平均利率为 5.12%（见图 3–1）。2019 年末，新发放贷款中运用 LPR 的占比已达到 90%，LPR 改革的作用逐步显现。LPR 改革增强金融机构自主定价能力、提高贷款市场竞争性、促进贷款利率下行的作用正在发挥。

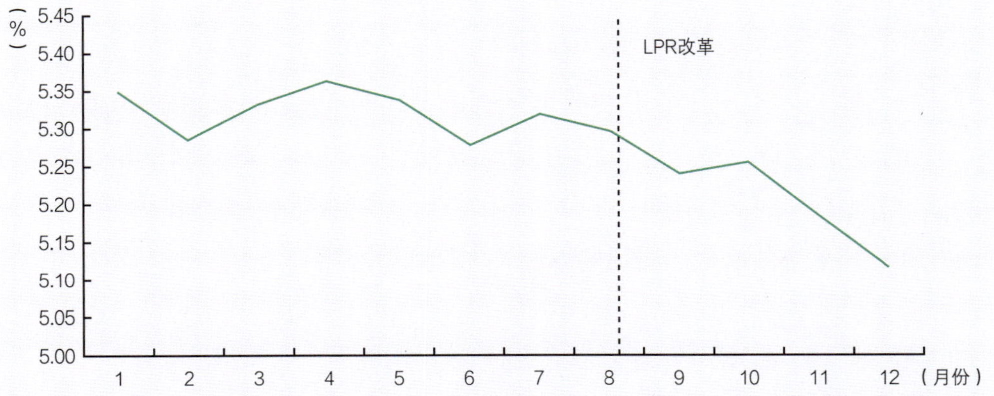

图 3–1 企业贷款加权平均利率情况

资料来源：中国人民银行。

2019 年金融业对外开放坚定不移，政策出台蹄疾步稳。2019 年金融业对外开放政策主要集中于放宽准入门槛、丰富商业存在形式、扩大经营范围和便利业务开展四个方面。四个方面政策利好接踵而至，促使外资金融机构纷纷布局中国市场。首家外商独资保险控股公司——安联（中国）保险控股有限公司获批开业，东方汇理资产管理公司和中银理财有限责任公司合资在华设立的首家外方控股理财公司获批成立，首家外商独资信用评级机构——标普信用评级（中国）有限公司开业，两家新设外资控股合资证券公司——野村东方国际证券有限公司和摩根大通证券（中国）开业。同时，资本市场对外开放取得积极进展。A 股纳入富时罗素指数及标普新兴市场全球基准指数，明晟公司 MSCI 指数将 A 股纳入因子从 5% 提升至 20%；中国债券先后被纳入彭博巴克莱全球综合指数、摩根大通全球新兴市场多元化指数等国际主要债券指数。截至 2019 年末，境外投资者在银行间债券市场持债规模约 2.2 万亿元，同比增长 27%。

（二）对财务公司的影响

我国货币当局着力引导实体融资成本下降，创造了整体相对宽松的货币金融环境，对财务公司资产端和负债端产生了一定影响。

在资产端，LPR 改革落地，贷款市场利率逐步下行，2019 年财务公司新发放贷款参照 LPR 报价，推动财务公司平均贷款利率减少 23 个 bp，进而使存贷息差收窄 40 个 bp；在货币政策逆周期调节下，市场利率下行，带动投资标的收益率趋势性下滑，财务公司可投资的优质型、高收益标的日渐缺失，影响资金效益提升。

在负债端，受市场流动性合理充裕影响，2019 年银行间质押式回购加权利率隔夜品种、7 天品种、14 天品种平均利率分别为 2.2390%、2.6714%、2.8572%，分别较 2018 年减少 30 个、35 个、71 个 bp。市场资金利率的下行，对财务公司降低主动负债成本具有一定的积极意义；对作为财务公司行业负债主体的内部存款而言，外部市场资金宽松虽对利率下行也有一定引导效应，但反应相对滞后。

三　财政政策环境

（一）财政政策

2019 年，为落实减税降费和聚力增效要求，在财政减收增支下，一般公共预算和政府性基金预算收支提前出现“双缺口”，为弥补“双缺口”，地方政府债券发行不断扩大。从整体上看，全年财政政策积极作为，力促“六稳”。

1. 减税降费持续加码

2019 年，中央政府高度重视减税降费工作。在党中央领导下，国务院先后 19 次部署减税降费工作，针对性地推出了有史以来力度最大、规模空前的减税降费政策，涵盖小微企业普惠性减税、个人所得税专项附加扣除、深化增值税改革、降低社会保险费率等政策措施，全年减税降费超过 2 万亿元，在应对复杂形势、缓解经济下行压力、稳定经济增长等方面发挥了重要作用。

一是深化增值税改革。4 月 1 日起，深化增值税改革正式实施，《关于深化增值税改革有关政策的公告》《关于国内旅客运输服务进项税抵扣等增值税征管问题的公告》

《关于明确生活性服务业增值税加计抵减政策的公告》《关于明确部分先进制造业增值税期末留抵退税政策的公告》等政策文件集中出台，从“降税率”“扩抵扣”“退留抵”等方面为实体经济提供了较为扎实的财政政策支持。主要表现在，继续调降部分行业增值税税率，例如，制造业等行业16%的增值税税率降至13%，交通运输业、建筑业等行业10%的增值税税率降至9%，相应调整部分货物服务出口退税率、购进农产品适用的扣除率等；进一步扩大进项税抵扣范围，将旅客运输服务纳入抵扣；对主营业务为邮政、电信和现代服务业纳税人，按进项税额加计10%抵减应纳税额，对主营业务为生活性服务业纳税人按进项税额加计15%抵减应纳税额。

二是实施小微企业普惠性减税。1月9日，国务院常务会议决定再推出一批针对小微企业的普惠性减税措施，财政部、税务总局随后发布了《关于实施小微企业普惠性税收减免政策的通知》，将小规模纳税人增值税起征点由月销售额3万元提高到10万元；大幅放宽可享受企业所得税优惠的小型微利企业标准，加大所得税优惠力度；由省、自治区、直辖市人民政府视情况，对增值税小规模纳税人在50%的税额幅度内减征资源税、城市维护建设税、房产税、城镇土地使用税、印花税、耕地占用税和教育费附加、地方教育附加；扩展投资初创科技型企业享受优惠政策的范围。

三是关注民生改善。国务院在2018年底印发的《个人所得税专项附加扣除暂行办法》于2019年1月1日起正式实施，6项专项附加扣除政策兼顾公平和效率，其高效执行，在减轻群众税收负担、增加居民实际收入、增强消费能力等方面发挥了重要作用。

此外，政府还在降低社会保险费率、清理规范行政事业性收费和政府性基金方面发力，相关部门制定了降低企业用能、物流、电信等费用措施，切实减轻了企业和社会负担。

2. 地方政府融资致力动态平衡

2019年，为应对中美经贸摩擦升级、国内经济下行压力加大，财政部与国务院先后发布《关于做好地方政府债券发行工作的意见》和《关于做好地方政府专项债券发行及项目配套融资工作的通知》，地方债政策“疏堵并举”，在提速扩容与防范风险两方面发力，并在两者之间寻求动态平衡。

（1）积极“开前门”稳投资

一是发行提速扩容。《2019年政府工作报告》要求，大幅增加新增债券额度，特别是新增专项债券的发行额度，安排地方政府专项债券2.15万亿元，一般债券0.93万亿元；同时，财政部积极指导各地加快地方债券发行，发行使用进度，5月底完成新增债券发行，提前下达额度 1.39 万亿元，9 月前完成全年新增债券发行任务，10 月底新增专项债券资本金全部拨付至项目，进度较往年提前。2019 年，全国发行地方政府债券 4.36 万亿元，其中一般债券 1.77 万亿元，专项债券 2.59 万亿元。

二是聚焦重点领域和重大项目。重点支持京津冀协同发展、长江经济带发展、粤港澳大湾区建设、长三角区域一体化、推进海南全面深化改革开放等重大战略和乡村振兴战略、“一带一路”建设，以及棚改等保障性安居工程、易地扶贫搬迁后续扶持、自然灾害防治体系建设、公用事业城镇基础设施建设、农业农村基础设施建设等方面地方债的发行。

三是发行机制日趋市场化。3 月 16 日，财政部发布《关于开展通过商业银行柜台市场发行地方政府债券工作的通知》，推出地方政府债券在商业银行柜台市场发行，重点支持专项债券在本地区范围内面向个人和中小机构投资者发售；放开地方债券期限比例结构限制，地方财政部门可自主确定期限，并提高长期专项债发行比例；支持市场机构独立评级，根据政府债务实际风险水平，合理形成市场化信用利差。

四是拓宽适用范围。扩大专项债作为资本金项目范围，允许将专项债券资金作为符合条件的重大项目资本金，增加有效投资。

（2）坚决“堵后门”防风险

2019 年，政府继续施策做好风险防范化解，杜绝泛化滥用、超出财政承受能力立项及变相举债等问题，明确举债要与偿债能力相匹配，对举借隐性债务上新项目、铺新摊子行为进行坚决问责、终身问责、倒查责任。5 月 21 日，财政部下发《关于梳理 PPP 项目增加地方政府隐性债务情况的通知》，要求梳理入库 PPP 项目纳入政府性债务监测平台的情况，增加地方政府隐性债务的项目要中止实施或转为其他合法合规方式继续实施，继续实施的要按照地方政府隐性债务管理有关规定妥善整改并做好地方政府隐性债务化解工作，进一步遏制假借 PPP 名义增加隐性债务行为；9 月 4 日，国务院常务会议明确指出，加强专项债项目管理，防止出现“半拉子”工程。

（二）对财务公司的影响

2019 年，由于增值税改革并未涉及金融业，金融业增值税率依然维持 6% 不变，未给财务公司行业带来直接利好，但是大规模的减税降费政策涉及制造业、交通运输业、建筑业、邮电通信和现代服务业等行业，给处于此类行业的企业集团带来了重大利好，在推动其生产经营持续向好的同时，也间接有利于旗下财务公司更好地发挥资金集中管理职能和金融服务功能。

四 金融监管政策环境

（一）金融监管政策

2019 年，我国金融监管政策紧紧围绕坚决打好防范化解包括金融风险在内的重大风险攻坚战，不断增强金融服务实体经济能力，推动我国金融业持续健康发展。

1. 强监管态势持续

（1）强化补齐监管短板，防止监管真空

其一，完善系统重要性金融机构监管框架。2019 年，人民银行开展了系统重要性银行评估工作，牵头起草《系统重要性银行评估办法（征求意见稿）》，从规模、关联度、可替代性和复杂性四个维度初步确立了我国系统重要性银行的评估指标体系，并于 11 月 26 日向社会公开征求意见。

其二，研究制定金融控股公司监管规则。7 月 26 日，人民银行牵头起草发布《金融控股公司监督管理试行办法（征求意见稿）》，为我国非金融企业投资形成的金融控股公司发展明确了制度红线，填补了监管空白；针对其所涉业务种类多、股权结构复杂、关联交易风险高等特点，遵循宏观审慎管理理念，强化监管约束，防范金融风险跨行业、跨市场传递。

其三，完善资管行业政策框架。2019 年是商业银行理财子公司元年和真资管元年，16 家理财子公司获批筹建，10 家获批开业，相关产品体系正式问世。为加强监管约束，银保监会发布《关于进一步规范商业银行结构性存款业务的通知》、《商业银行理财子公司净资本管理办法（试行）》和《关于规范现金管理类理财产品管理有关事项的通知（征求意见稿）》，对结构性存款业务、理财子公司净资本运作及现金管理类理财产品运营进行规范；发布《保险资产管理产品管理暂行办法（征求意见稿）》，统一保险资管产品监管标准。中国人民银行发布《标准化债权类资产认定规则（征求意见稿）》，明确标准化与非标准化债权类资产的界限、认定标准及监管安排。年底最新修订的《中华人民共和国证券法》公布，将资产管理产品划为“证券”类别。至此，大资管行业政策框架基本搭建完毕，大资管行业新格局、新生态将逐步确立。

其四，建立银行业反洗钱监管框架。2019 年初，银保监会发布《银行业金融机构反洗钱与反恐怖融资管理办法》，建立了银保监会对银行业反洗钱工作进行监管的基本框架，要求银行业金融机构建立健全洗钱和恐怖融资风险管理体系，全面识别和评估自身面临的洗钱和恐怖融资风险，采取与风险相适应的政策和程序。年末，银保监会发布《关于进一步做好银行业保险业反洗钱和反恐怖融资工作的通知》，要求加大反洗钱和反恐怖融资资源投入，加强对从业人员反洗钱和反恐怖融资培训，并定期报送反洗钱和反恐怖融资报告，监管力度持续加大。

（2）严加监管票据业务，力促风险防范

2019年，票据套利及风险问题受到市场和机构广泛关注，7月22日，银保监会发布《关于进一步加强企业集团财务公司票据业务监管的通知》，对财务公司提出严格审查贸易背景真实性、合理确定票据承兑业务规模、加强票据承兑保证金管理、强化票据兑付流动性管理、做好票据风险应急预案等要求，并要求及时筛查票据业务规模短期内迅速增长、票据业务结构失衡的财务公司，重点关注票据承兑业务余额超出其月末存放同业余额3倍或承兑保证金存款占所有存款比例超出30%的财务公司。这是在财务公司领域首次用量化指标“圈定”需重点关注的监管文件。与此同时，北京银保监局7月25日印发《关于规范银行业金融机构票据业务的监管意见》（以下简称《意见》），针对北京地区票据领域风险特征和违规现象，重点从资金审查、贸易背景审查、商业承兑汇票业务、高比例担保票据业务以及跨省异地票据业务五个方面强化规范整治。《意见》对跨省异地票据业务进行规范，同时对客户身份提出要求，即“原则上应为以北京地区注册企业为核心的供应链企业，以及与北京地区注册企业存在债权债务关系的京津冀协同发展区域内企业”。

（3）巩固前期整治工作成果，防止市场乱象反弹回潮

2019年5月17日，银保监会印发《关于开展“巩固治乱象成果　促进合规建设”工作的通知》，强调在巩固前期整治成果的基础上，进一步针对银行机构股权与公司治理、宏观政策执行、信贷管理、影子银行和交叉金融业务风险、重点风险处置五个方面，以及对非银行领域各类机构按照相关要求，开展问题整治，突出处罚和问责，解决违规成本过低问题。

2. 金融纾困发力

为帮助解决民营企业、中小微企业融资难、融资贵问题，金融纾困政策持续发力。2019年初，银保监会下发《进一步加强金融服务民营企业有关工作的通知》，要求国有大行2019年普惠型小微企业贷款力争总体余额同比增长30%以上，这是监管部门针对民营小微企业放贷首次提出明确的监管指标；3月，银保监会又印发《关于2019年进一步提升小微企业金融服务质效的通知》，针对小微企业融资提出全年实现

"贷款增速不低于各项贷款增速、贷款户数不低于上年同期"的"两增"目标，并要求 5 家大型商业银行发挥行业"头雁"作用，再次重申 30% 增长目标；9 月，银保监会、国家发改委印发《关于深入开展"信易贷"支持中小微企业融资的通知》，从信息归集共享、信用评价体系、"信易贷"产品创新、风险处置机制、地方支持政策、管理考核激励等方面提出具体措施，破解银企信息不对称难题，督促和引导金融机构加大对中小微企业信用贷款的支持力度；11 月，银保监会与税务总局联合印发《关于深化和规范"银税互动"工作的通知》，逐步将申请"银税互动"贷款的企业由纳税信用 A、B 级扩大至 M 级，受惠企业范围不断扩大。在监管部门大力推动下，金融纾困政策效应逐步显现，民营企业、中小微企业的金融供需不平衡得到初步缓解，融资可获得性进一步提高。

3. 金融科技顶层设计不断完善

伴随金融与信息技术的深度融合，金融科技近年来备受关注。自人民银行 2017 年 5 月成立金融科技委员会以来，金融科技顶层设计的完善步伐不断加快。2019 年 8 月 22 日，人民银行出台《金融科技（FinTech）发展规划（2019–2021 年）》（以下简称《规划》），明确提出未来三年金融科技工作的指导思想、基本原则、发展目标、重点任务和保障措施。其中，重点任务涉及六个方面，分别是加强金融科技战略部署、强化金融科技合理应用、赋能金融服务提质增效、增强金融风险技防能力、强化金融科技监管、夯实金融科技基础支撑。《规划》进一步指出，通过联防联控，显著降低银行业风险管理成本，通过统一金融风险监管平台，实现深层次、全链条、实质性监控金融风险，尤其是区域金融风险，同时加强金融科技技术本身的安全性监管。

（二）对财务公司的影响

金融强监管进一步引导推动财务公司规范运营。作为深耕企业集团内部业务的金融机构，尽管财务公司行业整体风险偏低，但个别财务公司发生的风险事件引起了监管机构的高度重视。针对包括财务公司在内的金融监管政策进一步收紧，对财务公司依法合规稳健经营提出更高要求和更高标准，有利于推动财务公司经营管理更加规范合规，风险合规水平不断提升。但这种强监管态势，在促使财务公司票据、投资等业务更加规范的同时，也可能会对相关业务的发展速度产生一定影响。

同时，12 月 30 日，银保监会下发《关于推动银行业和保险业高质量发展的指导意见》，进一步提出"培育非银行金融机构特色优势，鼓励企业集团财务公司加强集团资金集中管理，提高集团资金使用效率”“积极稳妥发展供应链金融服务”“大力发展绿色金融”等，将力促财务公司在未来资金集中管理和产融结合中发挥更大作用，提升服务的广度和深度。

此外,《金融科技（FinTech）发展规划（2019–2021 年）》为财务公司信息化建设指明了方向。相较商业银行，财务公司信息化建设受多方条件制约，普遍起步晚、水平低、发展慢，亟须加快推动信息化、数字化、智能化转型。此时,《规划》的出台为财务公司信息化建设提供了正确路径，指明了发展方向，助推财务公司加大金融科技运用，赋能业务开展和风险防范，推动财务公司持续高质量发展。

五　国有资产管理政策环境

（一）国有资产管理政策

1. 以管资本为主构建国资监管大格局

2019 年，国资委以“大国资”理念为引领，持续完善国有资产监管体系，并提出系列要求、出台系列相关政策。

4 月 19 日，国务院印发《关于改革国有资本授权经营体制方案的通知》，指出将更多具备条件的中央企业纳入国有资本投资、运营公司试点范围，赋予企业更多经营自主权，并要求各省、自治区、直辖市人民政府，国务院各部委、各直属机构按照本方案要求，结合实际推进国有资本授权经营体制改革，进一步完善国有资产管理体制。

7 月 26 日，国资委主要领导在地方国资委负责人座谈会上提出“加快构建国资监管大格局、形成国资监管一盘棋”的要求。随后，十九届四中全会明确指出“形成以管资本为主的国有资产监管体制，有效发挥国有资本投资、运营公司功能作用”，为国有资产监管体制改革进一步明晰了方向。

11 月 7 日，国资委印发《关于以管资本为主加快国有资产监管职能转变的实施意见》，针对当前国有资产监管越位、缺位、错位问题，从监管理念、监管重点、监管方式、监管导向等方面做出全方位、根本性转变，更加强调基于出资关系的监管、更加注重国有资本整体功能、更多运用市场化法治化手段、更加注重提升质量效益。紧紧围绕“管资本”这条主线，明确了加强资本布局整体调控、强化资本运作、优化资本收益管理、维护国有资本安全以及全面加强党的领导五项管资本的重要内容，为加快推进国有资产监管职能转变、形成以管资本为主的国有资产监管体制奠定了基础。

11 月 29 日，国资委印发《关于进一步推动构建国资监管大格局有关工作的通知》，明确统筹推进全面履职、推动形成以管资本为主的国有资产监管体制、深化经营性国有资产集中统一监管、健全国有资产监管法规制度体系、优化国有资本整体布局、推进国有企业改革、加强国有资产监督、加强国有资产基础管理、建设全国性国资国企在线监管系统、全面加强国有企业党的建设十项重点任务，提出力争用 2 ~ 3 年时间推动实现机构职能上下贯通、法规制度协同一致、行权履职规范统一、改革发展统筹有序、党的领导坚强有力、系统合力明显增强，加快形成国资监管一盘棋。

2. 国资国企改革继续向纵深推进

2019 年，国资国企改革向纵深推进并取得重要成果。

一是确立 10 家创建世界一流示范企业。党的十九大提出新一轮国企改革的目标，就是要培育具有全球竞争力的世界一流企业。1 月 25 日，国资委召开中央企业创建世界一流示范企业座谈会，明确将航天科技、中国石油、国家电网、三峡集团、国家能源集团、中国移动、中航集团、中国建筑、中国中车、中广核十家企业作为创建世界一流示范企业，力争用 3 年左右时间推动“三个领军”“三个领先”“三个典范”的世界一流企业建设取得显著成效。

二是持续提速国企混改。5 月，国务院国有企业改革领导小组第二次会议审议通过了国有企业混合所有制改革第四批共 160 家试点企业名单，资产总量超过 2.5 万亿元。11 月 8 日，国资委发布《中央企业混合所有制改革操作指引》，从操作流程、混资本、改机制、政策支持等角度系统阐述了央企混改路径及要求，稳妥有序推进混合所有制改革。

三是加快推进央企重组融合。5 月，中国安能建设集团有限公司正式挂牌；7 月，中国保利集团有限公司与中国中丝集团有限公司实施重组；9 月，中国宝武与马钢集团正式联合重组；10 月，中国船舶工业集团与中国船舶重工集团官宣筹划战略性重组；12 月，国家石油天然气管网集团有限公司正式挂牌成立，石油天然气管网运营机制市场化改革迈出关键一步。

3. 央企考核分配机制持续完善

1 月 16 日，国资委发布《中央企业工资总额管理办法》，明确按中央企业功能定位对工资总额实行分类管理，将工资总额预算备案制管理的实施范围扩大到全部主业处于充分竞争行业和领域的商业类中央企业，由企业董事会依法依规自主决定年度工资总额预算，国资委由事前核准转变为事前引导、事中监测和事后监督；并提出对中央企业工资总额实行分级管理、进一步完善中央企业工资总额与经济效益挂钩决定机制、强调深化企业内部分配制度改革、强调对工资总额管理的监督检查，有效体现了党的十九大提出的坚持质量第一、效益优先的发展理念。

3 月 7 日，国资委发布《中央企业负责人经营业绩考核办法》，突出高质量发展的考核引导，多角度构建年度与任期相结合的高质量发展考核指标体系，强化国际对标、行业对标，对不同功能和类别的企业突出不同考核重点和考核指标要求，进一步加大正向激励力度，引导企业由规模速度型粗放增长转向质量效率型集约增长，由投资、劳动等要素驱动转向创新驱动，从增量扩张为主转向调整存量、做优增量并举。

4. 发布新规支持央企财务公司发展

3 月 25 日，国资委印发《关于加强中央企业金融业务管理和风险防范的指导意见》，明确提出“支持央企财务公司发展，控制或限制与主业关联度不大的金融机构发展”的分类管理要求，这为财务公司高质量发展带来了新的机遇。

8 月 13 日，国资委在《转发中国银保监会办公厅关于通报中央企业财务公司 2018 年监管情况的函的通知》中，从基本定位、管理考核、业务规范、风险防控和组织治理等方面，对各有关中央企业提出了支持央企财务公司发展的新要求。

一是牢牢把握财务公司基本定位。资金集中管理方面，要充分发挥财务公司资金集中平台作用，持续拓展资金集中管理范围和深度，优化专项资金、境外资金等特殊资金的集中管理方式，加快资金内部融通，提高使用效率，确保全口径资金集中度稳步提升；金融服务方面，要在风险可控前提下，积极探索延伸产业链金融服务，稳妥推进产业链内财务公司票据互认与贴现合作，促进资金成本压降、“两金”压控和降杠杆减负债工作。

二是优化财务公司管理考核。要在经营规划、用人机制、绩效考评、职工薪酬等方面对财务公司实施差异化管理，提高风险类、合规类、服务类指标在业绩考核中的权重，促进财务公司创新服务方式，严格防范风险，增强服务能力。

三是强化财务公司风险防控和合规经营能力。要求财务公司强化风险识别、计量、监控及管理水平，切实加强信用风险和流动性风险管控，审慎开展投资业务，做好压力测试和应急预案，有效防范投资风险；严格遵守法律法规和行业监管的有关要求，在核准的业务范围内依法合规开展业务，不得以任何形式变相突破业务范围，并强化行业监管法律法规的学习培训，提升合规经营水平。

四是不断完善财务公司法人治理结构。合理设置权责权限，规范履行决策程序，加强内部控制建设，完善管理制度体系，持续优化业务管控流程，加大内控日常监督检查力度，确保内部控制不断完善并有效执行。

（二）对财务公司的影响

以管资本为主构建的国资监管大格局，给国有企业集团财务公司发展带来了全新机遇，也为财务公司加快适应这一全新格局、围绕管资本贡献服务价值，提出了全新挑战。主要体现在以下几个方面。

第一，国家所明确的 10 家创建世界一流示范企业的确立，可能得到更多政策支持，有望为其旗下财务公司带来新的发展机遇；同时，也对财务公司提高服务水平、适应世界一流企业建设需要提出了高标准严要求。这将对其他央企财务公司乃至整个行业的发展产生良性示范效应。

第二，国企混合所有制改革不断推进，相关企业集团获得更多社会资本支持，有利于集团做大做强，利好财务公司发展；同时，如何服务混合所有制改革进程，如何为混合所有制下的全新成员单位提供优质服务，也为财务公司开辟了新的发展空间。

第三，央企改革步伐加快，重组加速，可能进一步带动相关财务公司整合；在整合过程中如何完成机构、人员、产品、系统、文化的全方位整合，实现优势互补，发挥“1+1>2”的整合效应，将成为财务公司自身改革创新的重大课题。

第四，央企考核分配机制的持续完善，有望带动包括财务公司在内的下属企业考核机制的全面改革，进一步释放财务公司作为金融机构的发展潜力。

第五，针对央企财务公司的一系列新规，在进一步规范央企财务公司发展的同时，强调财务公司坚守本源，更好履行职责定位，有望为行业高质量发展带来新机遇。

第四章 行业自律环境

《中华人民共和国国民经济和社会发展第十三个五年规划纲要》提出了“健全社会组织管理制度，形成政社分开、权责明确、依法自治的现代社会组织体制”的目标。国务院《“十三五”市场监管规划》明确要求，顺应现代治理趋势，努力构建“企业自治、行业自律、社会监督、政府监管”的社会共治新机制。作为一种重要的自主治理形式，行业自律借助行业协会的力量，通过促进行业成员的集体自律，协助政府进行市场监管。理论和实践表明，行业自律能够对行政监管形成有益补充和有力支持。2019 年，全国 258 家财务公司的自律组织中国财务公司协会以习近平新时代中国特色社会主义思想和党的十九大精神为指引，在中国银保监会的正确领导和会员单位的支持下，继续聚焦“自律、维权、协调、服务”四项职能，不断提升服务质效，引导财务公司规范经营，推动行业健康发展。

一 继续强化完善行业自律

进一步完善行业治理机制。根据行业发展的新形势和监管制度的新要求，修订行业自律规章制度，制定并修改完善协会章程，会员管理办法，理事会、监事会换届选举办法，理事会、常务理事会、监事会议事规则等制度规章。

统筹组织协会换届选举。按照公平、公正、公开的原则，综合考虑地区、行业、规模和所有制等不同情况，拟定理事会、监事会换届选举方案，组织选举产生新一届理事会、监事会和中国财协领导集体，完成新老交替。

定期组织召开会员大会、理事会和监事会，充分发挥会员大会的最高决策作用，强化理事会、常务理事会的领导作用，增强监事会的监督作用。

开展自律检查，督促财务公司认真执行《企业集团财务公司行业自律公约》《企业集团财务公司从业人员职业行为规范指引》等自律制度，了解它们贯彻落实监管政策、依法合规经营和风险防控的情况，引导财务公司规范经营。

有序完成行业评级相关工作，根据行业评级办法和评级细则相关规定，完成 2018 年度行业评级基础数据收集、审核和评级结果生成等各项工作。

二　继续重视行业维权工作

深入研究涉及财务公司的相关政策变化及影响，多次与银保监会、人民银行、国资委、外管局等相关政府部门沟通，汇报财务公司行业发展情况，反映财务公司经营发展中遇到的实际问题和政策障碍，并提出合理化建议，与有关监管部门建立良好的沟通协调机制。加强与上海票据交易所的沟通，协调推动上海票据交易所启动并推广财务公司电票业务线上清算功能，为符合条件的财务公司开通 ECDS 线上清算业务权限，有力地提升了财务公司结算能力和资金周转效率，为财务公司加入人民银行资金清算系统迈出了坚实的一步；深入研究财务公司恢复保险兼业代理资质审批、推动将汽车行业财务公司纳入公安部“放管服”便民服务机构等政策瓶颈问题，多方协调呼吁，为财务公司争取更为有利的政策空间。

三　继续发挥行业协调优势

（一）强化行业交流共享

组织“财务公司分行业宏观形势分析会”，总结国际国内经济金融形势，研判行业发展趋势，分析所属企业集团行业发展情况和对金融服务的需求。举办“财务公司分区域典型经验交流会”，就区域内财务公司业务发展的突出亮点以及共同面临的热点、难点问题进行经验分享和交流研讨。组织新设财务公司业务交流和培训，为新设财务公司尽快找准定位、提升管理和建立适合的经营模式提供经验和借鉴。组织“财务公司行业信息化交流会”，对行业的系统建设、信息安全、运维管理及最新的信息化发展趋势等进行分析。深化国际交流，开启财务公司与国际相关行业合作交流的新通道，拓宽行业人员国际视野。

（二）引导行业正面宣传

通过策划专题沙龙、优化栏目设置、加强编委队伍建设等措施加强会刊平台建设，深入挖掘会刊在财务公司行业经验分享、业务交流、形象展示等方面的功能。加强网站和微信平台建设，以提高可视性、完善栏目和内容、加强服务功能为抓手，充分发挥网站和微信平台的窗口效应。与社会主流财经媒体建立长效沟通机制，深耕主流媒体平台建设，组织策划“走进财务公司”系列调研采访活动，引导形成有利于行业发展的舆论环境。

四　继续提升行业服务质效

（一）加强调查研究，助力行业科学发展

一是探索行业发展规律，总结行业发展经验，连续四年联合中国社会科学院共同编写出版《中国企业集团财务公司行业发展报告》，全景展现财务公司行业经营发展情况。

二是牵头组织“财务公司与企业司库职能比较研究”“财务公司风险管理与商业银行风险管理比较研究”“依托区块链技术搭建财务公司信息系统供应商评价平台研究”三项课题研究工作，研究制定《中国财务公司协会课题研究管理办法》，形成战略重点课题、行业专项课题、会员单位自主课题“三位一体”的课题管理体系。

三是扎实开展行业专项调查，选择会员关注的财务公司公司治理，作为2019年行业调查重点，制订专项调研计划，综合运用问卷调查、实地走访、交流座谈等方法，撰写调研报告，为完善行业公司治理提供参考。

四是按月发布《宏观经济及监管快讯》，编辑《海外司库智力成果选译》，及时跟踪宏观经济形势、相关监管政策和海外司库发展趋势，为行业从业人员拓宽视野，促进财务公司各项业务稳健发展。

（二）完善多层次培训体系，夯实人才基础

分层次实施行业人才教育培训。结合财务公司发展趋势和需求，与高校合作定制

3 期兼具理论高度和业务实践的分行业高管研修班课程；结合监管政策和监管工作重点，为中层管理人员举办 4 期专题业务培训班；完成基础业务线上培训平台建设，扩大培训范围，节约培训成本，满足会员单位多元化的培训需求；举办 2 期“国际财资管理师认证课程”培训班，组织行业人员参加认证资格考试，为行业培养国际化专业人才。

第二篇　机构篇

2019年末，财务公司行业法人机构258家，同比多增5家；资产规模平稳增长，表内外资产首度突破10万亿元；资金集中再创新高，达51.65%，资金管控能力加强；利润增速同比放缓，盈利能力维持基本稳定；风险监控指标良好，行业风险整体可控；信贷支持力度加大，服务实体成效显著；立足服务集团主业，产业链金融快速发展。全国共有中央国有企业财务公司77家，地方国有企业财务公司130家，集体民营企业财务公司48家，外资企业财务公司3家。

2019年，财务公司行业表内外资产总额10.33万亿元。表内资产7.02万亿元，同比增长10.87%。负债规模为6.02万亿元，增速较上年略有上升。所有者权益总额9925.56亿元，同比增长10.12%。实现营业净收入1421.10亿元，增速为0.57%，比上年下降15.22个百分点。营业支出136.20亿元，增速11.93%。净利润817.15亿元，同比增长3.39%。平均资金集中度为51.65%，较上年提升2.17个百分点，逐年上升。

2019年，面临复杂的经济、金融和市场环境，财务公司行业注重机构方向正确、路径正确、过程正确和结果正确。2019年末行业资本充足率高达19.78%，行业不良贷款率为0.86%，无不良资产财务公司数为220家，占比高达85.3%，主要监管指标均非常稳健。

2019年，财务公司行业持续加大信息化建设和管理工作力度，信息化水平持续提高，信息化管理制度持续完善，核心系统建设取得积极进展。财务公司构建全面信息科技规划体系，完善各类信息科技管理制度，着力提升核心系统业务处理能力，大力拓展渠道系统自助服务功能，持续推进数据仓库分析水平，加强信息安全防护体系建设。

2019年，财务公司行业人力资源管理进一步科学化、规范化，人才队伍持续保持高质量发展。全行业人才规模达13695人，增速略有放缓。民营企业、外资企业系统外人员流失率显著较高。行业人才需求度较高的岗位为信贷客户经理、风控法律合规、信息化建设、投资业务等岗位。行业绩效考核管理体系进一步完善，人才体系建设整体取得积极进展。

Part 2 Finance Companies

In 2019, the number of finance companies continued to increase to 258 in total, with an increase of 5 companies year on year. The scale of assets grew steadily. The total assets on- and off-balance sheet registered more than 10 trillion yuan. The concentration of funds reached a new high, and the average rate in the whole industry registered 51.65%, and the fund control capability was strengthened. Profit growth has slowed year-on-year, and profitability has remained basically stable; risk monitoring indicators were well-behaved, and industrial risks were overall controllable; credit support has increased and service for group entities have achieved remarkable results; service for the group main business has been greatly improved, and the industrial chain finance developed rapidly. Till the end of 2019, there were 77 central-government-owned SOE finance companies, 130 local government-owned finance companies, 48 collective and private finance companies, and 3 foreign-funded finance companies.

In 2019, the total on- and off-balance sheet assets of the finance company industry were 10.33 trillion yuan. On-balance sheet assets were 7.02 trillion yuan, an increase of 10.87% year-on-year. Total liabilities was 6.02 trillion yuan, and the growth rate was slightly higher than the previous year. The total owner's equity was 992.56 billion yuan, a year-on-year increase of 10.12%. Realized operating net income registered 1421.10 billion yuan, a growth rate of 0.57%, down 15.22 percentage points from the previous year. Operating expenses were 13.62 billion yuan, a growth rate of 11.93%. Net profit was 81.72 billion yuan, a year-on-year increase of 3.39%. The average fund concentration was 51.65%, an increase of 2.17 percentage points from the previous year, and it keeps increasing year by year.

In 2019, in the face of complex economic, financial and market environments, the finance company industry focuses on exploring right development direction, reasonable path, effective processes and correct results. At the end of 2019, the industrial capital adequacy ratio was as high as 19.78%, the non-performing loan ratio was 0.86%, and 220 finance companies had no none-performing loans, accounting for 85.3%. The main regulatory indicators are all stable.

In 2019, the industry attached more importance on IT construction and management, with the IT application capabilities and management continued to improve, and core system construction achieved positive progress. Finance companies explore building comprehensive IT planning mechanism, optimize IT management documentations, improve core system processing capabilities, expand channel system self-service functions, improve data warehouse analysis, and strengthen information security protection.

In 2019, the industry's human resources management gradually became scientific and standardized, and the practitioners continued to maintain high quality development. The number of professionals in the whole industry reached 13,695, and the growth rate slowed down. Private enterprises and foreign-funded enterprises witnessed higher resignation rate. Jobs with high demand within the industry were credit account managers, risk control legal compliance, information construction, investment business, etc. The performance appraisal management system has been further improved, and the overall talent system construction has made positive progress.

第五章 机构概览

一　总体情况

2019年是新中国成立70周年，也是全面建成小康社会、实现第一个百年奋斗目标的关键之年，三大攻坚战取得关键进展，供给侧结构性改革继续深化，科技创新取得新突破。财务公司行业仍然坚持立足集团主业发展，服务集团成员企业的基本定位，不断提升服务能力，防控金融风险，行业整体运行平稳，呈现良好的发展态势。

（一）机构数量有所增加，资产规模平稳增长

2019年，财务公司行业机构数量有所增加，但财务公司新设机构较上年有所减少。截至2019年末，财务公司行业法人机构数量258家，较2018年末增加5家，均为当年度新设，无财务公司注销解散。

2019年，财务公司资产规模保持平稳增长，表内外资产规模首次突破10万亿元。截至2019年末，全行业表内外资产总额10.33万亿元，同比增长8.74%。其中，表内资产总额7.02万亿元，较年初增加6881.76亿元，同比增长10.87%，高于同期银行业增速2.73个百分点。

（二）资金集中再创新高，资金管控能力加强

2019年，财务公司坚持服务集团资金集中管理的基本定位，进一步加强资金归集能力，充分发挥集团资金管控功能。截至2019年末，行业各项存款余额为5.70万亿元，同比增长11.43%，行业平均资金集中度再创新高，超过50%，年末全行业平均

资金集中度达到 51.65%，较 2018 年上升 2.17 个百分点。2019 年，行业结算业务规模 490.10 万亿元，同比增长 15.70%。

（三）利润增速同比放缓，盈利能力略有下降

2019 年，全行业实现利润总额 1071.63 亿元，同比增长 3.39%，实现净利润 817.15 亿元，同比增长 3.39%，增速较 2018 年下降 1.53 个百分点。

2019 年，全行业总资产收益率 1.22%，净资产收益率 8.63%，分别较 2018 年降低 0.09 和 0.68 个百分点；全行业平均净息差和净利差分别为 1.90% 和 1.71%，均较 2018 年下降 0.23 个百分点。

（四）风险监控指标良好，行业风险整体可控

2019 年末，财务公司行业不良资产余额 501.96 亿元，无不良资产财务公司达 220 家，占全行业的比例达到 85.30%。行业平均不良资产率 0.65%，较 2018 年末上升 0.19 个百分点，不良贷款率 0.86%，较 2018 年末下降 0.10 个百分点。行业平均资本充足率 19.78%，核心一级资本充足率 18.78%，拨备覆盖率 356.49%，平均流动性比例 63.31%，均处于较好水平。

（五）信贷支持力度加大，服务实体成效显著

2019 年，财务公司紧扣集团需求，继续加大对集团和成员单位的信贷支持力度，支持实体产业发展成效显著。全年累计发放贷款 5.23 万亿元，同比增长 14.86%，年末各项贷款余额 3.32 万亿元，较上年增加 4107.70 亿元，同比增长 14.12%。

加大对民营和小微企业的金融支持是贯彻落实十九大精神、习近平新时代中国特色社会主义思想的重要举措。对于财务公司行业来说，财务公司对集团和成员单位的信贷支持，是对民营经济、小微企业最直接有效的金融服务。2019 年，财务公司行业对民营和小微企业贷款支持力度进一步加大。民营企业集团财务公司各项贷款余额 3928.00 亿元，同比增长 12.09%。财务公司行业小微企业贷款余额 3374.55 亿元，同比增长 12.01%。

（六）立足服务集团主业，产业链金融快速发展

2019 年，有 43 家财务公司向产业链下游开展消费信贷、买方信贷和集团产品融资租赁业务，全年累计发生额 4040.50 亿元，涉及中小微企业 5461 家；有 59 家财务公司向产业链上游开展延伸产业链业务，全年累计发生额 1450.46 亿元，累计发生笔数 95947 笔，涉及中小微企业 7334 家。产业链金融业务为财务公司更好服务集团主业、改善产业链上下游企业融资难融资贵现状、促进产业链整体健康发展发挥了重要的作用。

二 分布情况

（一）地区分布

截至 2019 年末，全国共有企业集团财务公司 258 家，除西藏外，其他省份均设立财务公司。其中，北京、广东（含深圳市）、上海三个省市的财务公司数量较多，分别为 73 家、24 家、23 家，机构数占行业比例依次为 28.29%、9.30%、8.91%，总计 46.50%，基本与上年持平，财务公司地区分布依然比较集中（见图 5-1）。

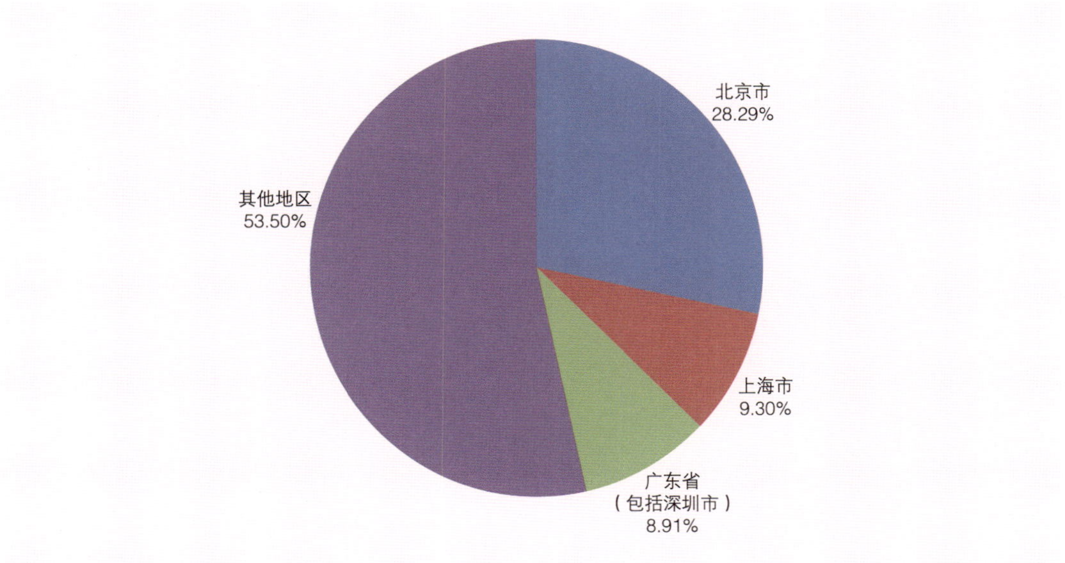

图 5-1 2019 年财务公司地区分布情况

截至 2019 年末，全行业设立分支机构和境外附属机构的财务公司较 2018 年新增 1 家，共有 10 家财务公司设有分支机构和境外附属机构，共 39 家。分支机构数量最多的是中国电力财务公司，有分支机构 12 家；全行业仅中油财务公司分别在香港、新加坡、迪拜三地拥有境外附属机构。

（二）行业分布

截至 2019 年末，全国财务公司服务的成员单位涵盖电力、石油化工、钢铁、机械制造、民生消费等 17 个行业。机构数量排名前五的行业依次是交通运输（26 家）、投资控股（22 家）、煤炭（21 家）、电力（19 家）和机械制造（19 家）（见图 5-2）。

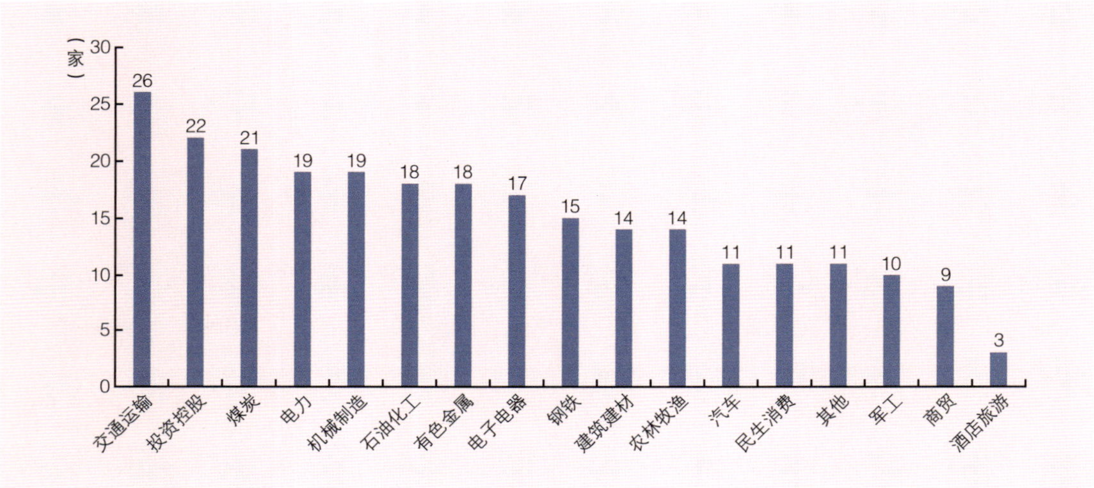

图 5-2　2019 年财务公司行业分布情况

从各行业机构数量变化看，交通运输、投资控股、石油化工、农林牧渔和其他行业 2019 年有机构增加，各增加 1 家机构。

（三）所有制分布

截至 2019 年末，全国共有中央国有企业财务公司 77 家，较 2018 年新增 1 家，占全部财务公司的 29.84%；地方国有企业财务公司 130 家，较 2018 年新增 1 家，占全部财务公司的 50.39%；集体民营企业财务公司 48 家，较 2018 年新增 3 家，占全部财务公司的 18.60%；外资企业财务公司 3 家，与上年持平，占全部财务公司的 1.16%（见图 5-3）。

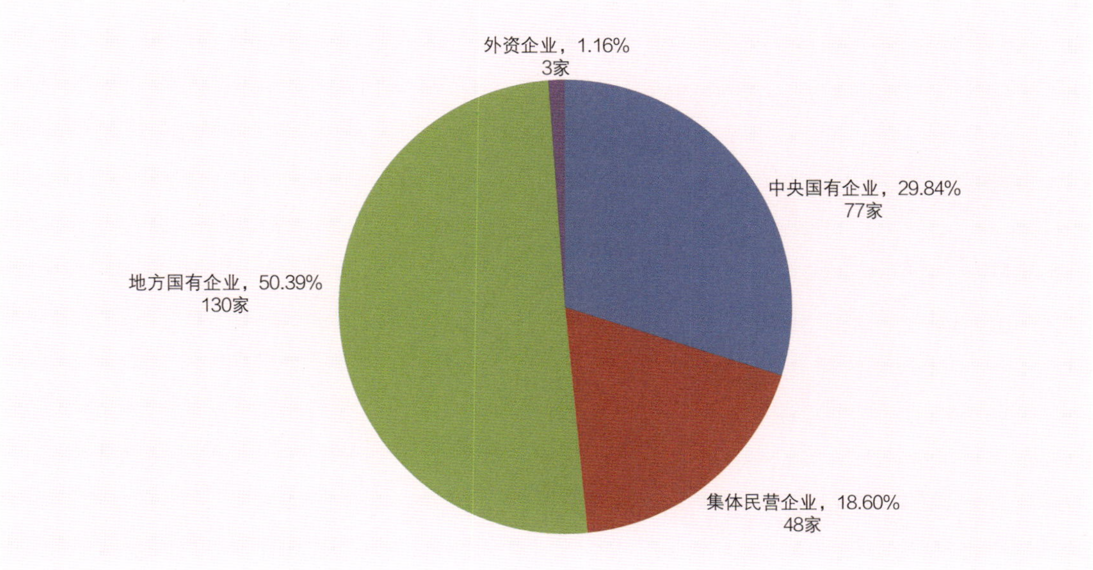

图 5-3　2019 年财务公司所有制分布情况

第六章 经营情况

一　资产负债状况

（一）资产状况

2009～2019年，财务公司行业的资产规模呈逐年攀升趋势，由2009年的1.25万亿元增长至2019年的7.02万亿元。截至2019年末，全行业的资产总额同比增加6881.76亿元，增速为10.87%，基本与上年持平（见图6-1）。

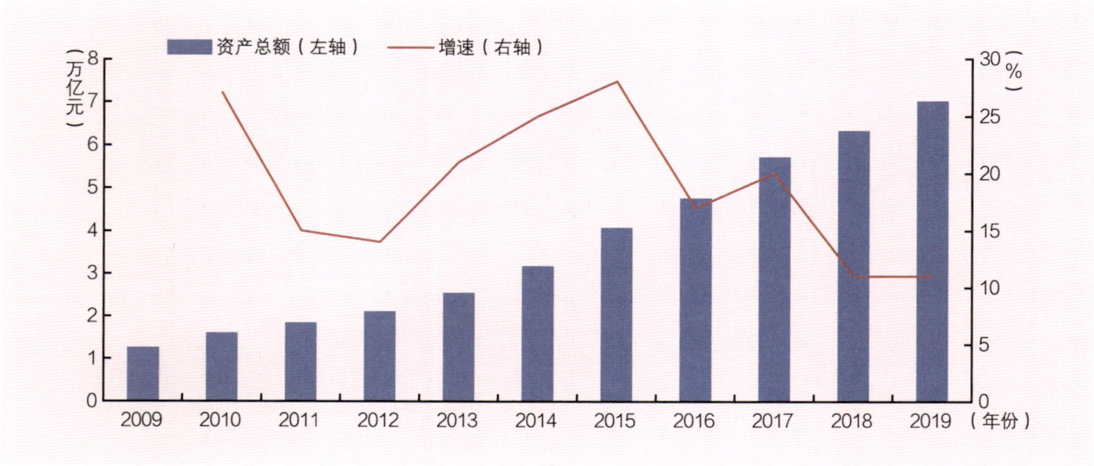

图6-1　全行业资产总额及增速

财务公司行业的资产结构贷款占比较高。2019年末，各项贷款占总资产的比重为

47.32%，较上年上升 1.35 个百分点；存放同业占比为 38.94%，较上年基本持平；存放央行占比为 4.98%，较上年下降 0.69 个百分点；投资占比近年来呈现逐年下降趋势，占比为 5.03%，较上年下降 0.04 个百分点（见图 6-2）。各项资产占比的走势对比反映出财务公司的主业更加突出，通过加大信贷投放，有力支持了实体企业发展。

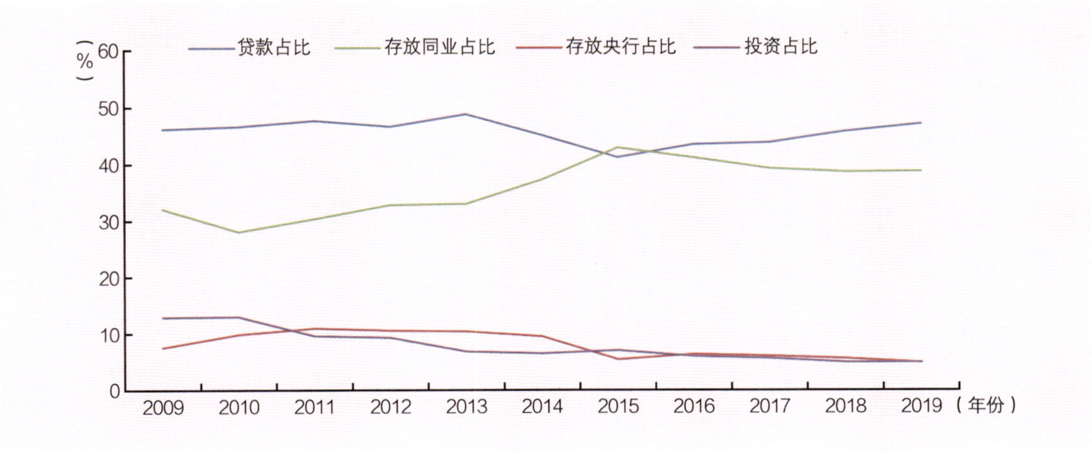

图 6-2 全行业资产结构

2019 年末，资产超过千亿的财务公司共 12 家，较上年新增 1 家。资产规模在 1000 亿（含）元以上的财务公司资产总额在行业中占比为 29.96%，较上年增加 1.29 个百分点；资产规模在 500 亿（含）至 1000 亿元的财务公司资产总额在行业中占比为 24.53%，较上年增加 2.16 个百分点；资产规模在 100 亿（含）至 500 亿元的财务公司资产总额在行业中占比较上年下降 2.58 个百分点至 37.73%，但在行业中仍占有绝对优势（见表 6-1）。

表 6-1 全行业资产规模分布

单位：家，%

资产规模	2018 年末			2019 年末		
	家数	家数占比	资产占比	家数	家数占比	资产占比
1000 亿（含）元以上	11	4.4	28.67	12	4.6	29.96
500 亿（含）至 1000 亿元	21	8.4	22.37	24	9.3	24.53
100 亿（含）至 500 亿元	119	47.6	40.31	120	46.7	37.73
50 亿（含）至 100 亿元	55	22	6.43	52	20.2	5.54
少于 50 亿元	44	17.6	2.23	49	19.2	2.24
总计	250	100	100	257	100	100

分行业统计，资产总额超过 8000 亿元的行业为军工、石油化工和电力，合计资产总额占比超过 35.72%；有色金属、农林牧渔、商贸和酒店旅游业的资产总额均不足 2000 亿元，合计资产总额占比仅为 6.60%（见图 6-3）。

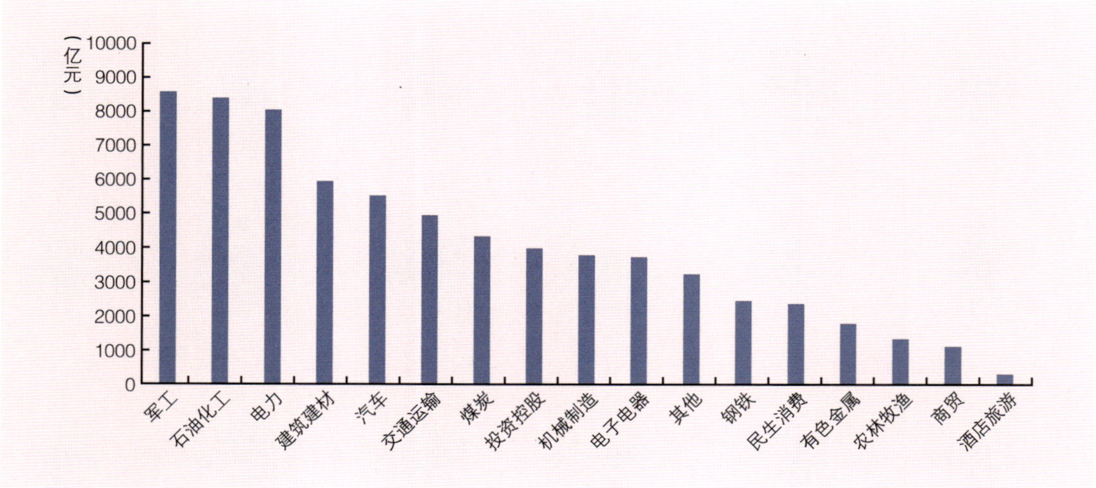

图 6-3　分行业资产总额

（二）负债状况

2009 ~ 2019 年，财务公司行业的负债规模逐年递增，增速近年来有所放缓。截至 2019 年末，财务公司行业的负债总额为 6.02 万亿元，较上年末增加 5969.66 亿元，增速为 11.00%，较上年增加了 0.72 个百分点（见图 6-4）。其中，各项存款 5.70 万亿元，占负债总额的 94.62%，较 2018 年上升 0.36 个百分点；同业拆入 0.11 万亿元，占

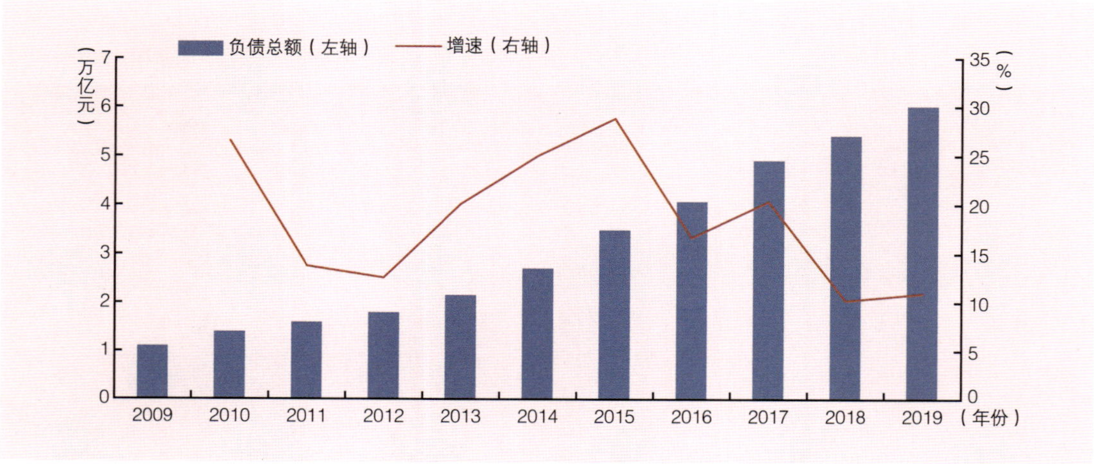

图 6-4　全行业负债总额及增速

负债总额的 1.85%，较 2018 年下降 0.38 个百分点。

从行业来看，各行业的各项存款在该行业负债总额中的占比均超过 80%，其中，建筑建材和酒店旅游业的各项存款占比接近 100%，石油化工行业的各项存款在负债中的占比最低，外部融资水平最高（见图 6–5）。

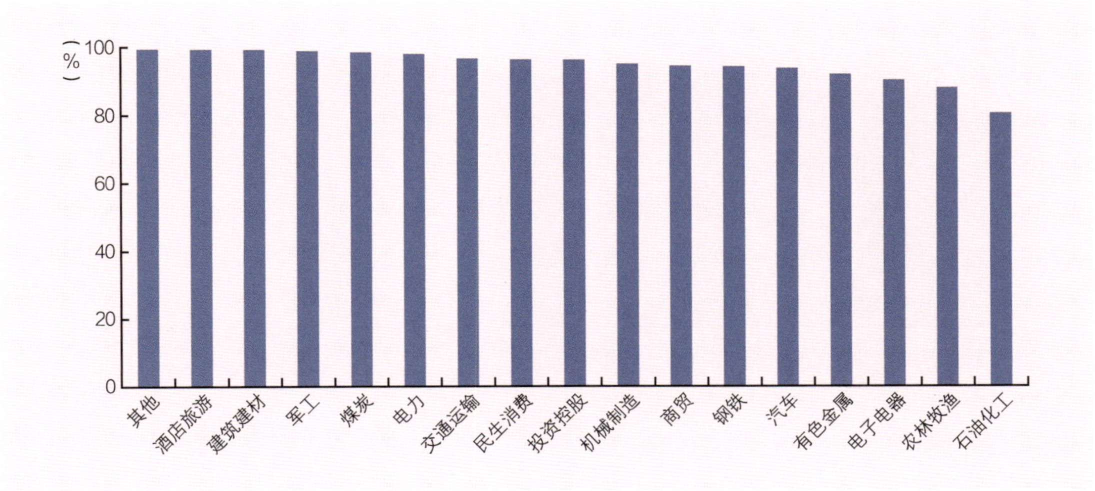

图 6–5 分行业各项存款占负债总额的比重

从所有制来看，外资企业财务公司的各项存款在负债总额中占比为 99.34%，其负债主要来源于集团内部；集体民营企业财务公司的各项存款在负债总额中占比为 82.62%；中央国有企业和地方国有企业财务公司的吸收存款在负债总额中占比分别为 95.01% 和 96.81%（见图 6–6）。

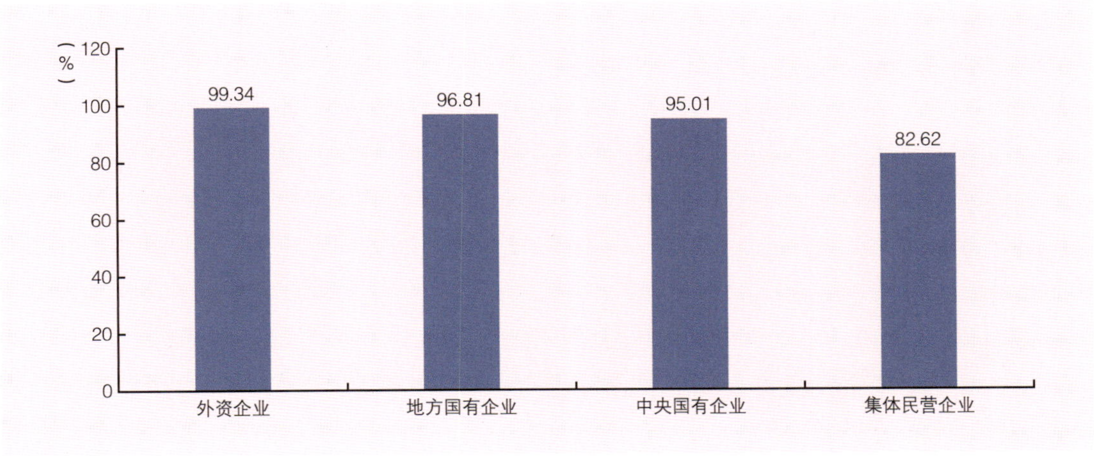

图 6–6 分所有制各项存款占负债总额的比重

2019 年末，财务公司的各项存款中占比最高的为活期存款，为 32.41%，协定存款和定期存款的占比分别为 26.54% 和 25.92%（见图 6-7），存款偏离度均值为 2.29%，存款的稳定性较好。

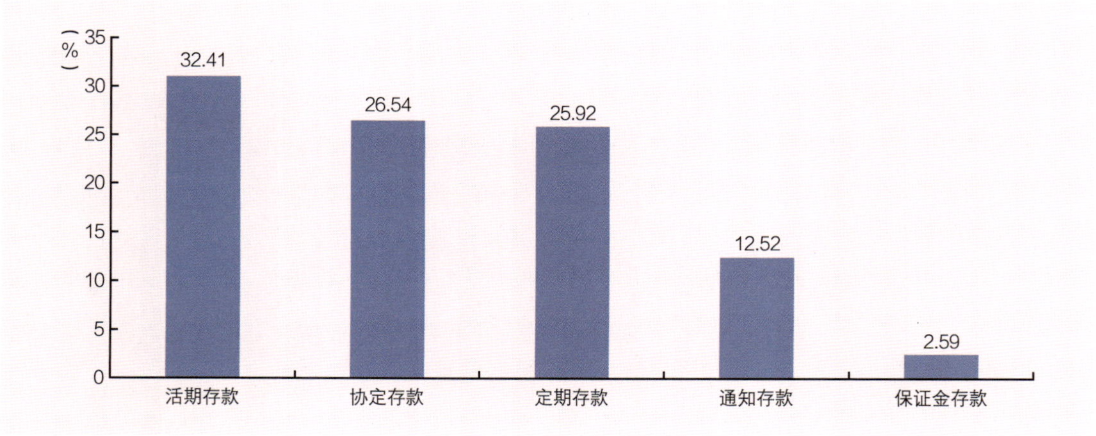

图 6-7　全行业存款结构

（三）所有者权益状况

2009 ~ 2019 年，随着财务公司的数量逐年增加以及留存利润的逐年积累，财务公司行业的所有者权益呈逐年递增态势。受到新成立财务公司数量的减少和边际效应递减的影响，所有者权益的增速逐年递减。

2019 年末，全行业的所有者权益总额为 9925.56 亿元，较上年增加 912.10 亿元，同比增长 10.12%（见图 6-8）。所有者权益主要由实收资本和未分配利润构成，实收

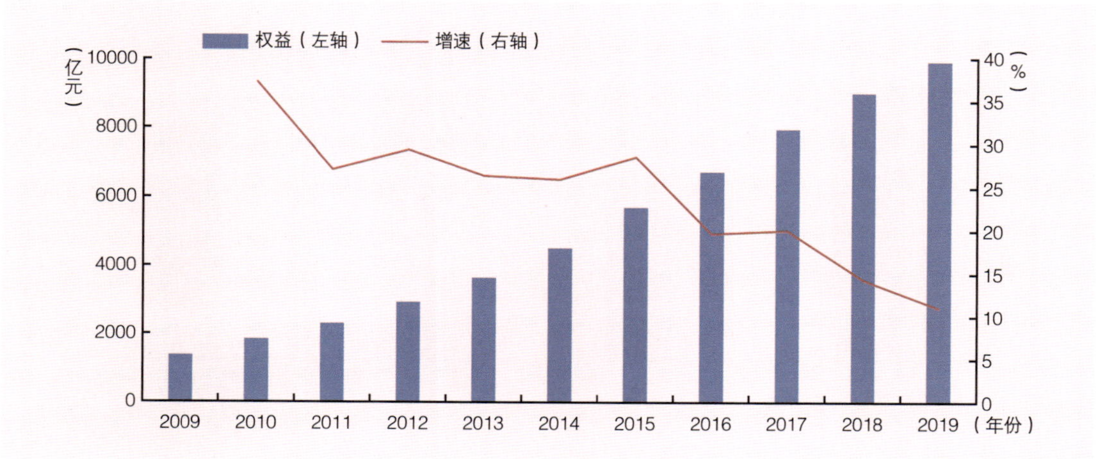

图 6-8　全行业所有者权益总额与增速

资本占比为 61.73%，未分配利润占比为 15.24%。

从实收资本规模分布看，2019 年末，有 34 家财务公司的实收资本在 50 亿（含）元以上，较 2018 年增加 2 家；205 家财务公司的实收资本在 10 亿（含）元以上，占财务公司总家数的 79.77%（见表 6-2）。

表 6-2 全行业实收资本规模分布

单位：家，%

实收资本规模	2018 年末		2019 年末	
	家数	家数占比	家数	家数占比
100 亿（含）元以上	6	2.40	6	2.33
50 亿（含）至 100 亿元	26	10.40	28	10.89
20 亿（含）至 50 亿元	74	29.60	84	32.68
10 亿（含）至 20 亿元	89	35.60	87	33.85
少于 10 亿元	55	22.00	52	20.23
总计	250	100	257	100

从行业分布看，电力行业的实收资本均值最高，为 38.10 亿元，农林牧渔业的实收资本均值最低，为 14.88 亿元；未分配利润较高的行业主要为军工和汽车，未分配利润均值分别为 16.98 亿元和 16.97 亿元，未分配利润较低的行业主要为商贸和酒店旅游业，未分配利润均值均不足 2 亿元（见图 6-9）。

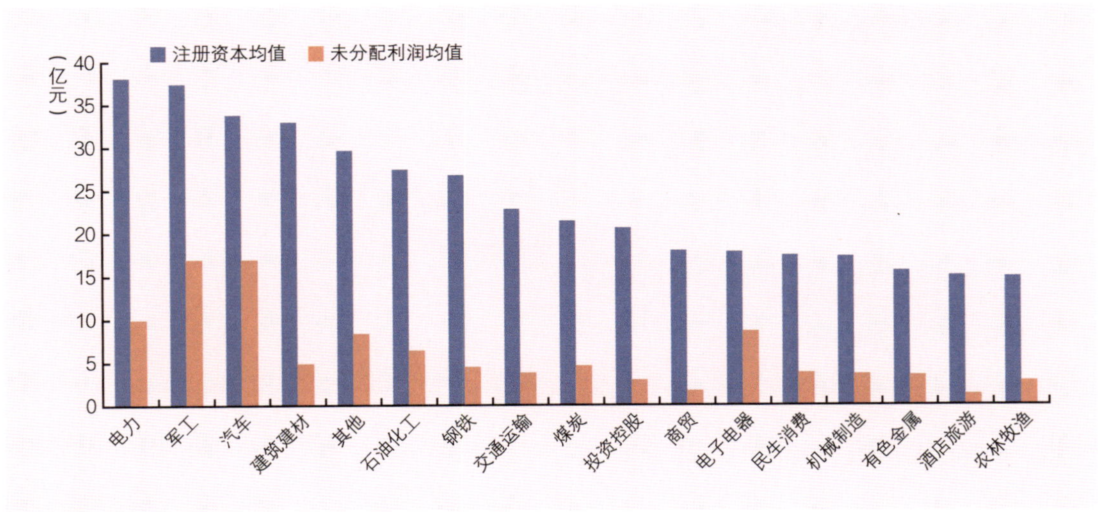

图 6-9 分行业实收资本

（四）杠杆水平

2009～2019 年，全行业资产负债率自 2012 年以来持续保持在 86% 左右，存贷比于 2015 年达到低点后呈上升态势，2019 年的存贷比与 2009 年的存贷比基本持平（见图 6-10）。

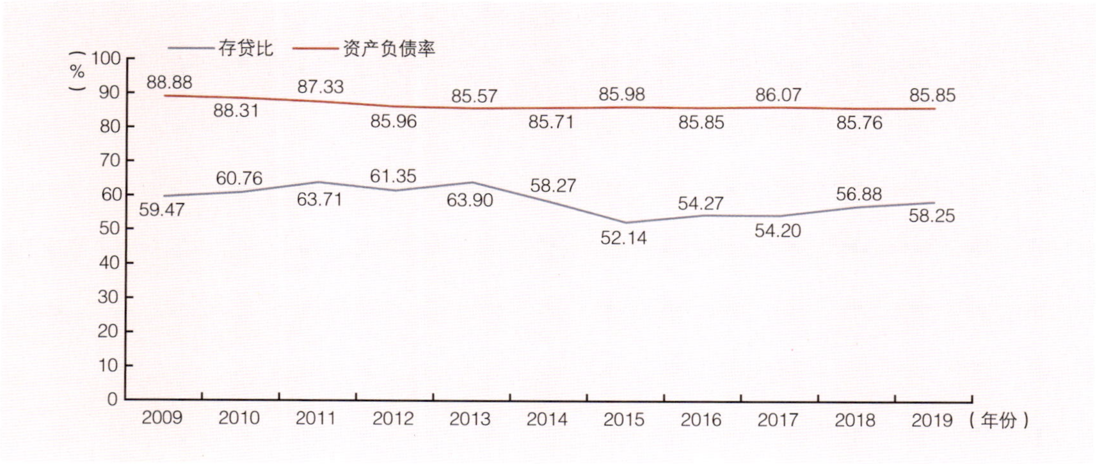

图 6-10　全行业资产负债率与存贷比

二　收入支出情况

（一）经营收入情况

2019 年，全行业实现营业净收入 1421.10 亿元，同比增加 8.10 亿元，增速为 0.57%，较 2018 年下降 15.22 个百分点，增速显著放缓。其中，利息净收入 1239.31 亿元，同比下降 9.18 亿元，在营业净收入中的占比为 87.21%，较 2018 年下降 1.15 个百分点；投资收益 126.42 亿元，同比增加 5.64 亿元，增速为 4.67%，在营业净收入中的占比为 8.90%，较 2018 年增加 0.35 个百分点（见图 6-11）。

从行业分布看，汽车、军工、电力和石油化工等行业的平均利息收入较高，分别为 19.52 亿元、18.84 亿元、15.67 亿元和 15.37 亿元；平均投资收益超过 1 亿元的行业有军工、汽车和电力行业（见图 6-12）。规模效应带来的优势是这些行业的业务收入居于前列的主要原因。

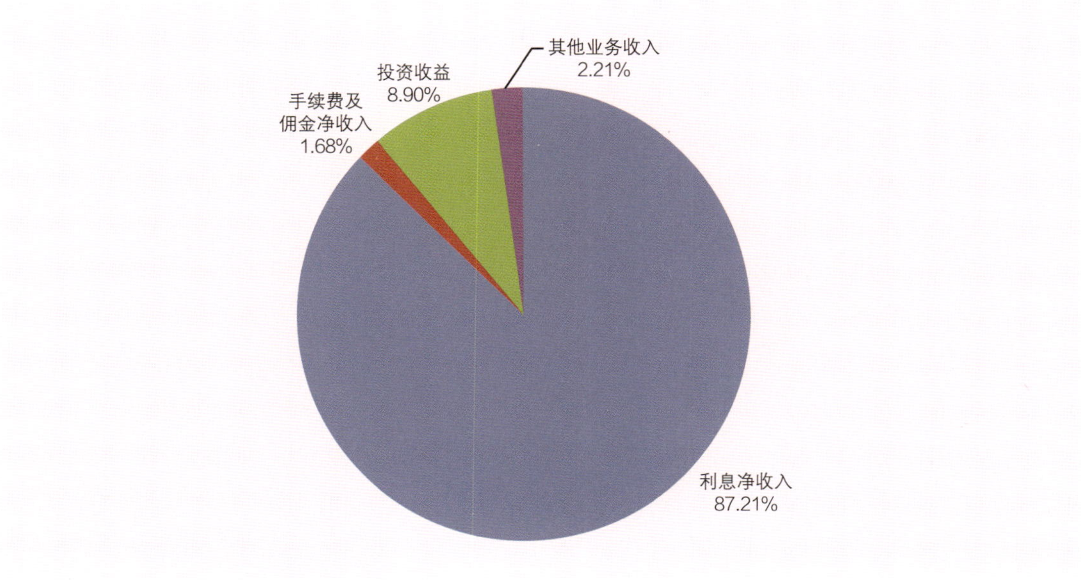

图 6-11 全行业营业净收入结构

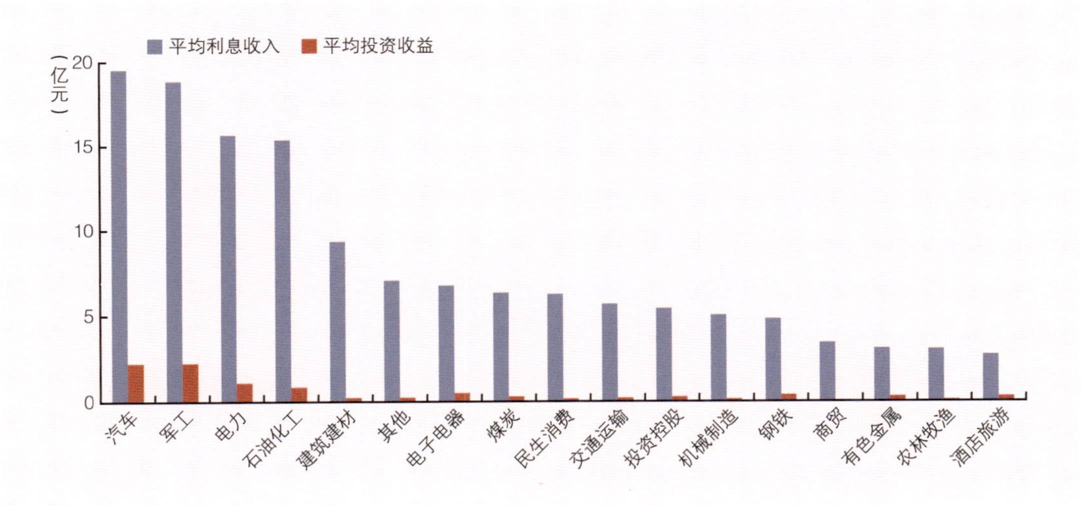

图 6-12 分行业平均利息收入与平均投资收益

（二）成本费用情况

2019 年，全行业的营业支出为 136.60 亿元，同比增加 14.56 亿元，同比增长了 11.93%。其中，业务及管理费 123.00 亿元，同比增加 12.93 亿元，增速为 11.75%；营业税金及附加 12.32 亿元，同比增加 1.27 亿元，增速为 11.48%（见图 6-13）。

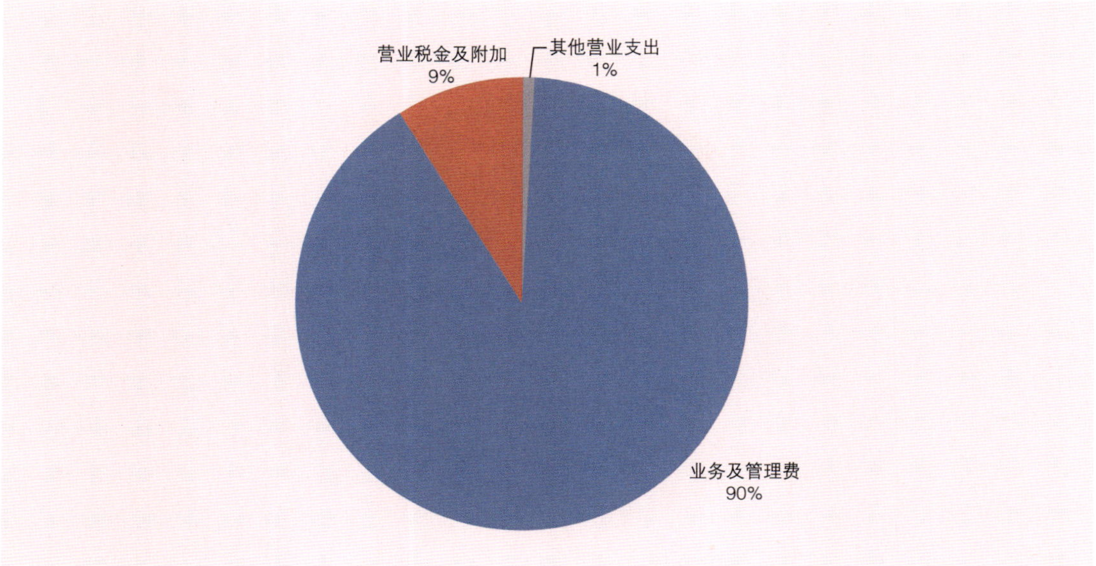

图 6-13　全行业营业支出结构

三　盈利能力分析

（一）净利润

2009～2019 年，全行业净利润呈逐年增加态势，增速逐年放缓。2019 年，全行业实现净利润 817.15 亿元，同比增加 26.81 亿元，增速为 3.39%，较上年同期下降 1.53 个百分点（见图 6-14）。

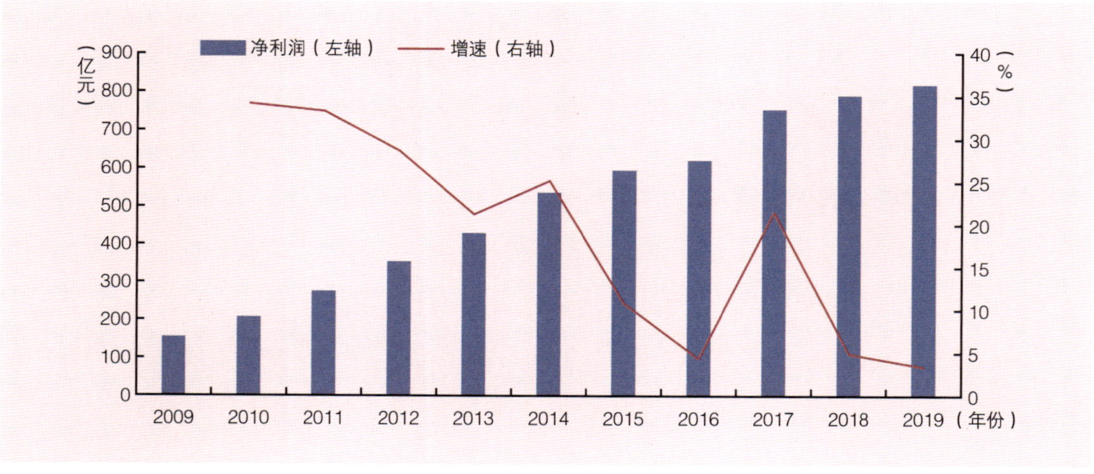

图 6-14　全行业净利润及增速

从行业分布看，电力、军工和汽车行业的净利润较高，三个行业的净利润合计占比为 40.64%，净利润较高主要因为利息收入和投资收益与其他行业相比显著较高；商贸和酒店旅游业的净利润较低，不足 10 亿元（见图 6-15）。

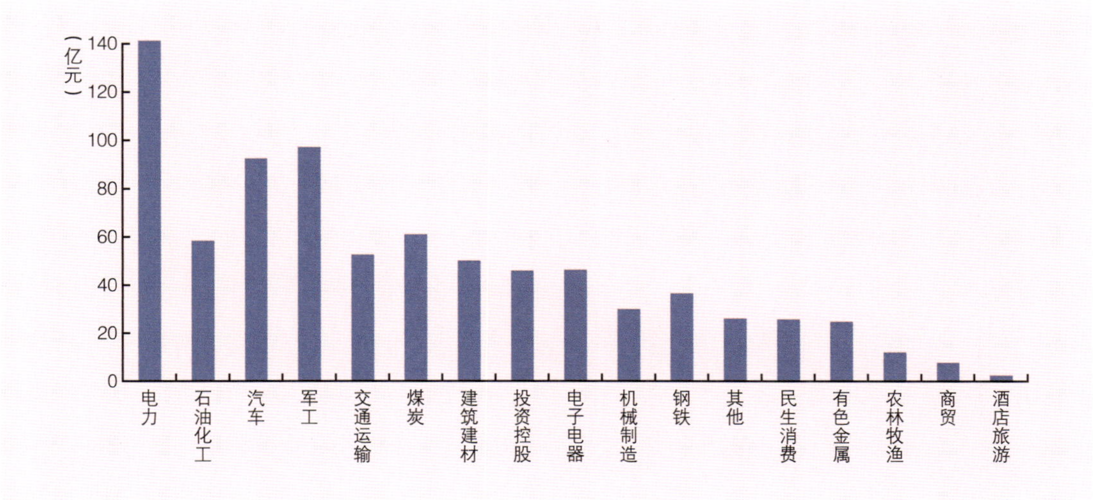

图 6-15　分行业净利润

从所有制的角度看，国有企业依然是行业净利润的主要来源，中央国有企业和地方国有企业净利润的贡献度分别为 67.53% 和 33.01%，但近年来的净利润增速有所放缓，地方国有企业的净利润增速呈下降趋势；民营企业的净利润于 2019 年由盈利转为亏损，外资企业的净利润较上年减少 3.13 亿元（见表 6-3）。

表 6-3　分所有制企业净利润及增长情况

单位：亿元，%

所有制	2018 年			2019 年		
	净利润	贡献度	增速	净利润	贡献度	增速
中央国有企业	504.27	63.80	13.10	551.86	67.53	9.44
地方国有企业	270.05	34.17	16.22	269.78	33.01	-0.10
集体民营企业	8.98	1.14	-86.64	-8.40	-1.03	-193.54
外资企业	7.04	0.89	-9.59	3.91	0.48	-44.46
总计	790.34	100		817.15	100	

（二）ROA与ROE

从经营效率看，资产收益率较高的行业为汽车、电力和钢铁行业，ROA分别为1.79%、1.75%和1.55%，石油化工受个别单位影响，ROA仅0.70%，剔除2家亏损企业后的石油化工业ROA为2.31%，远超其他行业（见图6-16）。净资产收率较高的行业为军工、汽车和电力，ROE分别为14.02%、13.02%和11.67%，石油化工行业剔除2家亏损企业后ROE为14.94%，在行业中排名第一。商贸业的ROA较低，为4.39%（见图6-17）。

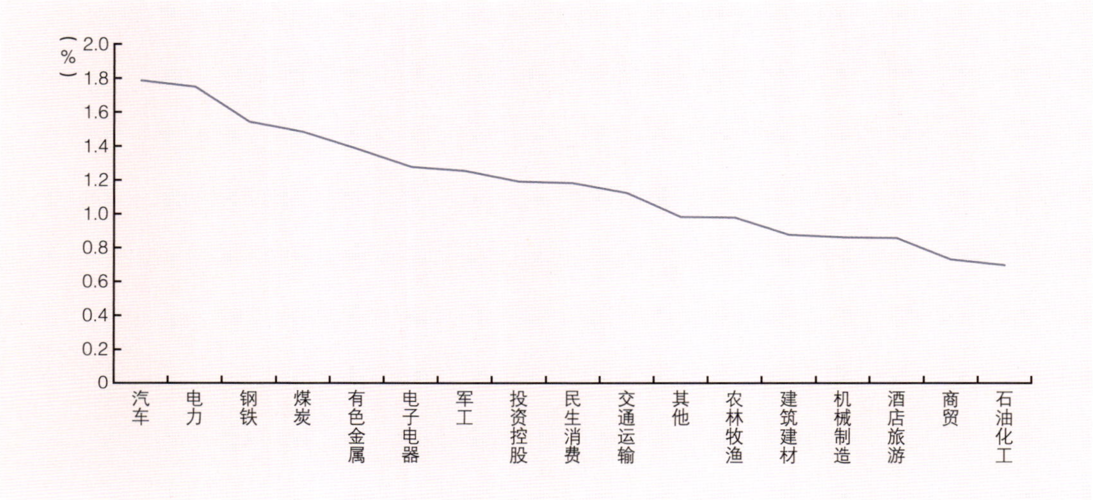

图6-16 分行业ROA

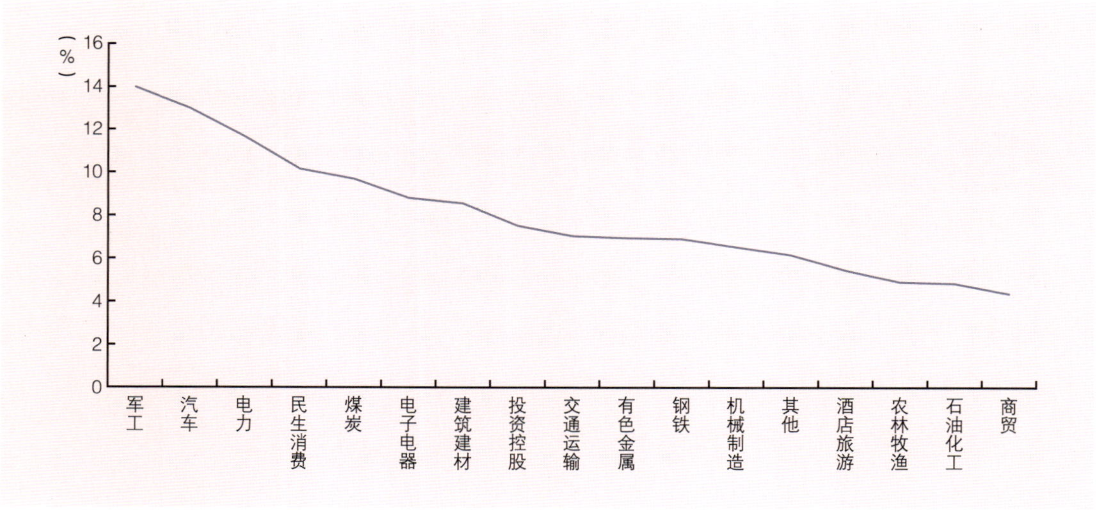

图6-17 分行业ROE

第七章 风险管理

一　风险管理现状

面对国内外风险挑战明显上升、金融风险易发高发的复杂局面，2019 年初习近平总书记在中共中央政治局第十三次集体学习时即定调“防范化解金融风险特别是防止发生系统性金融风险，是金融工作的根本性任务”。按照党中央、国务院打好防范化解重大金融风险攻坚战的重要决策部署，在“稳定大局、统筹协调、分类施策、精准拆弹”的基本方针指导下，“压实金融机构、地方政府、金融监管部门责任”成为贯穿全年的主要任务。在此背景下，监管新规陆续出台，对财务公司风险管理提出了更加严格且明确的要求，在此前引导要求机构方向正确、结果正确的基础上，更加注重规范机构经营管理路径正确、过程正确。这一从方向结果导向至路径流程导向转变的监管思路转变，促使财务公司将风险管理与经营活动更紧密结合，不断优化提升风险管理架构设计、流程管理、控制措施和人才配置。

（一）行业主要风险监控指标

2019 年，顺应“强监管、严监管”的金融监管新常态和新趋势，财务公司行业在《银行业金融机构全面风险管理指引》统领和监管机构督导下，持续推进全面风险管理体系建设，通过完善风险治理架构、优化风险管理制度、强化风险管控职能、丰富风险管理手段、充实风控人员队伍等多措并举，实现了自身的合规稳健发展，并且助力所属集团加强资金集中管控，提高资金使用效率，防范金融风险冲击，在服务实体经济的同时为守住不发生系统性金融风险的底线贡献了一己之力。总体来看，全行业风险监管指标总体良好，风险水平保持稳定。

截至 2019 年末，全行业共 220 家财务公司无不良资产，占全行业财务公司的 85.30%；本年末不良贷款率为 0.86%，低于商业银行平均水平 1 个百分点。全行业平均资本充足率 19.78%，资本充足情况良好。2019 年各季末财务公司行业流动性比例均值为 60.19%，高于商业银行平均水平 3.17 个百分点，财务公司在年末时点流动性相对宽裕。全行业担保比例为 35.40%，较上年增加了 1.20 个百分点，主要监管指标持续保持健康稳定（见表 7-1）。

表 7-1　主要监管指标

单位：%

监控指标	监管标准	2019 年末	2018 年末
不良贷款率	≤ 5	0.86	0.96
不良资产率	≤ 4	0.65	0.46
贷款损失准备充足率	≥ 100	596.02	746.93
资本充足率	≥ 10.5	19.78	20.48
投资比例	≤ 70	31.10	32.19
自有固定资产比例	≤ 20	0.43	0.52
拆入资金比例	≤ 100	16.33	19.24
担保比例	≤ 100	35.40	34.20
流动性比例	≥ 25	63.31	62.34

上述数据显示，虽然各项风险监管指标继续保持了稳健良好的水平，但是部分风险指标的负向变动佐证，在全球经济下行、市场环境变化不确定性增加的背景下，叠加产业性、企业性和金融性三重属性的财务公司无法独善其身，保持“风景这边独好”的难度持续提升。回顾 2019 年，个别财务公司因违规经营、风控不到位而受到监管机构处罚，个别财务公司在金融市场出现了风险事件，对整个行业的声誉和发展造成了负面影响。未来，为确保发展与风控、服务与合规的动态平衡，财务公司作为非银金融机构，应在借鉴银行及其他金融机构经验的基础上，依据自身行业特色，持续打造并完善风险管理、合规管理、内控管理“三位一体”的风控逻辑架构，成为所属企业集团资金管控和防控风险的坚强后盾。

（二）各类风险现状

作为附属于企业集团的独立法人，财务公司带有企业集团的深刻烙印。财务公司与企业集团的经营风险具有高度正相关性。集团出现战略失误、现金流危机、重大负面舆情等必然会波及财务公司的生存与发展。因此，财务公司的风险首先来自所属集团的风险影响，其次才是财务公司自身经营管理的风险。

1. 集团风险

截至 2019 年末，财务公司所属企业集团约 30% 为中央企业，50% 为地方国有企业。这些集团在关系国家安全和国民经济命脉的主要行业和关键领域占据支配地位，是国民经济的重要支柱。此外，上述集团开展金融业务除了接受金融监管机构的监督指导外，还需遵照落实各级国资委的相关要求。综上所述，上述集团的出身背景和管理模式决定了其面临相对较低的经营风险。

鉴于设立财务公司需具备充分可行的资金集中管控需求、满足硬性的量化经营指标且需经严格的监管核准，财务公司所属集团即使隶属民营企业或外资企业，也多为各自行业及领域的领头企业，具备健全的治理结构、完善的内控体系、优秀的历史业绩和良好的社会口碑，因此与市场多数集团相比，这些集团在经营管控和防控风险方面亦存在较为突出的比较优势。

但是，近年来个别财务公司所属集团因战略决策失误或自身经营不善积聚了较高的经营风险，甚至利用财务公司的牌照优势，将财务公司作为对外融资渠道，不断传导集团内部风险，将财务公司的金融“稳压器”功能变成了风险“放大器”，对财务公司行业的声誉带来了恶劣的影响。

2. 财务公司自身经营风险

作为以存款、贷款、结算等货币及其相关服务为主业的金融服务机构，财务公司自身面临的经营风险类别与商业银行并无较大差异，既面临传统的信用风险、市场风险和操作风险，又面临近年来愈发引起关注的流动性风险、信息科技风险，还有政策风险、国别风险等。

若将风险发生的可能性和损失严重程度作为两个评判维度，调查问卷结果显示了如下情况。

发生可能性最高的风险，排名前五的为操作风险、信用风险、流动性风险、市场风险和合规风险。将操作风险、信用风险和流动性风险纳入发生可能性最高的三类风险之一的公司分别为145家（64%）、128家（57%）和118家（52%）（见表7-2）。

表7-2 风险发生可能性分布

单位：家，%

序号	风险类别	第一		第二		第三		综合发生率
		家数	权重	家数	权重	家数	权重	
1	信用风险	52	1	41	6/7	35	5/7	19
2	市场风险	35	1	34	6/7	24	5/7	14
3	操作风险	61	1	33	6/7	51	5/7	22
4	流动性风险	47	1	41	6/7	30	5/7	18
5	信息科技风险	10	1	41	6/7	36	5/7	12
6	合规风险	18	1	33	6/7	36	5/7	12
7	政策风险	3	1	3	6/7	5	5/7	2

一旦发生风险损失严重程度排名前五的风险，为信用风险、流动性风险、市场风险、合规风险和信息科技风险。将信用风险、流动性风险和市场风险纳入损失严重程度最高的三类风险的公司分别为164家（73%）、140家（62%）和87家（38%）。此外，虽然在损失严重程度最高的风险排名中操作风险未能进入前五名，但93家（41%）公司将其列为损失程度最高的前三类风险之一（见表7-3）。

表7-3 风险损失严重性分布

单位：家，%

序号	风险类别	第一		第二		第三		综合发生率
		家数	权重	家数	权重	家数	权重	
1	信用风险	85	1	53	6/7	26	5/7	26
2	市场风险	21	1	37	6/7	29	5/7	13
3	操作风险	17	1	21	6/7	55	5/7	13
4	流动性风险	58	1	48	6/7	34	5/7	21
5	信息科技风险	18	1	32	6/7	35	5/7	12
6	合规风险	20	1	29	6/7	34	5/7	12
7	政策风险	7	1	6	6/7	6	5/7	3

按照上面两张表统计的结果，并赋予其相关权重，可描绘出行业风险图谱（见图 7-1）。

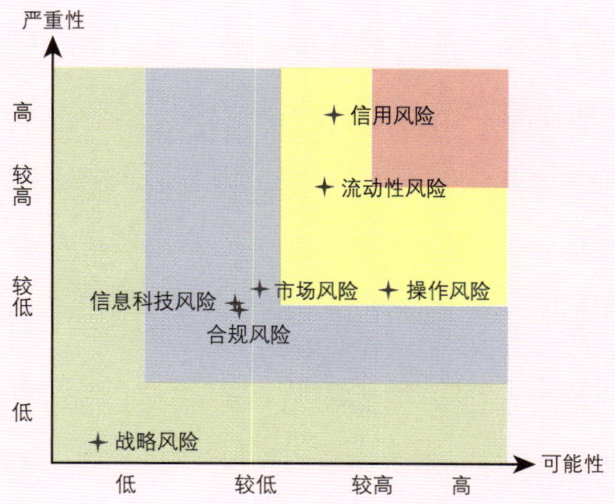

图 7-1　财务公司行业风险图谱

就各类风险管理难度而言，受访的 226 家公司认为最难管理的前五大风险为市场风险、信用风险、信息科技风险、流动性风险和操作风险。超过 100 家公司将市场风险（133 家，59%）、信息科技风险（114 家，50%）、流动性风险（111 家，49%）和信用风险（101 家，45%）列入了前三大最难管理的风险类别（见表 7-4）。

表 7-4　各类风险管理难度排序

单位：家

序号	风险类别	第一	第二	第三	合计
1	信用风险	37	36	28	101
2	市场风险	60	46	27	133
3	操作风险	22	30	38	90
4	流动性风险	35	38	38	111
5	信息科技风险	37	41	36	114
6	合规风险	14	26	36	76
7	政策风险	20	8	15	43
8	其他风险	1	0	7	8

3. 风险变化趋势

从外部市场环境看，实体经济不振导致市场不确定性增加且竞争日趋激烈。从自身经营管理看，业务的拓展创新和合规压力的不断升级必须取得动态的平衡。这些特点使得财务公司各类风险较之过去呈现一些不同的趋势。下面就传统的三大风险和近年备受关注的两类风险逐一进行简析。

信用风险方面，随着近年来行业的快速壮大以及业务的逐步扩张，财务公司信用风险逐步突破了局限于集团内部的传统边界。一方面，随着同业业务规模的不断扩大以及延伸产业链金融等新业务的试点，越来越多财务公司面临的信用风险已突破集团内部。另一方面，票据、同业等业务迅猛发展，在提升财务公司结算服务能力的同时不可避免地将集团信用风险传导至金融领域或其他企业。此外，随着深入参与货币市场和资本市场，财务公司风险控制手段滞后于业务发展、信息系统建设不完备、专业人才储备不足等劣势逐步显现，由此引发的操作风险、流动性风险也最终以信用风险的方式呈现。

市场风险方面，2019 年 8 月人民银行公告改革完善贷款市场报价利率（LPR）形成机制，利率并轨的实质落地给财务公司带来的冲击预计在未来一段时间逐步显现，利率市场化给财务公司定价的差异化和灵活性带来巨大挑战，充分竞争的市场亦使得财务公司息差收窄，主营业务收入波动性明显增大。除利率风险外，随着集团产业升级和“走出去”战略的不断推进，在地缘政治风险升级、国际金融环境不稳定性增加的背景下，财务公司面临的汇率风险亟须被关注和重视。

操作风险方面，首先，业务规模的扩大、金融产品的丰富和复杂、信息技术的优化升级，使得操作风险正向技术化、隐蔽化和衍生化发展，管理难度日益加大。其次，关键岗位离职率较高亦阻碍了财务公司有效管理操作风险。中国财务公司协会 2019 年统计结果显示，过去几年财务公司流出集团的人才约占 4%，若考虑集团内部流动情况实际离职率还将更高。未来，如何保持关键岗位、专业人才的稳定性，是确保有效管控操作风险的关键因素之一。最后，在监管机构持续宣贯和督导下，洗钱风险的管控正逐步脱离“边缘风险”，成为亟须财务公司关注和管控的特殊操作风险。2019 年监管机构披露的信息中，已出现财务公司因未达到或违反法律法规要求，未能恰当履行法定反洗钱义务受到监管处罚的案例，足证财务公司面临的反洗钱风险管理形势日益严峻。

流动性风险方面，首先，在经济下行的大背景下，客户行业的同质化使得财务公司流动性风险的压力显著上升。其次，财务公司在参与同业市场和开拓创新业务的同时，加大了同业机构向财务公司传导流动性风险的可能。最后，各类风险的互相渗透和传导，增加了触发流动性风险的可能性。

案例

案例 7-1　中化财务公司搭建系统助力流动性管理

为提升服务集团成员单位能力，加强流动性管理，提高报表输出质量，中化财务公司自 2018 年起着手建设流动性管理系统，该系统主要包含资金计划管理与流动性管理两部分，于 2020 年初投产使用。

资金计划管理部分，流动性管理系统通过对接中化集团报表平台、中化财务公司核心业务系统等，实现了资金计划上报、匡算、报表输出等功能，逐渐替代原有人工模式，有效提高了流动性管理水平。同时，在流动性系统中实现了资金实际收付和计划管理的动态管理，通过抓取核心系统实时数据与计划对比，动态调整差异，提升了日间资金匡算的准确度和灵活度，为日终头寸摆布提供支持。

流动性管理部分，流动性管理系统在已有业务数据基础上可实现静态现金流的计算、输出，并通过设置新业务场景、客户行为模拟，实现多维度动态现金流模拟测算，形成现金流及压力测试结果。

除此之外，依托流动性管理系统，中化财务公司搭建了流动性报表平台，对系统数据进行梳理、加工、分析，实现了每日基础业务数据、区间业务数据、日常监测指标的统计、计算和监测，为流动性风险管理提供数据报表支持，确保公司及时了解流动性风险重大变化。

通过建设流动性管理系统，中化财务公司一方面借助信息化手段切实提高了流动性管理能力，通过从手工到系统化、智能化操作提高风险预判能力，缩短流动性危机处理响应时间；另一方面通过流动性管理系统对集团流动性管理形成强有力的支持，提高资金使用效率，促进资源在集团内部的优化配置。

信息科技风险方面，一是经营管理和信息技术的深度融合，信息科技风险管控的重要性和必要性愈发显著。二是信息技术快速的更新迭代，在创造价值的同时不断衍生风险，加之信息科技风险固有的隐蔽性，加大了信息科技风险的管理难度。三是专业人员壁垒制约了信息科技风险管理的有效制衡，如何使信息科技风险治理架构不再仅“看上去很美”，是多数财务公司未来面临的重大课题。

就“未来行业应重点关注的风险”这一问题，调查问卷结果显示，若只能选择一种风险类别，信用风险（73家）作为以存贷结为主业的财务公司仍是公认的需关注和管控的重中之重。流动性风险（46家）排名第二位，呼应了近年来行业风险发展的新趋势。此外，作为持牌金融机构所必须关注和管理的合规风险（32家）和操作风险（31家）分列第三和第四位。若将可选择的风险类别扩大到三种，流动性风险获得了更普遍的认可，位居榜首（见图7-2）。

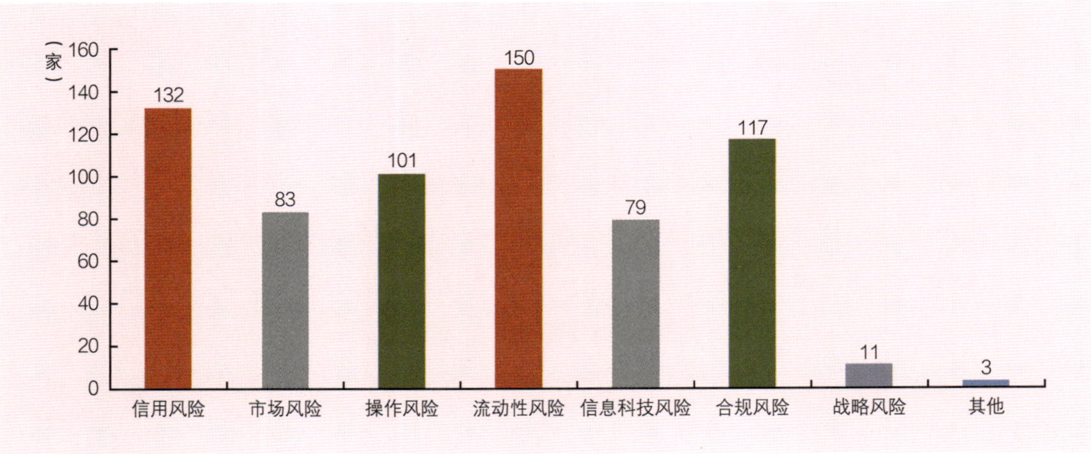

图 7-2　需重点关注的风险类别（三种合计）

二　全面风险管理体系

（一）治理架构

一方面，随着合规意识和风险管理理念的逐步加深，近年来财务公司致力于健全完善治理架构和要素，明确“三会一层”和各部门的职责范围，树立风险管理“三道防线”的理念，搭建边界清晰、衔接顺畅、制衡有效、监督有力的运行机制。总体来看，全行业风险管理组织架构体系趋于成熟，风险治理组织结构逐步趋于稳定和清晰。

另一方面，财务公司行业风险管理治理架构的有效性还有待提高。业内多数财务公司的董事会及其专业委员会履行的职责包括审议风险管理政策、程序、报告等。董事会中普遍缺少外部独立董事，董事会及其专业委员会在履职过程中或多或少存在形式重于实质的现象，其实际治理决策作用有待加强，使得“自上而下”的治理框架结构难以落地，甚至形成“自下而上”的治理架构，进而造成管理决策碎片化，影响风险管理架构有效性。在日常经营管理过程中，由于独立的风险管理部门在具体执行风险管理事务上的职能体现比较充分，但和处于风控第一道防线的业务部门、第三道防线的审计部门之间，协同发力有待加强，部分财务公司过度突出该部门风险管控职责、过于依赖其具体执行风险管理事务，进而忽视了第一道和第三道防线的风险管控作用，造成“三道防线”不能协同发力。

（二）风险偏好

风险偏好是股东对其风险容忍和盈利期望的看法，并通过董事会向高级管理层传达。风险偏好表明了财务公司对待风险的基本态度，即愿意承担的风险种类、数量、方式及对新风险的看法，以及为提高一个数量单位利润愿意承担多少风险等。盈利和风险是经营目标不可分割的一体两面，因此风险偏好是股东对高级管理层经营利润目标和风险管控水平不可分割的共同要求。

1. 风险偏好管理现状

监管机构的持续督导和自身重视程度的逐步加深，使得财务公司在汲取商业银行和同业经验的基础上，逐步完善风险治理架构，将制定风险偏好作为风险管理的源头和起点，在明确的风险偏好基础上制定完善与风险偏好匹配的风险管理框架。高级管理层从既定、统一的风险偏好出发，制定和执行具体的经营策略。

通过调查发现，多数财务公司在风险偏好管理方面已做到了形式合规。194 家（86%）财务公司已制定了明确的风险偏好，较 2018 年的 68% 显著提高。在这些公司中，仅有 13 家公司将风险偏好的审批权限下放至高级管理层，其余均将这一权限保留在董事会或其下设的风险管理委员会。此外，量化手段对确定并描述风险偏好的作用日益凸显，分别有 71 家和 96 家公司将定量手段作为风险偏好的主要和辅助确定方式（见图 7-3）。量化手段的引入必将使得风险偏好更为客观和清晰，进而更加有效地传导至日常管理和业务开展的各个方面，使得风险偏好更为实质有效。

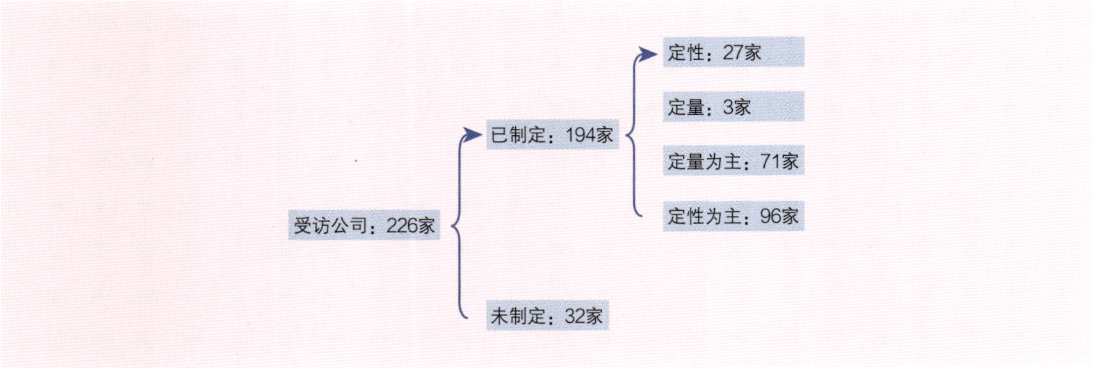

图 7-3　风险偏好管理现状统计

在肯定成绩的同时，必须认清财务公司在风险偏好制定、宣贯、实施、评估等一系列环节尚存一定缺陷和不足。现阶段，多数财务公司风险偏好的制定多由风险专职部门组织开展和确定，虽然最终由董事会审定，但董事会在制定过程中的管控与指导作用有待加强。同时，业内仅有少数公司以风险偏好陈述书的形式明确自身风险偏好，对风险偏好的认识仍处于不断发展之中，宣贯、执行力度仍需强化，特别是要进一步在各业务条线建立统一价值认同，同时形成“建议—反馈—完善”的良性闭环，使风险偏好成为行为自觉。

2. 风险偏好决定因素

不同风险偏好要求业务发展战略遵循不同路径，也体现出公司价值导向和业务取舍。风险偏好的构建必须基于相关利益者分析，具体到财务公司行业，所属行业特点、所属集团背景及性质、外部市场和金融环境、董事及高级管理人员的性格等，均是决定一个公司风险偏好的重要因素。

调查问卷显示，内因是影响风险偏好的最主要因素。197 家（87%）财务公司将“所属集团背景及性质”列入风险偏好决定因素，是公认的最关键因素。作为“内部银行”，财务公司具有深刻的企业集团烙印，与集团的关系可谓“一荣俱荣、一损俱损”。与生俱来的从属地位和服务职能，使得财务公司的经营风险和风险偏好与所属企业集团高度相关。112 家（50%）公司认为集团“所属行业的特点和行业周期”也在很大程度上影响财务公司风险偏好的确定。财务公司服务的企业集团成员单位，多隶属于同一行业或其上下游及周边产业，行业风险集中度较高是其固有属性。因此，财务公司的风险偏好不可避免地呈现一种“顺周期”模式。当集团所属行业处于蓬勃发展阶段时，财务公司必然具有较强的承担风险的意愿和能力，反之亦然。此外还有 25 家财务公司认为“董事及高级管理人员的性格”对风险偏好有关键作用。作为风险偏好的审批人和执行管理者，个人的风险偏好亦会通过其投票权、决策权等在一定程度上影响公司的经营理念和风格。除了自身因素外，74 家（33%）财务公司将“市场和金融环境”认定为影响风险偏好确定的主要因素之一，说明外部环境也影响着财务公司风险偏好的确定（见图 7-4）。财务公司的金融性，决定了其必须遵从金融机构流动性、安全性、盈利性的“三性”原则。市场和金融环境通过影响“三性”间接对财务公司确定其风险偏好产生影响。

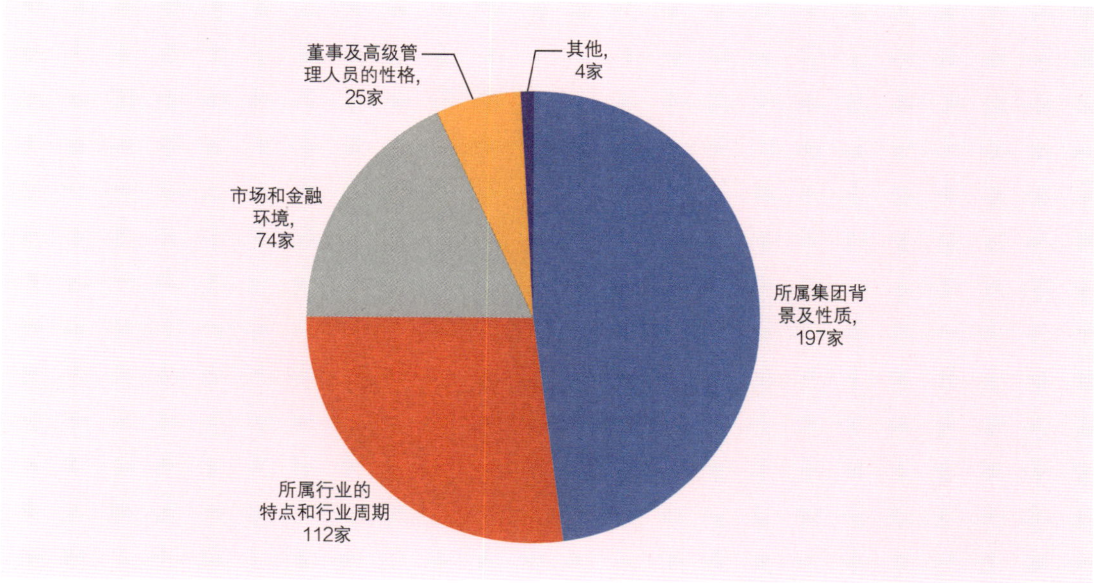

图 7-4　风险偏好决定因素分布

3. 风险偏好定位

按照传统分类方法，风险偏好可划分为保守型、稳健型、平衡型、积极型和激进型五类。调研和访谈均发现，主流财务公司将自身的风险偏好定位在稳健型。揭示风险的监管核心指标也从结果层面佐证了这一观点。以资本充足率和流动性比例这两个最主要指标为例，监管标准分别为不低于 10.5% 和 25%。2019 年末上述两个指标的行业均值分别为 19.78% 和 63.31%，远高于监管红线。此外，许多公司在风险政策或风险偏好陈述书中，明确定义了高于监管红线标准的自身管控红线，同时明确了接近或触发自身管控红线时的报告流程和应采取的应急措施。

财务公司将风险偏好定位于稳健型，基于“审慎稳健”的原则处理风险与收益的关系，符合集团和监管机构的预期，亦符合其金融机构的行业属性。

首先，财务公司作为非银金融机构，经营和管控风险是其固有的使命，因此不想承担任何风险的保守型风险偏好，在竞争日益激烈的大环境下必会导致财务公司业务的萎缩，直至被淘汰。

其次，财务公司服务集团资金集中管理的基本定位以及“四大平台”的主要功能，决定了服务才是其最大价值和核心竞争力。不以营利为最主要目的使得财务公司在风险偏好的选择上不具备选择积极型和激进型的内在动因。

最后，财务公司风险管理起步较晚、专业人员相对匮乏、资源获取的内部性、资源运用的有限性、业务份额的弱竞争性以及运行环境的复杂性等都制约着风险管控的能力和质效。因此，在监管合规压力越来越重的大背景下，业内鲜有财务公司能够“艺高人胆大”，游刃有余地驾驭平衡型的风险偏好。

案例

案例 7-2　国新财务公司坚持定性与定量指标并重构建风险管理政策

国新财务公司注重以风险管理促进价值创造，既着力于全面增强服务集团国有资本运营试点功能的专业化能力，又聚焦于健全完善风险管控体系，以建立风险管理政策为依托，严格把控风险，稳健合规经营，打造央企财务公司良好的品牌形象，助力集团资本运营改革试点。

一、确立稳健型风险偏好

为保驾护航财务公司战略目标的实现，根据公司发展规划，参考银保监会监管评级的定性与定量标准，国新财务公司组织制定了 2019 ~ 2021 年风险管理政策，确立了稳健型风险偏好，即支持鼓励创新，但不鼓励承担不必要的风险，在可容忍的风险损失限额内，为集团国有资本运营试点做好服务。

二、建立风险容忍度指标体系

将风险容忍度指标划分为核心风险容忍度指标和其他风险容忍度指标，分设目标值和预警值。其中，核心容忍度指标涵盖资本类指标、收益率指标、流动性指标、操作风险容忍度指标 4 类指标；其他风险容忍度指标涵盖战略风险容忍度指标、合规风险容忍度指标、流动性风险容忍度指标、信用风险容忍度指标、市场风险容忍度指标 5 类指标。强化风险管理事前控制规划，明确风险管理底线。针对容忍度指标特点设定容忍度水平，设定风险的最低限度或最高限度，并参考监管底线要求，设置风险预警值以及相应的对策安排。

三、强化风险偏好的传导

明确董事会、高级管理层、业务条线、风险部门在制定、实施风险偏好过程中的职责，每年对风险偏好进行评估，并根据经营环境、监管要求、集团战略等进行动态调整。通过将风险偏好融入信贷政策管理、内部控制体系、绩效考核指标、合规文化建设、员工行为管理等举措，确保将公司的风险偏好传导至业务条线。

（三）内控建设及评价

随着“制度先行、动态完善”理念逐渐深入人心，持续推进内控体系建设已普遍成为财务公司一以贯之的日常管理活动。秉持以风险管控为导向，财务公司通过动态优化完善内控设计，从而规范授权体系、厘清职责界面、识别风险隐患、完善管控流程、提高工作效率。这些成果最终通过制度文件、授权手册和内控手册等形式固化为公司刚性管理要求，确保全面风险管理体系的顺畅运行。

具体到风险管理内控体系，财务公司普遍建立了类似“风险管理制度”的基本管理制度，作为风险管理的“宪法”为风险管控的总体目标和基本原则定调。在根本性制度指导下，财务公司多根据自身风险分类，形成了针对各类风险的具体管理办法，保障各类风险管理工作有序开展和全面覆盖。此外，财务公司通过制定和完善内控操作手册，动态识别评估风险，明确业务目标、执行岗位、操作步骤、易发风险点及控制措施等，为内控制度的执行提供具体的操作指南。

随着内外部风险事件的显著增加，2019 年财务公司更加注重提升自身应对突发风险事件的能力。在银保监会同年下发的《银行业保险业突发事件信息报告办法》指导规范下，财务公司普遍进一步规范和固化了重大事项或突发事件的报告、审批和处置流程，确保重大突发风险事件处理的时效性和合理性，以及相关信息披露的合规性。

随着内控体系在日常经营管理活动中的作用日益凸显，对其全面性、适用性和规范性等维度的评估亦得到越来越多财务公司的重视。财务公司普遍设有独立的内部稽核部门或内部稽核岗位，定期或不定期运用穿行测试、内控诊断等手段进行内控体系评价，并将评价结果提交董事会和高级管理层，确保内部控制要求和流程落实到位，推动内控体系不断完善和优化。此外，2019 年度调研发现，业内已有财务公司委托外部审计机构借助外力进行内控体系评价，进一步提升了其内控评价的独立性和专业性。

案例

案例 7-3　联通财务公司在线审计机制

依照“业务笔笔稽核、审计全面覆盖、规避金融风险”的管理思路，联通财务公司以“大数据思维”和“审计专家思维”为指导思想，以全面审计监督、及时提示风险为原则，自主开发了稽核日报与风险指标监控系统，为公司经营发展保驾护航。

一、具体做法

（1）以风险和问题为导向实现多维在线监控，构筑全覆盖、准实时的金融风险防范体系，构筑第三道防线。稽核日报系统将金融风险指标级风险预警和微观交易级问题监控相结合。宏观层面，构建风险预警指标池，基于每日业务、资金数据，逐日发布风险预警指标，避免各类指标超出预警范围；微观层面，从审计稽核和管理需要出发构建监控模型，每日对金融核心系统的业务和操作进行扫描，对用户级、账单级、交易级问题进行监控，精准定位实质性风险和问题，通过公司办公邮件将日常稽核结果与风险指标监控信息及时推送至公司领导和各业务部门。

（2）基于系统预警和监控创新审计稽核监督机制。以稽核日报与风险指标监控系统上线实施为抓手，公司创新开展了“日常稽核监督”与“日常风险提示”新型工作模式，远程识别高风险业务和操作，靶向定位重点问题，快速完成日常审计稽核工作，有效提高了企业内部监督的效率和效果。

二、经验成效

依托稽核日报与风险指标监控系统，联通财务公司构建了在线审计机制，实现了业务全面覆盖和实时监控，具备日常性、连续性和即时性的特点，有利于风险早发现、问题早解决，审计成果及时转化。此外，在线审计机制与问责机制相结合，“潜在价值”明显，监督“威慑力”大幅提高了各部门合规经营的自觉性，员工更加尽职尽责。

（1）以风险和问题为导向。稽核日报与风险指标监控系统面向大数据应用，将宏观风险预警和微观问题监控相结合，对高风险、高重要性及管理层关注的重点业务领域全面监控，实现了真正意义上的风险和问题导向。

（2）全面监控。稽核日报与风险指标监控系统横向贯通各业务流程，实现对经营、财务的整体监控；纵向直达风险指标，实现对风险指标的全面监督。各类业务、各个部门、重点风险指标都处在审计监督之下，实现无盲角监督。

（3）实时监控。稽核日报与风险指标监控系统以工作日周期为监控频率，及时定位风险问题，从而做到随时发现问题、随时现场审计、随时审计整改，变事后审计为事前、事中审计，显著提高了监督时效性。

（4）远程监控。依托稽核日报与风险指标监控系统，实现对业务的日常稽核监督和风险指标的远程监控，在因为疫情没有全面复工期间其作用尤为凸显。

诚然，财务公司内控建设和评价尚有需要完善和提升的方面。例如，由于行业起步较晚，财务公司始终烙有商业银行“跟跑者”的印记。无论在初创时搭建制度体系，抑或开展新业务制定具体管理办法和操作流程，借鉴商业银行模式和经验是财务公司最为主流的理念和做法。“拿来主义”势必与财务公司的功能定位和业务实际存在一定程度的偏离，这种“水土不服”的现象需要财务公司不断在实践中灵活调整和动态完善。此外，确保制度有效执行是财务公司面临的一道难题。财务公司内控体系建设多由风险管理专职部门牵头，各部门内设专岗或由兼职岗位配合完成相关工作。如若宣贯不到位，必会造成仅有制度建设相关人员知悉制度要求且各部门仅了解本部门制度的现象。上述现象的存在，加上财务公司现有系统对流程刚性控制的覆盖力度仍有待加强，对制度执行的有效性造成了实际影响。

（四）风险管理手段和方法

财务公司的风险管理思路，普遍体现为按业务链条建立分类管理手段和方法，实现风险管理识别与分析、计量与评估、监测与报告、控制与缓释。

尽职调查、专家评价、全员参与是财务公司风险识别与分析的主要手段。通过自下而上、层层负责的方式，加上作为集团内部金融机构特有的信息优势，可较为全面、客观、定性了解风险全貌，具备较高的风险识别和评估效率。但是，缺乏识别和评估风险的定量技术和手段目前依然是财务公司普遍面临的挑战，进而导致识别与评估结果缺少客观数据支撑，更趋主观判断。

依托监管要求和报表建立各类风险计量模型，是现阶段财务公司计量与评估风险的主要方法。部分财务公司在自主研发计量模型方面进行了尝试性探索，但鲜有公司真正使用模型作为指导业务开展的主要判断依据。

越来越多的财务公司开始按照监管要求和自身管理需要搭建信息系统，以实现对各类风险指标的监测和预警，但业内各公司的风险监测系统开发水平不一，支持T+0、T+1动态指标监测的公司尚属少数，从整个行业看，风险监测的实时性和准确性亟待提高。

通过内控制度固化风险控制措施及要求，是财务公司普遍采用的方式，风险限额管理也日益得到推广和应用。但在目前系统无法实现实时监控的情况下，财务公司针对超限额情况也只能依靠人工干预方式进行管控。在风险缓释方面，资源获取和运用的有限性决定了财务公司转移及对冲风险手段相对匮乏，依靠集团和关联企业是最为直接和有效的方式。

在信息科技与金融业务愈加融合的大趋势下，系统集成化不高正成为制约财务公司丰富和完善风险管理手段方法的掣肘。鉴于财务公司风险管理系统的搭建尚未普及，即使部分公司已完成系统搭建，多数深入度、全面性不足，鲜有公司可以实现业务条线全周期管控。

案例

案例 7-4　中冶财务公司建立金融资产减值计提模型，提高风险防范能力

在当前疫情的影响下，国家大力扶持中小企业复工复产，利率将在一段时间内长期处于低水平状态，金融机构面临的未来风险将会加剧。贷款减值计提模型，是对未知风险的确认和计量，是金融机构为抵御风险而提取的用于弥补银行到期不能收回的贷款损失，是抵御金融风险强有力的支撑。中冶集团财务有限公司在新金融工具准则下纳入减值计提范围的业务包括表内的自营贷款业务和贴现业务以及表外的承兑汇票业务和保函业务。

一、贷款风险的分类

预期信用损失模型以评估银行贷款质量为基础，采用以风险为基础的分类方法。根据新金融工具准则要求，金融资产在计算减值时需要判断资产的风险是否显著增加，并将资产按信用风险是否显著增加分为三个阶段。财务公司通过对成员单位经营指标以及定性指标进行打分确定内部评级，通过分值的不同定义信用风险的标准，分值越大的成员单位信用风险越小，然后制定内部评级分数与新金融工具准则下的三阶段划分转换规则，在此基础上再对各项金融业务进行不同风险阶段的减值评估。

内部评级方法是通过对成员单位的经营指标以及定性指标进行打分而确定的，其中50% 权重为经济指标因素，包含净资产收益率、应收账款周转率、资产负债率等经营财务指标以及根据成员公司的不同行业来评估的绩效综合得分，成员公司行业分为设计企业、施工企业、房地产企业和其他企业，绩效评价分为盈利能力状况、资产质量状况、债务风险状况和经营增长状况四大项；另外 50% 为定性评价，综合考虑了成员单位的营

收、偿债、流动性、内控等因素。

二、资产减值模型方法

财务公司采用的预期信用损失模型为 IFRS9 准则下的 ECL 模型，包含违约概率、违约损失率、违约风险敞口三个主要因素，并根据新金融工具准则要求，对过去事项、现时状况及未来经济情况的预测信息进行了综合的考量：预期损失（ECL）= 违约风险敞口（EAD）× 违约概率（PD）× 违约损失率（LGD）×（1+ 宏观因子）。其中，宏观因子的影响包含宏观预计指标以及行业指标两大因素，具体为预测 GDP 年平均增速、预测 1 年期贷款利率水平两个宏观预计经济指标，建筑业景气指数、房地产业景气指数、有色金属矿采选业景气指数、制造业景气指数四个行业宏观经济指标。

（五）风险文化和考核

全面风险管理推行的质效，很大程度取决于财务公司内部能否形成统一的风险价值观念和行为准则。强监管、严监管的外部因素驱动，加之稳健风险偏好的自主选择，财务公司正积极探索风险管理文化的培植和宣贯传导机制，力求自上而下贯彻统一的风险管理理念、价值准则和职业操守。实践中，财务公司运用了诸如培训、座谈会、考试、搭建法规库、网络宣传、发布风险合规提示函等灵活丰富的方式推广风险管理文化，增强员工对风险管理理念的认同感，强化“三道防线”的协调互补，树立人人有责的风险管控意识。目前，满足合规管理要求已是风险管理的最低目标，通过有效的风险管理，以最少的成本获得最大的安全保障，从而实现经济单位价值最大化，正逐步成为风险管理的终极目标。

相较风险文化的大力推广，财务公司普遍在风险合规激励机制和考核方面相对欠缺。虽然目前财务公司普遍已将风险管理考核指标纳入部门及员工个人绩效考核，并给予其 20% ~ 50% 的权重，但多数公司在运用风险管理思维分配资源、解决问题的意识方面仍需探索更为合理有效的手段。董事会、高级管理层在风险文化建设中的责任仍需进一步明确和强化，同时包括薪酬延期支付、薪酬扣回、行政处罚在内的风险问责机制仍有待进一步完善和实质施行。

案例

案例 7-5　大唐财务公司治理体系和内部控制双管齐下，打造内外兼修风险文化

大唐财务公司治理层面，在“三会一层”的基础上，由董事会下设风险管理委员会、审计委员会、投资决策委员会，经营层下设投资管理委员会、信贷审查委员会、采购领导小组、信息化工作委员会。部门设置中单独设立风险与合规管理部、监察审计部，各部门内部设立风险合规管理员，自上而下形成决策机构、日常管理机构、部门岗位人员三个层面的三级联动，构建横向、纵向的点面立体网络。

制度上，出台行之有效的“组合拳”，发布“普法责任制的实施意见”和普法责任清单，制定“三重一大”决策制度和各专委会工作规则，明确各部门在法治工作中的职责界面，将“三重一大”涉及法律风险的决策事项纳入法律审核范围，健全依法决策和科学决策的机制，对公司涉及重大决策、重要人事任免、重大项目安排和大额度资金运作的具体内容，明确决策规则、程序和授权范围。公司也同步制定印发“三重一大”监督办法、党风廉政建设责任制考核自评价细则，完善监督体系，实现公司全体在思想上和行动上的同频共振效应。通过矩阵式的管理手段，提高法治建设、风险管理、内部控制的有效性、合理性。

内控管理上，全面梳理公司制度和内控矩阵，打破部门界面，以最基础的业务模块为单元进行归类划分，创新性地将制度手册和内控手册有机结合，形成内部控制与制度体系手册。新的手册条线清晰、逻辑清晰，更有利于公司组织架构的优化创新调整。每个业务模块涵盖风险管理体系、外部监管要求、风险列表、制度体系、授权列表、流程列表、表单附件，使业务人员、风控人员关注点合理统一，达到促进业务人员知晓风险点、风控人员知晓业务模式效果，真正将内部控制工作融会贯通于业务操作之中。

应急管理上，公司聘请的外部专业咨询机构正全面推进应急体系完善充实工作，形成与制度体系、内控体系三位一体的风控体系。应急体系的建设理念在业内也属领先和超前思维，单独将10余项的应急预案编制成册，涵盖市场风险、信用风险、流动性风险、信息系统风险等各类风险，形成精简、统一、高效和协调的突发事件应急处置与救援方案，能有效避免突发事件扩大或升级，使突发事件应对处置的各个环节有章可循，最大限度地减少突发事件给公司造成的损失。

三 风险管理优化方向

（一）完善治理架构，确保风险管理体系有效运转

产业性决定了财务公司其股东会、董事会、高级管理层的多数成员来自集团。利益相连、风险相关决定了财务公司的治理架构必然受其所在集团影响，风险治理理念“类集团风险管理”的烙印更为明显。考虑到一般企业与金融机构对风险管理的认识侧重点不同，作为以存贷结为主业的金融机构，“类银行风险管理”是财务公司可持续发展的趋势和必然选择，而理念转变最基本的前提是完善治理架构。

首先，面对股东、存款主体、借款主体高度的重合，财务公司及所属集团应积极探索在三者之间形成规范、有效的权力制衡。通过选聘独立董事和第三方机构等方式，不断提高董事、监事的专业水平和履职效能。

其次，在风险管控的实施层面应逐步转变全部或过度依赖风险管理专职部门的理念和做法，进一步强化业务部门为第一道防线的风险管理直接责任。有条件的公司或可效仿商业银行，在业务部门设置内部风险专职岗位，即风险管理的 1.5 道防线，提高风险防控效率和效果。

最后，逐步厘清内控建设和风险管理的关系，确保内部控制成为公司风险管理工作的基础，同时也将风险管理的理念在内控建设中予以深化。通过建立对经营活动中可能出现的各种风险进行预防和控制的一整套制度安排和激励机制，确保风险治理架构的有效运转。

（二）重视关联风险，建立风险联防联控机制

财务公司的风险管理起步较晚，全面风险管理的理念近几年才逐步被了解和接受，现阶段对各类风险的管理能力各不相同。普遍来看，通过借鉴商业银行和同业经验加上自身天然的信息优势，财务公司信用风险的管控机制相对成熟和健全，对市场风险、操作风险等管理处于优化和深入阶段，对流动性风险、信息科技风险等管理处于探索开拓阶段。

除了管控能力的参差不齐，财务公司亟须解决的更大问题为各类风险的“割裂式”管理。随着金融行业及业务模式的变化，各类风险不可能以孤立、碎片化的形式

存在，相互影响、相互转化、传统风险衍生新型风险的概率必然激增。如何准确剖析各类风险的关联关系，并将其整合纳入统一的全面风险管理体系，促使各项风险管理实现联防联控，是未来财务公司风险管理的一道难题。财务公司需摸索建立覆盖各项主要业务条线，覆盖所有部门、岗位和人员，覆盖所有风险种类，贯穿决策、执行和监督的全面风险管理流程，该流程应确保在识别、计量、评估、监测、报告、控制或缓释各类风险时兼顾其相互关联和影响。当然，财务公司建立健全全面风险管理体系的具体要求应结合集团与监管机构的要求，有的放矢，管用有效。

（三）升级信息系统，以量化技术客观评判风险

现代金融是典型的数据驱动型行业，通过业务数据的挖掘和分析，运用多样化的量化风险识别计量方法，较之人工定性分析可以在更大程度上预先判断和预防风险的发生。综观财务公司整个行业，除个别优秀公司已采用量化技术计量管理风险外，行业整体仍停留在定性分析占主导地位的阶段。

主观原因在于财务公司具有客户内部性的特点，天然的信息获取优势使得采用专家判断等定性方式具有较高准确性和性价比，因此财务公司依赖量化技术的主观能动性不高。诚然，信用风险、操作风险定性管理为主的方法符合行业特点，然而对于市场风险、流动性风险等则亟须提高风险识别与计量能力，而很多公司的量化评估操作受制于高度依靠人工或分散系统支撑的客观条件。基于此，财务公司应摒弃固有的“定性分析”一招吃遍天的做法，在人员和资源配置方面给予定量分析充足的保障。

更重要的客观原因在于财务公司信息科技建设水平远未达到可依赖其进行量化评估风险的标准，信息系统建设高度依赖外包商且潜在系统服务商的选择十分有限，同时财务公司普遍存在信息系统不稳定、更迭周期漫长的问题。此外，数据治理构成了金融机构风险识别与评估、监测的底层基础。充分发挥数据价值，用数据驱动发展，用数字思维和手段重塑业务、服务、流程，实现风险管理的数字化转型，是未来财务公司发展的必然趋势。但是，目前财务公司数据治理尚处萌芽阶段，中国财务公司协会 2019 年调研发现，业内只有不到半数的财务公司按照监管要求，建立了组织架构健全、职责边界清晰的数据治理架构，明确董事会、监事会、高级管理层和相关部门的职责分工。17% 的受访财务公司明确表示尚未开展数据治理工作。由此可见，财务公司行业在数据治理方面尚有较大提升空间。

（四）强化资本管理理念，提升精细化管理水平

对资本的监管是《巴塞尔协议》的核心要义，也是当今国内外监管机构对银行业监管机构的监控重点。但财务公司资本管理体系建设起步较晚，“三会一层”普遍缺乏对资本管理的深度认识，虽然从合规性上看业内公司资本充足率普遍较高，但资本管理机制极为粗放，在战略规划、业务可行性分析、产品定价、绩效考核等方面缺乏资本占用和资本成本分析的意识和能力。

然而，银保监会在2018年表示，将结合《巴塞尔协议Ⅲ》最终方案，针对银行业出现的新变化、新情况、新问题，继续推进资本监管制度的建设工作，同时，随着经济转型和下行压力增大，是否要求计提逆周期资本不得而知。另外，在企业集团降杠杆、减负债的大背景下财务公司内部信贷投放的规模势必增加，资本充足要求有进一步加码的可能性。财务公司对资本粗放管理恐难以为继，需未雨绸缪，可先从与业务发展相匹配的资本规划做起，通过开展资本充足性压力测试等评估工作，逐步在产品定价、绩效考核等方面适度考量资本因素，引导财务公司发展与资本抵补能力相适配。

第八章 信息科技管理

一　信息科技基本概况

信息科技系统是财务公司最重要的基础设施，并日益成为业务拓展的重要支撑。2019 年，信息科技系统已成为财务公司行业业务运转的“心脏”，不仅承载着集团资金集中平台的重任，而且为财务公司各类金融业务提供服务支撑。互联网金融发展推动财务公司行业进入了业务拓展期，财务公司行业通过加大信息科技投资规模，应用新技术，积极改建、扩建甚至重建核心系统，完善线上客户服务渠道，持续优化内部管理系统，主动建立数据分析应用，不断提升信息化水平，为财务公司转型发展提供有力的技术支持。

根据中国财务公司协会的问卷调查，截至 2019 年末，财务公司行业信息科技人员已达到 898 人，[①] 占财务公司从业人员总数的 6.56%，较上年增加 34 人，增幅达到 3.98%。在信息系统建设方面，财务公司行业共新增 863 个信息系统建设项目，平均每家财务公司新增 4 个项目。新增项目类型分布情况见图 8-1。

根据问卷调查，截至 2019 年末，财务公司行业共有 65 家企业在未来两年有更新核心系统的计划，占比 28.76%。共有 53 家企业应用了至少一种新技术，占比 23.45%。排在前三位的新技术是云计算技术、大数据技术、人工智能 +RPA 技术（见图 8-2）。

根据问卷调查，截至 2019 年末，财务公司行业共有 54 家企业应用了微平台和移动 App，占比 23.89%。在信息科技投入分配方面，应用系统投入占比逐年减小，而涉及虚拟云和超融合的基础设施投入占比不断增加，反映出各财务公司对业务连续性有了更高的目标要求。

① 如无特殊说明，本章的数据来自中国财务公司协会 2019 年度调查问卷。

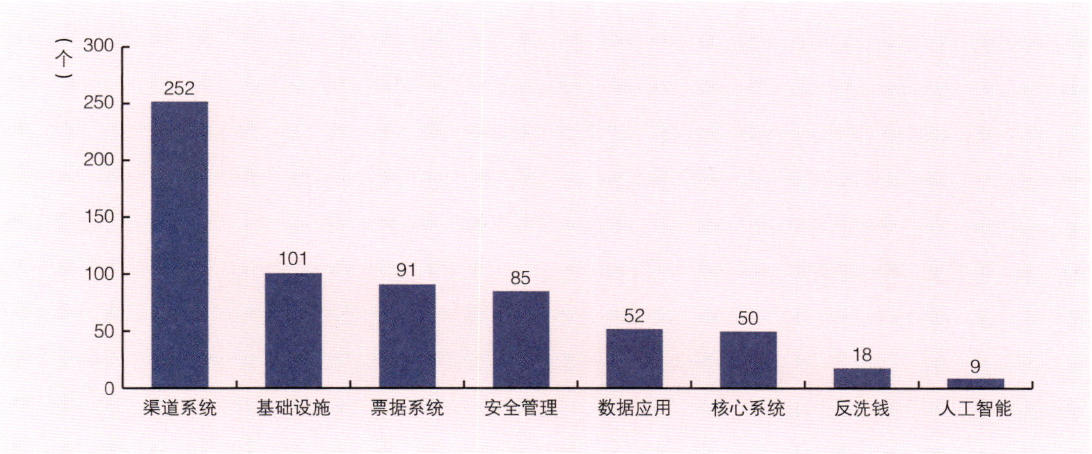

图 8-1 财务公司行业信息科技新增项目类型分布情况

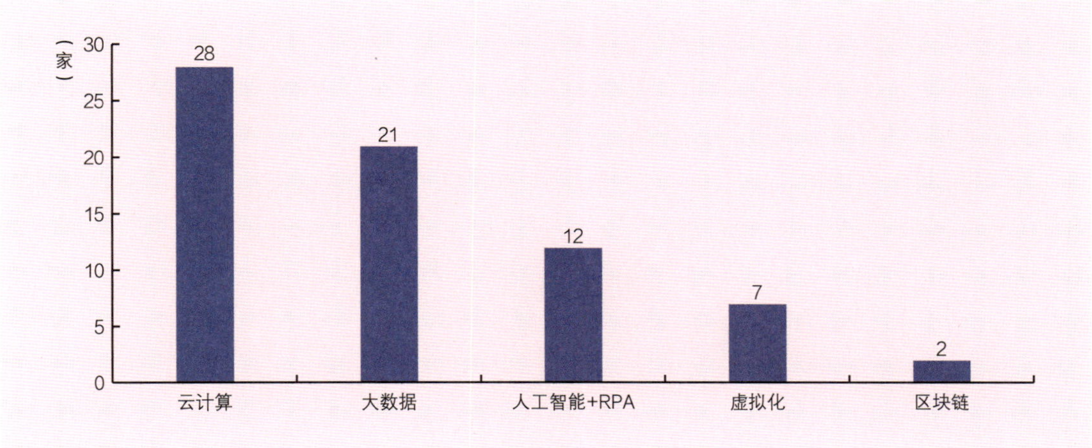

图 8-2 财务公司行业新技术应用情况

二 信息系统应用情况

信息系统建设是财务公司信息化工作的重要内容。随着财务公司业务逐渐扩展，监管部门对财务公司行业的监管力度不断加大，推动着财务公司行业加大各类风险管理类信息系统的建设投入，不断完善和提升风险管理系统功能，如客户评级管理系统、产品定价管理系统、内部资金转移定价系统、反洗钱系统、流动性管理系统、信贷业务全流程管理系统等，为财务公司应对信贷风险、市场风险、合规风险、流动性风险、操作风险等提供信息化支持与保障。

产业链业务是 2019 年财务公司业务拓展的主方向。为了支持财务公司产业链业务的开展，很多财务公司扩展了网上金融服务平台功能，面向外部企业提供互联网化的金融服务，有效提升了为异地客户服务的能力和水平，提高了客户满意度。2019 年，财务公司行业共有 252 个涉及渠道类信息系统建设，占总体项目建设的 29.2%。

（一）构建全面信息科技规划体系，适应未来技术发展需要

在信息化管理过程中，相较商业银行等大型金融机构，财务公司在信息科技顶层设计、信息化自主能力和 IT 基础设施等方面仍有较大提升空间。主要体现在以下三个方面。

一是信息科技顶层设计亟待完善。财务公司作为集团内部的非银行金融机构，信息化建设要在符合监管要求、遵循集团信息化框架的前提下，同时满足自身生产经营及管理需要。信息科技治理缺乏顶层设计，缺乏战略高度，缺乏统一体系，导致信息化建设过程中“烟囱林立”问题较为突出。

二是信息化自主能力不足。大部分财务公司员工队伍整体规模较小，信息科技人员更少，很难比照银行业金融机构设立开发中心、数据中心等组织机构。不管是系统建设还是日常运维，主要依托相关服务厂商，信息化严重依赖外包服务，自主建设、维护及创新能力较弱。

三是 IT 基础设施较差。业务特殊性和监管合规性使金融行业对 IT 基础设施有高可用、高稳定和高安全的要求。高要求一般意味着高投入，虽然有部分财务公司建设了独立数据中心，但是，多数财务公司还在利用所在集团的机房或者外包机房，与金融行业的基础设施要求还有很大距离。

为了解决上述问题，在现有人、财、物等约束条件下构建符合财务公司行业特点的信息化体系，是财务公司信息化工作中必不可缺的环节。财务公司要结合自身特点，注重顶层设计，从信息系统、IT 基础设施、安全防护三方面入手，制定信息科技规划，提高自有信息技术能力，提升信息科技对公司业务发展和内部管理的支撑能力。

案例

案例 8-1 中移动财务公司构建信息科技规划体系

在信息系统规划方面，中移动财务公司采用自上而下的方法，本着业务规划先行、坚持外部监管指引、成本效益合理、充分借鉴集团经验、整体规划分步实施的原则，研究制订了信息系统规划。

首先，通过研究公司战略规划内容，对战略规划中涉及信息化的业务开展和管理要求逐条分析，制订出符合公司战略要求的信息化规划，并使之能完全覆盖公司战略规划的内容。坚持监管指引，依照监管机构对财务公司行业信息化治理的要求，最终形成公司信息化现状调研报告。

其次，中移动财务公司与银行业、财务公司行业的信息科技优秀案例进行了对标学习，并通过全面梳理形成公司整体业务架构，并根据业务架构形成对应的信息化应用架构，依照“小核心、大外围、一体化”的思路整合关联应用，形成最终的信息系统架构，从职能定位、功能划分等不同维度规划财务公司各系统关联关系，从全局性、指导性和实用性的角度绘就财务公司信息系统规划蓝图。

通过对信息系统的规划，中移动财务公司系统思考和解决了“建什么、怎么建、何时建、如何改”的问题，最大限度地避免和减少了信息化建设中的“烟囱”问题。

在 IT 基础设施规划设计方面，中移动财务公司的基本思路是，在保证可用、稳定和安全的前提下，降低硬件投入和运营费用，采用云计算、大数据等比较成熟的技术，利用云资源构建财务公司的 IT 基础设施体系。在这个基本思路下，IT 基础设施规划要回答信息系统和数据如何部署、安全性如何保证以及系统间如何打通的问题。

中移动财务公司结合 IT 设施情况，将可用的 IT 基础设施划分为自有机房、公有云和私有云三部分，并建立连接集团节点和监管机构等外部节点。按照“数据分级、系统分类、安全分域”的原则对信息系统规划进行了分析。在“数据分级”时，综合考虑不同类型数据的访问需求、可靠性需求和防护成本，解决数据分散存储、各系统数据模型不统一、数据接口众多且无统一标准的问题。在“系统分类”时，将技术上相同的功能模块进行抽象整合，为同类系统建立统一的安全防护标准。在“安全分域”时，确定不同安全设施的防护边界，实现“关键数据不出门、信息访问最小化”的保密原则，并且根据不同用户的位置提供灵活且安全的网络访问服务。

中移动财务公司还参照云服务中 IaaS、PaaS、SaaS 三层设计了逻辑架构，将不同信息系统中公共技术组件进行封装。初步规划了数据服务、流程服务和监控服务三个通用能力，为未来信息系统的开发提供统一服务，服务规划见图 8-3。

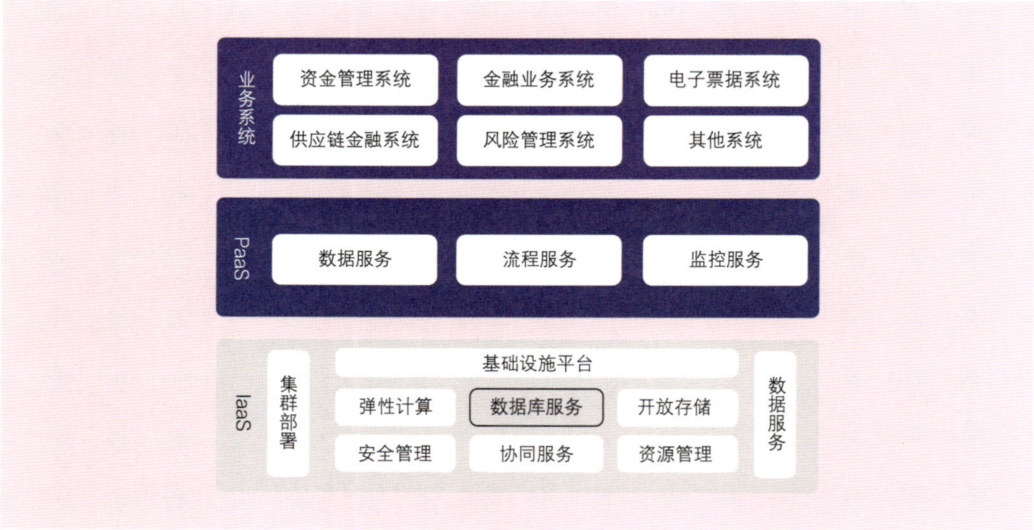

图 8-3　中移动财务公司 PaaS 服务规划

通过对 IT 基础设施的规划，中移动财务公司系统思考和解决了“能否上云、怎么上云、如何用云、何时上云”的问题，并快速启动实施，最大限度地解决了 IT 基础设施建和管的痛点。

（二）完善各类信息科技管理制度，规范管理信息科技工作

制度是管理的基石。信息科技工作同样离不开管理制度，完善信息科技管理制度不仅是监管部门对财务公司行业的要求，而且是财务公司各项线上业务安全平稳高效运行的重要保证。

财务公司信息科技管理制度体系一般包括九个方面：信息科技管理制度、信息科技风险管理制度、信息安全办法、信息系统开发管理办法、信息系统运行管理办法、业务连续性管理办法、信息科技外包管理办法、信息科技审计制度、数据治理制度。截至 2019 年末，大多数财务公司已建立了信息科技管理制度，作为上位制度，信息科技管理制度为信息科技工作提供了全面指导依据。信息科技实力较强的财务公司在信息科技风险管理、信息安全、开发管理、系统运行管理以及业务连续性管理方面也制定了相关的制度或办法，并在各管理操作环节设计应用了符合本单位管理需求的一

系列表单和操作细则，完善并健全了信息科技制度体系。少数财务公司通过制定外包管理制度对信息科技外包厂商进行合规有序管理，不仅提升了外包厂商的工作质量和效率，而且还有效转移了部分风险，减轻了本单位信息科技人员不足的压力。还有部分财务公司通过制定数据治理制度，在数据管理、数据质量控制、数据价值实现、监督管理等方面做出明确要求，并积极应用内外部数据，建立数据分析系统，设计数据模型，统一实现监管报表、经营业务分析、获客分析、客户画像、反洗钱监控等功能，为财务公司转型发展和拓展外部市场提供有力支撑。

（三）提升核心系统业务处理能力，发挥资金集中平台优势

核心系统是财务公司各类信息系统的重中之重，核心系统的架构先进性和功能完善性直接影响着财务公司的业务拓展能力和业务处理执行效率。较多财务公司面临着核心系统架构设计老旧、功能不全、运行性能低下等问题，不仅无法满足业务快速拓展的需要，同时也较难匹配监管对风险防范日趋严格的要求。

根据问卷调查，有 65 家财务公司准备在未来两年内进行核心系统的更新替换。新核心系统要实现统一客户视图管理，并提供多维度的客户信息维护功能，满足对内外部客户、上下游客户进行精准的客户画像。新核心系统要支持产品的灵活配置和细分，满足产品定价和贷款市场报价利率（LPR）的需要。新核心系统要实现高性能的财银、财企直联功能，为集团资金集中提供便利畅通的数据交换通道。新核心系统不仅要实现业务统一线上处理，提高工作效率，避免操作风险，还要实现统一核算规则，为数据应用提供基础。

案例

案例 8-2　海尔财务公司投产新核心系统

2019年，海尔财务公司新核心系统建设项目经过立项、招标、需求分析、设计开发、数据移植、集成测试、业务测试、模拟演练等阶段，从顶层设计、全面规划，以推动海尔财务公司业务转型目标的达成，并使其具备为同业赋能的能力。项目遵循“125”的建设策略，即一个推动、两项业务目标、五大提升。“一个推动”是指推动业务实现二次转型，推动管理变革、金融创新以及未来发展转型。“两项业务目标”是指推动海尔财务公司成为集团流动性管理及资金配置平台，成为基于物联网的产融共创生态赋能平台。“五大提升”：一是客户管理由分散管理向统一管理转变，提升服务；二是产品管理由面向交

易向面向产品转变，提升理念；三是营运管理由手工操作向全线上操作转变，提升效率；四是渠道管理由线下、手工向移动、自动转变，提升体验；五是经营管理由粗放式管理向精细化管理转变，提升管理。

新核心系统的建设推动了海尔财务公司经营理念的根本转变，为未来更有针对性地服务产业链群、更大程度地支持产业发展提供了可能，主要体现在如下方面。

新核心项目全面启动统一的客户信息建设，由新核心系统的客户信息管理模块管理客户统一编号、记录客户在海尔财务公司的信息，包括基本信息、账户信息、签约信息、客户间的关联信息等。通过新核心系统、配套的 CRM 客户关系管理系统及数据仓库，可实现客户信息的集中管理，统一客户视图，挖掘客户潜在需求，定制差异化服务，实现联动交叉营销，不断提升客户满意度。同时，从监管合规和风险防范角度，建设了黑名单管理机制，在业务办理审核过程中就能够联动发现风险。另外，客户信息数据得到全面治理，实现一个客户只有唯一客户编号，缺失的客户信息项尽可能进行补录，保证未来客户分析统计的准确性，为未来更好服务集团客户、经销商和供货商打下了良好的基础。

新核心系统引入产品模型与产品模板，通过参数配置，快速生成创新产品。支持基础产品的定制以及产品组合，实现对产品利率统一管理，满足利率市场化要求。梳理了公司产品目录库，对产品进行统一编码与分类管理，推动从“以科目为维度”做统计分析的经营管理模式向“以产品、客户等多维度”管理模式的转变。海尔财务公司从原来的业务办理角色，转变为产品的规划设计角色，实现了理念上的跨越式质变。

新核心项目建设高度重视业务运营及风险管理能力的提升，通过梳理、归纳、重构，新建一套全新的柜面系统，对交易进行有效整合，加强业务集中处理、人性化流转，加强集团与财务公司、财务公司部门之间以及部门内部的业务直通处理，以降低成本、提高效率。重点体现在：一是代理行收付款业务线上化，给集团共享提供全流程全信息字段的场景保存，提高工作效率，减少客户和银行的手工操作，避免了人为差错；二是保险、公积金、年金记账线下业务转线上，提升与集团全线上化流程的管理能力；三是实现全线上化电子回单，替代了人工打印分发，提高工作效率，提升用户体验；四是收付款业务交易对手信息完善，支持集团全线上化数据的多维度获取，符合监管合规要求。

新核心项目重构全行统一的科目体系，满足了多维度核算的需求、全公司统一核算管理，以更好应对产业链多维度经营分析的要求。基于交易与核算分离机制和部分数据标准落地，新核心系统可以提供更精确、更翔实的基础业务数据，实现核算到客商、产品、项目、借据号、银行账号、档案、票据号和票据类型，能够更加准确地分析客商、产品、项目等对集团、对财务公司的贡献度。同时，会计核算以产品、事件为中心，通过会计引擎参数配置实现，未来科目变动不会带来业务系统的改造。

（四）扩展渠道系统自助服务功能，满足产业链客户新需求

建立和健全财务公司渠道系统，不仅可以实现集团资金集中管理要求，也是财务公司实现产业链业务拓展的重要途径。产业链业务客户均是集团外上下游企业，无法使用集团内部网络，但又希望财务公司提供互联网金融服务，解决异地业务受理的现实问题。

2019 年，部分财务公司根据产业链业务发展需要，建立了基于互联网的金融服务平台，为外部客户提供产业链业务申请、资金转账业务、回单打印、电子发票等功能，彻底解决了产业链客户跑腿多、业务受理时效长的问题。部分财务公司为客户提供了移动端客服 App，不仅及时提醒客户业务办理情况，而且还可以向客户推送业务广告，增强客户黏性。

2019 年，财务公司渠道系统建设在四个方面不断得到提升和完善。一是财银直联渠道，实现资金转账和资金结算的高效处理是保证资金集中的关键。二是财企直联渠道，通过建立标准化接口，实现财务公司与集团内企业资金类资金计划、资金支付、账户查询、到账通知、电子回单、电票业务通知、信贷业务通知等功能，降低管理成本和操作风险，提升业务效率。三是建立基于互联网的金融服务平台，为产业链客户、消费信贷客户提供丰富的线上金融服务。四是票交所直联，实现电子票据线上清算功能，为盘活集团票据资产提供技术支撑。

案例

案例 8-3　部分典型公司的渠道系统自助服务

一、航天科工财务公司建设资金支付平台

近年来，科工集团深入贯彻高质量发展要求，积极依托信息技术转变管理模式，持续加强集团资金管理，统筹组织推进财务共享中心建设。伴随各共享中心的成立，各类账户安全、高效、便捷的资金支付需求应运而生。财务公司为更好地履行“资金结算平台”职能，满足多家共享中心的资金结算需求，经过对自身业务范围、技术等条件的

认真研究，搭建了集团内渠道统一、标准统一的资金支付平台，形成了全新的服务品牌——“支付通”，仅用一个接口、一个用户、一个秘钥就实现了多家银行账户的余额查询、在线转账。该产品现服务于19个共享中心的300余家单位，取得了较好的应用效果。

“支付通”资金支付平台是指财务公司信息系统与集团内财务共享系统之间，实现财务公司与集团成员企业间业务流、数据流交互的接口通道。成员单位可通过共享系统在线提交标准格式指令报文至财务公司“支付通”资金支付平台，“支付通”完成指令在线处理，根据指令实际情况转发核心业务系统或商业银行，分别实现内部账户或商业银行账户的余额查询、明细查询以及线上支付等功能。

“支付通”资金支付平台通过建立一套标准接口，破解了传统解决方案中，需要分别建设多家银行接口、管理多个秘钥、确认多道口令的难题，极大地降低了管理成本，业务效率提升50%以上。同时，伴随业务的不断扩展延伸，“支付通”不仅可提供传统的资金结算服务，电子票据、电子回单等都在逐步拓展和丰富中，成为财务公司服务成员单位的有力抓手。现阶段，“支付通”资金支付平台不仅已成为各共享中心资金结算的主要通道，也是集团公司实施资金监控、开展风险预警的主渠道。

二、中化财务公司搭建供应链金融数据桥梁

中化财务公司业务团队与信息技术部门积极推动智慧供应链金融系统平台建设，探索短期内可应用的供应链金融业务系统。

2019年，推进新一代智能化供应链系统建设及提前上线工作，在3个月内完成中化财务公司首个全线上化保理业务系统模式设计、需求沟通、测试及一期上线工作，实现“一头在外”保理业务签约、审核、放款、还款全流程线上化。

基于互联网的线上供应链金融平台，搭建中化财务公司与核心企业及其上下游客户的数据桥梁，提供专业化产业链融资服务，实现签约、审核、放款、还款全业务流程线上化、无纸化、电子化、智能化，简化线下操作，降低经营成本，提高运营效率，增强客户黏性，提升竞争力，促进一链业务发展。此外，中化财务公司还上线了化小胖客服App手机应用，方便成员单位和外部客户了解业务操作程序和业务进程。

三、中石化财务公司实现客户自助打印电子发票

国家税务总局第84号文件明确公告2015年12月1日开始在全国范围推行增值税电子发票系统，其法律效力、基本用途和基本使用规定等与税务机关监制的增值税普通发票相同。中石化财务公司为落实国务院积极推进“互联网+”发展，促进电子商务、内贸流通健康快速发展有关工作要求，更好服务集团内部客户和产业链客户，实现为客户提供增值税普通电子发票开具业务功能，满足客户待开票信息自由组合与拆分、发票自助开具、下载、打印等需求。

中石化财务公司在遵循安全、高效、平稳、便捷宗旨下，围绕“核心＋外围”的业务管控模式，借助信息技术手段，在原有各系统技术架构和现有功能基础上，通过对系统业务逻辑梳理、新增与优化系统功能，在满足业务实际需求的基础上完善系统功能，提高业务处理效率。

在业务系统设计上遵循“用户至上”原则，简化用户登录。电子发票功能嵌入网银系统，未开户产业链客户通过“纳税人识别号＋登记的手机号＋手机短信验证码”方式登录系统，即可进行开票操作。

电子发票功能实现了企业客户自助开票，且无须再申请开票邮寄，并减少业务人员手工开票量，极大地提高了工作效率，提升了公司金融服务水平。

（五）持续推进数据仓库分析水平，不断挖掘金融数据价值

随着国内外经营环境复杂多变、金融行业供给侧结构性改善持续深化、利率市场化改革不断推进和金融监管体系持续完善，财务公司行业亟须高效的数字化手段来应对经营管理的不确定性和严监管常态化的合规要求。虽然财务公司大力推进基础应用系统的持续建设和完善，但仍存在各类应用系统数据标准不统一、汇聚数据不全面、缺乏有效数据分析手段和工具等问题。如何进行数据全面整合和有效利用，成为公司信息化建设的重点任务之一。

财务公司行业一些企业建立了具有各自特色的数据仓库系统，采用不同方式收集或共享集团内外部客户数据，搭建大数据管理平台，实现内外部数据融合，探索数据治理模式，提升数据质量，综合运用大数据、人工智能等新兴前沿科技赋能客户营销、风险管理、经营决策、反洗钱监控等业务场景，丰富数据的可视化管控手段和应用场景，提升数据价值的挖掘和分析能力。

案例

案例 8-4　中油财务公司数据管理应用平台建设

中油财务公司于 2015 年全面启动数据仓库建设项目，经过 5 年的持续建设，基于数据中心、数据集成平台、数据标准管理平台、调度监控平台、决策支持平台的“1+4”总体架构，应用 XBRL（可扩展商业报告语言），引入国际先进的数据集成治理工具，创新构建了业

财数据一体化的敏捷型综合报表定制平台、可视化综合经营分析平台和自助式多维分析工具三大应用平台，为公司监管信息报送与经营管理分析提供了有力支撑（见图 8-4）。

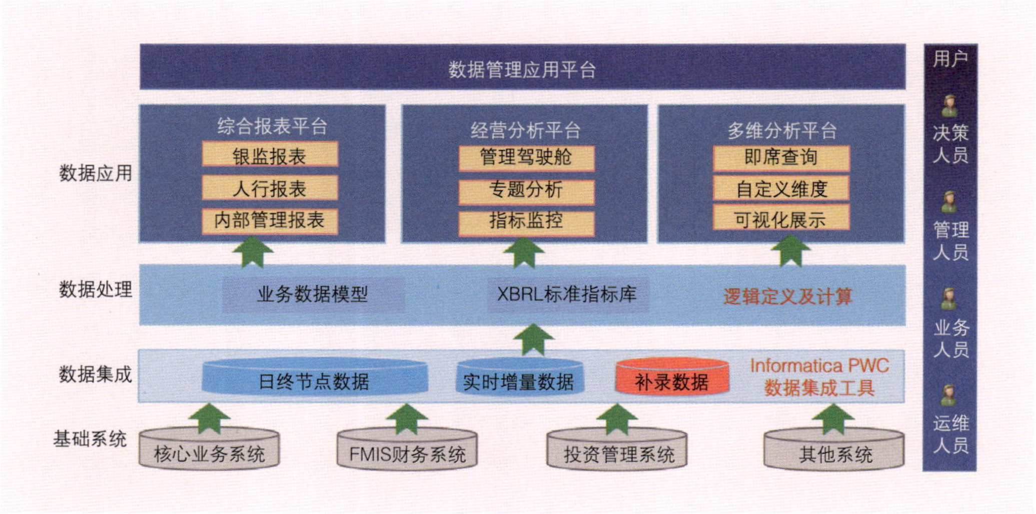

图 8-4　中油财务公司数据管理应用平台系统架构

具体技术实施方案：一是利用 Informatica 公司数据集成工具 PowerCenter 将底层分散的应用系统数据进行快速整合，搭配部署 PowerExchange 组件，实现实时变化数据的秒级同步，建立全面覆盖底层基础系统的数据中心；二是借鉴金融业务主题域分类标准，抽象形成一套符合公司经营管理需要的业务模型，同时应用 XBRL 标准将数据标签化，建立 XBRL 指标体系，对指标间复杂逻辑进行有效管理和维护，为深化应用打下坚实基础；三是以业务需求为导向，通过报表平台实现数据报送流程线上管控、实现灵活公式配置应对复杂统计逻辑变化；四是通过 XBRL 元素建立起报表与分析指标的关联关系，配套应用百度 E-chart 等工具进行可视化分析展示，全面满足面向决策、管理、业务及运维等多角色、多维度的可视化数据分析应用场景需求。

上述三大应用平台建设的主要成果如下：一是实现管理驾驶舱、量本利专题分析等 200 多个指标可视化分析展示，有效提升公司整体经营管理水平；二是实现资本充足率、流动性比例、拆入资金比例、证券投资比例、大额风险敞口等 20 多个行业监管指标监测与试算，有效提升业务风险管控能力；三是实现结算、吸收存款、信贷、头寸调拨等多维分析，有效提升业务服务创新能力；四是实现快速定制各类监管和内部管理报表 400 多张，大幅提升报表填报工作效率。

其中，自主开创的集数据管理中心、敏捷报表定制、可视化展示于一体的数据采集、加工和分析应用技术实践方案，对当前阶段大多数企业普遍面临数据分析应用能力和经验不足、基础数据质量不高、统计分析逻辑复杂、内部填报流程层级多样化等共性问题形势下，如何应用数字化手段进行管理提升具有重要的推广价值。目前该技术实践方案已在集团内部润滑油公司、大港油田得到了实践推广，实践效果良好。

（六）加强信息安全防护体系建设，全面防御各类科技风险

“安不忘危，存不忘亡，治不忘乱。”近年，监管机构对信息科技风险治理上的监管要求不断强化，比较突出的有《关于加强非银行金融机构信息科技建设和管理的指导意见》《信息科技风险指引》《业务连续性监管指引》《金融机构数据治理指引》等，同时频繁以抽查方式进行现场信息科技风险监督检查。

2019 年，国家相关部门通过组织网络实战攻防演习行动，检验各机构信息系统的安全防护能力。网络实战攻防演习是新形势下关键信息系统网络安全保护工作的重要组成部分。网络实战攻防演习是以实际运行的信息系统为保护目标，通过有监督的攻防对抗，采用诸如 0day 漏洞攻击、1day 漏洞攻击、身份仿冒、钓鱼 Wi-Fi、鱼叉邮件、水坑攻击等高级攻击手法，最大限度地模拟真实的网络攻击，以此来检验信息系统的实际安全性和运维保障的实际有效性。

网络实战攻防演习工作受到了监管部门、政企机构和集团企业的空前重视，相关单位纷纷制订了专项预算用于安全建设和服务。尤其是流量分析、终端管控、诱捕发现等专业监测与防护技术手段已被广泛采用。

部分财务公司借助集团企业信息科技及网络安全防护优势，并借鉴商业银行先进经验，建立起既适合自身特点又行之有效的安全防护体系，既符合国家法律法规，又满足监管要求，并且还能有效保障财务公司信息安全。

在技术方面，部分财务公司通过加强网络安全监测系统建设、安全基线检查、安全策略检查、关键网络安全风险检查、部署终端控制系统等举措，及时发现安全隐患和薄弱环节，有针对性地开展自查工作，并进行安全整改加固。如招商局财务公司、大唐电信财务公司、华电财务公司、航发财务公司、中车财务公司、锦江国际财务公司等已应用了下一代诱捕技术产品，对网络进行实时监测，在网络实战攻防演习中取得了非常好的成绩。

在管理方面，财务公司信息部门建立合理的安全组织架构，明确工作职责，建立具体的工作小组，同时结合工作小组的责任和内容，有针对性地制订工作计划、技术

方案及工作内容，责任到人、明确到位，按照工作实施计划进行进度和质量把控，确保管理工作落实到位，技术工作有效执行。

案例

案例 8-5　中石化财务公司筑牢金融信息防护网

网络信息安全是财务公司行业的核心命脉之一，强化网络信息安全对财务公司健康发展具有十分重要的意义。随着《网络安全法》的实施，为进一步将中国石化集团公司党组“把网络信息安全当作生产安全一样，作为头等大事来抓”的要求落到实处，中石化财务公司认真打好安全防护“组合拳”，把防范网络安全风险作为一项长期的基础工作，从严从紧抓落实，不断加强中石化财务公司的风险防控能力。

重管理，把握关键环节抓落实。一是强化信息安全管理责任体系建设。按照“谁管理谁负责、谁建设谁负责、谁运行谁负责、谁使用谁负责”的原则，细化部门、岗位安全管理主体责任，进一步完善《信息系统安全管理办法》相关内容，对不遵守安全规定或管理不善造成不良影响的，公司将追究相关人员和领导的责任。二是抓好信息安全评估检查工作。2019 年，公司积极开展信息安全检查自查工作，自查坚持问题导向、责任导向，加大对检查结果的数据分析力度，深挖问题根源。通过邀请公安部对三级等保系统进行评估、请国内专业安全团队对应用系统进行远程渗透测试，找出问题、解决问题，力求消除信息安全隐患、不留死角。三是狠抓问题整改。加强对弱口令、终端安全防护弱等典型问题的分析和专项治理工作，启用用户账号安全策略，建立用户密码定期修改的常态化机制。四是加强信息化项目安全管理工作。加强信息化项目全生命周期的信息安全闭环管理，加大安全方案审查力度，严把可研立项、总体设计、上线验收等重要环节的安全检查关。

强技术，筑牢网络安全防范体系。在资金集中管理系统原有的多层安全防护体系基础上，一是持续推进服务器和专机的虚拟化、云化比例，不断提高服务器、桌面的统一管理能力、整体安全防护水平和应急响应能力。二是继续做好设备国产化工作。三是做好互联网统一出口建设工作，实现其互联网访问、远程接入、对外应用发布的集中统一。

重培训，强化员工网络安全意识。一方面，财务公司连续三年邀请国家信息安全测评中心、公安部的专家对财务公司全员进行安全意识培训，从当前国内外信息安全态势、企业个人面临的信息安全威胁入手，针对如何预防工作中常见的安全威胁、处理生活中的信息诈骗等内容进行了详细讲解。公司也适时下发计算机网络安全“六要七不准”等安全防范要点，对提高员工网络安全防范水平起到了积极促进作用。另一方面，公司加强了信息系统运维人员安全管理，运维人员上岗前要进行安全保密培训。培训时理论与实际相结合，以细致的制度讲解和真实的案例，提高运维人员安全保密意识。培训完毕，运维人员与财务公司签订安全保密承诺书。

强骨干，打造专业的网络安全防护团队。一方面，信息部自我加压，不断提升个人专业水平、科学管理能力。多人获得由国家信息安全测评中心审定的“注册信息安全专业人员”（CISP）资质。同时，信息部加强与国内知名厂商技术合作，引入安全领域专业化安全团队，集成内外部力量，不断强化信息管理团队事件分析、攻击溯源和协同处置的能力。

三　信息科技发展趋势

（一）扩展创新技术业务应用场景，解放人力，提高工作效率

财务公司承担着集团资金集中管理职责，内外部收付款业务量占所有业务量的90%以上。而结算、资金的部分业务具备高度重复、规则化、耗时长的特点，长时间占用着宝贵的人力资源，严重制约了公司业务效率的提升。

机器人流程自动化技术为解决这个问题带来了新思路。机器人流程自动化（Robotic Process Automation，简称“RPA”）是一种根据预先设定的程序，通过模拟并增强人类与计算机的交互过程，执行基于一定规则的大批量、可重复性任务，实现工作流程自动化的软件或平台。

机器人流程自动化具有安全灵活、部署快速、低投入高产出等优点，能够依托公司原有系统创立，并快速响应业务变化，是一种信息化应用的拓展与创新。

机器人流程自动化可以完美解决财务公司面临的问题，使用机器人后，流程执行不再需要专人值守，机器人可以持续运转进行业务数据处理，诸如上述此类重复性、跨平台的操作将不再占用员工时间。这不仅可以大大提升员工的工作效率，还可以让员工将时间利用到具有更高附加值的工作环节中去。

案例

案例 8-6　智能业务机器人助力中电建财务公司业务流程自动化

中电建财务公司机器人流程已覆盖 3 个业务部门 19 个业务场景，自动化程度达到了 84.4%。机器人取代了公司业务中普遍存在的大量高重复、规则化、耗时长的工作，在解放重复性劳动力的同时提升了效率和准确率。通过实施智能业务机器人，中电建财务公司积累了对机器人交互模式的应用经验，对公司前瞻技术应用转型及全面智能化有了更清晰的方向性展望。

中电建财务公司先后进行了两期智能业务机器人的实施工作，由单个部门单个流程入手，逐步展开，并最终形成了多部门多流程的整体自动化效果，极大地提高了公司的业务处理效率。

目前已上线的机器人流程自动化主要包括：银行对账（银企直联账户），实现每月 10 家银行 30 个账号的自动对账，账务数量每月 1.5 万笔左右；银行对账（非银企直联账户），实现每月 6 家银行 19 个账户的自动对账，账务数量每月 800 笔左右；代理支付，实现全天候监控并实时处理代理支付业务，每天可以处理约 600 笔代理支付业务；通知存款业务处理，实现每半小时执行一次通知存款业务处理，达到全流程自动化，每月可累计处理约 300 笔通知存款业务；银承兑付复核，实现系统数据与业务数据的多维度复核，逐笔核验银承兑付单填写内容，确保业务的准确性；成员单位对账单填写，实现多系统数据抓取，灵活生成制式对账单，可在半小时内完成约 200 家成员单位的数据抓取、清洗和对账单生成，实现了对账单的全自动化生成、1104 报表生成、人行监管报表生成、退汇业务处理、资金计划上报、统计局报送等。

中电建财务公司通过使用“后台机器人 + 中央控制台”的部署方案，能有效规避机器人被违规占用的风险。使用无人值守机器人作为机器人的运行载体，无须显示器等输出设备即可在后台进行业务处理，避免了前台业务处理带来的信息泄露安全风险。同时，依托公司内外网隔离的网络安全防护，机器人可以在不同的网络环境中分开作业，有效降低网络攻击的风险。在流程部署上，公司根据流程所涉及的系统、网络环境等因素将不同的机器人流程分别部署在不同的环境中，提升了机器人运行的稳定性，实现专机专用。为提升内部用户的使用稳定性，公司采取对不同用户分开授权的处理方式，按照最小颗粒度为用户进行使用权分配，规避人为误操作的安全风险。

（二）探索应用虚拟化超融合平台，提升信息科技支撑能力

随着国内金融行业的快速发展，金融延伸产品的推出对科技部门业务系统的快速部署、总体IT投入成本的控制均提出了非常高的要求。财务公司行业对信息系统业务连续性要求越来越高，传统基础设施架构已经难以满足金融业务高可用性的要求，部分财务公司信息科技部门为了应对互联网金融对于传统金融产品的挑战，已采用虚拟化技术进行基础设施的架构，为金融业务扩展和信息系统的高可用性提供保证。而超融合平台采用软件定义计算、网络和存储的架构方式已在部分科技能力强的财务公司得到了应用。

超融合是一种虚拟化基础架构平台，可为数据中心虚拟化带来横向扩展架构、高可用性和可靠性等优势。研究显示，传统服务器和存储阵列扩展成为企业数据中心项目成本高昂、过程复杂并且难于实施的主要因素。超融合给虚拟化环境带来的重要差异化因素之一就是基础设施在进行扩展时其性能仍然保持不变。超融合架构完全软件定义计算、网络和存储，在单一硬件中可以实现计算、网络和存储的统一资源交付。在超融合架构中，在每个物理节点本地都运行一个虚拟存储控制虚机（CVM）。CVM负责本地所有其他虚拟机的IO操作。当集群扩展时，在新增加节点的同时也新增了CVM，保证了整个集群性能的横向扩展。用户可以按需采购，改变传统的采购模式。并且，其简化了架构复杂性，降低了运维管理难度，实现了运维成本的节约。同时，它可实现更高的硬件密度，降低机柜空间占用和能耗，实现绿色环保数据中心。

案例

案例8-7　北汽财务公司基于超融合的基础设施实践

北汽财务公司作为北汽集团重要金融板块，一直追求做金融科技领先者，致力于利用科技驱动业务，在多年前即开始了新一代IT基础架构的评估和探索。其原因一方面是集团业务数字化、互联网化转型对IT基础架构的敏捷性、易维护性和总拥有成本提出了更高的要求；另一方面，传统的SAN存储架构也在这样的需求压力下暴露出诸多弊端。

北汽财务公司于2018年开始调研超融合架构，在DMZ、生产、测试、灾备等各个区域的生产环境中引入超融合架构，并于2019年下半年业务陆续上线，目前系统已经经过了测试试运行期，稳定运行，其架构优势也在内部得到充分发挥。同时，超融合架构天

然为云原生技术架构，具备广泛的云生态兼容性、充分的云适配性和可扩展性，为北汽财务长期 SDDC 私有云战略打下良好基础。

北汽财务公司通过引进超融合架构带来了如下收益。

（1）架构性创新。彻底打破原有“竖井式”架构，即垂直的体系结构，每一个 IT 系统都有自己的存储和 IT 设备，以及独立的管理工具和数据库，不同的系统不能共享资源，不能快速交付和使用，形成了资源孤岛和信息孤岛。

（2）灾备管理创新。通过部署超融合架构北汽财务实现了高效且易管理的容灾体系，同时未来预留具备足够的弹性和容灾扩展空间。

（3）高效运维体验。在原有传统架构下，北汽财务运维人员需同时维护和管理不同业务区域、业务系统、SAN 交换机、存储设备等异构平台，通过采用超融合管理平台，有效统一管理 DMZ 区、生产区、测试区和灾备区。管理员不再需要分别管理原有各个区域的独立存储、交换机和不同管理平台，实现“一站式”统一监控管理。通过高新敏捷的架构和运维体验，IT 人员可以更加专注于上层业务优化和下一代数据中心建设。

（4）彻底突破原有传统架构性能瓶颈。通过真正的融合极大地降低存储 IO 延迟，有效支撑各项金融业务系统。

（5）降低采购和使用成本。通过超融合方案减少了服务器机柜数量，节约了机柜空间，并采用软件订阅式，按需购买服务期限和级别，有效降低了本次软件和服务采购成本。

第九章 人力资源管理

2019 年，财务公司行业以公司运行、业务开展和效率提升为目标，逐步强化人力资源管理体系建设。财务公司行业人力资源管理各项工作进一步科学规范，人才队伍持续保持精炼化、高素质、专业化特点，为行业健康稳定发展提供坚强的队伍支撑。

一 人才队伍基本概况

（一）人员规模

截至 2019 年末，财务公司行业从业人员规模为 13695 人，同比增长 3.7%，增速略有放缓。从所属集团所有制类型看，国有企业拥有全行业 85.5% 的人才队伍，与全行业所有制类型分布情况基本一致。① 尽管在公司数量上，地方国有企业比中央国有企业多 20%，但中央国有企业拥有财务公司行业 44.99% 的人才队伍，比地方国有企业略高 4.46 个百分点（见图 9-1），这与中央国有企业体量规模较大有关。

从所属集团行业类型看，电力、汽车、交通运输、石油化工、煤炭五大行业分布了财务公司行业 50% 以上的从业人员（见图 9-2），这与所属集团规模较大、业务较为复杂和人员配置较充分等有一定关系。

① 2019 年度，全行业共 258 家财务公司，按所属集团所有制类型划分：中央国有企业 77 家，占比 30%；地方国有企业 130 家，占比 50%；集体民营企业 48 家，占比 19%；外资企业 3 家，占比 1%。

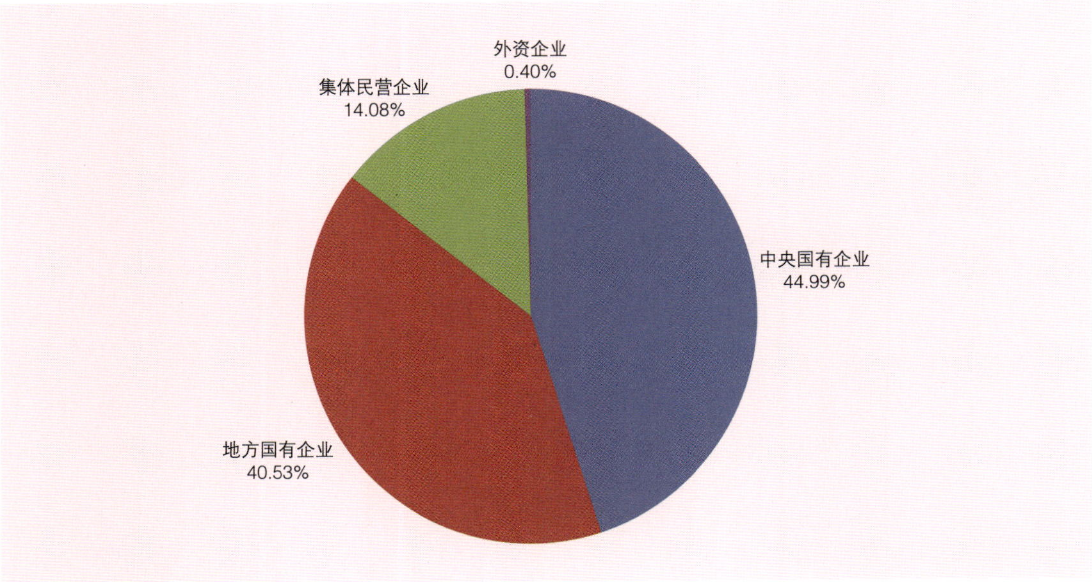

图 9-1　人才数量分布情况——所有制类型

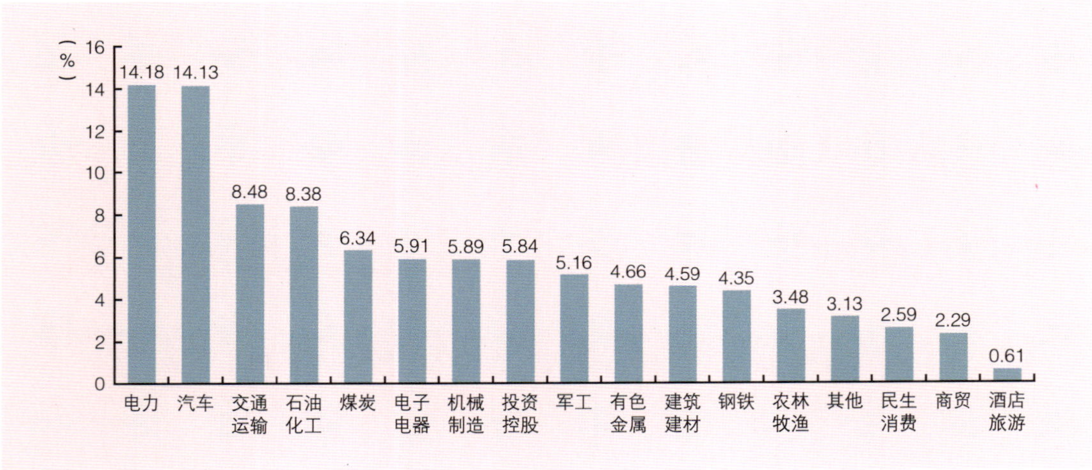

图 9-2　人才数量分布情况——行业类型

从分布地域来看，行业近 60% 的人才分布在北京、上海、广东（含深圳）等一线地区，其中北京远高于其他地区，占比近 40%；东部沿海地区人才分布相对居中；中西部地区人才分布相对较少（见图 9-3）。这和财务公司地区分布、人才就业倾向等有直接关系，① 同时与全国城镇单位从业人口人才分布情况基本一致。②

① 根据《2017 年毕业生就业质量报告》，2017 届毕业生就业流向地区除本省市之外，北京是毕业生的首选，其次是上海、广东、江苏、浙江等地。

② 根据《中国城市统计年鉴》《中国人口和就业统计年鉴》，全国地级市城镇单位从业人口中大专以上人才数量北京最多，其次为江苏、广东、上海和浙江，大部分西部地区、东北地区人才数量不足。

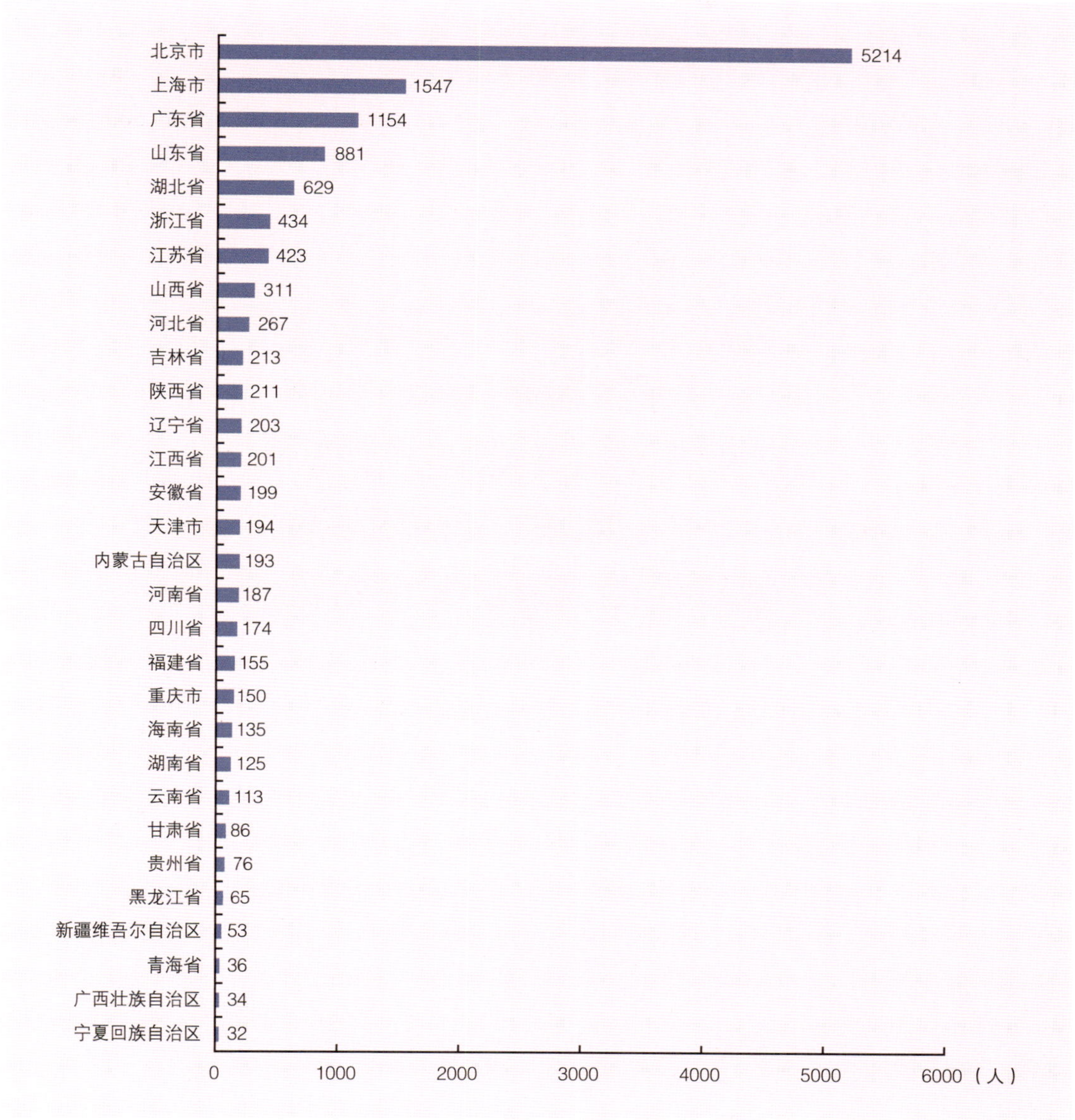

图 9-3 人才数量分布情况——地域

（二）年龄结构

总的来看，财务公司行业从业人员年龄结构大致呈现“两头略窄、中间较宽”的橄榄形分布，从业人员年龄结构比较合理。财务公司行业人才队伍仍保持年轻化，40岁以下的从业人员占比 71%，构成行业人才队伍的主力军。30 岁及以下的年轻员工占比约为 29%，保证了行业人才更迭补充的基础；30 ~ 40 岁（含）的员工占比为 42%，是各行业单位的中坚力量；40 ~ 50 岁（含）的资深员工占比为 21%，承担行业的发展重任；50 岁以上的从业人员占比为 8%，多为公司的中高层管理者。

从所有制类型看，集体民营企业员工年龄结构更加年轻化，40 岁及以下员工占比近 80%，高于中央国有企业约 10 个百分点。中央国有企业、外资企业相对新生力量比例稍低（见图 9-4），应重视员工队伍的培养和留存，注意年轻新鲜血液的补充。

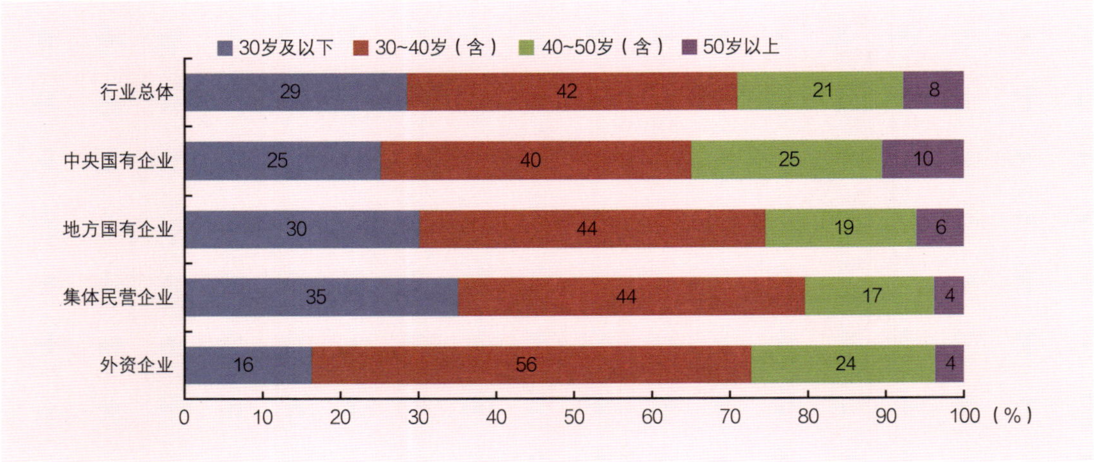

图 9-4　行业人才年龄结构分布情况

（三）学历结构

2019 年，行业从业人员学历素质保持良好水平。具有大学本科学历从业人员 8127 人，研究生学历从业人员 4696 人（博士 107 人，硕士 4589 人），大学专科及以下学历 872 人。大学本科及以上学历从业人员数量占比 94%，同比提升 1%。大学专科及以下学历从业人员同比下降 4.3%。具有硕士、博士学历的高学历人才占全行业从业人员的 35%，同比提高 3%，行业人才队伍学历水平稳步提升，专业化能力逐步增强。

对比不同所有制类型，中央国有企业高学历从业人员学历相对最高，研究生学历的占比 43.7%；专科及以下学历的中央国有企业占比相对最小，低于行业总体水平，仅为 5.2%，侧面说明中央国有企业对人才的学历要求相对较高（见图 9-5）。

对比不同地域，北京、陕西、吉林、天津、江西等地区研究生学历从业人员占本地区从业人员总数比重相对较高；专科及以下学历从业人员占本地区从业人员总数比重相对较高的地区为河南、宁夏、安徽等（见图 9-6）。

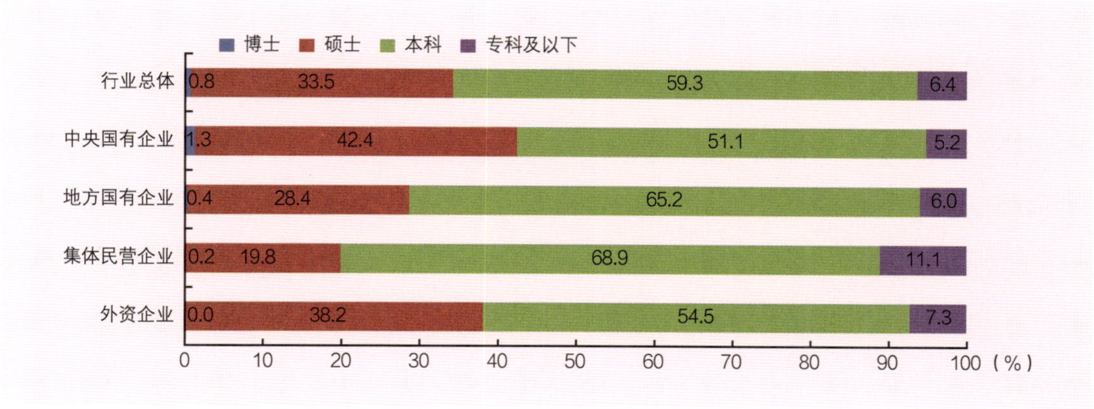

图 9-5 行业人才学历结构分布情况——所有制类型

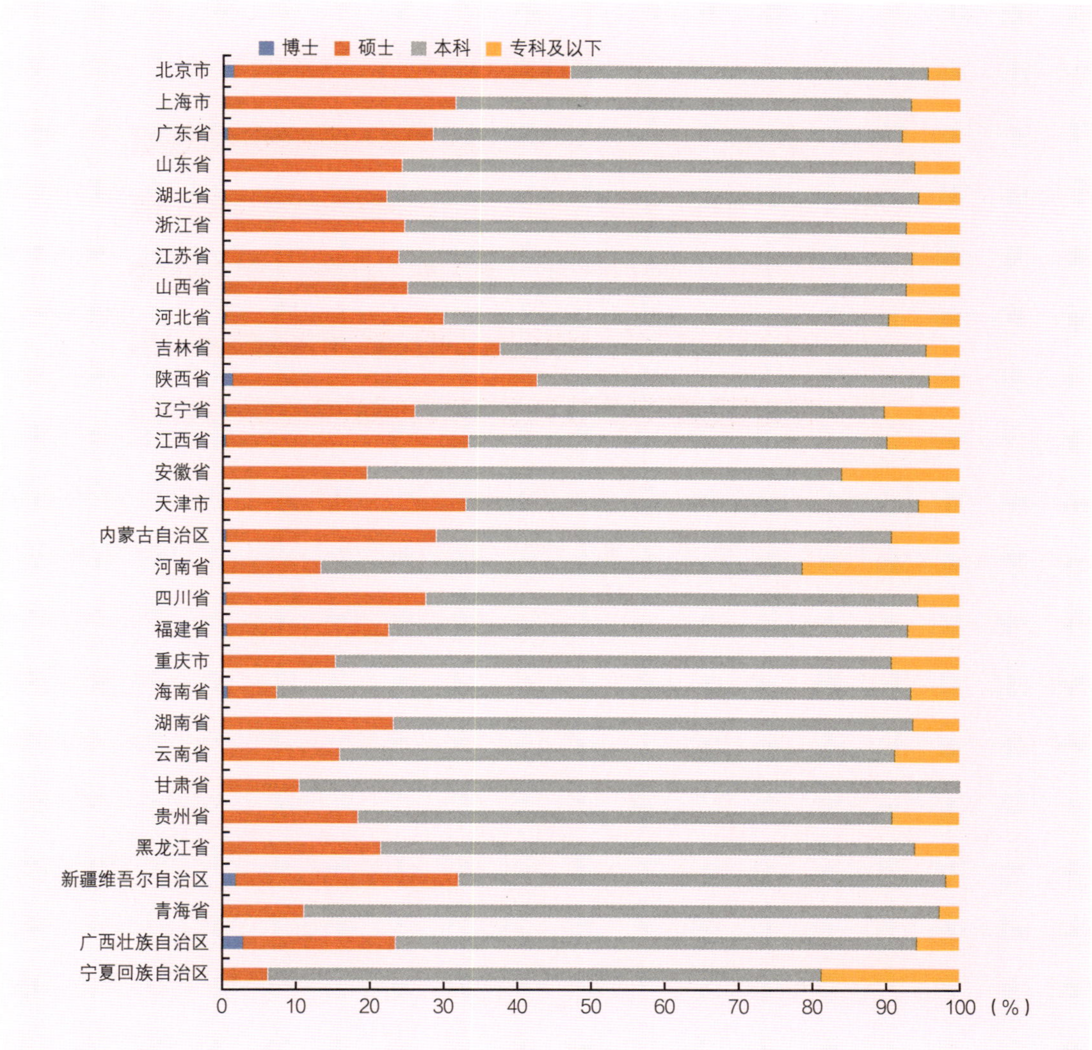

图 9-6 行业人才学历结构分布情况——地域

（四）职称结构

从行业总体来看，56% 的从业人员具有专业技术职称，其中 14% 为高级职称，29% 为中级职称，有近一半的从业人员没有专业技术职称，与上年统计情况基本相同。对比不同所有制类型，中央国有企业集团大多具有较成熟的职称管理体系，多通过所属集团进行职称评定，中央国有企业的行业从业人员具有职称的比例相对最高，但也有 37% 的人员没有专业职称。外资企业、集体民营企业没有专业职称人员比例相对较高（见图 9–7）。从未来财务公司人才队伍建设看，专业技术资格如何应用到行业人才职业发展体系，仍值得进一步探索。

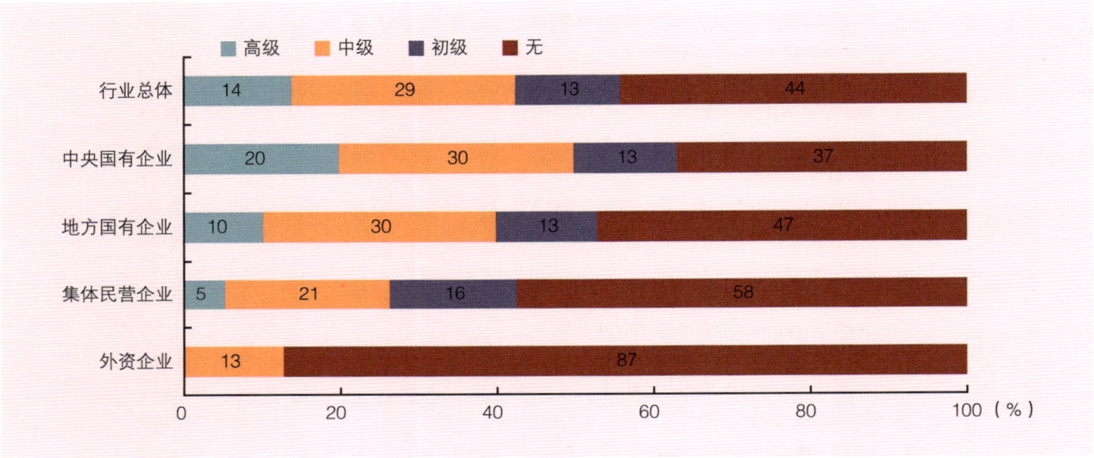

图 9–7　行业人才职称结构分布情况

此外，财务公司作为非银行金融机构，金融属性较强。近年来，多数单位对员工的银行从业、基金从业、会计从业等从业资格考试有一定要求，部分单位鼓励员工考取 CFA、CPA 等资格证书，对提升行业人才能力素质起到一定积极作用。如山东招金财务公司，严格持证上岗制度，将是否取得规定资格证书与薪酬等挂钩，鼓励考取相关资格证书。截至 2019 年末，32 名员工中拥有银行业专业人员职业资格 29 人、拥有证券从业资格 23 人、拥有黄金交易资格 11 人、拥有基金从业资格 16 人、拥有投资交易操作资格 4 人。

二 人力资源现状分析

（一）人才需求与供给

通过调研，从行业整体看，人才需求度较高的岗位信贷客户经理、风控法律合规、信息化建设、投资业务等岗位。对比不同所有制类型，对人才需求的整体趋势大体一致，在信贷、投资、结算、国际化业务等岗位方面，集体民营、外资所有制企业需求略高于国有企业；在风控法律合规、稽核审计等岗位方面，国有企业的需求略高，一定程度上反映了国有企业相对更重视风险内控管理。此外，随着企业司库、产业链等业务的快速发展，除传统岗位需求外，部分单位还对司库建设、产业链金融、金融科技、金融工程等岗位的专业人才提出了较强的需求意向（见图 9-8）。

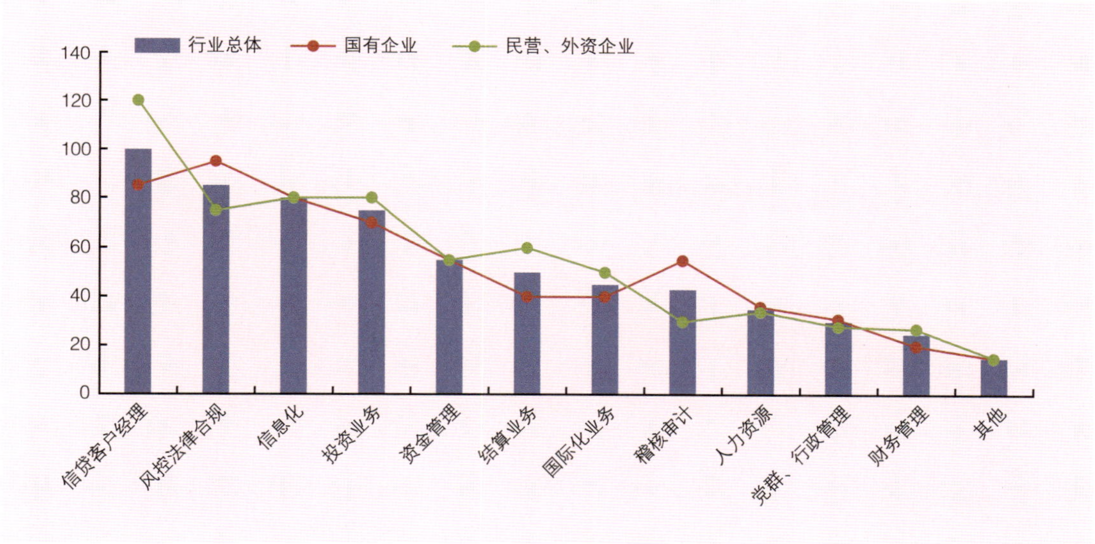

图 9-8 行业人才岗位需求情况

2019 年，全行业流入人才 1519 人，同比引进数量有所减少。其中研究生学历的人员约占 50%；通过社会招聘流入 1186 人，应届毕业生 333 人，可见社会招聘仍是行业补充人才的主要手段；同时，行业人才招聘的高学历、工作经验导向较为明显。从不同所有制类型看，国有企业招聘应届毕业生比例远大于集体民营企业和外资企业，外资企业全年人才流入社会招聘占比为100%，侧面说明集体民营企业、外资企业对有从业经验的人才更加青睐；在对引进人才的学历要求上，外资企业、中央国有企业要求相对较高，引进研究生学历人才比重约是地方国有企业和集体民营企业的2倍（见图9-9、图9-10）。

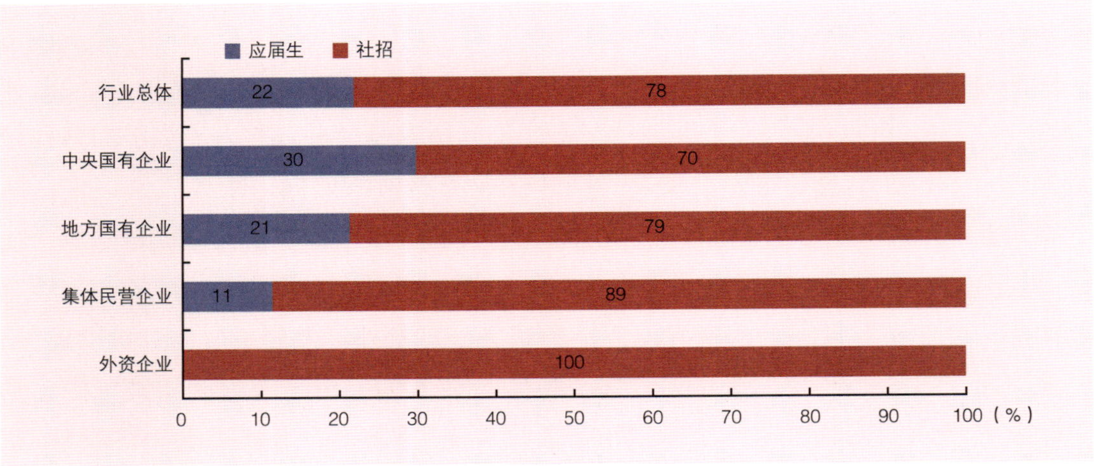

图 9-9　行业人才流入情况——招聘类别

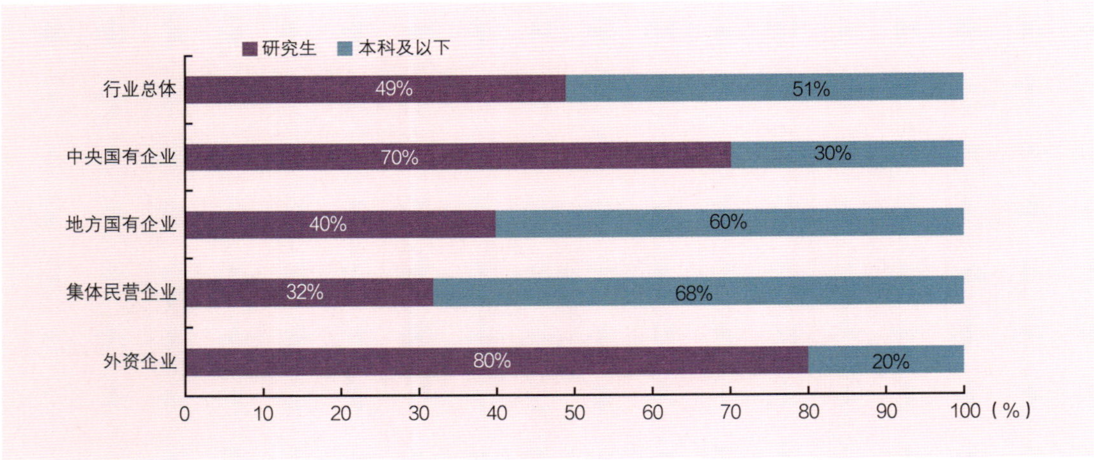

图 9-10　行业人才流入情况——学历情况

招聘手段方面，行业内多数单位通过招聘广告、校园定向招聘、内部推荐、猎头挖掘等多种渠道，人才招聘的针对性和灵活性更强，尤其是随着互联网新媒体手段应用逐步丰富，部分单位开展了线上笔试、面试等有别于传统招聘手段的方式方法，进一步提高了招聘效率。国有企业特别是中央国有企业在校园定向招聘上的常用度高于集体民营和外资企业，这与其所属集团相对经营规模大、具有更突出的品牌影响力和社会形象，对校招毕业生吸引力相对较强有一定关系。不同岗位序列和职级的招聘方式同样各具特点。中高层管理人员、投资业务、资金管理、信贷、法律、信息化等专业性强且市场人才稀缺的岗位，通过猎头和内部推荐的方式更为普遍。

招聘成本方面，调查问卷显示，2019 年全行业投入招聘成本共计 1389.3 万元，同比增长 40%，行业对人才引进工作重视程度和投入力度进一步加大。其中，地方国有企业招聘投入最多，外资企业投入最少，这与年度招聘人数有直接关系（见图 9–11）。中央国有企业因所属集团通常或统一组织招聘，或具有独立的招聘系统，财务公司可以依托所属集团开展招聘，节省部分招聘开支。

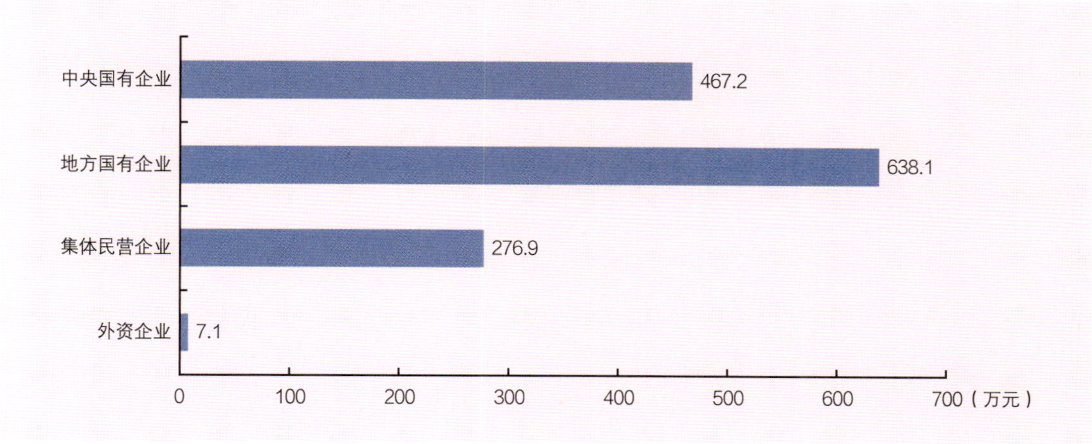

图 9–11 行业人才招聘投入情况

（二）人才更迭与流动

2019 年，全行业流出人才 1028 人，与上年基本持平，其中 453 人在企业集团系统内流动。通过分析人才流失率[①]，集体民营企业、外资企业系统外人员流失率显著高于行业总体和国有企业，这与民营企业、外资企业人员流动性相对较高具有一定因果关系。部分中央国有企业建立了面向集团和系统内单位培养输送人才的相关机制，人才在系统内流动的机会相对更多，所以其系统外人员流失率最低。另外，值得注意的是，有 16 家单位流向系统外的人才流失率超过 20%，其中 2 家超过 30%，2 家超过 40%，这与部分单位所属集团经营出现问题有关，对今后做好员工留存，提前做好人员补充计划具有一定的参考价值。同时，受所属集团组织机构调整等因素影响，有

① 人才流失率 =（年度流出人员数量 / 本单位员工总数）×100%。

5 家单位流向系统内的人才流失率超过 20%，其中 1 家超过 30%，1 家超过 50%（见图 9-12）。

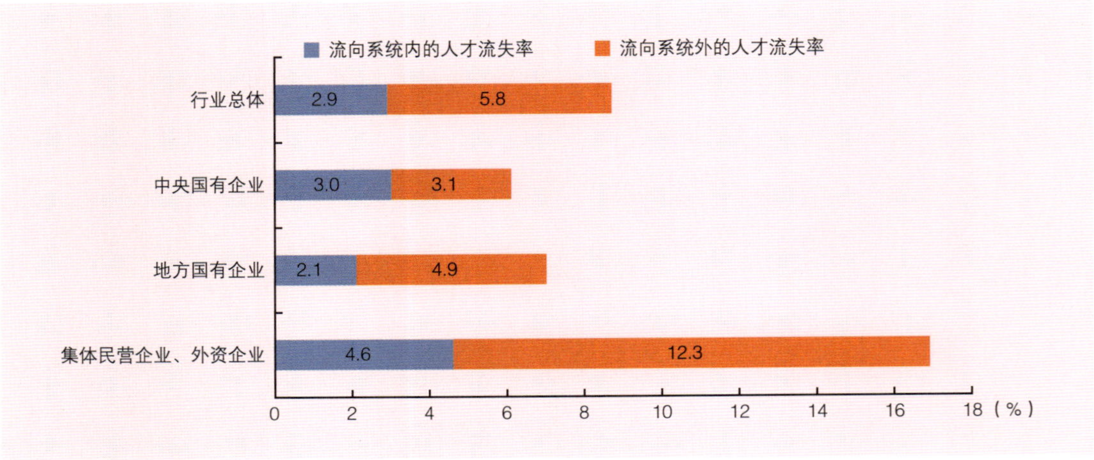

图 9-12　行业人才流失率情况

在人才流出原因方面，通过调查分析人才流出的主要因素，计算人才流出因素系数。[①] 职业发展因素是行业人才流出的最主要原因，个人家庭因素次之，薪酬待遇、工作压力、企业文化等也是造成行业人才选择离职的重要因素。调查还发现，未明确原因的其他类原因占比较高，通过与部分单位沟通了解，多是由于系统内流动不便总结原因或员工离职时未说明理由等。此外，集体民营企业、外资企业个人家庭因素显著高于国有企业，这可能与员工离职时多把原因归结在自身上的现实情况有一定关系。中央国有企业在薪酬待遇因素方面略高于其他所有制企业，这可能与中央国有企业工资总额管控较严格、对接市场化薪酬的程度有待进一步提升相关。除员工自主提出离职外，调查显示企业主动清退因素也是人员流失的重要原因之一，这反映了部分单位尤其是国有企业能够以战略导向为本，主动清退不符合岗位要求和标准的员工，真正实现了人员能进能出。此外，据不完全统计分析，行业人才流失群体主要集中在 35 岁及以下的青年群体，多数司龄在 3 年以下，司龄越长，占离职员工人数比例越低，故年轻人才队伍的有效保留需要引起一定关注（见图 9-13）。

① 根据行业单位在问卷调查中的反馈，对本单位人才流出原因按先后顺序列出了三个最主要因素。人才流出因素系数 =（被列为第一因素的次数 ×3 + 被列为第二因素的次数 ×2 + 被列为第三因素的次数 ×1）/ 作答样本单位总数。

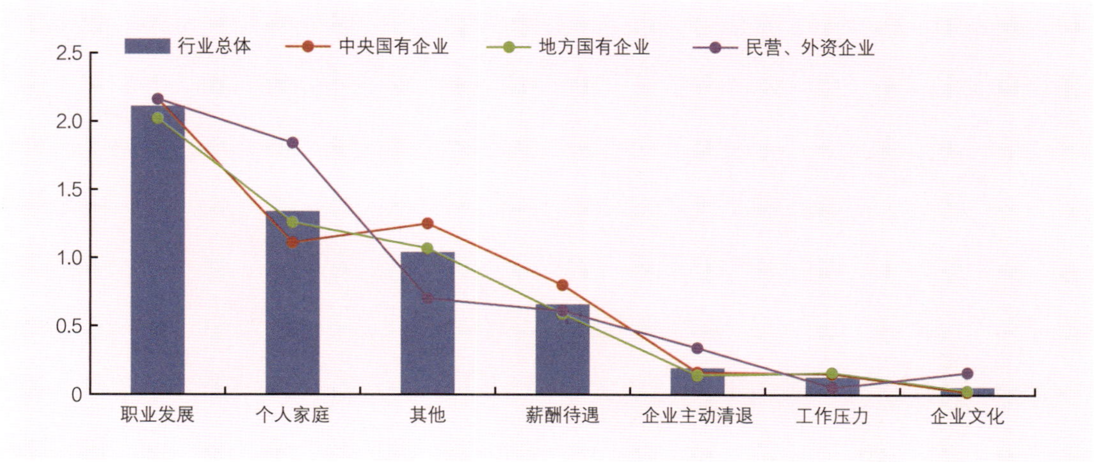

图 9-13　行业人才流失原因

（三）岗位与职业发展管理

财务公司行业一直较为重视岗位建设与员工职业生涯管理。近 70% 的财务公司对本单位进行了岗位价值评估，明确不同岗位相对价值重要性的大小、岗位任职资格和评价标准，以此搭建岗位级别体系。

在职业通道建设方面，除传统的 I 型通道外，50% 以上的单位设计了 Y 型与 H 型双通道职业发展体系，[①]突出对专业人员职业发展的支持，为全行业人才的职业通道建立了较为明确的"坐标轴"，较好地起到了留住优秀人才的积极作用。

在岗位轮换和跨序列职业发展方面，全行业 90% 以上的单位建立了员工轮岗机制，其中近 80% 的单位轮岗范围覆盖前、中、后台部门，进一步锻炼了行业人才的复合岗位从业经历及综合能力。

在干部管理方面，45%的单位建立了中层干部任期制，对中层干部建立考核约束，如考核不合格，进行免职调整。据调查了解，部分国有财务公司采取跨序列通道转换，将免职调整干部转为非领导职务，待遇一般不会有较大降幅，这对中层干部的激励约束程度有待进一步观察。

在岗位晋升方面，专业序列的内部晋升总体关注度最高的五个因素分别是专业能力水平、绩效考核情况、学习创新能力、沟通协调能力、团队合作能力，以能力为标

① I 型职业发展通道一般为专业人员分布在中基层，管理人员分布在中高层。Y 型职业发展通道一般为专业人员分布在高中基层，管理人员分布在中高层。H 型职业发展通道一般为专业人员和管理人员均分布在高中基层。

准的晋升导向较为明确（见图 9-14）。在专业序列晋升至管理序列总体关注度最高的五个因素分别是组织管理能力、思想政治和道德品质、领导力、专业能力水平、学习创新能力（见图 9-15）。可以看出比起专业序列内部晋升，在干部选用时除专业能力外，更加注重管理能力和政治品质情况。

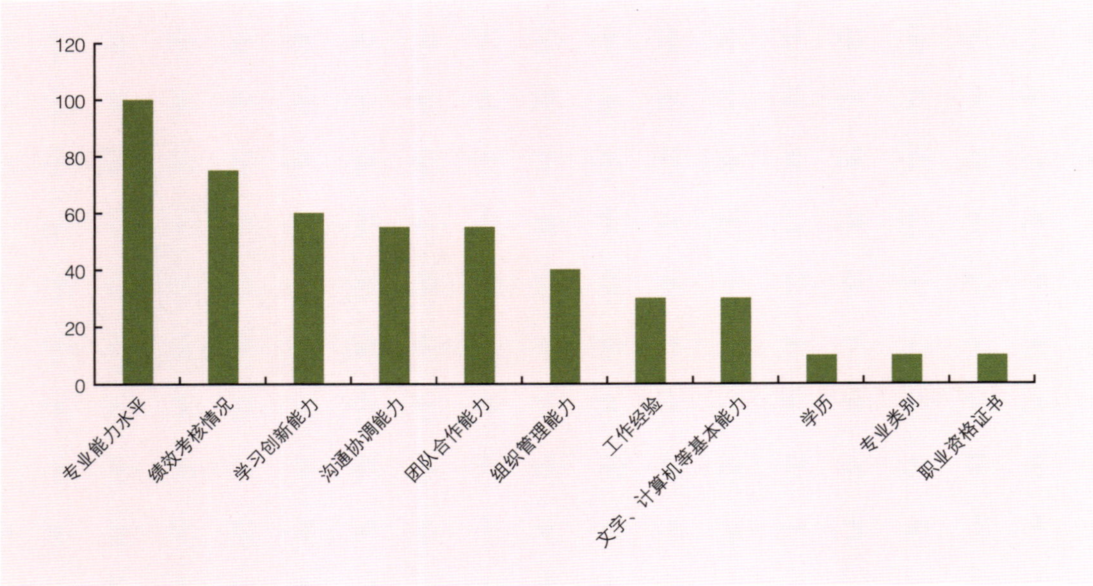

图 9-14　专业序列内部晋升的主要评估因素

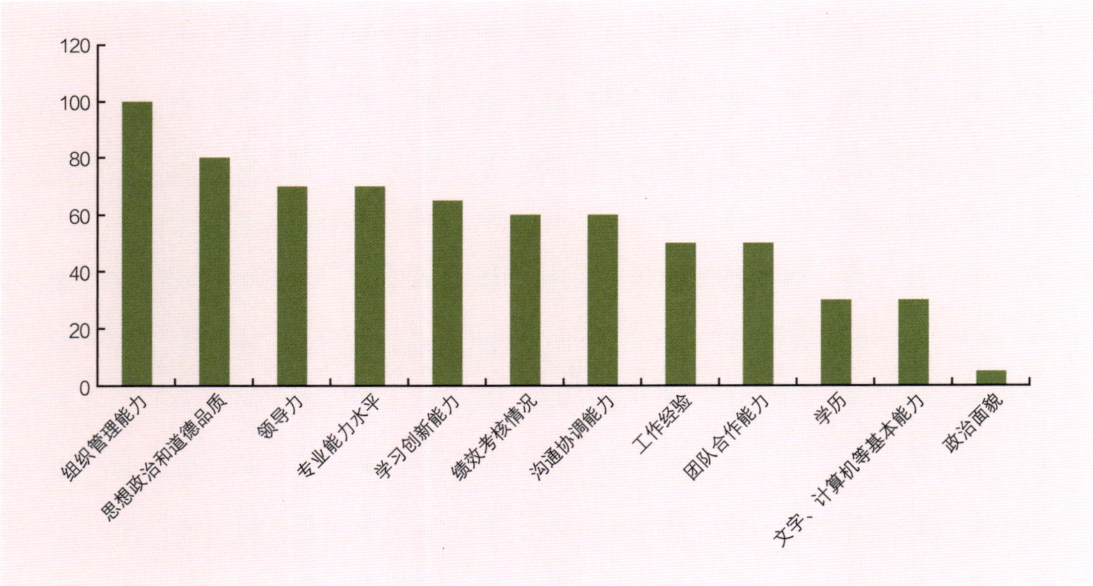

图 9-15　专业序列晋升至管理序列的主要评估因素

案例

案例 9-1　部分典型公司的岗位与职业发展管理

一、陕西煤化财务公司员工输出培养机制

陕西煤化财务公司高度重视员工成长成才，有计划地进行员工内部轮岗交流，促进员工全面发展。积极对集团和成员单位进行人才输出，发挥财务公司人才培养与储备平台作用。加强与成员单位和同业的交流学习，与集团成员单位互相派驻骨干员工进行半年的工作交流，派遣业务骨干到银行进行 3 个月的学习。为满足公司快速发展需要，探索建立了市场化引进人才机制，进一步加强公司在信息化建设、投资、信贷与产业链金融、财务与资金管理、风险管理、人力资源管理等领域的人员配备，促进公司高质量发展。

二、物产中大财务公司以考促学、以学促能、以能促用提升员工岗位胜任力

为积极打造学习型组织，提升员工岗位胜任力，推动以考促学、以学促能、以能促用的工作局面，物产中大财务公司组织全体员工每季开展岗位胜任力在线测试。

点滴举措见精益。公司积极响应集团数字化转型号召，创新考试形式，实现考试智能化、信息化、无纸化，通过问卷星平台开展线上考试，公司综合办公室每个季度从监管机构规章、集团制度、德勤内控知识和公司制度等内容中抽取考点，由系统平台随机出卷，员工可以在线学习、在线测试，甚至可以通过微信实现掌上学习和测试，极大地便利了公司考务组织和员工日常学习，真正将数字化转型应用到了公司企业文化的培育中。

榜样力量做引领。每位员工考前精心准备，认真学习公司制度，充分展示比学赶超的学习氛围。通过扎实的知识功底和良好的精神风貌，涌现了一批学习标兵。考试后，公司通过宣传栏公布学习标兵光荣榜，倡导大家向榜样学习，向先进看齐，积极推进学习型组织建设，进一步提高员工专业综合素质，为财务公司的高质量发展筑牢了人才基础。

（四）绩效考核管理

科学合理的绩效考核管理体系可以激励和帮助企业和员工进行持续学习和不断改进，更好地服务企业经营服务，更好地实现企业的战略和目标。长期以来，大部分财务公司建立不断优化、符合自身实际的绩效考核管理体系，进一步提升行业发展的职业环境。

在绩效管理体系建设方面，约 65% 的财务公司表示已建立较完善的绩效考核体系，约33%的单位表示已初步建立但仍需完善，主要完善方向集中在提高指标设定的科学合理度、提高指标的可量化度及有效性、提高对接战略发展需要的契合度、提高指标的市场对标等。

在绩效管理平台与工具方面，各单位根据自身实际使用相应的考核管理工具，KPI（关键业绩指标考核）仍是采用度最高的考核工具，360度考核、GS（工作目标考核）、OKR（目标和关键成果）、MBO（目标管理）、KCI（关键胜任力指标）等考核工具也被部分行业单位采用。绩效考核周期多以年度考核为主，其次为半年度考核。在平台建设方面，多数单位采用Excel等简单电子表格或纸质文件管理，少数单位搭建了较为全面的绩效管理系统平台。总体而言，当前行业内绩效管理系统平台建设仍有待改善。

在绩效管理步骤方面，有目标设定、过程辅导、中期回顾、终期考核、结果兑现五个不断循环的步骤，行业普遍更加重视终期考核和结果兑现，过程辅导与中期回顾投入及关注较少，一定程度上体现了绩效考核重结果、轻过程的管理导向。然而，有效的过程辅导能帮助员工明确正确的工作态度和行为，更好地提升员工的绩效，支持帮助员工长远发展，为此，如何在考核管理中提高过程辅导是应该进一步思考的问题。

案例

案例9-2　部分典型公司的绩效考核管理

一、中油财务公司发挥业绩考核激励导向，推进组织绩效考核工作

中油财务公司围绕公司发展战略、年度经营目标、重点任务和部门核心职能四个主要维度，研究选取公司各部门和分（子）公司共计200多项具有实践性、代表性和导向性的关键考核指标，搭建公司组织绩效考核指标库。在此基础上，通过研究测算和初步尝试，建立公司2019年业绩考核指标和评分规则，创新考核机制，首次在对各考核主体年度业绩工作完成情况进行考核打分的基础上，加设了“利润贡献度”“利润增长率”“前中后台系数”“部门工作难度系数”等综合调节指标，以确保考核结果更加科学公平。主要有以下几方面特点。

一是在指标设置和权重设置上，考虑前台创效部门和中后台运行保障部门的各自特点，站在公司经营整体和部门核心职能定位的角度，精心选取相对科学的差异化考核指标和权重设置意见，首次对效益类指标不设封顶分值，最大限度地激发和调动创效部门的积极性、主动性。同时，充分考虑监管、合规、风险管理、党建等方面要求，增加风险合规、服务类指标占比权重，并从“资金风险”“重大事项报告”“结算差错率”“监管指标达标情况”“报表数据质量”“风险合规、审计问题整改落实”等方面设置了12项扣分指标，既解决了公司日常运营管理中存在的痛点及难点问题，也最大限度地满足了监管关于“合规经

营类指标和风险管理类指标权重不低于其他类指标且合计不低于40%”的要求。

二是在评分规则和标准上，针对效益类指标分别设置三个维度考核标准，即与年初预算比、与上年完成值比、年初预算与上年完成值比，并分别赋予不同权重。这种做法既对年初预算值设定了一定纠偏机制，也成为各考核主体自我成长的促进和激励。

三是组建成立公司绩效考核领导小组和工作小组，党政主要领导担任领导小组组长、副组长，领导小组下设工作小组，由总经理亲自挂帅。同时，设立领导小组和工作小组办公室，办公室设在人事部。明确各机构职责分工，建立日常工作协调机制，为推动公司绩效考核工作科学化、规范化提供强有力的组织保障。

二、西部矿业财务公司着力打造以风险合规为导向的人力资源评价考核体系

2019年，西部矿业财务公司以培育合规文化为出发点，通过实施积分管理、提升全员履职能力和全员绩效管理等措施，持续保持了“零案件、零事故、零不良”运行，为公司高质量发展构建了良好的人力资源保障体系。

（一）防微杜渐，培育良好合规文化

公司制定并实施《员工轻微违规积分管理办法》，对员工轻微违规行为给予违规积分，对员工合规操作、防控风险等具有突出表现的行为给予奖励积分。当个人和部门人员累计积分扣减达到预警值后，风险合规部和审计稽核部可根据预警情形开展合规检查、风险提示，经公司研究通过后，对违规员工、部门负责人采取诫勉谈话、通报批评、调整岗位、薪酬降档降级或相应奖励等措施。

通过积分管理，进一步明确了公司合规管理重点，加强了员工合规操作和警示教育，在全公司营造了良好的合规文化氛围。

（二）建立激励约束机制，强化绩效管理

公司制定并实施全员《绩效管理办法》，将公司的组织绩效跟个人的岗位绩效有机关联，全面落实监管要求，实现自身发展战略，通过建立考评指标、设定考评标准，对考评对象在考核期间的经营成果、风险状况及内控管理进行综合评价。公司通过业绩绩效、履职绩效、重大责任三个绩效维度对公司全体员工岗位绩效进行考核。员工的月度绩效考核分别由业绩绩效（70%）、履职绩效（30%）、重大责任（扣分否决项）及个人加减分项四个部分组成。

以公司经营计划为目标，通过对员工科学合理的绩效考评，进一步激励员工提高履职能力，同时实现员工的差异化发展、内涵式发展、均衡性发展。

（三）构建公司培训及培训考核体系，进一步提升工作效能

公司制定并实施《员工培训管理办法》《员工培训考核及素质提升工作方案》，围绕员工标准化操作手册，构建针对性培训课程体系和考核标准。培训考核内容主要包括公

司规章制度、业务知识、岗位应知应会、监管规定、操作法规、业务能力等。对考核不合格的，按照新上岗人员培训标准转岗培训，考核合格后方可上岗。同时，结合培训内容，按照应知应会类及专业技能类两个方面，每年开展员工履职能力考试。

通过实施全员培训及培训考核措施，进一步提高全体员工岗位履职水平，达到督促员工更好掌握专业知识、业务规范、操作规程的效果，进一步提升了工作效能，营造了“全面提高、爱岗敬业、合格达标、争创一流”的良好氛围。

（五）薪酬激励管理

2019 年财务公司行业积极加大薪酬体系改革，对标行业薪酬水平，调整完善薪酬结构，对行业人才激励起到一定的积极作用。据不完全统计，超过 60% 的财务公司制定了有别于所在企业集团其他板块、反映财务公司特色的薪酬激励机制，全行业近一半的人才实行了市场化的薪酬激励。

从薪酬竞争力来看，财务公司行业在所在集团内部的薪酬竞争力处于中上水平，25% 的财务公司薪酬处在所属集团的高位水平，72% 的薪酬处在所属集团的中位水平。另外，2019 年财务公司薪酬外部竞争力有一定提升。据调查统计，2019 年约 50% 的单位薪酬水平与本地金融机构持平，同上一年度调查相比提升了 15 个百分点，但仍有 45% 的单位薪酬水平低于本地金融机构水平，整体薪酬水平市场化程度较低，缺乏强有力的外部竞争力。

从薪酬激励导向来看，约 60% 的财务公司针对前、中、后台部门设定了不同的薪酬激励方式。鼓励前台部门创造更多绩效，通过加大绩效薪酬比例进行激励；对中后台部门鼓励岗位创新和能力提升，通过加大岗位工资比例进行激励。

在中长期激励方面，约 56% 的财务公司建立了企业年金，少数单位探索建立了奖金池计划和岗位分红、股权分红，约 1/4 的财务公司暂未启动中长期激励计划。探索适合财务公司行业的多维度中长期激励方式是未来财务公司留住人才、用好人才的关键手段之一。

（六）教育培训管理

2019 年，行业全年累计开展各类培训 9932 次，同比增长 6.5%；累计参训 103395

人次，同比增长 8.3%。95% 的财务公司建立了教育培训体系，企业内训基本能够覆盖企业全员，外训参训人员多以新员工、部分重点岗位员工为主，40% 的财务公司全员有外训机会，参训人员比例稳步提升。同时，85% 的财务公司针对公司高管、中层管理人员组织了专业培训，进一步提升了中高级管理人员领导力、管理能力、业务能力等方面的综合素质。

在教育培训形式上，除传统的企业内训、外部培训外，部分单位还开展了员工大讲堂、网络课堂、导师带徒等多种教育培训手段，进一步激发了员工内生学习动力，提升了自身业务本领。

在教育培训内容上，结合新形势、新要求，党的建设、金融监管新规、风险控制、合规管理等专题培训内容比重进一步加大，信贷管理、资金管理、投资业务、产业链金融等重点业务模块是参训的重点。

在教育培训经费投入上，财务公司行业年度教育培训经费投入共计 4897 万元，同比增长 7%。按投入金额，21 家单位教育培训经费投入超过 50 万元，其中 5 家超过 100 万元，中国电力财务公司投入力度最大，为 435 万元。教育培训经费投入在 20 万~ 50 万元、10 万~ 20 万元、5 万~ 10 万元、1 万~ 5 万元四个区间的单位数量分布较为平均。此外，有 18 家单位年度教育培训经费投入少于 1 万元（见图 9-16），其中 10 家没有投入，其中原因值得进一步研究分析。按所有制类型看，中央国有企业投入最多，民营、外资企业投入相对较少（见图 9-17），这与人员规模、单位数量和教育培训重视程度等有直接关系，但个别民营企业如复兴财务公司、海尔财务公司、红豆财务公司等，教育培训投入力度较大，远超过行业平均水平，体现了对员工职业教育的重视。

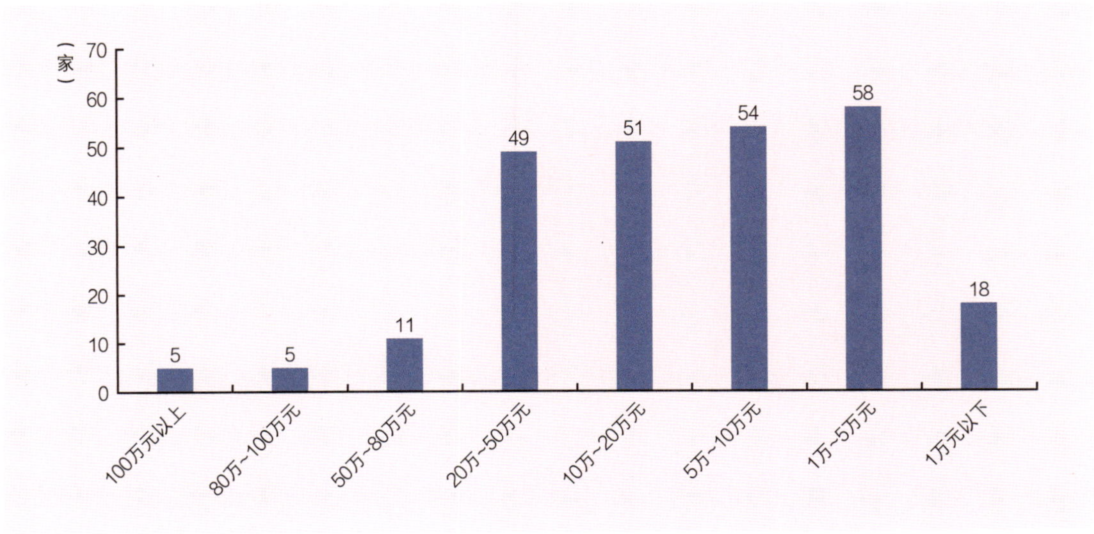

图 9-16　行业年度教育培训经费投入情况——投入金额

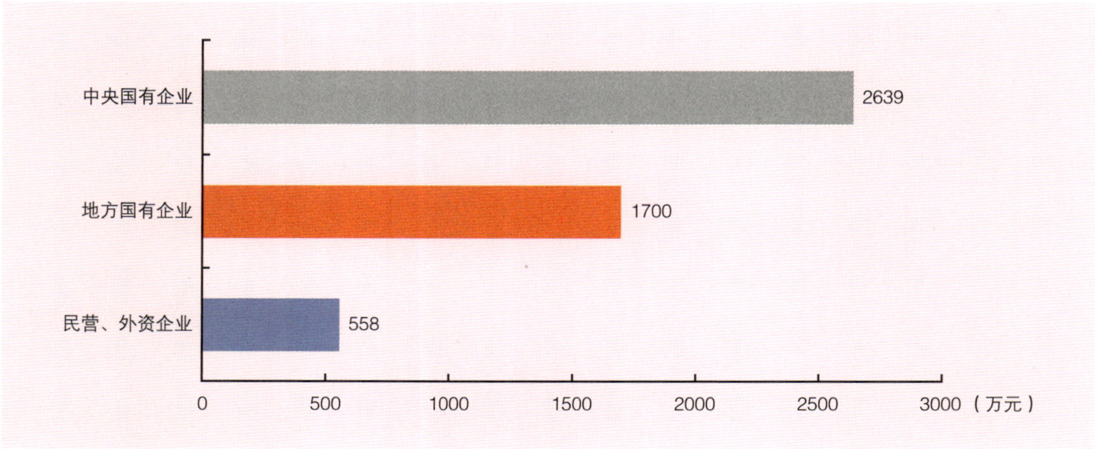

图 9-17 行业年度教育培训经费投入情况——所有制类型

案例

案例 9-3 部分典型公司的教育培训管理

一、广西交投财务公司金融讲堂“541”培训模式有成效

广西交投财务公司一直努力探索具有金融特色的培训模式和课程体系，创新性建立兼具金融行业特色和服务集团公司产业发展功能的培训体系“金融讲堂”。

“金融讲堂”不设立专门的、固定的讲堂，而是融入公司中心工作各项管理与经营的环节中，通过一定的方式对不同时期不同主题进行学习，研究、讨论并形成相应的成果指导实践工作更好开展。2019 年公司“金融讲堂”结合发展战略和主推新业务的发展需要，有针对性地开发培训课程，开展“5 主题”+“4 新”+“1 固”主题系列培训，即采用“一名导师”“一堂课”“一次分享”“一次考试”“一个流程”培训形式，以推动新业务、推广新系统、宣贯新制度、培训新员工和固化业务流程为主要培训内容，以固本培新为着力点，完成“学—教—比—用”的完整学习培训闭环。

选配“一名导师”：为新员工选配导师，充分发挥公司业务骨干人才对新员工的“传、帮、带”引领作用，提高新员工专业技能和专业水平。

教授“一堂课”：鼓励员工争做“金融讲堂”内训师，开展“优秀内训师”评比活动，对员工通过常规面授、网络平台线上微课授课、每周微信群“金融微时讯”、微信公众号“金融政策早知道”栏目宣贯等模式开展了包括新业务要点、新系统实操、个税新规解读、监管评级办法解读、花画 DIY 培训等多项内容丰富、员工喜闻乐见的培训形式。

进行“一次分享”：组织新入职员工开展“心悦读”读书分享活动，通过分享阅读感想，增进员工沟通交流，建立良好工作关系，使新员工快速融入工作团队。

参加“一次考试”：开展知识考试、知识竞赛，检测员工对新业务、新系统、新技能的学习掌握情况及培训效果，同时营造比业务、学技术、赶先进的良好学习氛围。

优化“一个流程”：年度培训结束后，员工将培训中所学知识运用到实际工作中，并精炼新业务操作流程或优化升级已有业务流程。

公司通过精准化、专业化、趣味性与实用性并重的培训课程，努力将员工培养为“知识、能力、素质”三位一体“金融 +”复合型人才，以适应集团公司管理事业不断发展的需要。

二、东风财务公司东风金融学院建设实践

为加速知识资源与成果积累，提升公司员工专业素质，延伸拓宽职业发展，贯穿汽车金融产业链，助力公司提高“营销力、产品力、服务力”。2019 年，东风财务公司建立“东风金融学院”，并启动运行。东风金融学院以培训项目为牵引启动学院运营，陆续开展了“启航项目”（中层后备人员培养项目）、“领航项目”（中层管理人员培养项目）和公司内训师培养项目等。

东风金融学院面向中层后备人才、中层管理人员分别开设启航班、领航班，结合人才成长需求，分层培养。学员 77 人，其中启航班 36 人，领航班 41 人，覆盖公司员工 19%。为公司内训师队伍建设，推动公司经验的复制与传承、萃取组织智慧，开展内训师培养项目，培养赋能 17 名内训师。持续开展新员工入职培训项目，完成 23 名新员工入职及岗前培训。

（一）“启航项目”

2019 年 6 月开班以来，启航班共按计划开展集中培训 5 场，完成外部授课 5 次，内部授课 4 次。开展“部长大讲堂”活动，由公司部门领导开发、讲授课程，课程以实际工作为出发点，涵盖市场营销、金融产品、财务、党课等多方面内容。发放自学阅读书籍 5 本，组织线下阅读分享 2 次，由学员当堂投票评选出“悦读之星”5 名。课后学员回顾、沉淀课程内容，共计输出《RED 学习沉淀卡》205 份、《阅读笔记卡》142 份。组织《财务管理分析》相关知识测试 1 次。

（二）“领航项目”

自 2019 年 7 月开班以来，领航班共按计划开展集中培训 3 场，完成外部授课 3 次。发放自学阅读书籍 5 本，组织线下阅读分享一次，由学员当堂投票评选出“悦读之星”2 名。共计输出《RED 学习沉淀卡》154 份、《阅读笔记卡》84 份。学员将课程所学工具、方法运用于实践工作，记录分析实际案例，形成任务实践成果。

（三）内训师培养项目

2019年10月，东风金融学院组织开展第一期内训师培养第一次集中培训，赋能内训师团队。围绕如何进行课程开发，如何做课程和教学设计的学习目标，通过团队共创的方式，将学习方法、工具及现场实操赋能内训师，让内训师掌握如何编制讲师手册、学员手册，如何做好教学设计而不是简单的内容宣贯。课程也同时输出了“初级金融专员的课程体系”。

（四）新员工入职培养项目

2019年23名新员工参加入职培训，培训内容涉及企业文化、公司相关制度、员工行为、部门职能、监管机构和行业制度学习、新员工职业素养及心态等，并组织新员工赴十堰参观培训《马灯精神》和《东风“和”文化》培训。

第三篇　业务篇

2019 年，财务公司行业总资产持续保持平稳增长态势，表内资产规模达到 7.02 万亿元，增幅为 10.87%，资产增幅高于银行业金融机构、股份制商业银行和大型商业银行。信贷规模达到 3.32 万亿元，对成员企业的服务力度进一步加大，产品更加灵活和多样化。有价证券投资规模实现平稳增长，债券投资增幅最大，股票投资规模有所下降。金融机构股权投资与上年持平。

2019 年，财务公司行业负债业务整体保持稳健增长态势，负债余额占银行业金融机构负债总额比例略有增加。各项存款是财务公司最重要的负债来源，占比较上年略有增加。各项存款余额 5.70 万亿元，存款规模保持较快增长，增速较上年度提升 1.29 个百分点。

2019 年，财务公司行业较为警惕同业市场风险，不断完善同业业务风险管控，同业业务总体呈收缩态势，除存放同业之外的其他主要同业业务规模均较上年同期下降。存放同业规模持续增长，配置比例保持相对稳定。本外币拆放同业余额折合人民币为 405.16 亿元，同比下降 27.78%；本外币同业拆入余额折合人民币 1113.60 亿元，同比下降 7.86%。买入返售资产余额为 794.09 亿元，同比下降 11.76%；卖出回购资产余额为 571.80 亿元，同比下降 0.42%。

2019 年，财务公司行业各项中间业务保持平稳发展，基础中间业务的发展精度进一步提升。继续加强集团资金集中管理力度，资金集中带动结算集中，结算金额持续增长。担保业务发生额 2034.85 亿元，较上年同期大幅增长 97.26%。委托贷款余额 18877.94 亿元，基本保持平稳。财务公司行业利用专业知识开展顾问类业务，取得较好成效。

2019 年，财务公司行业外汇交易金额与上年基本持平，外汇业务资质申请表现活跃，持有七类外汇交易会员资格。97 家财务公司作为主办企业获得国家外汇管理局跨境资金集中运营管理资质，88 家财务公司作为主办企业获得跨境双向人民币资金池业务资质。外币同业业务规模平稳增长，70 家财务公司持有外币拆借交易资格。财务公司积极承担集团全球资金管理职责，为集团提供国际财资服务。

Part 3 Business

In 2019, the assets of the finance company industry maintained a steady growth. The total in-balance sheet assets was 7.02 trillion yuan, with an increase of 10.87%. The growth rate was much higher than that of the banking financial institutions, joint-stock commercial banks, and large-scale commercial banks. Total liabilities reached 3.32 trillion yuan, and the service to member companies was further increased, and the products were more flexible and diversified. The scale of marketable securities investment has achieved steady growth, with bond investment increasing the most and stock investment decreasing. Equity investment of financial institutions remained unchanged from the previous year.

In 2019, the overall liability business of finance companies maintained a steady growth, and the debt balance accounted for a slight increase in the total debt of banking financial institutions. Various deposits were the most important source of liabilities of finance companies, and their share increased slightly compared to the previous year. The balance of various deposits was 5.70 trillion yuan, and the scale of deposits maintained a rapid growth, which increased by 1.29 percentage points from the previous year.

In 2019, the finance company industry was more vigilant about interbank market risks, and continuously improved the risk management of interbank business. The overall interbank business was shrinking. The scale of other major interbank businesses except for deposits with the bank declined compared with the same period last year. The scale of interbank deposits continued to grow, and the allocation ratio remained relatively stable. The balance of domestic and foreign currency inter-bank lending was equivalent to RMB 40.52 billion yuan, a year-on-year decrease of 27.78%; the balance of domestic and foreign currency inter-bank borrowing was equivalent to RMB 111.36 billion yuan, a year-on-year decrease of 7.86%. The balance of repo agreements was 79.41 billion yuan, a year-on-year decrease of 11.76%; the balance of repurchase agreements was 57.18 billion yuan, a year-on-year decrease of 0.42%.

In 2019, various intermediary businesses in the finance company industry maintained steady development, and fundamental intermediary businesses developed in a more targeted manner. Companies continued to strengthen the centralized management of groups' funds, and the concentration of funds promoted the concentration of settlement, with the settlement amount continuing to grow. The amount of guarantee business was 203.49 billion yuan, a substantial increase of 97.26% over the same period last year. The balance of entrusted loans was 1.89 trillion yuan, basically remaining stable. The whole industry employed professional knowledge to provide consultancy business, and and achieved effective results.

In 2019, the amount of foreign exchange transactions within the industry was basically the same as the previous year, and applications for foreign exchange business qualifications were active, and applications contained seven types of foreign exchange transaction. As the host company, 97 finance companies have obtained the qualification of SAFE's centralized operation and management of cross-border funds, and 88 finance companies have obtained the qualification of cross-border two-way RMB pooling business. Foreign currency inter-bank business has grown steadily, and 70 finance companies were qualified for foreign currency interbank lending transactions. Finance companies actively assumed groups' global capital management responsibilities and provided the group entities with international treasury services.

第十章 资产业务

一 总体情况

财务公司行业总资产持续保持平稳增长态势，2019 年表内资产规模达到 7.02 万亿元，同比增加 0.69 万亿元，增幅为 10.87%，资产增幅高于银行业金融机构（8.14%）、股份制商业银行（9.12%）和大型商业银行（8.27%）。

财务公司行业资产结构以信贷资产为主。近年来，财务公司信贷资产占比逐年上升，2019 年末信贷资产占比为 47.32%，较上年增加 1.35 个百分点，说明财务公司的主业日益突出，在支持企业集团、服务实体经济和发挥企业集团“四个平台”方面的作用更加显著。财务公司存放同业占比变化不大，2019 年末存放同业占比为 38.94%，与上年基本持平。信贷资产占比的逐年增加说明财务公司行业的资产运营更加注重服务企业集团和成员单位，增加信贷资产配置更加贴合集团和实体企业的资金需求。投资是财务公司提高资金运营效率的有效补充手段，但是，近年来，随着金融市场风险加大，财务公司投资占比逐年下降，2019 年末降至 5.03%，为 2009 年以来投资资产占比最低的一年。

二 贷款业务

2019 年末，财务公司行业信贷规模达到 3.32 万亿元，对成员企业的服务力度进一步加大，产品更加灵活和多样化，包括贷款、票据贴现、买方信贷、消费信贷、融资租赁和延伸产业链金融等融资工具。信贷业务作为为集团成员企业单位提供金融服务的一项重要业务，主要目的在于降低集团整体的财务费用，提升资金使用价值和效率。

2019 年，财务公司贷款利息收入为 1283.10 亿元，同比增加 139.11 亿元，增幅为 12.16%，增速较上年有所下降。2019 年 8 月，中国人民银行营业管理部（北京）召开贷款市场报价利率（LPR）形成机制会议。会议强调，财务公司贷款利率应采用以 LPR 为基础的定价方法，2019 年第四季度，至少 50% 的新增贷款应采用以 LPR 为基础的定价方式；2020 年第一季度，至少 80% 的新增贷款采用以 LPR 为基础的定价方式，新增贷款定价不符合要求的财务公司，在 MPA 考核中实行一票否决制。2019 年 8 月 20 日，全国银行间同业拆借中心公布 1 年期 LPR 为 4.25%，5 年期 LPR 为 4.85%，较 1 年期和 5 年期以上贷款基准利率分别下降 10bp 和 5bp。2019 年 12 月 28 日，为进一步深化 LPR 改革，人民银行发布〔2019〕第 30 号公告，平稳推进存量浮动利率贷款定价基准转换为 LPR。存量、增量贷款利率的下调可能会给将来财务公司贷款利息收入带来一定的负面影响。

从贷款期限看，短期贷款占比较高，为 53.26%（见图 10-1）。2019 年末，短期贷款余额为 17683.32 亿元，同比增加 2300.58 亿元，增幅为 14.96%，增幅较上年增加了 1.22 个百分点；中长期贷款余额为 12225.00 亿元，同比增加 1636.80 亿元，增幅为 15.46%，增幅较上年增加 1.32 个百分点。短期贷款占比高于中长期贷款占比，成员单位更倾向于选择资金成本较低、能够满足企业对资金短期需求的贷款。

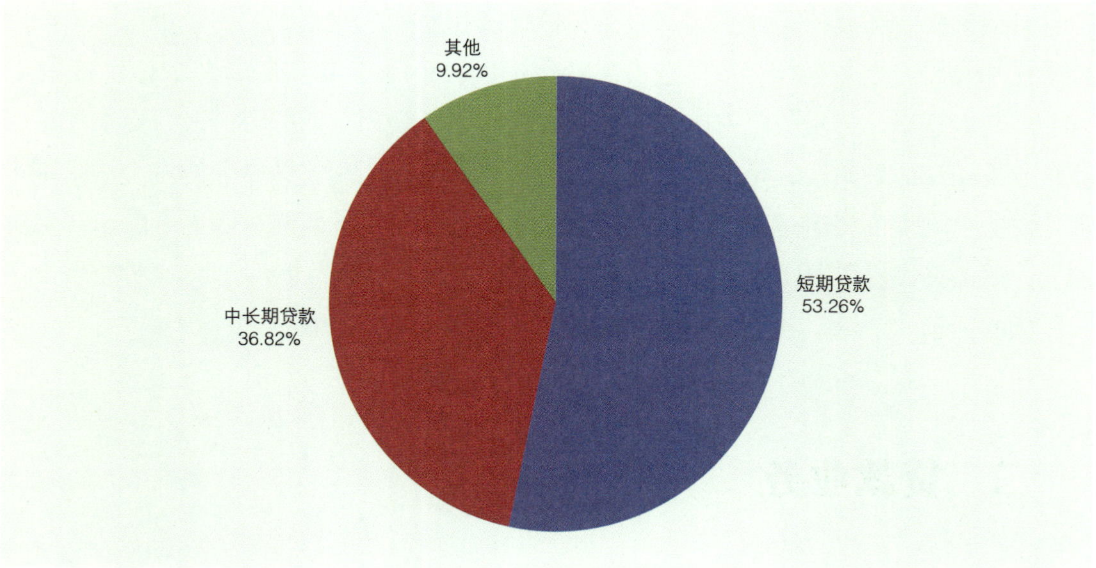

图 10-1　财务公司贷款期限结构

从行业分布看，贷款需求较旺盛的行业主要为制造业、热力电力燃气及水的生产和供应业、批发零售业和交通仓储邮政业等。这四个行业的贷款合计占贷款总额的比重高达 67.65%，贷款需求量较大的行业主要集中在重资产型行业，由于固定资产投资量较大，资金周转周期较长，这个行业的贷款需求较其他行业更为旺盛（见图 10-2）。

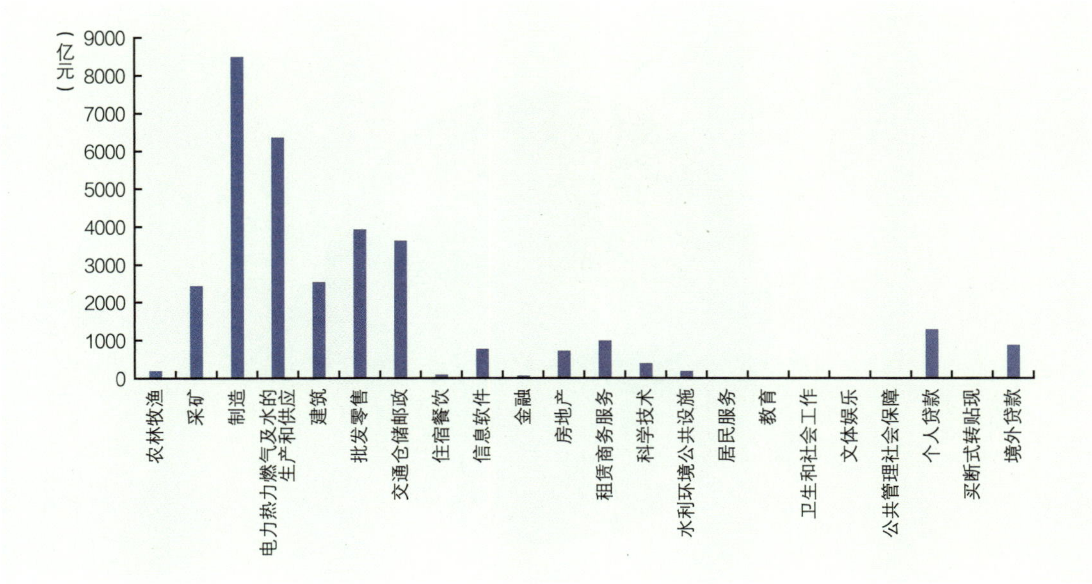

图 10-2 财务公司各行业贷款情况

从企业性质看，财务公司的贷款主要发放给国有控股企业和私人控股企业，占比分别为 83.52% 和 11.28%，贷款发放企业的所有制性质与财务公司的所有制性质相关性较大。由于较多财务公司所在的企业集团均为央企、国企控股型企业，企业的信誉度较高，贷款质量相对较高。财务公司贷款对象结构见图 10-3。

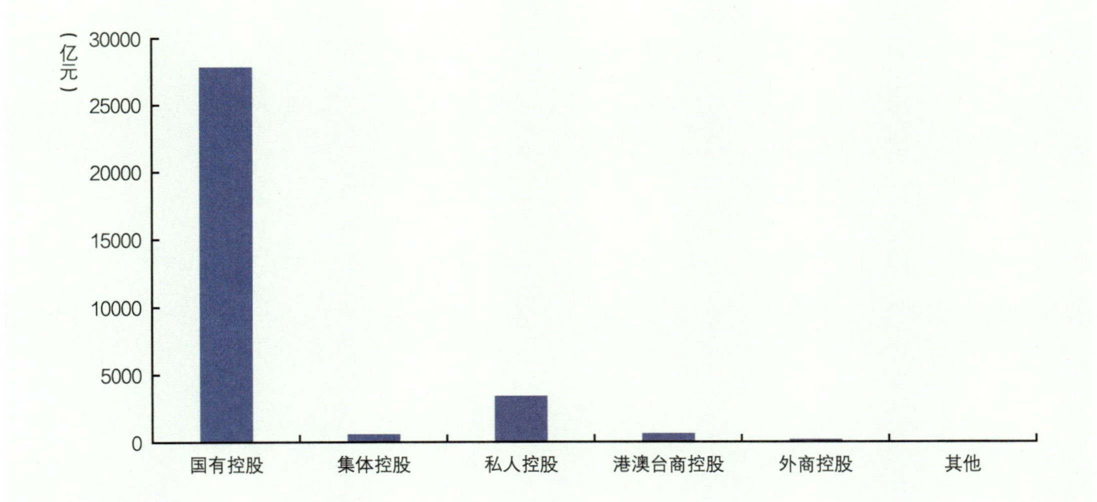

图 10-3 财务公司贷款对象结构

财务公司发放的贷款以信用贷款为主，占比为79.43%（见图10–4），较2018年上升了1.07个百分点。财务公司基于对集团成员单位信用资质的了解，以及央企、国企的信用资质本身相对较高，信用贷款的余额保持较快增长，占比持续提升。

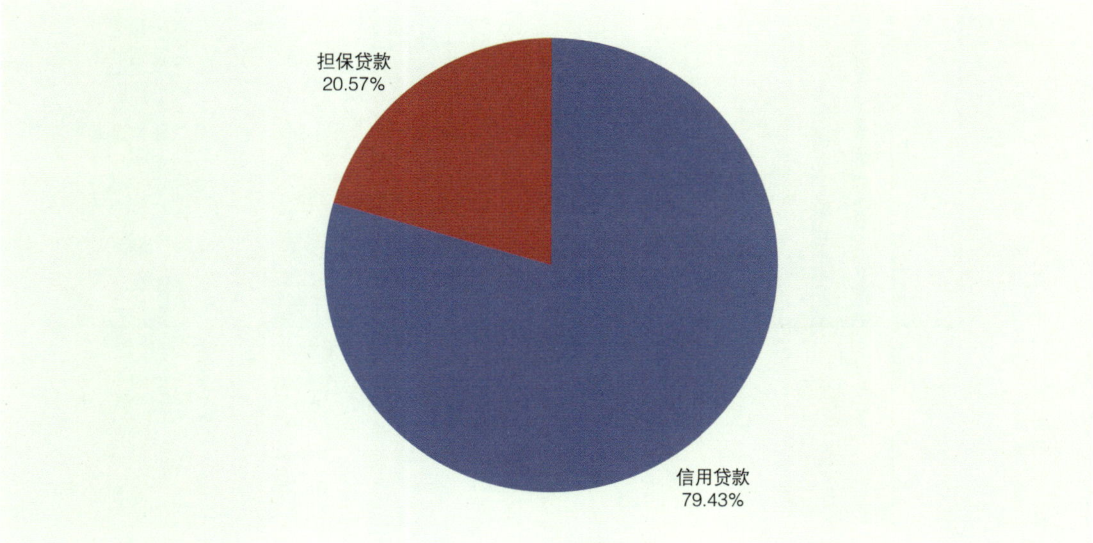

图10–4　财务公司贷款品种结构

（一）票据贴现

随着我国票据市场的快速发展，票据作为企业重要的支付工具之一在资金配置、流动性管理、风险分散和货币政策传导等方面发挥着举足轻重的作用，在经济金融中的重要性日益凸显。票据结算已是企业集团资金运营中非常重要的结算方式。2019年，185家财务公司开展票据贴现，同比增加8家，累计发生额4387.40亿元，同比减少38.01亿元。票据转贴现累计发生额为1857.60亿元，同比增加895.81亿元，增幅为93.14%。其中，票据转入424.38亿元，同比增加220.44亿元，增幅108.09%；票据转出1433.22亿元，同比增加675.37亿元，增幅89.12%。101家财务公司开展再贴现业务，同比减少11家，累计发放额669.87亿元，同比减少12.43亿元，降幅1.82%（见图10–5）。

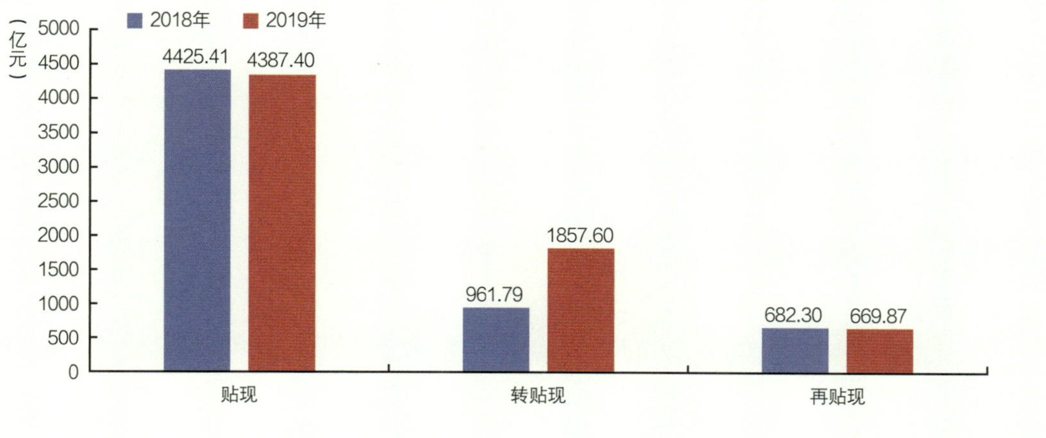

图 10-5 财务公司票据业务结构

案例

案例 10-1 一汽财务公司线上清算助力票据业务开启新篇章

2019 年 6 月，一汽财务公司成立项目小组，启动线上清算相关准备工作，围绕制度、流程、系统、运营等诸多方面，为资质获批及业务开展做好准备。一汽财务公司对一系列与票据及结算业务相关的管理制度进行重新梳理，将线上清算业务变化纳入公司统一流动性管理、银行账户管理、授信业务管理、信息科技管理的管理体系框架之内，保证了业务运行有章可循、有法可依。在系统建设层面，一汽财务公司设计了一套业务全流程一体化处理、自主可控的票据管理系统，并通过独立的票据报文处理网关，有效兼顾了业务灵活性和系统稳定性。在流程及运营管理方面，围绕票据清算渠道规则设定、资金账户的每日头寸调拨、解付签收的刚性头寸控制、异常交易的实时提醒预警、日清日结的资金账户对账等，制定明确的控制举措和操作规范，覆盖业务的事前、事中和事后各个环节。

2019 年 10 月，票交所正式开通了一汽财务公司的线上清算资质。与此同时，一汽财务公司向相关成员单位开放了线上清算功能。在营销宣传上，利用公众号、门户网站、朋友圈等多种宣传渠道，把握亮点营销事件，加大业务宣传力度，实现了业务由线下至线上的快速切换，线上清算票据交易量持续攀升，功能上线开通第 10 天，线上清算票据交易量突破 10 亿元。2019 年末，累计线上清算票据交易量达到 180 亿元。作为全国票据市场的一股新晋力量，一汽财务公司也将在整个票据业务发展过程中，持续打造一汽财务公司票据品牌，为提升一汽财务公司票据的行业影响力、支持票据市场健康发展贡献力量。

（二）买方信贷

在企业集团财务公司体系内，国内买方信贷业务是当下财务公司通过产业链金融服务实体经济的一个好抓手。一个好的买方信贷产品和服务体系，对产、融、销三方都是“有力助推主业、有效促进三赢”的多方业务，对刺激提振实体经济有很强的促进作用。2019 年，开展买方信贷的财务公司有 36 家，年末余额为 610.44 亿元，发生额为 2299.07 亿元。

案例

案例 10-2　青啤财务公司买方信贷之“银财联贷”业务

“银财联贷”是一款为满足青岛啤酒买方融资需求，青啤财务公司针对战略经销商推出的纯信用、无须抵押，由青啤财务公司和银行按照一定比例联合放款的买方信贷服务产品。

“银财联贷”的主要特色包括：（1）青岛啤酒掌握经销商相关经营数据，有效了解客户经营情况，为业务开展打下坚实基础；（2）登门现场开户并办理相关手续，节约异地客户时间、人力成本；（3）根据需求灵活选择贷款期限，进一步降低客户融资成本；（4）信用贷款，无须抵押，更好地满足小微企业融资需求；（5）审批快捷，最快 7 天放款，进一步提高财务公司资金使用效率；（6）信贷资金直接划款至指定账户，更好地防范资金挪用风险；（7）借鉴银行成熟的风险管理工具，进一步降低信用风险；（8）根据业务需求，采用履约保证保险、担保公司担保等方式进行风险转移；进一步加强与同业金融机构的合作，实现互利共赢。

青啤财务公司“银财联贷”创新业务开展以来，受到广大经销商的广泛关注及高度认可。2019 年青啤财务公司联合银行累计发放买方信贷合计超 1741 万元，均能按时还本付息，确保贷款资产安全。“银财联贷”创新业务在控制风险的前提下，通过加强同业金融机构的合作，做大买方信贷规模、提升信贷业务资产比重、优化信贷产品结构、丰富信贷产品种类，有效实现了金融有效支持小微企业等实体经济的发展。

（三）消费信贷

与一般的消费信贷业务主要满足社会大众的消费需求不同，财务公司开展消费信贷主要服务于集团内部的成员单位，依托集团的整体战略布局，创新与推广消费信贷服务。消费是国民经济发展的重要组成部分，借助消费信贷，可以提升客户即期支付能力，带来消费需求增加，从而促进集团及实体经济的发展。2019 年，开展消费信贷的财务公司有 14 家，年末余额为 1393.05 亿元，发生额为 1385.42 亿元。

案例

案例 10-3 北汽财务公司基于用户体验的新能源机构客户消费信贷业务探索

北汽金融作为北汽财务公司的汽车金融业务专属品牌，也在 2019 年 1 月正式推出新能源机构客户消费信贷产品，专项服务于向北汽集团旗下汽车品牌厂商购买新能源车辆用于营运经营的贷款客户。

在充分了解目标客群并进行了竞品对标的基础上，北汽金融提出了基于用户体验的新能源机构客户消费信贷业务产品设想:（1）低首付比例。北汽金融在严格遵循监管相关规定、风险可控的前提下，为降低客户贷款购车门槛，将新能源机构客户消费信贷业务产品的首付比例下探至 25%。（2）T+1 理赔授权。在贷款车辆商业险理赔第一请求权人为金融机构的前提下，北汽金融针对新能源营运性质车辆的保险理赔授权开辟专属快速通道，让出险司机快速获赔、快速维修、快速恢复营运。

北汽金融在新能源机构客户消费信贷业务上的成功实践，获得了客户对该产品模式和服务的认可，为该产品的市场推广树立了标杆。在进一步打牢新能源机构客户消费信贷金融产品各项标准的基础上，北汽金融将继续拓展市场，推广新能源机构客户消费信贷业务模式，将其运用在网约车、出租车等机构客户消费信贷业务项目上。截至目前，新能源机构客户消费信贷项目已成功放款 5.08 亿元，业务覆盖 13 个城市的 14 家经销商，帮助 5200 台新能源汽车实现销售。从产品方案前期沟通到贷后服务，从北汽金融工作人员的服务态度到金融支持的专业性，北汽财务公司各方面均获得了客户的良好反馈。

（四）融资租赁

与成员单位在财务公司使用固定资产贷款相比，融资租赁资金成本优势比较明显，而且免收保证金，手续费也计入综合融资成本，旨在鼓励成员企业运用不同类型的金融工具降低融资成本。2019 年，开展融资租赁的财务公司有 11 家，年末余额为 329.18 亿元，发生额为 356.01 亿元。

案例

案例 10-4　中建财务公司融资租赁助力成员单位高质量发展

中建财务公司充分发挥自身金融属性优势，积极推进产融结合，利用融资租赁资质，丰富成员单位融资渠道。在拓展业务时，中建财务公司深入分析成员单位需求，提供贴心、专业的金融服务。经过调研发现，集团某成员单位账面存在大量盾构机等单体价值较大的建筑机械设备，为盘活该部分固定资产，中建财务公司根据成员单位的融资期限、现金流规划、担保措施等需求，设计了贴合其实际的融资租赁解决方案，运用其自有的施工机械设备开展融资性售后回租业务，助力成员单位获得融资资金偿还外部负债，实现高质量发展的目标。

（五）延伸产业链金融

自从中国银监会批准试点以来，延伸产业链金融作为一种新型金融服务模式，为企业扩大市场占有率、增加销售收入、提高盈利能力起到了积极的促进作用。财务公司开展延伸产业链金融业务，一方面可以扩展自身业务范围 ，提高财务公司的市场地位，更好地支持企业集团发展；另一方面，可以提高财务公司在企业集团中的影响力以及企业集团在产业链中的凝聚力，提升金融服务产业链和实体经济的能力和水平。2019 年，财务公司开展延伸产业链的企业有 59 家，累计发生额为 1450.46 亿元。

案例

案例 10-5 中铁建财务公司“一头在外”票据贴现快速增长，深度支持小微企业融资

中铁建财务公司是建筑建材行业第一家获批通过延伸产业链金融服务银监备案的央企财务公司。截至 2019 年末，公司凭借“无须在财务公司开户、贴现利率竞争力高、贴现手续简捷高效”等一系列优势，已累计为 593 家外部供应商客户办理了“一头在外”的票据贴现，累计金额约 41.74 亿元，其中小微企业数量约占总客户数量的 2/3，办理金额约占总金额的一半。有效释放了票据信用价值，为中国铁建供应链企业搭建了新的融资平台，切实缓解了中小微企业融资难问题，实现了产业链上下游企业整体共同发展。

通过打通票据贴现通道，中铁建财务公司为成员单位提供票据流通保障，为中国铁建进一步推进票据结算手段夯实基础；通过为中国铁建上游供应商提供票据贴现服务，进一步增强外部供应商对中国铁建的业务黏性，扩大中国铁建在产业链中的影响力，为打造产业链生态圈提供条件；通过对票据业务的推广使用，实现资金和票据有效搭配，为提升中国铁建资金管理能力搭建平台，进一步增强和发挥“铁建电票”品牌优势，同时也在一定程度上解决了中小企业融资难、融资贵的现实问题。

中铁建财务公司办理“一头在外”票据贴现业务，实行严格的供应商准入制管理，同时在风险可控、业务合规的基础上，尽量简化持票人的申请资料和流程，贴现利率灵活定价，总的来说有两大优势：一是价格优势明显。财务公司本着为集团上下游客户提供优质的金融服务为原则，以打造中国铁建票据生态圈为目标，坚持服务主体不变、价格灵活调整的机制，努力解决产业链上中小微企业的融资问题。二是业务办理便捷。财务公司为更好地服务全国客户，不要求外部供应商开户，不需要柜台办理，仅需将上述资料盖章邮寄即可，极大地提高了业务办理效率。

三 投资业务

（一）有价证券投资

2019 年，财务公司行业有价证券投资规模实现平稳增长，债券投资增幅最大，股

票投资规模有所下降。截至 2019 年末，财务公司有价证券投资余额为 3651.28 亿元，同比增加 566.40 亿元，增幅 18.36%，占资产总额的 5.20%，占比较上年同期上升 0.33 个百分点。

2019 年，债券投资规模 989.72 亿元，同比增加 213.29 亿元，增幅为 27.47%，在投资总规模中的占比为 27.11%，债券投资增长较快的主要原因为债券风险相对于其他投资产品较低，符合财务公司资产配置的风险偏好；股票投资规模 90.67 亿元，同比增加 4.12 亿元，增幅为 4.76%，在投资总规模中的占比仅 2.48%。2019 年股市波动较大，市场结构分化明显，给包括财务公司在内的机构投资者带来较为显著的投资压力。

在投资总规模中占比较大的两类投资分别为委托理财产品和基金。委托理财产品的投资规模为 1374.64 亿元，同比增加 207.67 亿元，增幅为 17.80%，在投资总规模中的占比为 37.65%；基金的投资规模为 1163.89 亿元，同比增加 129.23 亿元，增幅为 12.49%，在投资总规模中的占比为 31.88%（见图 10-6）。经过多年的发展，许多财务公司的短期投资品种运作日益成熟，逐渐形成了短期资金配置以“货币基金 + 活期理财”为主的模式和策略。随着资管新规及其配套政策的陆续出台，短期理财产品收益率下降明显，且产品限规模、限期限现象较为严重，短期资金配置效率仍有待进一步提高，以提升整体收益水平。

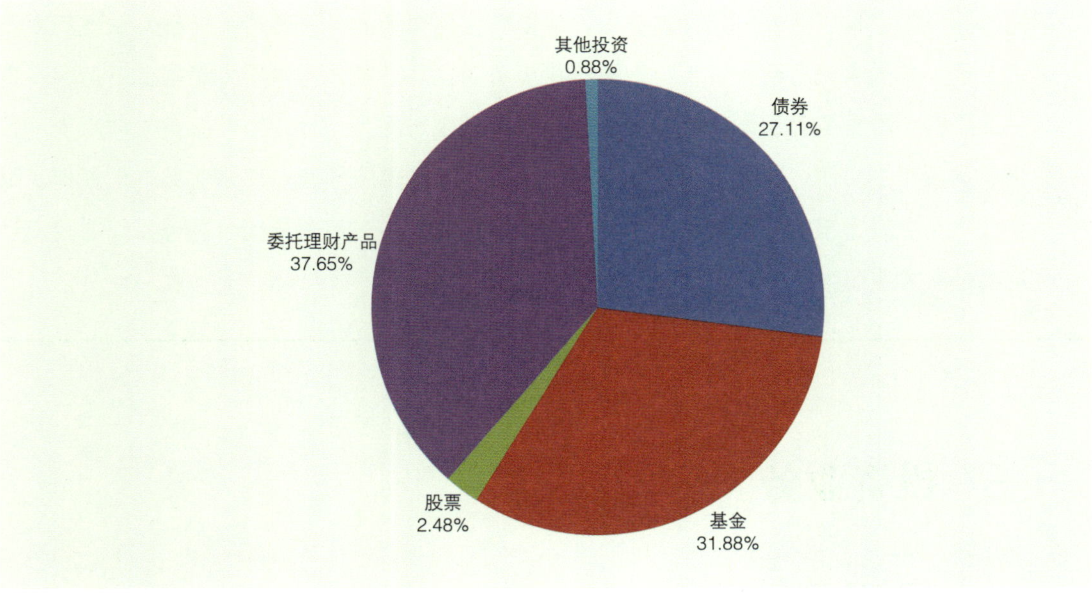

图 10-6　财务公司有价证券投资结构

（二）股权投资

截至 2019 年末，共有 41 家财务公司开展了金融机构的股权投资，与上年持平。累计投资额为 221 亿元，同比增加 53.49 亿元，增幅为 31.93%。

从投资的金融企业类型看，投资商业银行的资金规模最大，累计投资金额为 75.28 亿元，同比增加 25.30 亿元，增幅为 50.61%。投资商业银行的财务公司有 19 家，较上年增加 2 家（见图 10–7）。投资商业银行的回报率相对较高，且商业银行的运作模式与财务公司相近，在内部管控和财务管理方面能够形成一定的协同效应，此外，还能够将服务适度延伸或与商业银行结合延伸至集团外部企业。

财务公司股权投资金额较大的金融机构品类还有汽车金融公司、人寿保险公司和信托公司，股权投资金额分别为 62.43 亿元、31.95 亿元和 21.67 亿元，投资机构数分别为 3 家、2 家和 5 家，对单家金融机构的平均投资规模相对较大。投资机构数较多的金融机构还有保险经纪公司，按照监管要求，投资保险经纪公司的注册资本金不低于 5000 万元，由于注册资本金规模要求较低，财务公司投资保险经纪公司的金额合计仅为 2.18 亿元。

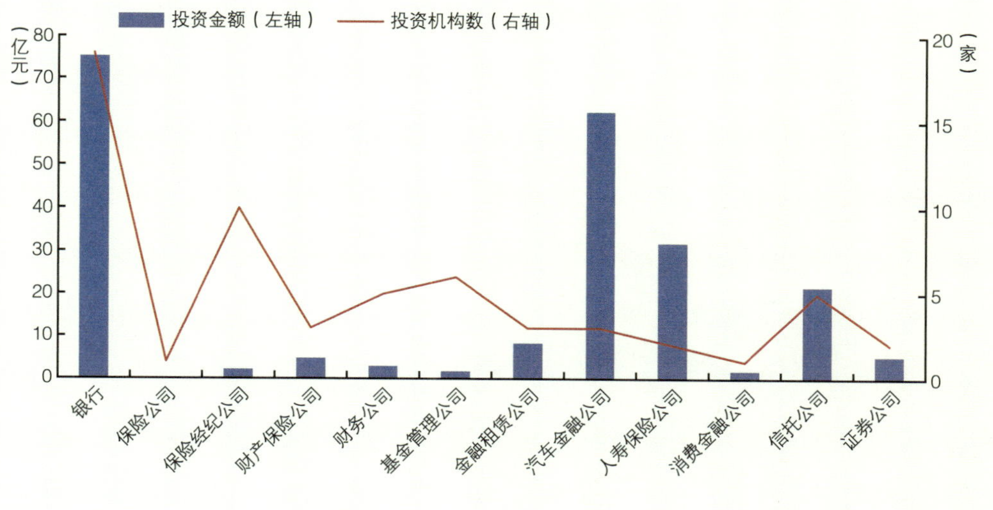

图 10–7 财务公司股权投资结构

从投资金融机构的持股比例来看（见图 10–8），多数财务公司投资 1 家金融机构，投资金融机构的类型与该财务公司所属的行业类型和其所在集团的定位相关，主要是为了更好地拓展业务范围，延伸产业链的辐射程度和服务能力。

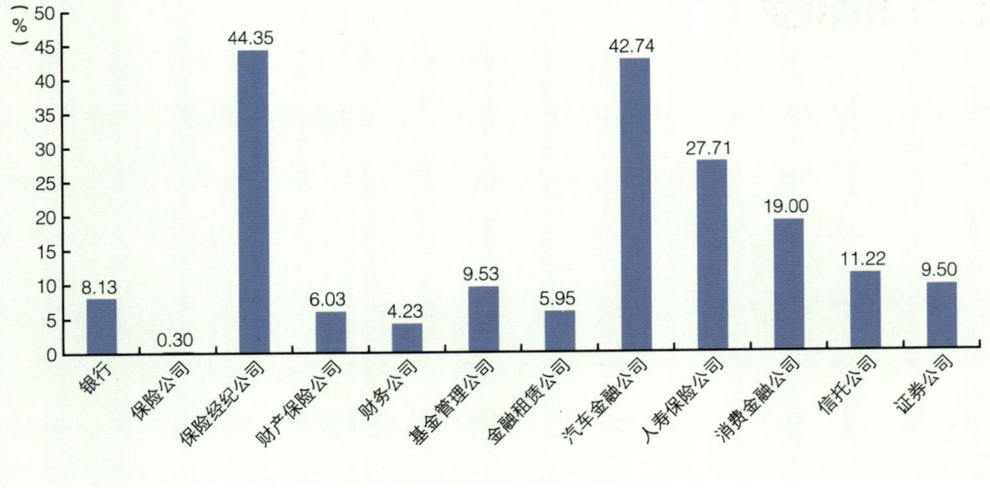

图 10-8　财务公司投资金融机构平均持股比例

从投资目标看，财务公司对金融机构的股权投资分为两类：一是战略投资，主要立足于本行业和职能定位，例如全资或控股保险经纪公司、汽车金融公司；二是财务性投资，主要是寻求投资回报率，以较低比例的投资为主，例如参股银行、信托、基金管理公司和保险公司。

第十一章
负债业务

一　总体情况

2019 年，面对严峻复杂的外部形势，为了更好地匹配资产及其结构变化，财务公司行业负债业务整体保持稳健增长态势。截至年末，财务公司行业负债余额 6.02 万亿元，同比增加 0.60 万亿元，增幅 11.00%，负债余额占银行业金融机构负债总额比例为 2.27%，[①] 较上年增加 0.08 个百分点，比 2011 年末提升了 0.76 个百分点（见图 11-1）。

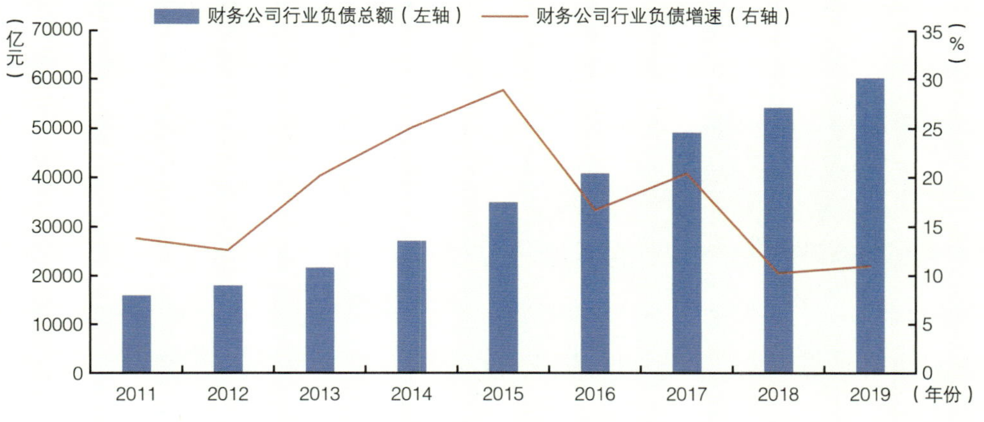

图 11-1　2011 ~ 2019 年财务公司负债增长趋势

2011 ~ 2019 年，财务公司行业负债业务年均增长率为 17.97%，高于银行业金融机构约 5.82 个百分点，这与资产增速亦高于银行业金融机构是相互匹配的。从增长情

① 2019 年末，银行业金融机构负债总额 265.54 万亿元。以下如无特殊说明，财务公司行业数据均来自中国财务公司协会，银行业金融机构数据均来源于中国银保监会网站。

况来看，主要受宏观金融环境（如M2增速）、监管政策、行业财务公司数量、所属集团景气程度、现金流量、资产负债率等因素影响。

二 负债结构

从负债结构来看，2019年各项存款是财务公司最重要的负债来源。2019年末财务公司各项存款余额为5.70万亿元，占比达94.62%，较上年增加0.36个百分点；同业负债1942.85亿元，占比3.23%，较上年减少0.34个百分点；应付款项740.15亿元，占比1.23%，较上年增加0.21个百分点；财务公司债券411.84亿元，占比0.68%，较上年减少0.35个百分点；其他负债146.41亿元，占比0.24%，较上年增加0.12个百分点（见表11-1）。

表11-1 2018~2019年财务公司负债分项目构成

单位：亿元，%

科目	2018年		2019年	
	余额	占比	余额	占比
各项存款	51155.14	94.26	57000.60	94.62
同业负债	1938.35	3.57	1942.85	3.23
财务公司债券	561.16	1.03	411.84	0.68
应付款项	556.24	1.02	740.15	1.23
其他负债	61.29	0.12	146.41	0.24
负债总额	54272.19	100	60241.85	100

通过上文可见，受经营范围及业务特点影响，财务公司各项存款占比超过94%，显著高于商业银行，[①] 2015年以来对负债增长的平均贡献度为97.77%，直接表明集团资金集中水平是财务公司发展的最核心因素。

从财务公司近五年负债结构来看，基本特点是各项存款占比上升，较2015年提升了2.26个百分点，其他负债权重有所下降，也说明财务公司的主动负债能力不足。其中，同业负债方面，受相关监管政策约束及市场环境影响较大，占比较2015年下

① 根据上市银行的财务报表匡算，存款占负债的比重为70%~80%（具体到不同类型银行方面，该比例有一定不同）。

降了 0.85 个百分点；财务公司债券 2019 年末占比不足 1%，规模较小，目前全行业仅 3 家财务公司有发债余额，占比较 2015 年下降了 1.44 个百分点；应付款项、其他负债变动幅度相对较小（见图 11–2）。从负债结构变化情况来看，财务公司必须着力提高资金归集度，方可具有持续健康发展的基础。

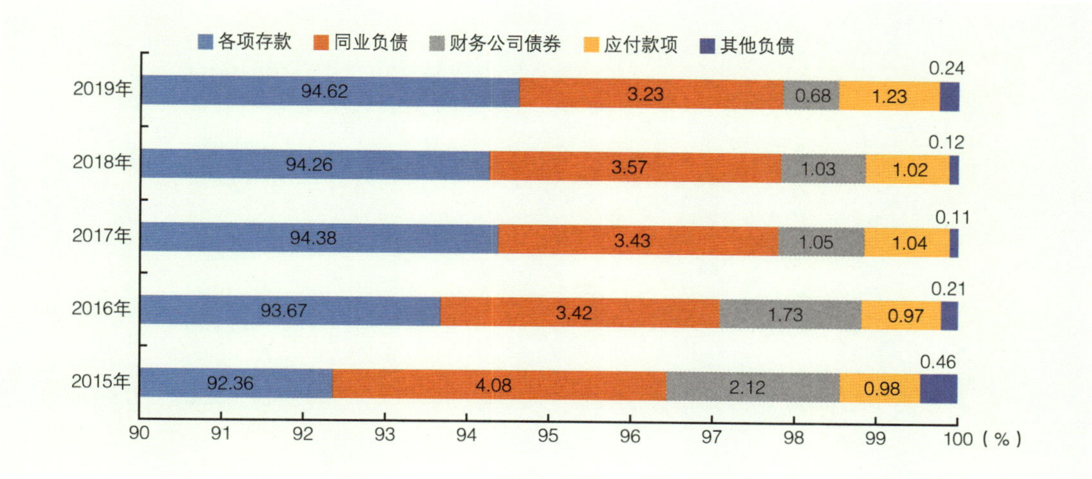

图 11–2　2015 ~ 2019 年负债业务构成

三　存款业务

（一）时点存款规模持续增长

2019 年末，各项存款余额 5.70 万亿元（见图 11–3），同比增加 5845.46 亿元，增幅 11.43%，增速较上年度提升 1.29 个百分点。存款规模保持较快增长，主要得益于六方面原因：一是财务公司所在集团持续保持增长态势，这在客观上为财务公司增加存款规模创造了条件；二是近年来银保监部门持续强调财务公司资金集中管理职能的发挥，通过调整优化监管评级办法等传递政策压力，引导财务公司加强资金集中管理，与此同时，财务公司这一定位也受到集团的重视，相关考核及配套管理措施的出台，有助于财务公司提高资金归集度，2019 年末行业全口径资金归集度已超过 50%，较之 2018 年提升 2.17 个百分点，按照 2018 年末集团货币资金数据匡算，仅此预计可为行业带来 2200 多亿元的存款增长；三是集团国际化步伐的加快、财务公司外汇业务的增长及跨境资金池的搭建，也实现了外币存款规模的同步提升，同步增长达 14.69%；

四是财务公司加强与政府有关部门的沟通，积极将专项资金纳入监管范围，创造性地发挥了资金的集中管理职能；五是财务公司加强信息科技系统建设工作，提升了资金归集效率；六是财务公司创新存款产品，提高服务水平，让利成员单位，提升成员单位对财务公司的认可度。

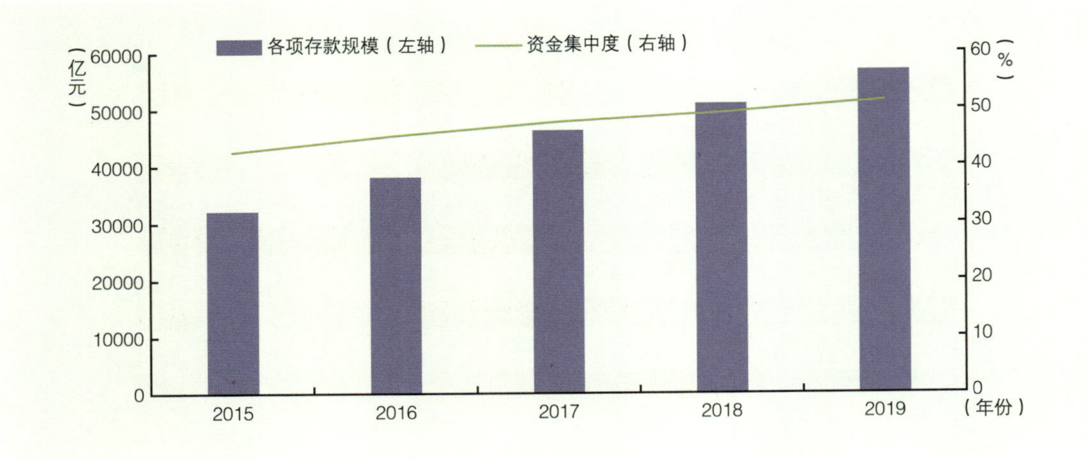

图 11-3　2015～2019 年存款及资金集中度增长情况

案例

案例 11-1　青啤财务公司创建专项账户，挖潜资金集中

近年来，随着青岛啤酒集团跨越式发展战略的提出，分布在全国各地的子公司搬迁改造项目不断上马，各地政府将持续给相关成员单位提供搬迁补偿或项目补助等专项资金，通常会要求指定银行开户和专款专用，故存在专户资金无法归集的情况。

针对上述问题，2019 年，青啤财务公司发挥自身专业优势，前瞻性地设计专项账户管理模式，通过采取开放式专户协议、绿色通道开户、计划预审和资金管控系统化、支持集团和单位以及监管机构多方实时查询账户等方式，实现对成员单位账户纳入全监控。同时，提前向成员单位和政府监管机构推介，介入成员单位搬迁和项目启动的补助资金管理谈判，优于银行专户的管理方案，取得了集团和各地项目监管机构的认可。

青啤财务公司专项账户管理模式具有一定开创性：一是将多方协议简化为双方协议、其他各方备案，提高协议签署和资金回笼效率；二是采取勾选线上、线下资金管控方式组合的开放式协议，满足多方监管的不同管理需求；三是发挥对内部成员单位的管理优势，专项账户实行当日开立的快捷办理通道；四是提供系统化的专项资金计划预审，便利集团公司和项目监管机构的宏观管控；五是资金支付支持柜面或网上多级审核，提高成员单位资金支付效率；六是以合规为先导，开放多级网上账户实时查询、定期向属地监管机构指定邮箱发送电子账单，并提供回单网上打印等功能，将专户监管工作亦作为内部审计重点，不间断开展监督检查，确保监管工作规范有序。

青啤财务公司通过建立满足成员单位、集团公司和政府多级监管机构要求的专项资金管理方案，避免了成员单位多开户和账户无法直联管控等问题，把专项资金纳入青啤财务公司的统一集中管理，拓宽金融服务领域，实现资金应归尽归，截至 2019 年末，全口径资金归集度已达到 95.77%。后续青啤财务公司还将拓展共管账户、工会账户等专项账户管理，进一步深入挖潜资金集中度。

（二）日均存款规模波动上升

日均存款规模对财务公司日常运营更为重要，直接关系到日常的资金运作和流动性管理水平。总体来看，2019 年除 2 月因春节等因素叠加导致日均存款下滑幅度较大之外，总体在波动中呈上涨态势，2019 年 12 月日均存款较 1 月增长 9.11%。全年走势呈现三个特点：一是前低后高，全年有 8 个月环比正增长；二是相较 2018 年，当月日均同比普遍正增长，平均增速为 7.25%；三是月末存款平均偏离度 2.29%[①]，总体相对稳定，有利于财务公司做好资金安排，有利于业务稳健发展（见图 11-4）。

纵向对比来看，2015 年以来，日均及月末时点存款均总体保持动态向上的增长态势（见图 11-5），受集团年末加大资金回笼等因素影响，年末时点存款有一定翘尾现象。2019 年 1 ~ 12 月各月日均存款相较 2015 年平均增长了 93.55%，进一步说明财务公司行业实力在不断增强，这为财务公司更好发挥职能创造了条件。

① 月末存款偏离度 =［（月末最后一日各项存款 - 本月日均存款）/ 本月日均存款］×100%。2014 年 9 月，中国银监会办公厅、财政部办公厅、人民银行办公厅联合下发了《关于加强商业银行存款偏离度管理有关事项的通知》，“对于月末存款偏离度超过 3% 的银行，自下月起连续暂停准入事项 3 个月以上……”，等于提出了 3% 的监管标准；结合近年来商业银行业务经营新特点、风险管理新情况，为进一步督导商业银行合规发展、有效防控风险，2018 年 6 月，中国银保监会办公厅、中国人民银行办公厅再度下发《关于完善商业银行存款偏离度管理有关事项的通知》，要求“商业银行的月末存款偏离度不得超过 4%”。财务公司虽不执行该考核办法，但 4% 的监管标准有一定的现实指导意义，若存款偏离度过大，将直接影响资金集中管理效果。

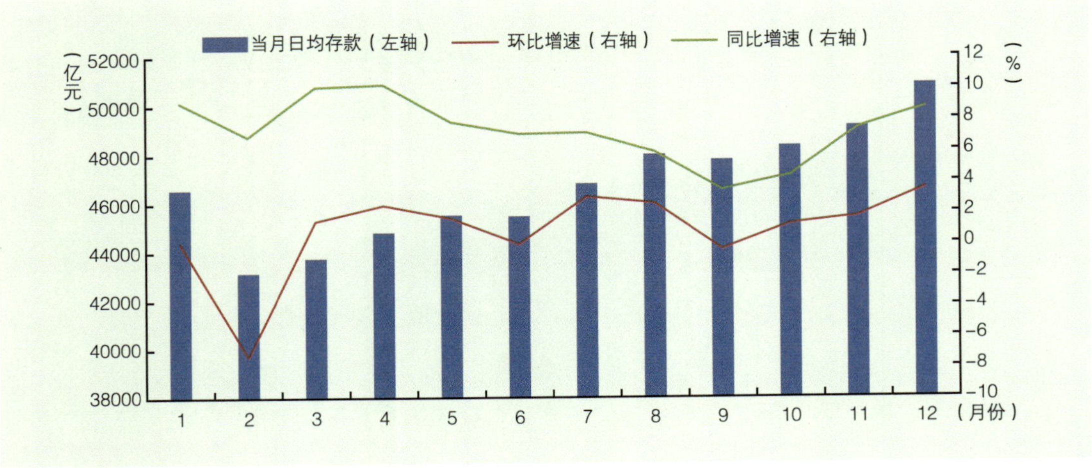

图 11-4 2019 年各月日均存款变化情况

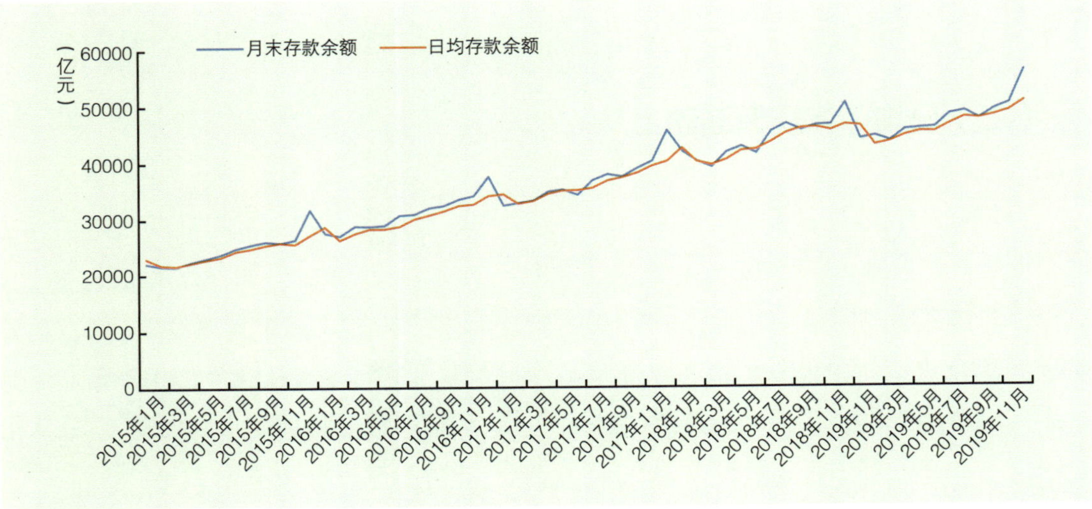

图 11-5 2015～2019 年各月日均与月末存款余额变动情况

（三）各行业存款规模普遍增长

2019 年，除电力、有色金属行业存款规模负增长外，其余行业存款规模均呈正增长态势。在可具体划分类型的行业中，军工、机械制造、汽车行业增长额居前三位，分别增长 1585.25 亿元、522.89 亿元和 504.41 亿元；军工、机械制造、民生消费增长幅度居前三位，增幅分别为 25.65%、19.80% 和 17.54%。从占比情况看，军工、电力和石油化工行业存款规模居前三位，合计占比达到 35.45%，较 2018 年下降 0.71 个百分点，较 2015 年下降达 5.16 个百分点；军工行业占比提升了 1.54 个百分点，电力下降 1.51 个百分点，其他行业变化相对较小，均在 1 个百分点以内（见表 11-2）。

表 11-2 2018 ~ 2019 年财务公司各行业存款规模及占比情况

单位：亿元，%

行业	2018 年		2019 年	
	各项存款余额	占比	各项存款余额	占比
电力	6738.13	13.17	6643.58	11.66
石油化工	5581.80	10.91	5800.62	10.18
电子电器	2790.16	5.45	2895.22	5.08
煤炭	3239.77	6.33	3633.96	6.38
建筑建材	4905.36	9.59	5307.21	9.31
钢铁	1665.27	3.26	1834.77	3.22
机械制造	2641.25	5.16	3164.14	5.55
交通运输	3653.16	7.14	4005.53	7.03
军工	6179.59	12.08	7764.84	13.62
有色金属	1368.81	2.68	1311.61	2.30
汽车	3975.17	7.77	4479.58	7.86
酒店旅游	262.07	0.51	264.05	0.46
商贸	817.37	1.60	888.32	1.56
投资控股	3064.22	5.99	3243.57	5.69
民生消费	1726.95	3.38	2029.91	3.56
农林牧渔	819.25	1.60	959.66	1.68
其他	1726.80	3.38	2774.03	4.87

纵向对比来看，自 2015 年以来，财务公司各行业板块存款分布的差异度[①]总体呈下降态势，已由 2015 年的 0.40 下降至 0.35（见图 11-6），这与近年来各产业占比动态变化相关，也在一定程度上说明财务公司行业分布更加均衡，各行业总体在提升负债规模，差距有所缩小。

① 本报告中，存款分布差异度参照洛伦斯曲线的原理计算，在此主要间接衡量各行业存款规模的分布差距。测算公式为：$G=\frac{1}{NW_N}\sum_{i=2}^{N}\sum_{j=1}^{i-1}(Q_i-Q_j)$，$W_N$ 为所有行业存款规模之和，Q_i 为这 N 个行业按存款规模从低到高排列后的第 i 个行业的存款规模。

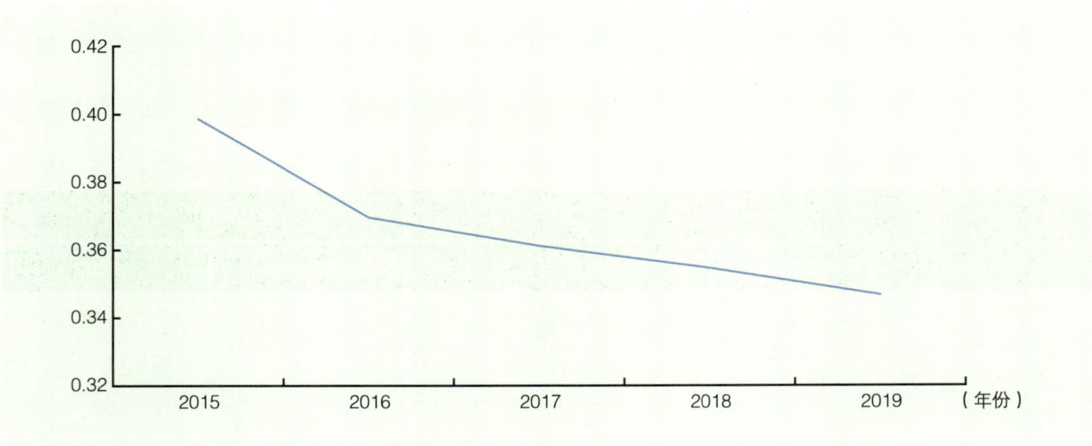

图 11-6　2015～2019 年财务公司各行业存款分布差异度

（四）各项来源存款规模均呈增长态势

2019 年末，财务公司行业来自集团母公司存款余额 10542.26 亿元，较上年增加 475.96 亿元，增幅 4.73%，对存款增长贡献度为 8.14%；上市公司存款余额 15358.49 亿元，增长 2004.70 亿元，增幅 15.01%，对存款增长贡献度为 34.29%；成员单位存款余额 30474.59 亿元，增长 3166.85 亿元，增幅 11.60%，对存款增长贡献度为 54.17%；其他单位存款余额 625.26 亿元，增长 197.96 亿元，增幅 46.33%，对存款增长贡献度为 3.39%（见表 11-3）。

表 11-3　财务公司各项来源存款规模增长情况

单位：亿元，%

科目	2019 年余额	增长额	增幅	占比
集团母公司存款	10542.26	475.96	4.73	18.50
上市公司存款	15358.49	2004.70	15.01	26.94
成员单位存款	30474.59	3166.85	11.60	53.46
其他单位存款	625.26	197.96	46.33	1.10
各项存款总额	57000.60	5845.46	11.43	100.00

纵向对比来看，2015 年以来，财务公司存款结构变化较为明显的是集团母公司存款，尽管规模持续增长，但占比下降 4.72 个百分点，成员单位存款占比则提升 3.28 个百分点，主要原因是企业集团推进下属公司兼并重组以及加大资金归集力度等，

致使子公司存款规模增速大于母公司，与之匹配的则是上文指出的行业资金归集度不断提升。

需进一步关注的是，上市公司作为企业集团的优质资源，财务公司在证券监管部门的监管框架下，通过签署金融服务协议、存款服务协议、账户管理协议等不同形式的关联交易协议，为上市公司提供个性化的金融服务，吸收上市公司存款的绝对额持续增长，2019 年末存款占比较 2015 年提升了 1.98 个百分点，但低于 2017 年阶段性高点的 28.86%（见图 11-7），这在一定程度上也说明财务公司要进一步争取证监部门的支持，不断提高关联交易限额，更好地做好资金集中管理。此外，按照深圳证券交易所《主板信息披露业务备忘录第 2 号——交易和关联交易》等相关要求，上市公司应提交财务公司风险评估报告，以助力财务公司加强内部控制，在提供金融服务的同时提高自身管理水平，形成双赢。

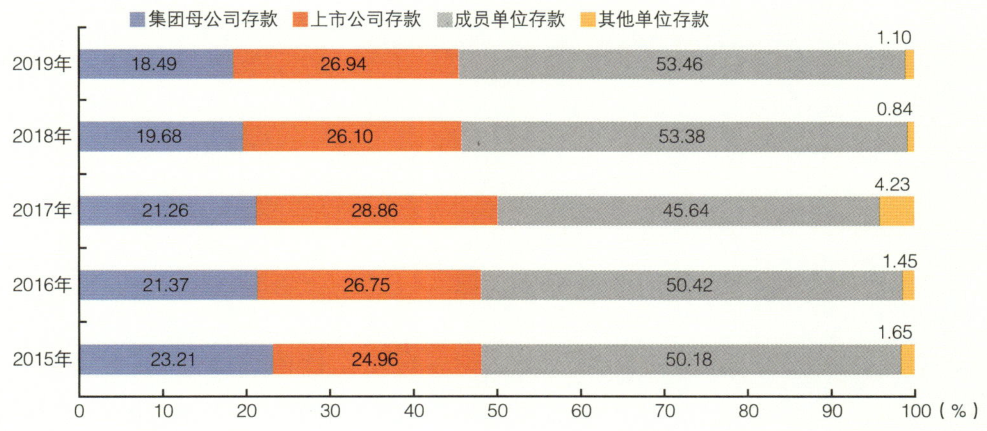

图 11-7　2015～2019 年财务公司存款结构变化情况

（五）各类存款构成动态调整

2019 年末，财务公司活期存款余额 18471.90 亿元，增幅 6.48%，占比下降 0.14 个百分点；定期存款余额 14777 亿元，增幅 8.33%，占比下降 0.74 个百分点；通知存款余额 7139.09 亿元，增幅 4.34%，占比下降 0.85 个百分点；协定存款余额 15129.40 亿元，增幅 28.23%，占比提高 3.48 个百分点；保证金存款余额 1483.21 亿元，降幅 2.83%，占比下降 0.38 个百分点。具体占比情况见图 11-8。

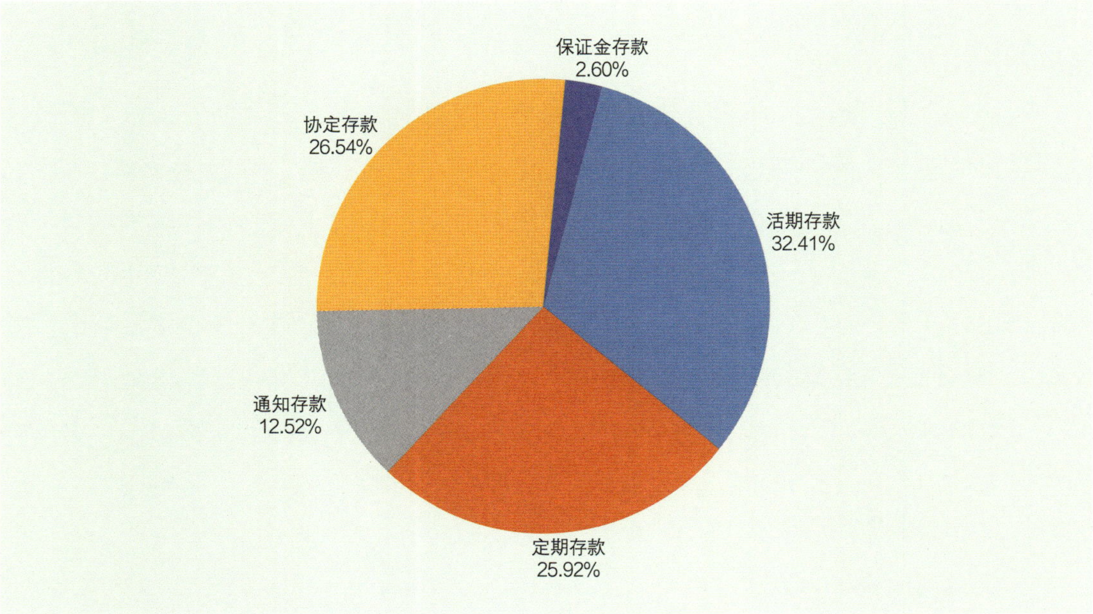

图 11-8　2019 年财务公司按业务品种划分的存款构成

从正增长的项目来看，协定存款增幅最高，其次是定期存款、活期存款和通知存款，负增长项目是保证金存款，一方面是财务公司对风险可控的成员单位适当降低保证金比率，另一方面也受票据承兑规模下滑等因素影响，2019 年，行业票据承兑业务发生额同比小幅下降了 1.33%。

从近五年各类存款情况看，各项存款规模普遍正增长。其中，增幅最大的是保证金存款，2019 年末余额是 2015 年的 3.32 倍，主要得益于中国银保监会扩大延伸产业链金融服务试点的政策红利，此外还有部分财务公司开展保函等业务，但在增速上有所下滑，从统计情况看，约 43% 的财务公司 2019 年末单位保证金存款为零，需要更多的财务公司在防控风险的前提下，争取开办产业链金融业务，加大票据承兑等业务推广力度，既支持企业集团发展，又提升保证金存款规模；其次是协定存款，2019 年末余额较 2015 年增长了 209.11%，占比也同步提高了 4.17 个百分点，属于占比变化最大的项目，也是财务公司吸收存款的重要举措；再次是通知存款和活期存款，同期增幅分别是 178.89% 和 177.91%；最后是定期存款，同期增幅为 149.76%（见图 11-9）。特别指出的是，定期存款占比变化主要是受成员单位资金使用情况影响，具体到各财务公司差异较大，如个别财务公司比例超过 50%，部分财务公司年末无定期存款。

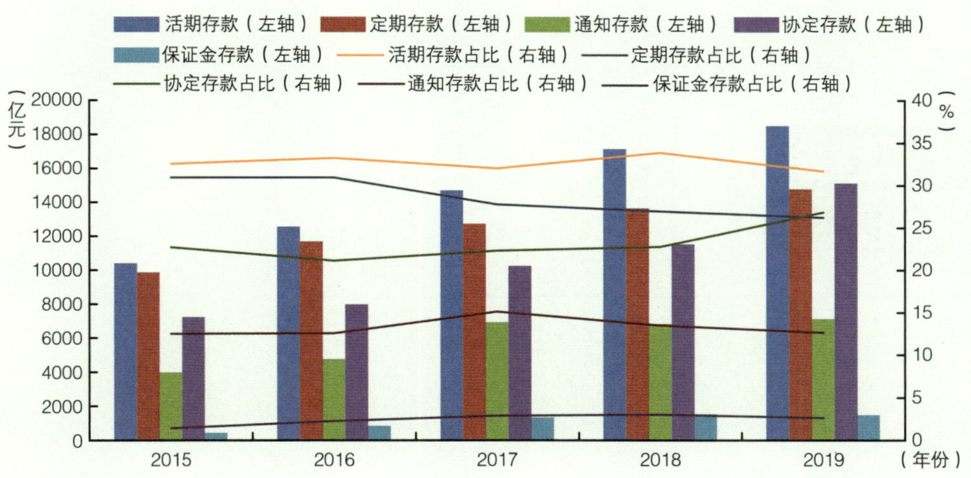

图 11–9　2015 ~ 2019 年财务公司各类存款情况

（六）存款平均成本率有所增长

2019 年，财务公司存款平均成本率为 1.55%①，较 2018 年提升 0.02 个百分点。在当年外部利率政策未发生重大变化的情况下，成本率上升，主要原因：一是财务公司持续向集团让利，在市场利率定价自律机制确定的范围内（利率定价纳入人民银行 MPA 考核），对符合条件的成员单位适当提高存款上浮比率；二是如图 11–9 对存款结构的分析，2019 年利率高于活期的协定存款占比提升了 3.48 个百分点，增加了利息支出，同时冲抵了定期存款占比下滑 0.74 个百分点所减少的利息支出，利率较低的活期存款占比也随之下降 0.14 个百分点，存款结构的调整客观上导致了存款成本率的上升。

联系近五年情况来看，2016 年存款成本率较之 2015 年有所下滑，主要还是中国人民银行 2015 年多次下调存贷款基准利率所致，当年下滑 0.14 个百分点。此后，财务公司为调动企业存款积极性，提高资金归集度，通过利率上浮、引导企业优化存款结构等，使存款成本率总体呈上升态势。在具体执行方面，各财务公司基于所在集团的管理目标导向、区域市场行情（如所在地商业银行对当地企业存款报价情况）以及自身经营战略等，采取多元化的定价模式，定期调整存款利率报价等，存在一定的差异性。

① 计算方法：2019 年度存款利息支出 ÷ [（Σ 2019 年各月日均存款 × 各月天数）÷ 365]。

第十二章 同业业务

一 总体情况

（一）业务增速放缓，市场风险偏好降低

党的十九大、第五次全国金融工作会议与最近几年中央经济工作会议均强调了提升风险防范能力、防控重大金融风险的重要性。2019 年“包商银行接管事件”“锦州银行被重组”等一系列银行信用风险事件引发同业市场信用收缩，同业市场刚性兑付信仰被打破，同业机构金融市场风险偏好大幅降低。为防范风险，同业机构纷纷加强对同业交易对手及同业业务流程的管理。

财务公司作为我国同业市场的重要参与者，近年来在存放同业、同业拆借、买入返售、卖出回购等同业业务的持续健康发展过程中扮演重要角色，为畅通我国同业资金流动渠道、提升我国同业市场资金使用效率做出了一定贡献。财务公司行业的主要同业交易对手包括商业银行、证券公司、保险公司、信托公司等金融机构，已基本涵盖市场主流金融机构。

财务公司较为警惕同业市场风险，注重审视同业业务发展趋势，不断完善同业业务风险管控。2019 年财务公司行业同业业务总体呈收缩态势，除存放同业之外的主要同业业务规模均较上年同期下降。截至 2019 年末，财务公司行业存放同业余额 27322.07 亿元，同比增长 11.16%；同业拆入余额 1113.60 亿元，同比下降 7.86%；拆放同业余额 405.16 亿元，同比下降 27.78%；买入返售余额 794.09 亿元，同比下降 11.76%；卖出回购余额 571.80 亿元，同比下降 0.42%。2019 年财务公司同业业务发展回落的主要原因与当年同业市场风险暴露、财务公司行业对同业业务进行不同程度的风险调整有关。

受 2019 年同业市场风险暴露事件的影响，部分财务公司更加重视对同业交易对手风险的管控，持续加强对资产类业务交易对手的管理。225 份有效调查问卷数据显示，近 90% 的财务公司采用主动授信或白名单方式管理同业交易对手，少数财务公司通过被动授信方式管理交易对手，管理方式逐渐多元化，管理水平进一步提升。

比如，广西交通投资集团财务有限责任公司为提升同业业务风险管理水平，建立同业授信管理平台，对同业授信业务进行交易对手信用等级评定、额度实时监控、线上审批和风险预警，打通授信流程断点，升级优化同业业务和投资业务的准入和基础流程控制问题，重塑授信业务完整的生命周期，实现了统一同业交易对手准入、统一授信额度核定、统一额度管控、统一风险缓释、统一同业资产数据“五个统一”，形成同业授信业务闭环，提升同业业务管理水平。

（二）负债结构适度调整，积极顺应市场变化

财务公司不断优化同业业务的期限和交易对手结构，有效匹配资产负债管理。在 2019 年同业市场利率水平不断降低、利率曲线趋于平缓、同业市场风险暴露不断增加的市场环境下，财务公司行业谨慎配置同业资产负债、确保公司充足流动性并致力于降低市场风险。在期限结构方面，2019 年财务公司行业积极调整，剩余期限为次日、2 ~ 7 日等超短期的同业资产和负债比例均大幅提升；在交易对手结构方面，2019 年财务公司行业以境内商业银行为交易对手的拆放同业、买入返售、卖出回购等同业业务比例增幅较大，以境内商业银行为交易对手的存放同业业务比例继续保持较高水平，体现出财务公司在同业业务方面与境内商业银行日益密切的合作关系。

在行业结构方面，2019 年同业业务余额的行业差异较大。从同业资金来源角度看，同业拆入主要集中于石油化工等行业，卖出回购主要集中于石油化工、有色金属等行业；从同业资金运用角度看，存放同业主要集中于军工、建筑建材、石油化工等行业，拆放同业主要集中于石油化工等行业，买入返售主要集中于汽车、石油化工、投资控股等行业。2019 年石油化工行业的同业业务开展依然保持较高的活跃度，同时汽车、电子电器、投资控股等行业的同业业务活跃度有所提升。各行业主要同业余额分布情况见图 12-1。

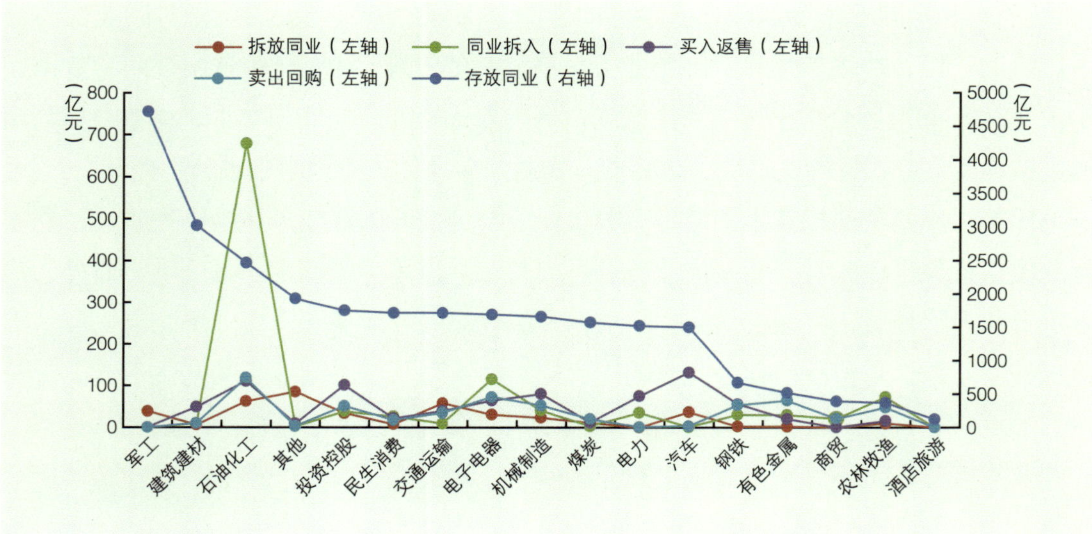

图 12-1　财务公司行业 2019 年末各行业主要同业余额分布情况

（三）负债品种增加，主动负债手段有所丰富

财务公司规范发展同业负债业务，通过多样化负债，进一步丰富主动负债的手段。2019 年财务公司行业积极运用自身金融资源，在依法合规的前提下努力盘活存量资产、匹配负债，通过开展同业负债业务为公司发展提供资金支持，提升资产使用效率。226 份有效调查问卷统计数据显示，2019 年财务公司行业共有 152 家财务公司开展同业拆入业务，占有效问卷数的 67.26%；有 51 家财务公司开展债券正回购、58 家财务公司开展票据转出、31 家财务公司开展票据正回购业务。其中，东风汽车财务公司和上海汽车财务公司通过发行资产支持证券、国药财务公司通过应收账款融资盘活存量资产；中油财务公司发行商票从外部市场融资；广州汽车财务公司通过吸收同业存款提升负债规模。可以看出，越来越多的财务公司通过合规开展同业负债业务拓宽资金来源渠道，努力丰富主动负债的方式方法。

（四）往来利息收入及贡献度双双回落

由于外部监管规范和内部风险管理的双向作用，财务公司行业同业业务收入及贡献均有所下降。2019 年度财务公司行业来源于同业往来的利息收入 677.45 亿元，同比下降 11.05%；占行业总收入的比重为 32.85%，较上年末下降 5 个百分点。2019 年我国同业市场风险暴露增加、财务公司行业部分同业业务呈现不同程度的收缩，再加上当年同业市场利率保持低位运行，大部分同业资产配置趋于短期，多重因素叠加导致 2019 年度财务公司行业同业往来利息收入及对行业利息收入贡献度同时下降，且为近五年来首次下降，给财务公司行业的盈利能力带来一定影响（见图 12-2）。

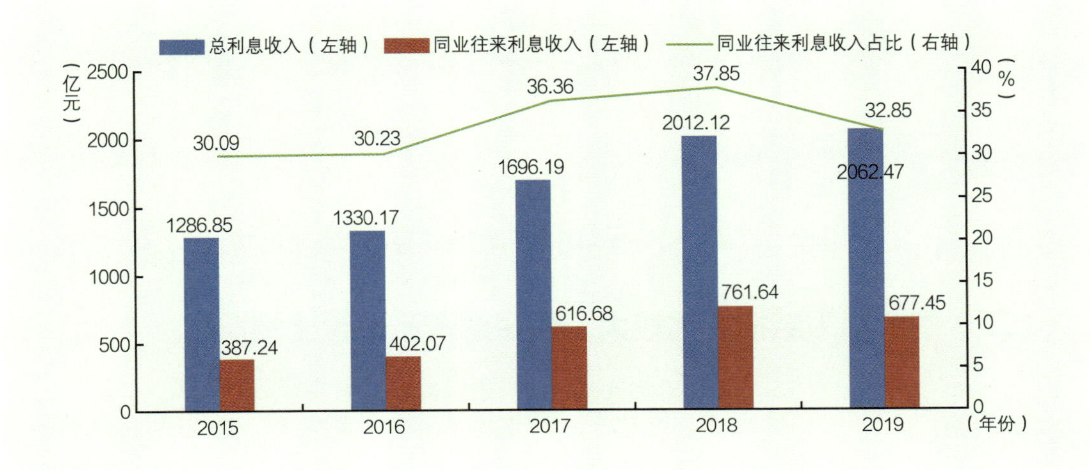

图 12-2　财务公司行业 2015～2019 年同业往来利息收入及占比

二　存放同业

（一）年末余额显著增长，配置占比保持稳定

作为核心同业业务品种，财务公司存放同业规模持续增长，配置比例保持相对稳定。2019 年财务公司行业存放同业业务余额继续保持近年来稳步增长态势，截至 2019 年末，财务公司行业存放同业余额 27322.07 亿元，同比增长 11.16%，增幅较上年有所扩大。行业存放同业业务余额占表内资产总额的比例为 38.94%，与上年基本持平，是行业资产配置的重要领域。其中外币存放同业折合人民币的金额有所增长，但占比有所回落，截至 2019 年末财务公司行业存放同业外币折合人民币余额 2107.05 亿元，占比为 7.71%，较上年末下降 0.59 个百分点（见图 12-3）。

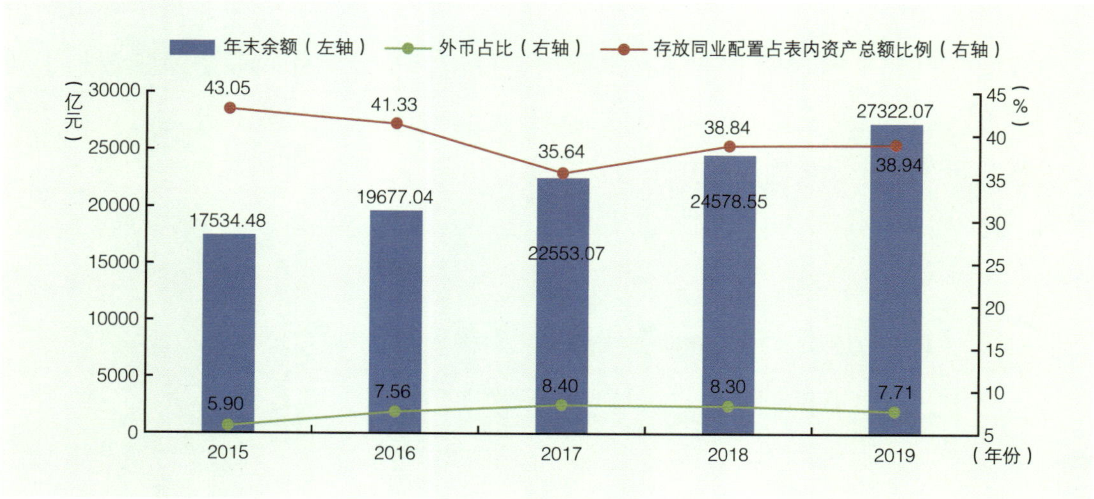

图 12-3　财务公司行业 2015～2019 年存放同业业务情况

（二）剩余期限结构变化较大，超短期资产配置比例增加

财务公司流动性风险得到更多关注，同业业务期限结构变短，超短期资产配比强化。2019 年，行业存放同业剩余期限结构较之前年度有所变化，主要表现在配置于次日的资产比例持续扩大，剩余期限为次日的存放同业余额占比 70.04%，较上年末提升 5.70 个百分点。2019 年，随着同业市场利率水平不断降低，利率曲线趋于平缓，越来越多的财务公司选择提升同业资产配置于隔夜期限的比例，在获取一定收益的同时保证公司较好的流动性（见图 12-4）。

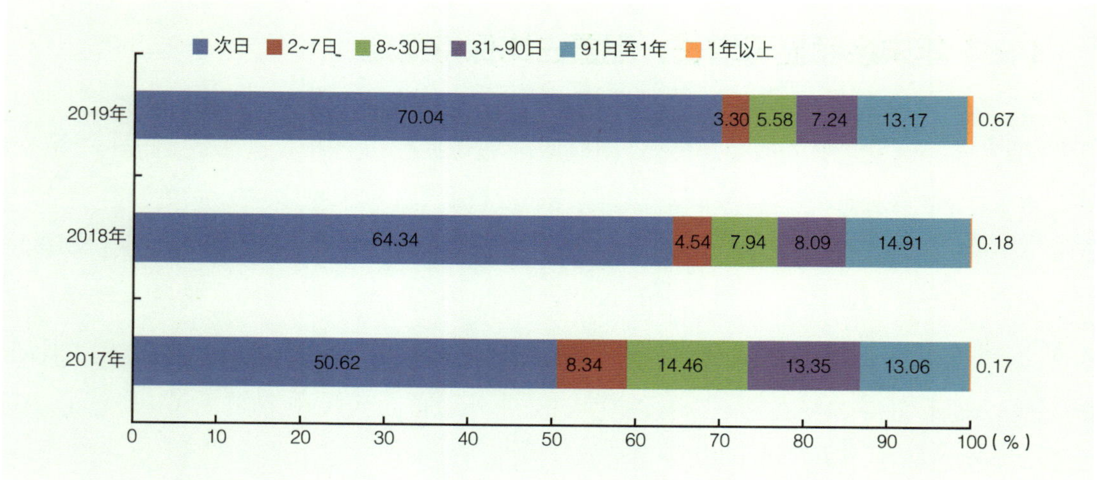

图 12-4　财务公司行业 2017～2019 年存放同业剩余期限结构

（三）交易对手结构稳定，以境内商业银行为主

境内商业银行仍是财务公司同业业务的核心交易对手。2019 年末财务公司行业存放同业以境内商业银行为交易对手的余额占比达 94.22%，较上年末下降 0.06 个百分点，交易对手结构持续保持稳定，依然高度集中于境内商业银行（见表 12-1）。

表 12-1 财务公司行业 2018～2019 年存放同业余额交易对手分布

单位：亿元，%

交易对手	2018 年余额	2018 年占比	2019 年余额	2019 年占比
境内商业银行	23173.30	94.28	25743.14	94.22
境外金融机构	803.28	3.27	761.50	2.79
境内其他银行业金融机构	567.03	2.31	749.93	2.74
境内其他金融机构	11.05	0.04	57.53	0.21
境内证券业金融机构	23.90	0.10	9.97	0.04
境内保险业金融机构	0.00	0.00	0.00	0.00
合计	24578.55	100	27322.07	100

（四）行业结构整体稳定，外币集中度下降

从存放同业行业分布看，存放同业余额行业分布结构与上年相比保持一致，其中军工、建筑建材等行业存放同业余额占比均超过 10%。外币存放同业余额行业集中度较上年下降，2019 年末财务公司行业外币存放同业余额集中于石油化工的比例为 58.56%，较上年下降 5.74 个百分点（见表 12-2）。

表 12-2 财务公司行业 2018～2019 年存放同业分行业余额、占比及币种结构

单位：亿元，%

行业	2018 年			2019 年		
	余额	占比	外币占比	余额	占比	外币占比
军工	3493.83	14.21	3.48	4713.26	17.25	3.92
建筑建材	3004.27	12.22	6.15	3019.89	11.05	7.22

续表

行业	2018 年			2019 年		
	余额	占比	外币占比	余额	占比	外币占比
石油化工	2334.58	9.50	64.30	2465.11	9.02	58.56
其他	1114.53	4.53	0.09	1927.81	7.06	0.05
投资控股	1715.05	6.98	1.53	1750.32	6.41	1.41
民生消费	1504.96	6.12	0.04	1716.25	6.28	0.14
交通运输	1658.38	6.75	3.93	1715.30	6.28	6.27
电子电器	1530.05	6.23	3.71	1691.65	6.19	3.67
机械制造	1395.53	5.68	5.15	1660.08	6.08	5.19
煤炭	1671.87	6.80	0.02	1572.12	5.75	1.62
电力	1783.40	7.26	2.08	1521.69	5.57	1.72
汽车	1376.50	5.60	0.77	1499.96	5.49	0.73
钢铁	527.43	2.15	2.64	669.89	2.45	2.66
有色金属	615.52	2.50	4.42	517.82	1.90	4.56
商贸	390.90	1.59	0.84	389.70	1.43	1.23
农林牧渔	346.56	1.41	0.82	369.87	1.35	0.55
酒店旅游	115.21	0.47	0.03	121.35	0.44	0.50
合计	24578.55	100	100	27322.07	100	100

注：外币占比指某行业外币存款余额占财务公司行业总外币存款余额的比重。

三　同业拆借

（一）拆放同业

1. 拆放同业余额大幅回落，外币占比持续下降

随着 2019 年同业市场风险的逐渐暴露，越来越多的财务公司对拆放同业持相对谨慎态度。2019 年末财务公司行业本外币拆放同业余额折合人民币 405.16 亿元，同比下降 27.78%。外币折合人民币余额占比由上年末的 4.92% 下降至 2019 年末的 2.63%（见图 12-5）。

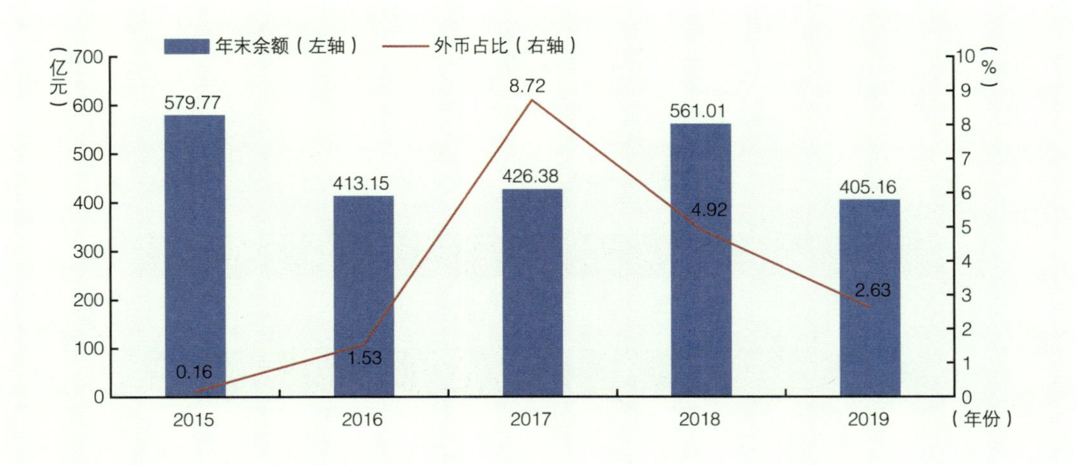

图 12-5 财务公司行业 2015～2019 年拆放同业余额及外币占比

2. 拆放同业剩余期限趋于短期，逾期占比显著提升

2019 年末财务公司行业拆放同业剩余期限较上年相比更趋于短期，剩余期限在 90 日以内的拆放同业余额占比从上年末的 47.77% 大幅提升至 61.03%；逾期拆放同业余额占比大幅提升，从上年末的 0.02% 提升至 1.68%，与 2019 年同业市场风险加剧、部分同业机构经营面临困难有一定关系（见图 12-6）。

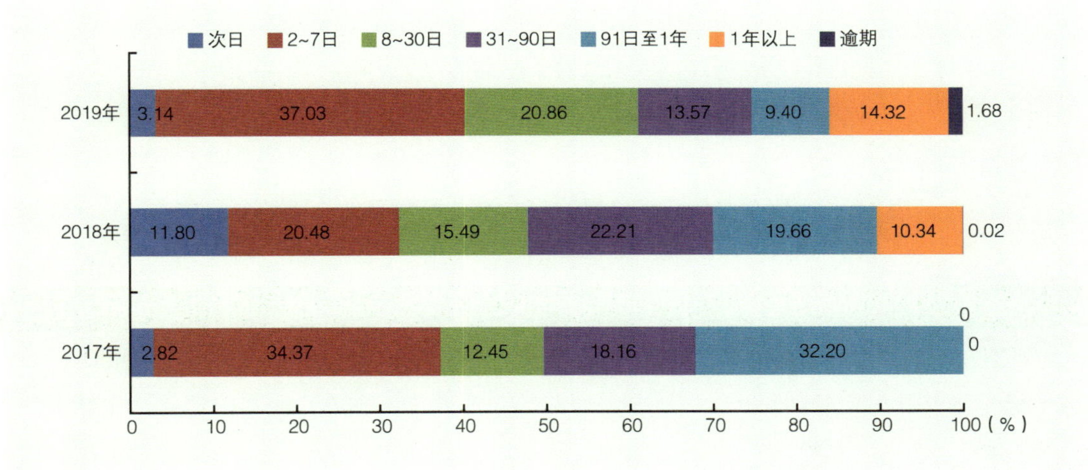

图 12-6 财务公司行业 2017～2019 年拆放同业余额剩余期限结构

3. 交易对手以境内银行业金融机构为主，结构趋于集中

2019 年财务公司行业拆放同业余额交易对手仍以境内银行业金融机构为主，以

境内商业银行和境内其他银行业金融机构为交易对手的拆放同业余额占比合计达到97.75%，较上年末增加18.50个百分点（见图12-7）。

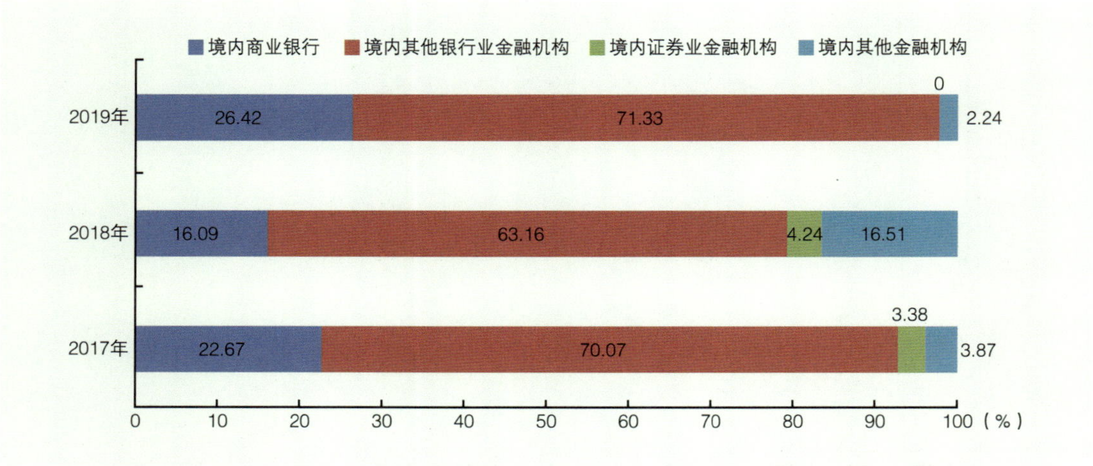

图 12-7　财务公司行业 2017～2019 年拆放同业余额交易对手结构

4. 行业集中度持续下降，石油化工行业占比回落

从余额情况看，2019年末财务公司行业拆放同业余额较上年末下降金额较大的行业为石油化工、煤炭、有色金属等行业。从占比情况看，2019年末财务公司行业拆放同业余额主要分布于石油化工、交通运输、军工、汽车行业，这四个行业占比合计达到48.11%，其中石油化工行业占比为15.31%，较上年末下降17.93个百分点（见表12-3）。

表 12-3　财务公司行业 2018～2019 年拆放同业余额行业分布

单位：亿元，%

行业	2018 年余额	2018 年占比	2019 年余额	2019 年占比
其他	48.00	8.56	84.80	20.93
石油化工	186.50	33.24	62.05	15.31
交通运输	40.42	7.20	57.92	14.29
军工	25.00	4.46	38.50	9.50
汽车	45.50	8.11	36.50	9.01
投资控股	30.00	5.35	34.00	8.39
电子电器	13.00	2.32	30.50	7.53
机械制造	32.31	5.76	23.23	5.73

续表

行业	2018 年余额	2018 年占比	2019 年余额	2019 年占比
煤炭	34.00	6.06	11.00	2.71
农林牧渔	12.50	2.23	9.20	2.27
民生消费	0.00	0.00	7.50	1.85
建筑建材	0.00	0.00	6.00	1.48
钢铁	3.00	0.53	2.00	0.49
有色金属	29.79	5.31	1.97	0.49
能源电力	61.00	10.87	0.00	0.00
酒店旅游	0.00	0.00	0.00	0.00
商贸	0.00	0.00	0.00	0.00
合计	561.01	100	405.16	100

（二）同业拆入

1. 同业拆入余额与外币占比双双回落

拆入余额方面，2019 年末财务公司行业本外币同业拆入余额折合人民币 1113.60 亿元，同比下降 7.86%；外币占比方面，2019 年末财务公司行业外币拆入折合人民币余额 647.18 亿元，占比 58.12%，较上年末下降 4.11 个百分点，继 2013 年以来首次跌破 60%（见图 12–8）。

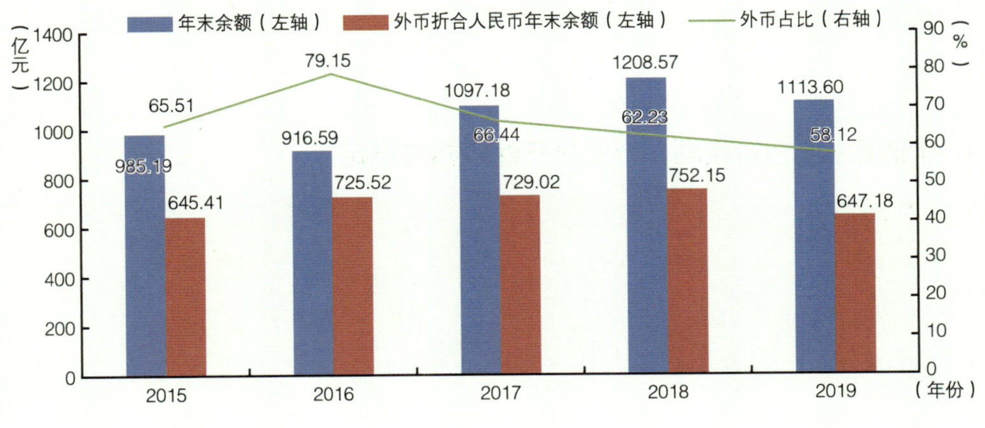

图 12–8 财务公司行业 2015 ~ 2019 年同业拆入余额及外币占比

2. 同业拆入期限主要集中于超短期，隔夜占比增加

2019 年末财务公司行业同业拆入剩余期限主要集中于 7 日以内的超短期限，占比达到 89.05%；同业拆入剩余期限为次日的余额占比显著增加，从上年末的 19.45% 增长至 27.88%，体现出财务公司行业利用短期资金补充临时缺口、主动进行负债管理的经营思路（见图 12-9）。

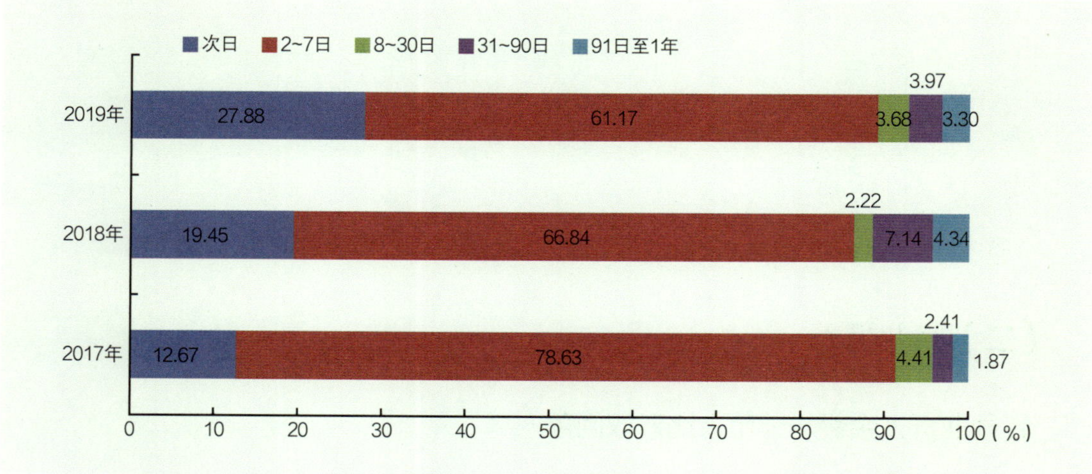

图 12-9 财务公司行业 2017 ~ 2019 年同业拆入余额剩余期限结构

3. 交易对手以境外金融机构为主，境内金融机构占比增长较快

2019 年末财务公司行业同业拆入交易对手结构变化不大，其中以境外金融机构为交易对手的余额占比从上年末的 57.67% 降至 52.65%；以境内商业银行为交易对手的同业拆入余额占比由上年末的 27.97% 增至 33.60%（见图 12-10）。

4. 行业集中度相对较高，行业分布保持相对稳定

从增长情况看，2019 年末财务公司行业同业拆入余额较上年末增长金额较大的行业为电子电器、民生消费等行业；同业拆入余额较上年末下降金额较大的行业为石油化工、电力等行业。从占比情况看，2019 年末财务公司行业同业拆入余额主要分布于石油化工、电子电器行业，合计占比达到 71.35%，但石油化工行业存放同业余额占比较上年末下降 3 个百分点，而电子电器行业占比较上年末提升 3.71 个百分点（见表 12-4）。

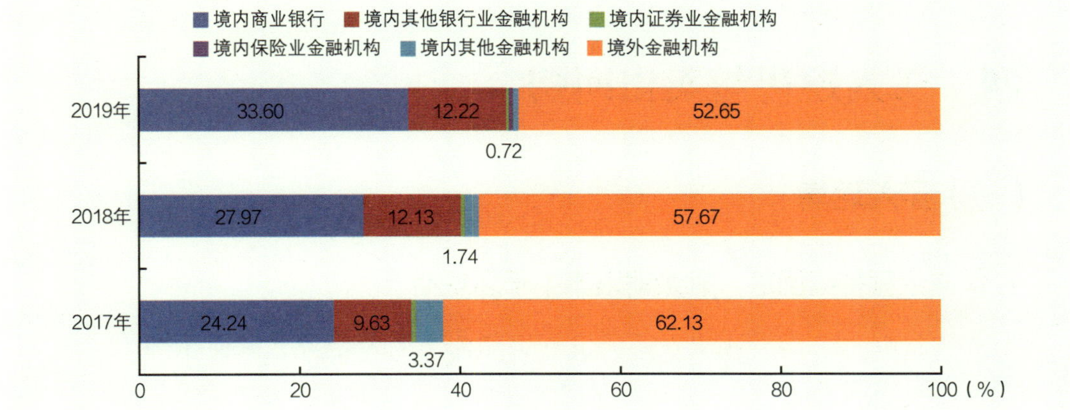

图 12-10　财务公司行业 2017～2019 年同业拆入余额交易对手结构

表 12-4　财务公司行业 2018～2019 年同业拆入余额分布

单位：亿元，%

行业	2018 年余额	2018 年占比	2019 年余额	2019 年占比
石油化工	772.96	63.96	678.87	60.96
电子电器	80.76	6.68	115.73	10.39
农林牧渔	61.52	5.09	72.73	6.53
机械制造	59.46	4.92	40.31	3.62
投资控股	35.05	2.90	38.00	3.41
电力	70.00	5.79	35.00	3.14
钢铁	31.06	2.57	30.72	2.76
有色金属	21.00	1.74	30.06	2.70
民生消费	8.70	0.72	26.30	2.36
商贸	31.06	2.57	20.73	1.86
建筑建材	0.00	0.00	9.50	0.85
交通运输	22.00	1.82	9.20	0.83
煤炭	0.00	0.00	3.40	0.30
其他	0.00	0.00	2.00	0.18
汽车	5.00	0.41	1.05	0.09
军工	10.00	0.83	0.00	0.00
酒店旅游	0.00	0.00	0.00	0.00
合计	1208.57	100	1113.60	100

四　买入返售与卖出回购

（一）买入返售

1. 年末余额持续回落，剩余期限集中于超短期

2019 年末财务公司行业买入返售资产余额为 794.09 亿元，同比下降 11.76%（见图 12–11）。受 2019 年同业市场风险暴露的影响，部分财务公司对同业市场的资金运用持较为谨慎态度。

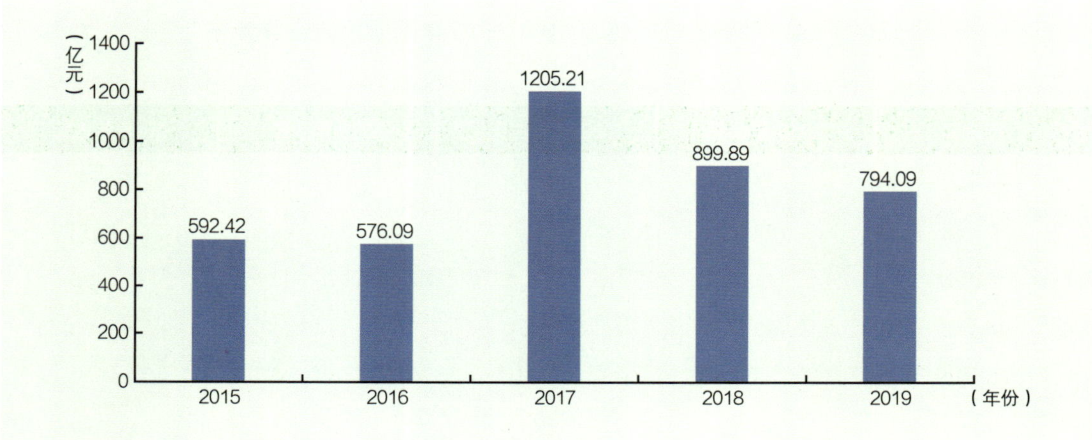

图 12–11　财务公司行业 2015 ~ 2019 年买入返售资产余额

2019 年财务公司行业买入返售资产剩余期限主要集中于 7 日（含）以内，占比合计为 77.77%，较上年末增加 17.63 个百分点，买入返售业务更是集中于超短期限，展现出财务公司行业充分运用短期盈余资金支持同业机构补充流动资金的特点（见图 12–12）。

2. 交易对手结构保持稳定，质押品呈现新特点

交易对手结构方面，2019 年末财务公司行业买入返售业务交易对手以境内商业银行、境内证券业金融机构、境内其他金融机构为主，余额占比合计为 98.62%，呈现较高的集中度，与上年末相比保持相对稳定状态（见图 12–13）。

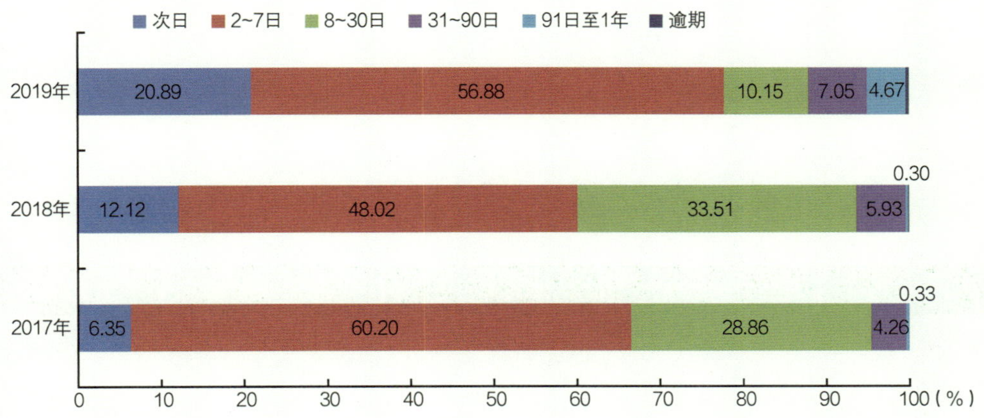

图 12-12　财务公司行业 2017 ~ 2019 年买入返售资产余额剩余期限结构

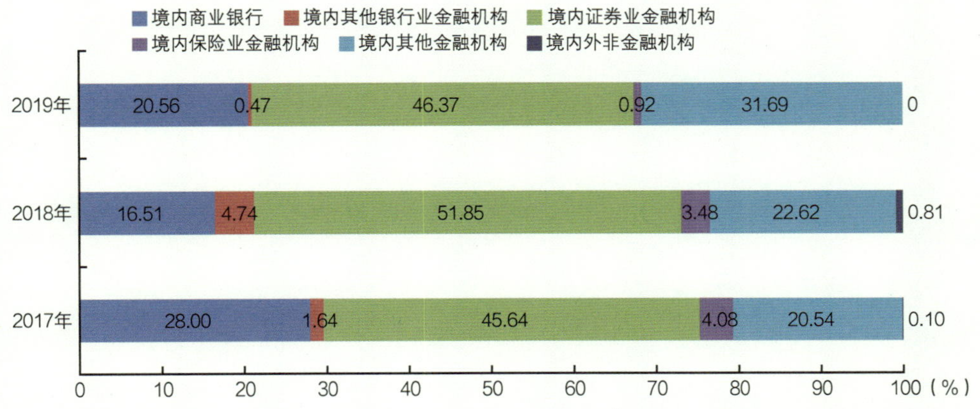

图 12-13　财务公司行业 2017 ~ 2019 年买入返售余额交易对手结构

质押品结构方面，2019 年末财务公司行业买入返售质押品仍以债券为主，符合条件的财务公司通过开展债券逆回购业务向市场提供流动性支持；随着票据市场及票据电子化的良好发展，2019 年财务公司行业买入返售质押品呈现新特点，新增以票据为质押品的买入返售业务，是财务公司行业不断探索新市场、多元化业务模式的体现。

3. 行业结构更加集中，内部分化较大

从增长情况看，2019 年末财务公司买入返售交易余额较上年末相比呈现涨跌互现情况，其中汽车、投资控股、民生消费、石油化工等行业均有所增长；而电力、电子电器、机械制造、交通运输、军工等行业买入返售余额较上年末有所下降。从占比

情况来看，2019 年末财务公司行业买入返售交易余额分布较上年末更加集中，其中汽车、石油化工、投资控股、机械制造行业占比超过 10%，这四个行业买入返售交易余额占比合计为 53.26%（见表 12-5）。

表 12-5　财务公司行业 2018 ~ 2019 年买入返售资产余额行业分布

单位：亿元，%

行业	2018 年余额	2018 年占比	2019 年余额	2019 年占比
汽车	0.20	0.02	131.38	16.54
石油化工	91.45	10.16	110.38	13.90
投资控股	49.76	5.53	101.07	12.73
机械制造	112.03	12.45	80.15	10.09
电力	141.61	15.74	74.96	9.44
电子电器	96.04	10.67	64.31	8.10
钢铁	57.75	6.42	55.86	7.04
建筑建材	44.00	4.89	48.69	6.13
交通运输	82.03	9.12	39.50	4.97
民生消费	1.25	0.14	21.60	2.72
有色金属	49.09	5.46	20.00	2.52
农林牧渔	39.71	4.41	15.63	1.97
煤炭	23.74	2.64	11.49	1.45
酒店旅游	9.40	1.04	9.91	1.25
其他	45.82	5.09	9.00	1.13
军工	56.01	6.22	0.16	0.02
商贸	0.00	0.00	0.00	0.00
合计	899.89	100	794.09	100

（二）卖出回购

1. 卖出回购资产余额保持稳定，期限结构有所变化

2019 年末财务公司行业卖出回购资产余额为 571.80 亿元，同比下降 0.42%，与上年末基本持平（见图 12-14）。

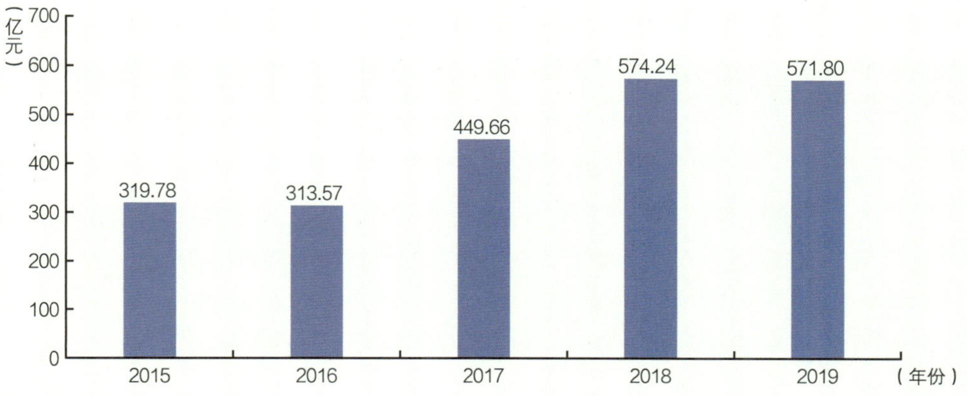

图 12-14 财务公司行业 2015～2019 年卖出回购资产余额

2019 年财务公司行业卖出回购资产余额剩余期限结构与上年相比有所变化，其中剩余期限为次日的卖出回购余额占比为 27.20%，较上年末大幅增加 18.37 个百分点（见图 12-15）。

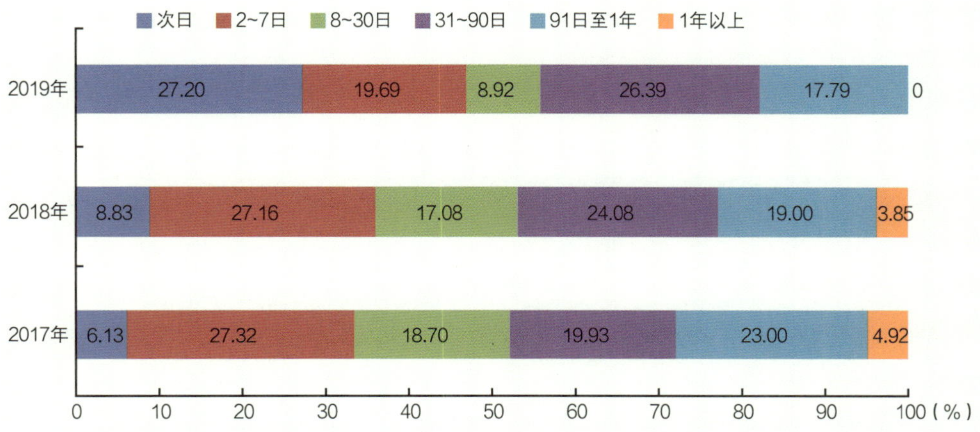

图 12-15 财务公司行业 2017～2019 年卖出回购资产余额剩余期限结构

2. 交易对手以境内商业银行和中央银行为主，质押品集中度大幅增加

交易对手方面，2019 年末财务公司行业卖出回购资产主要以境内商业银行和中央银行为交易对手，两项余额占比合计为 77.88%，占比较上年末增加 3.35 个百分点，交易对手结构分布保持相对稳定（见表 12-6）。

表 12-6　财务公司行业 2018 ~ 2019 年卖出回购资产余额交易对手分布

单位：亿元，%

交易对手	2018 年余额	2018 年占比	2019 年余额	2019 年占比
境内商业银行	177.95	30.99	242.14	42.35
中央银行	250.04	43.54	203.14	35.53
境内证券业金融机构	60.56	10.55	43.72	7.65
境内其他金融机构	25.11	4.37	40.24	7.04
境外金融机构	2.20	0.38	27.38	4.79
境内其他银行业金融机构	45.15	7.86	9.51	1.66
境内保险业金融机构	13.23	2.30	5.68	0.99
境内外非金融机构	0.00	0.00	0.00	0.00
合计	574.24	100	571.80	100

在质押品方面，2019 年末财务公司行业卖出回购资产质押品仍以债券和票据为主，二者合计占比达到 94.96%，较上年末大幅提升 17.37 个百分点，质押品集中度显著提高（见图 12-16）。财务公司行业继续践行国家供给侧结构性改革政策，努力盘活存量资产，提高资产使用效率。

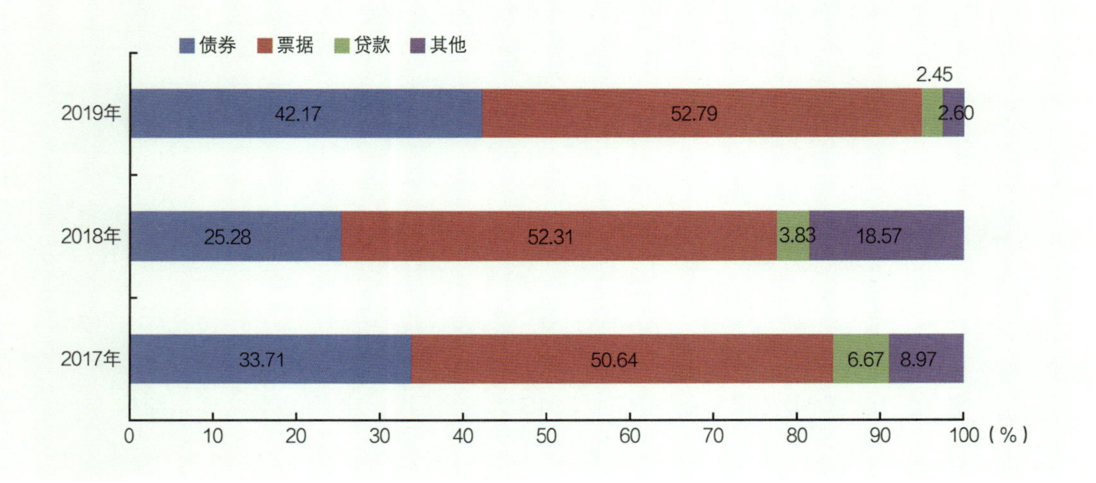

图 12-16　财务公司行业 2017 ~ 2019 年卖出回购资产余额质押品结构

3. 行业结构相对稳定，集中度与上年相当

从增长情况看，2019 年末财务公司行业卖出回购资产余额较上年末增长金额较大的为机械制造、投资控股等行业；较上年末下降金额较大的为有色金属、煤炭等行

业。从占比情况看，2019 年末财务公司行业卖出回购资产余额主要分布于石油化工、电子电器、有色金属、钢铁、机械制造行业，这五个行业卖出回购资产余额占比合计为 63.33%，前五大行业集中度与上年相当（见表 12-7）。

表 12-7 财务公司行业 2018～2019 年卖出回购资产余额行业分布

单位：亿元，%

行业	2018 年余额	2018 年占比	2019 年余额	2019 年占比
石油化工	128.60	22.39	118.10	20.65
电子电器	60.59	10.55	73.08	12.78
有色金属	87.77	15.29	64.44	11.27
钢铁	47.98	8.36	53.76	9.40
机械制造	12.62	2.20	52.78	9.23
投资控股	23.80	4.14	51.15	8.94
农林牧渔	50.18	8.74	48.04	8.40
交通运输	39.36	6.85	34.93	6.11
商贸	26.23	4.57	21.01	3.67
煤炭	30.85	5.37	20.02	3.50
民生消费	27.84	4.85	17.45	3.05
建筑建材	12.88	2.24	9.94	1.74
汽车	4.91	0.85	3.35	0.59
其他	0.48	0.08	2.53	0.44
电力	0.00	0.00	1.22	0.21
军工	20.14	3.51	0.00	0.00
酒店旅游	0.00	0.00	0.00	0.00
合计	574.24	100	571.80	100

案例

案例 12-1 财务公司行业创新开拓票据及债券回购业务，努力盘活存量资产

票据及债券资产是财务公司行业持有的重要资产类别，2019 年多家财务公司积极发挥金融机构主体优势，运用自身金融资源参与票据质押式回购、债券质押式回购交易，在依法合规的前提下努力创新业务模式，有效提升行业票据及债券资产使用效率，进一

步提升行业主动负债管理水平。

一、积极开拓票据质押式回购业务，丰富流动性管理工具

诚通财务公司为进一步盘活票据资产、拓宽融资渠道，在对票据质押式回购业务进行市场摸底、交易对手询价、票据筛选、系统对接等充分的前期准备后，于 2019 年开展首笔票据质押式回购业务，打通票据业务全流程，丰富流动性管理工具。

航天科技财务公司为进一步拓展主动负债渠道、丰富资金来源，于 2019 年与中国光大银行成功开展首单票据质押式回购业务，质押票据共计 3 张，承兑人为财务公司，票面金额总计 5008 万元，为公司在主动负债方面实现了新的突破。该项业务的开展拓展了航天科技财务公司主动负债渠道、丰富了资金来源，可与银行间市场融资互为补充，确保公司流动性补充工具有效发挥作用。未来，航天科技财务公司将进一步与多家商业银行深入探讨财务公司承兑票据的质押式回购业务，扩大合作银行范围，提升主动负债能力，保障集团公司及成员单位资金需求。

中化工程财务公司为拓宽资金来源渠道，2019 年对票据质押式回购业务进行了充分的政策研究、市场调研、流程规划及系统对接，并制定相应的管理制度，于 2019 年成功开展首笔票据质押式回购业务，回购金额 1700 万元，期限 30 天。该项业务的开展有助于中化工程财务公司积极拓宽同业融资渠道、有效盘活存量票据资产；另外，该笔票据质押式回购业务占用中化工程财务公司在合作银行的同业授信额度，也有利于提升同业授信资源的使用效率。未来，中化工程财务公司将在满足各方面监管要求的前提下，进一步扩大票据质押式回购业务交易对手范围，拓宽流动性管理手段。

二、创新开展债券质押式回购业务，盘活存量资产

浙江海港财务公司于 2019 年 11 月在中国银行间市场成功完成第一笔债券质押式回购业务，交易对手为中信证券股份有限公司。该项业务的开展，标志着浙江海港财务公司在丰富流动性管理工具和拓展资金业务新品种方面取得新进展，对拓宽其融资渠道、增强临时头寸补给能力、降低流动性风险具有重要意义。未来，浙江海港财务公司将继续紧贴集团发展导向，在强化金融风险把控的同时，着力形成多渠道、多层次、高严控的资金交易体系，积极助推集团金融板块发展。

航天科技财务公司创新业务模式，于 2019 年 11 月与北京银行成功开展首笔债券质押式回购匿名点击（X-Repo）业务，融入资金 3000 万元。X-Repo 相较传统质押式回购业务，具有诸多优势，一是订单自动匹配，交易效率高；二是质押品管理效率高，对融出方安全性有了提升；三是价格形成更加市场化；四是全流程电子化，市场透明度提高，X-Repo 可成为已有传统融资方式的有力补充。截至 2019 年末，仅有 11 家财务公司获得 X-Repo 资质。X-Repo 业务的成功开展使得航天科技财务公司在主动负债方面实现了新突破，X-Repo 业务的融资期限涵盖 1 天至 3 个月不等，成为公司补充中短期流动性的有利渠道，在提升公司资金融入效率、降低融资成本、保障公司应急资金需求等方面发挥了重要作用。未来，航天科技财务公司将继续用好 X-Repo 这一工具，并进一步研究拓展其他新型融资方式，为满足集团和成员单位的日常支付需求继续提供坚实保障。

第十三章
中间业务

一　总体情况

（一）基础中间业务发展精度提升，延伸业务加强服务能力

得益于财务公司行业对自身信用水平的不断提高及资信信息应用的推广，2019年财务公司各项中间业务保持平稳发展，其中担保业务实现高速发展。2019年财务公司行业结算业务发生额490.10万亿元，较上年同期增长15.70%；担保业务发生额2034.85亿元，较上年同期大幅增长97.26%；票据承兑业务发生额8436.46亿元，较上年同期小幅下降0.28%；委托贷款业务余额18877.94亿元，较上年同期小幅下降2.06%；委托投资业务余额1051.75亿元，较上年末小幅下降2.16%。

随着金融市场基础设施与发展机制的不断完善以及财务公司行业对实体经济金融需求的不断挖掘与服务匹配，近年来财务公司行业基础中间业务的发展精度不断提升。在保函业务方面，2019年财务公司行业非融资性保函业务品种持续丰富，关税保函、跨境保函等新型保函产品得以持续发展；在票据承兑方面，2019年财务公司行业电子银行承兑汇票基本替代纸质承兑汇票，票据承兑领域的发展效率继续提升。

在努力发展结算、担保、票据承兑、委托贷款及委托投资等基础中间业务的同时，近年来财务公司行业基于自身金融资源不断拓宽服务范围。依托资金集中管理继续探索开展境内人民币代理收款业务，积极参与集团财务共享中心建设与运行；依托同业授信持续推广开展代开保函、代开信用证业务；依托金融信用尝试开展信用证开立业务。随着此类外延式中间业务的不断发展，财务公司行业对实体经济的服务水平不断提升。

（二）顾问类业务持续深化，桥梁纽带作用日益凸显

在各大企业集团精细化管理与业财融合需求迫切的当下，国际财资管理理念逐渐得以重视，财务公司作为集产业资源与金融资源于一体的产融高度结合的金融机构，其自身拥有的金融市场资源与金融专业资源优势越来越受到各大企业集团的关注。财务公司行业通过开展债券承销、融资顾问、保险管理、研究咨询等顾问类业务服务相关企业集团主业发展，在实体企业加强产融结合发展过程中扮演着越来越重要的角色。2019 年财务公司行业不断深化融资顾问、保险管理、研究咨询等服务，逐渐承担起相关实体企业集团与金融市场的桥梁纽带作用，为进一步提升服务实体经济发展之能力奠定良好基础。

（三）中间业务收入小幅下降，占比保持平稳

中间业务收入方面，2019 年财务公司行业来自中间业务的收入为 39.83 亿元，同比小幅降低 1.22%；2019 年中间业务收入占当年总收入的比重为 2.85%，较上年减少了 0.12 个百分点，整体保持平稳（见图 13-1）。

图 13-1　2015～2019 年中间业务收入及占比变化

收入结构方面，2019 年财务公司行业中间业务收入主要来源于结算业务、委托贷款业务及其他业务，收入占比分别为 10.96%、20.94%、48.72%，收入结构总体保持稳定。

二 结算业务

（一）结算金额继续增长，结算创新稳步推进

结算规模方面，2019 年财务公司行业结算金额总计 490.10 万亿元，较上年同期增长 15.70%，财务公司行业继续加强集团资金集中管理力度，资金集中带动结算集中，结算金额持续增长（见图 13-2）。

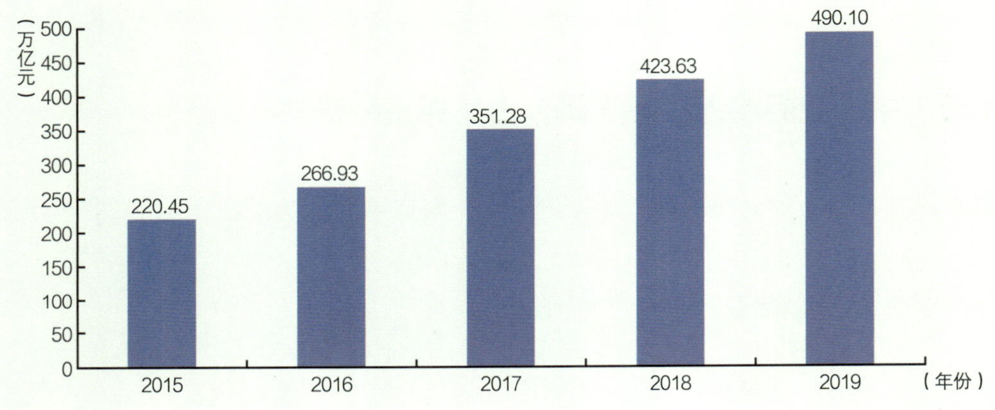

图 13-2 2015～2019 年结算金额变化

在结算创新方面，从调查问卷统计数据分析来看，2019 年已有 73 家财务公司实现境内人民币代理收款业务，较上年增加 2 家，另有 26 家财务公司正在准备开展该项业务。随着各大企业集团集约化管理需求日趋迫切及信息技术的逐渐发展，越来越多的财务公司开始探索境内人民币代理收款业务，继续拓宽财务公司服务实体经济的广度，提升金融服务能力。另外，近年来财务公司行业积极参与集团财务共享中心建设与运行，发挥金融资源统筹优势。调查问卷数据显示，截至 2019 年末，共有 68 家财务公司所属企业集团已建立财务共享中心，42 家正在建立财务共享中心，48 家正在探究是否建立财务共享中心。对于已建立财务共享中心的企业集团，近 70% 的财务公司在财务共享中心运行中主要承担资金结算、资金归集及资金管理职能，14% 左右的财务公司承担资金监控职能，另有部分财务公司承担银企直联通道对接、财资信息支持、集团账户管理、票据结算、账务处理、费用报销等职能，服务深度有所提升。

（二）多数行业金额同比增长，分布结构基本稳定

从增长情况看，2019 年，除交通运输行业外，其余行业结算金额较上年均呈增长态势，其中石油化工、电力、军工三个行业结算金额较上年合计增长约 40 万亿元。从占比情况看，2019 年末财务公司行业结算金额行业分布较为稳定，主要分布于石油化工、电力行业，这两个行业结算金额占比合计为 45.72%（见表 13-1）。

表 13-1　2018 ~ 2019 年度结算金额行业分布

单位：万亿元，%

行业	2018 年金额	2018 年占比	2019 年金额	2019 年占比
石油化工	118.26	27.92	138.05	28.17
电力	75.62	17.85	85.99	17.55
汽车	34.51	8.15	39.47	8.05
军工	21.69	5.12	31.33	6.39
建筑建材	22.29	5.26	25.93	5.29
交通运输	26.43	6.24	25.59	5.22
电子电器	20.93	4.94	23.12	4.72
钢铁	16.91	3.99	18.88	3.85
投资控股	17.86	4.22	18.69	3.81
煤炭	14.78	3.49	17.03	3.48
机械制造	13.63	3.22	16.39	3.34
有色金属	14.53	3.43	15.51	3.16
其他	8.14	1.92	12.74	2.60
农林牧渔	7.80	1.84	9.23	1.88
商贸	5.26	1.24	6.29	1.28
民生消费	4.41	1.04	5.18	1.06
酒店旅游	0.58	0.14	0.68	0.14
合计	423.63	100	490.10	100

案例

案例 13-1　海信财务公司发挥专业优势争取资金监管项目

在“2018 年增强制造业核心竞争力专项中央预算内投资资金”投放过程中，海信集团财务有限公司（以下简称“海信财务公司”或“公司”）与所属集团多方联动，积极争取，最终于 2019 年 2 月在与多家商业银行的竞争中脱颖而出，获得资金监管项目，推动集团制造业转型升级。在项目争取过程中，海信财务公司发挥专业优势，创新业务流程，为项目量身定做了一整套金融服务方案。

一是开立专用账户，专门管理项目资金。为满足资金专款专用要求，公司提前为成员企业开立专用账户，专门用于管理项目资金。其间，数次与监管机构接洽，商讨账户管理细节，并对核心系统进行适应性改造，以达到监管要求。

二是保留查询功能，取消网银付款功能。公司参考房地产监管资金的监管实践，取消专用账户网银付款功能，仅保留其查询功能，即专用账户仅可在提交监管机构同意付款相关函件后通过柜面付款，既达到了监管付款的要求，又满足了成员企业查询的需求。

三是资料专夹保管，配合监管机构查询。鉴于监管协议已对监管机构查询资金动向的权利做出了要求，为此，公司建立了专用账户付款台账并将付款资料专夹保管，为监管机构查询资金动向提供便利。

“增强制造业核心竞争力专项中央预算内投资资金”监管项目的获得，一方面拓宽了海信财务公司的业务种类，为其对各类监管资金的监管进行了有益的探索；另一方面，通过该项目争取到监管账户资金 7000 余万元，有效提升了海信财务公司的资金集中度。

三　担保类业务

（一）担保业务结构相对稳定，行业集中度进一步提升

业务结构方面，2019 年财务公司行业担保业务发生额 2034.85 亿元，较上年同期大幅增长 97.26%。其中，融资性担保业务发生额 935.23 亿元，较上年同期增长 113.68%；非融资性担保业务发生额 1099.63 亿元，较上年同期增长 85.16%，体现出财务公司行业

金融信用的市场认可度和利用自身信用服务实体经济发展的能力在逐渐提升。2019 年融资性担保发生额占总担保发生额的比例由上年的 42.43% 小幅增长至 45.96%，非融资性担保发生额占比由上年的 57.57% 小幅下降至 54.04%，结构整体保持稳定（见图 13–3）。

图 13–3　2015 ~ 2019 年担保业务情况

保函替代率方面，2019 年财务公司行业自开保函占成员单位当年开立保函总额的比例（简称“保函替代率”）仍处于相对较低的水平；但有部分财务公司保函业务推广效果较好，保函替代率处于较高水平。经调查问卷不完全统计，2019 年大部分财务公司的保函替代率在 50% 以下；但有 6 家财务公司开立保函替代率在 50% ~ 80%，有 16 家财务公司开立保函替代率超过 80%。通过以上数据可以看出，财务公司行业保函业务发展及市场信用推广仍有较大空间。

行业结构方面，2019 年财务公司行业担保业务主要集中于建筑建材、军工、石油化工行业，这三个行业占比合计为 65.90%，集中度进一步提升。其中，融资性担保主要分布于军工行业，占比高达 54.36%；非融资性担保主要集中于建筑建材行业，占比为 54.52%（见表 13–2）。

表 13–2　2019 年担保业务发生额行业分布

单位：亿元，%

行业	担保总计	担保总额占比	融资性担保合计	融资性担保占比	非融资性担保合计	非融资性担保占比
建筑建材	665.13	32.69	66.25	7.08	598.88	54.46
军工	532.68	26.18	508.40	54.36	24.28	2.21
石油化工	143.56	7.05	3.01	0.32	140.55	12.78

续表

行业	担保总计	担保总额占比	融资性担保合计	融资性担保占比	非融资性担保合计	非融资性担保占比
投资控股	117.55	5.78	72.82	7.79	44.72	4.07
机械制造	111.93	5.50	23.14	2.47	88.79	8.07
钢铁	104.44	5.13	61.73	6.60	42.72	3.88
电子电器	79.80	3.92	34.89	3.73	44.91	4.08
交通运输	67.73	3.33	29.51	3.16	38.22	3.48
电力	49.43	2.43	6.39	0.68	43.03	3.91
商贸	38.99	1.92	36.77	3.93	2.22	0.20
农林牧渔	33.94	1.67	30.02	3.21	3.92	0.36
有色金属	33.73	1.66	26.42	2.82	7.31	0.66
煤炭	31.52	1.55	28.55	3.05	2.97	0.27
汽车	13.63	0.67	7.33	0.78	6.30	0.57
其他	10.67	0.52	0.00	0.00	10.67	0.97
民生消费	0.10	0.01	0.00	0.00	0.10	0.01
酒店旅游	0.04	0.00	0.00	0.00	0.04	0.00
合计	2034.85	100	935.23	100	1098.39	100

注：融资性担保占比指某行业融资性担保发生额占财务公司行业融资性担保总额的比重；非融资性担保占比指某行业非融资性担保发生额占财务公司行业非融资性担保总额的比重。

案例

案例 13-2　本钢财务公司参与海关事务总担保，实现产融结合创新

一、案例背景

本钢集团有限公司（以下简称“本钢集团”）作为我国钢铁行业重要的进出口企业，每年进出口业务报关量大，缴税金额高，进口采购物资品种、海关监管条件复杂，查缉布控严格程度不同。其进口大宗原燃材料海关现款保证金缴存金额大、比例高，2017 年和 2018 年缴纳现款保证金共计近 33 亿元，2019 年缴纳税款保证金突破 17 亿元；差额保证金一般在结关后给予退返，结关时间通常需 3 个~ 6 个月甚至更长时间，其税款保证金则一直在海关保证金账户滞压，资金占用时间长，财务成本高。另外，在原有缴税模式下，本钢集团一般贸易进口每票货物都需要在规定时间内依次分别向海关缴纳税款；进口铁矿石和焦煤等货物到港后首次报关，后凭海关出具卸港检验报告和尾款发票进行结

算向海关二次申报方可办结海关手续，海关缴税程序相对繁琐。

二、开展方式

紧随国家政策，获取试点资质。为解决本钢集团面临的上述问题，本钢财务公司积极响应海关总署于 2017 年 5 月推进创新企业多元化海关税收担保改革而提出的新增关税保证保险和财务公司担保等多元化税收创新试点政策，向海关总署书面提出参与海关税收担保试点的申请和建议。2018 年 11 月海关总署关税司税管函〔2018〕132 号文件，同意由本钢财务公司为其成员单位——进出口收发货人为本钢国贸公司在大连关区的进出口业务办理海关事务总担保，至此本钢财务公司参与海关事务总担保正式实施。

加强学习研究，确保制度先行。获取海关事务担保试点资质后，本钢财务公司积极学习保函相关理论知识及国家海关总署关于进出口关税总担保保函相关政策要求，安排专人赴银行学习保函实务经验；同时，对公司保函开具相关流程进行优化，提升保函开具审批速度，为海关税收总担保保函业务的顺利开展做好保障。

依法合规经营，正式开展业务。在完成相关准备工作后，本钢财务公司根据海关总署的批复意见和大连海关发给关区各隶属海关的担保意见函开展相关业务，总担保保函以海关认可的形式，由本钢财务公司开立保函受益人为企业注册地直属海关以及其他隶属海关。2019 年，本钢财务公司根据企业需要累计开具总担保保函 4.5 亿元。

三、所获效益

节约集团财务成本，提升资金使用效率。本钢财务公司通过为本钢集团提供海关事务担保，2019 年累计为本钢集团节省财务成本 2085 万元。成员单位每月与各海关逐票复核保函使用额度，加快办理二次结关手续速度，并第一时间缴纳税款，担保额度循环使用，担保资金使用效率得到提高。

提高集团通关效率，实现业务流程创新。采用汇总征税模式，本钢集团可享受“先放后税、汇总征缴、全国通关”的政策便利，相较以往的“先税后放”模式，其海关通关时间缩短至 1 个工作日，进一步提高通关效率，有效节省企业时间和经济成本，有效降低物流成本，港内物流仓储费用降幅近 50%。另外，通过该种方式改变原有海关通关、缴税、核销、抵扣入账等进口合同执行环节，实现进口业务流程的再造和创新，有效规避本钢集团贸易风险，提升管理水平。

拓宽公司担保范围，提升行业影响力。按照海关总署批复意见，本钢财务公司海关担保范围和事项几乎涵盖了目前本钢集团进出口业务所有环节，担保范围得以大大延伸；本钢财务公司作为全国首批海关事务担保试点的两家集团财务公司之一、大连海关唯一一家试点财务公司，其获取该项资质不但拓宽了本钢财务公司的业务范围，提升了其在金融领域的影响力，对于提升本钢集团的市场信誉和核心竞争力也发挥了重要作用。

未来，本钢财务公司将继续发挥自身金融专业优势，努力开拓保函业务范围，完善保函业务流程，为本钢集团的长远发展做出贡献；通过本钢集团的良性传导，惠及产业链上下游的中小微企业，带动了产业链的良性发展。

案例

案例 13-3　中海油财务公司积极开展关税保函，为主业发展畅通金融渠道

近年来，中国海油按照国家能源发展战略安排，积极推进产业链上中下游一体化和国际化战略部署，其上游、中下游及专业服务板块均存在大量从国外进口油气资源、大型海上油田勘探开发设备、大型炼化装置的需求，随之产生的进出口业务关税保函费用逐年上升。

抓住机遇，获取资质。为协助集团公司系统内进出口企业进一步降本增效，中海油财务公司抓住海关总署关税征管司推进多元化税收担保创新的有利条件，深入学习海关税款担保政策及同行业关税保函业务开展经验，对全系统往年关税保函办理情况进行统计梳理，积极与海关总署、北京海关、天津海关以及深圳海关进行政策咨询与业务对接，于 2019 年 6 月、11 月分别获得天津、深圳关区为企业集团成员单位进出口业务提供海关税款担保的资格；于 2019 年 11 月 26 日，获得海关总署批复同意为企业集团成员单位在全国范围内提供汇总征税担保，在中央企业中成为首家获得汇总纳税关税担保资格的财务公司。

完善制度，开拓业务。中海油财务公司获批海关税款担保资质后，立即完善保函业务制度，并与海关建立了畅通高效的对接管理机制，保函开立及海关备案工作进展顺利。截至 2019 年末，中海油财务公司已成功办理关税保函 10 笔，金额共计 7.58 亿元，为集团主业单位发展提供了有力的金融支持。

降本增效，贡献力量。中海油财务公司提供税收保函的新型担保业务模式为成员单位提供了更优质的金融服务，保函办理流程更加简便、高效；保函费率较商业银行更优惠，减轻了成员单位通关担保的资金压力；财务公司出具的总担保保函能够与“汇总征税”等海关便利政策有效叠加，成员单位可以充分享受“自动放行”及“先放后税”的海关改革红利，大幅提升通关效率。中海油财务公司借助自身金融优势，为增强中海油集团产业协同竞争力畅通了金融渠道，进一步贡献了金融力量。

（二）电子票据已替代纸质票据，行业集中度保持稳定

2019年财务公司行业票据承兑发生额8436.46亿元，较上年同期小幅下降0.28%，整体发展保持平稳。其中，电票承兑业务发生额8435.52亿元，较上年同期降低0.28%，电票承兑业务占比99.99%；纸票承兑业务发生额仅为0.93亿元，较上年同期下降96.86%，纸票承兑业务占比0.01%。随着我国票据市场基础设施建设日益完善，电票承兑业务已基本替代纸票，票据承兑市场朝着更加安全、高效、系统化的方向发展（见图13-4）。

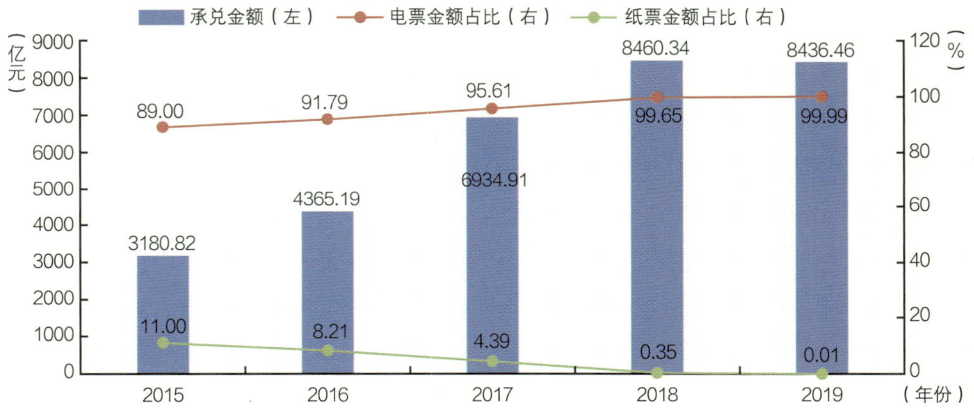

图13-4 财务公司行业2015~2019年票据承兑金额及笔数变化

票据承兑替代率方面，2019年财务公司行业票据承兑金额占成员单位当年票据承兑总额的比例（简称“票据承兑替代率”）沿袭上年态势，整体处于相对较低水平，但部分财务公司票据承兑业务推广效果显著。经调查问卷不完全统计，2019年大部分财务公司的票据承兑替代率在50%以下；但有14家财务公司开立票据承兑替代率为50%~80%，有24家财务公司开立票据承兑替代率已超过80%。可见，财务公司行业票据承兑业务仍有较大发展空间。

从票据承兑分行业增长情况看，2019年财务公司行业票据承兑发生额较上年增长金额较大的为汽车、军工等行业，其中汽车行业增长350.22亿元。从票据承兑分行业占比情况看，2019年财务公司行业票据承兑发生额主要分布于电子电器、汽车、军工等行业，这三个行业票据承兑发生额占比合计为47.00%，行业集中度保持稳定（见表13-3）。

表 13-3 财务公司行业 2018～2019 年票据承兑发生额行业分布

单位：亿元，%

行业	2018 年金额	2018 年占比	2019 年金额	2019 年占比
电子电器	1579.88	18.67	1588.61	18.83
汽车	1131.62	13.38	1481.84	17.56
军工	784.39	9.27	895.06	10.61
机械制造	756.62	8.94	808.22	9.58
电力	1150.23	13.60	767.36	9.10
钢铁	782.66	9.25	705.13	8.36
建筑建材	439.69	5.20	490.77	5.82
石油化工	527.52	6.24	458.05	5.43
煤炭	291.26	3.44	322.50	3.82
有色金属	213.50	2.52	233.08	2.76
交通运输	181.44	2.14	212.08	2.51
农林牧渔	151.13	1.79	140.45	1.66
民生消费	200.05	2.36	124.68	1.48
投资控股	86.06	1.02	111.21	1.32
商贸	180.68	2.14	66.51	0.79
其他	3.00	0.04	30.92	0.37
酒店旅游	0.61	0.01	0.00	0.00
合计	8460.34	100	8436.46	100

案例

案例 13-4 财务公司积极参与集团票据池建设及管理

随着我国票据市场的快速发展，票据在经济金融中的重要性日益凸显，票据结算已成为企业集团资金运营中非常重要的结算方式。但部分企业集团对票据的分散式管理存在诸多问题，比如票据签收审核不严、票据流转风控管理薄弱、票据资产使用效率不高等，不利于企业集团对票据风险的统筹把控及对票据资产的充分运用。在此背景下，越来越多的企业集团开始探索搭建集团票据池对集团票据进行统筹管理，发挥规模效应。近年来，随着我国票据电子化基础设施的逐步完善，电票已基本替代纸票的主导地位，为企业集团搭建票据池提供了技术基础。

一、总体情况

财务公司作为“依托集团、服务集团”的内部金融机构，是企业集团资金及票据集中管理的重要参与者。近年来，许多财务公司积极发挥自身金融优势，为所属集团票据池的建设及运营贡献力量。226份有效调查问卷数据显示，截至2019年末财务公司所属集团共有84家已搭建票据池其中39家企业集团委托财务公司管理票据池且基于财务公司信息系统搭建，32家企业集团委托财务公司管理票据池且基于银行信息系统搭建，13家企业由集团总部负责管理票据池，财务公司主要提供辅助服务；另有109家财务公司所属集团正在研究探索搭建票据池事宜。

二、行业实践

（一）徐工财务公司搭建运作集团票据池，增强集团金融资源使用质效

2019年，徐工财务公司经过数月考察、研究与设计、论证，成功将徐工集团票据池搭建完成，并于2019年8月为成员单位办理首笔票据池质押开票融资业务。截至2019年末，通过集团票据池为成员单位办理相关业务12.52亿元，节约外部保证金近4亿元，直接为集团创造效益约800万元。徐工财务公司支持集团票据池的开通运作和全面铺开，协助集团有效盘活存量票据，显著提高徐工集团整体金融资源的使用质效。

（二）江铜财务公司依托银行系统搭建票据池，推动集团票据集中管理

江铜集团持有票据量大，但管理成本较高，承兑行为小银行、汇票面额小、剩余期限短的“两小一短”票据运用能力差，且在银行开具承兑汇票需支付保证金，造成“资金与票据同时沉淀”现象，使用效率有待提升。为此，江铜财务公司经过充分的市场调研，提出依托外部银行系统、在财务公司层面为集团建设票据池的方案，截至2019年末，在某合作银行建立8个单一票据池，待成熟后再统一纳入集团票据池；2019年累计为近20家成员单位办理入池手续，以票据质押模式开出1700万元银行承兑汇票。下一步，江铜财务公司将继续完善集团票据池功能，将现有单一票据池统一纳入集团票据池管理，进一步提高集团票据管理效率。

（三）金隅财务公司搭建票据池，支持集团票据信息集中

金隅集团持有票据量相对较大，2019年末余额约20亿元，但无法准确及时统计成员单位票据信息，进而无法科学统筹管理票据资产，很难系统性地防范票据风险。为此，金隅财务公司进行详细研究，初步确定集团票据管理系统（票据信息池）的框架需求，于2019年12月完成票据管理系统搭建、测试及上线工作。下一步，金隅财务公司将通过对集团各成员单位收付票据的统一管理，实现票据信息及票据业务的有效集中，创新开展金融服务，达到集团整体效益最优。

（四）创维财务公司为集团提供一揽子票据集中管理解决方案

为解决成员单位挑票背书支付货款时金额及期限难以匹配、易造成资源浪费、票据管理效率低下等业务难题，创维财务公司经过详细研究，为集团提出“票据收支两条线”的集中管理模式。所谓“票据收支两条线”，是指各成员单位收到票据不背书，票据结算通过银行或财务公司直接开票支付货款。同时，为确保集团票据集中管理效果及“票据收支两条线”模式的顺利执行，财务公司提供票据集中托管、代理质押及贴现、受理成员单位贴现及承兑业务等综合服务，以票据的生命周期为主线，围绕开票、收票、贴现、融资、托收五个环节，为企业提供一揽子票据集中管理解决方案。该方案自 2013 年 10 月启动，至 2019 年 6 月实现业务落地（见图 13-5）。

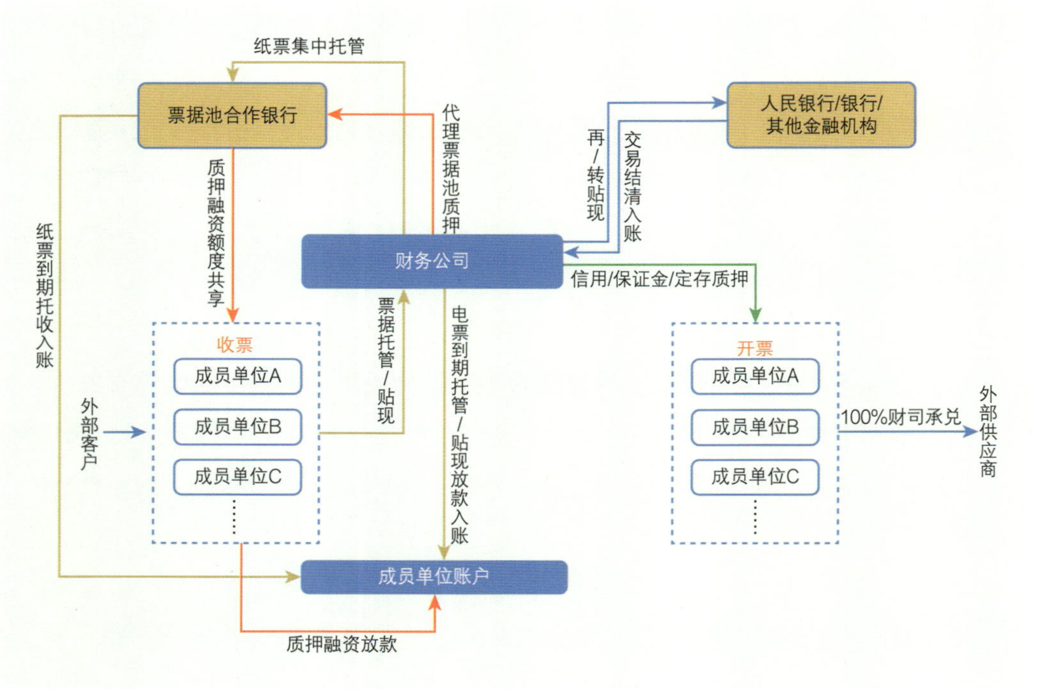

图 13-5　创维财务公司一揽子票据集中管理解决方案

通过该种方式，创维财务公司利用其金融机构属性优势及系统信息化改造为创维集团带来多种效益：一是系统自动化程度提高，处理效率得到提升；二是促进集团公司资金集中管理，财务公司资金集中度得到提升；三是有效降低创维集团整体资金缺口，利用财务公司承兑汇票对外支付，大幅节约集团财务成本；四是有效利用金融机构市场优势盘活票据资产，实现集团利益最大化。

（五）江苏国信财务公司创新银企直联票据池，完善金融服务平台功能

国信财务公司依托其直联接入的上海票据交易所票据交易系统及内部资金管理系统，

根据集团公司票据管理需要，创建了“纸票 + 电票”票据管理新模式，将集团公司所有纸票和电票纳入银企直联票据池统一管理。具体来说，国信财务公司选择一家商业银行作为直联票据池合作银行，一方面构建银行票据池直联接口，实现票据入银行票据池相关直联功能，包括票据入池质押、解除质押出池、开电子商业承兑汇票、电票解付、交易指令结果查询、票据托收状态、票据状态查询等；另一方面改造财务公司原票据管理模块实现票据的统一管理，可代成员单位办理票据的出票、承兑、贴现、交易（转/再贴现、回购、质押）、委托收款（提示付款）等业务。

国信财务公司以银企直联票据池为基础搭建集团票据集中管理平台，依托商业银行信用平台，通过对集团成员单位收付票据的统一管理，实现票据信息、票据业务的集中，充分发挥财务公司在票据集中管理中的核心作用。

（六）山东能源财务公司票据池系统的搭建与实施

山东能源财务公司根据集团票据管理需要，联合外部银行搭建集团票据池，以实现集团对各单位开票、收票、贴现、背书转让、到期承兑、托收、质押融资等一系列票据动作进行全流程统筹管理的目的。底层设计方面，山东能源财务公司根据成员单位地域分布及集团战略合作情况选择票据池合作银行，并通过公开招标方式选择票据池软件供应商，根据集团票据池框架搭建思路，开发票据池管理项目模块。票据归集方面，各单位可将票据归集至开户银行，开户银行负责保管成员单位归集的票据，财务公司作为集团主办单位与主办行对接，主办行负责维护集团企业关系及业务协调，实现票据全国分散入池，减少各单位保管、运输费用，减少财务支出。票据使用方面，各单位将票据质押于银行后，形成集团内共享的票据池可用担保额度，财务公司可调剂各单位之间额度，实现额度统一管理、分配，充分利用沉淀额度，盘活票据资产，解决支付难题，真正实现对全集团票据的统筹调剂及额度的统一管理。财务创效方面，2019 年，创维集团票据池累计质押票据 247 张、金额 10.09 亿元，保证金质押 2.77 亿元；累计开票 6754 张，合计 12.82 亿元，实现财务创效约 0.42 亿元，有效提高票据运作效率，盘活集团沉淀资金。

四 委托类业务

（一）委托贷款余额小幅增长，主要为非现金管理项下委托贷款

2019 年末，财务公司行业委托贷款余额 18877.94 亿元，较上年同期小幅下降 2.06%，

总体发展保持平稳（见图 13-6）。其中，非现金管理项下委托贷款余额 16770.55 亿元，占比为 88.84%；现金管理项下委托贷款余额 2107.39 亿元，占比为 11.16%。非现金管理项下对境内委托贷款余额为 16610.37 亿元；对境外委托贷款余额为 160.18 亿元（见图 13-7）。

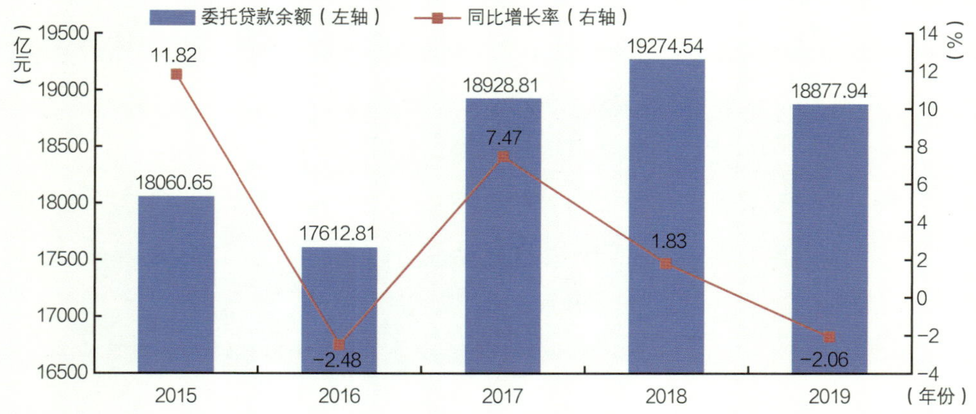

图 13-6 财务公司行业 2015 ~ 2019 年委托贷款余额变化

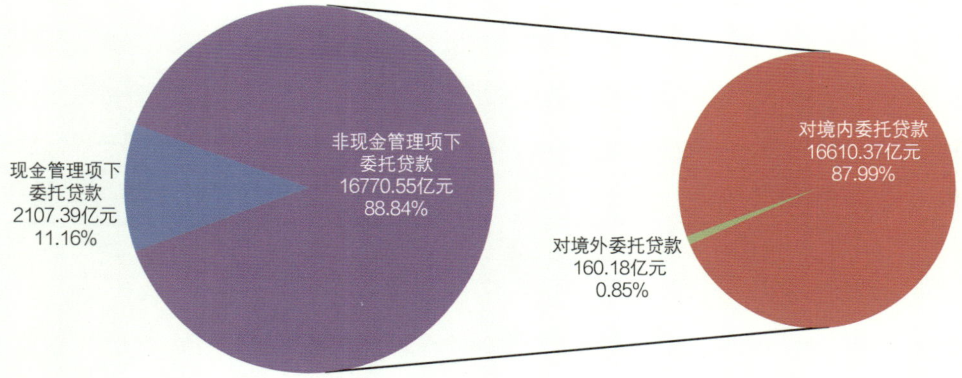

图 13-7 财务公司行业 2019 年末委托贷款余额结构

（二）委托投资余额保持稳定，发生额大幅回落

2019 年末财务公司行业委托投资余额 1051.75 亿元，较上年末小幅下降 2.16%，总体保持稳定；2019 年度行业委托投资发生额 1596.94 亿元，较上年大幅下降 20.66%（见图 13-8）。

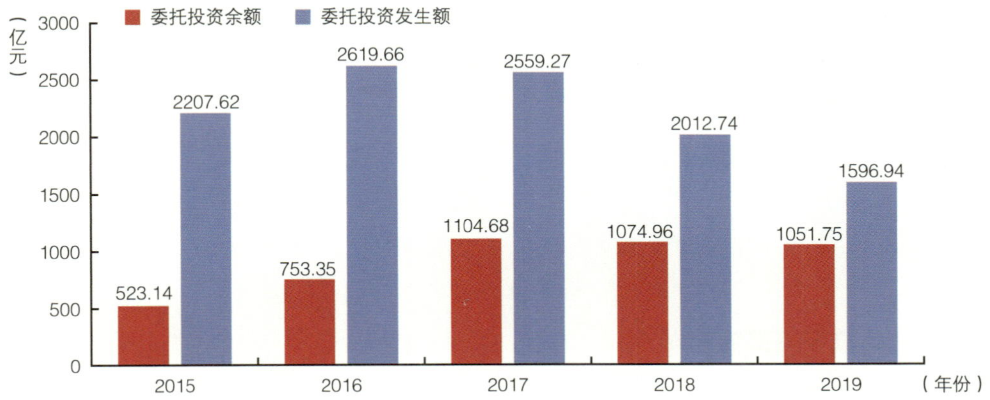

图 13-8　财务公司行业 2015 ~ 2019 年委托投资金额变化

（三）代开类业务逐渐推进，金融资源使用效率持续提升

2019 年财务公司行业继续积极运用自身在商业银行的授信资源，为所属集团成员单位办理代开保函、代开信用证等业务，有效弥补财务公司市场信用尚未被部分上下游供应商所接受的服务短板，同时，推进财务公司行业金融资源得以有效利用，进一步提升服务实体经济的能力。

经调查问卷不完全统计，2019 年度有 27 家财务公司利用其在银行的同业授信额度为其成员单位累计代开非融资性保函折合人民币 172.27 亿元，代开非融资性保函金额较上年统计数据增长 82.93%；2019 年有 22 家财务公司利用在银行的同业授信额度为成员单位累计代开信用证折合人民币 105.53 亿元，为支持企业集团实体业务发展、助力企业集团降低整体财务成本做出一定贡献。

五　顾问类业务

（一）债券承销服务

承销规模方面，2019 年财务公司行业债券承销规模为 18.6 亿元，较上年的 6.5 亿元增加 12.1 亿元，与财务公司行业相关企业集团债券融资需求相比，财务公司债券承销规模仍处于较低水平。受承销资质及承销网络、承销能力等因素制约，财务公司行业债券承销业务仍处于发展初期。

承销资质方面，截至 2019 年末，财务公司行业已有 156 家财务公司获批承销企业债券业务资质，占财务公司行业总家数的比例为 60.47%；其中南方电网财务有限公司、中油财务有限责任公司、中国石化财务有限责任公司、国电财务有限公司、中电投财务有限公司等财务公司获得银行间市场交易商协会批准，可开展非金融企业债务融资工具承销业务。

（二）融资顾问服务

融资顾问服务是近年来财务公司行业通过利用自身信息优势、市场主体优势及金融专业优势，将企业集团融资需求、财务公司资金及金融专业资源、外部金融市场资源三者进行有效连通、高效融合，切实助推企业集团产融结合、支持实体经济发展的重要途径。2019 年财务公司行业开展的融资顾问服务主要包括支持企业集团及成员单位银团贷款、资本市场融资及项目融资等领域，为畅通企业集团融资路径、提高融资效率、降低融资成本做出了积极贡献。225 份有效问卷调查数据显示，2019 年财务公司行业共有 146 家财务公司已承担起集团融资顾问职能，其中，79 家财务公司主要参与集团重大项目融资和资本市场融资，35 家财务公司主要参与重大项目融资，32 家财务公司主要参与资本市场融资。

1. 银团贷款

财务公司作为银行业金融机构，根据我国银保监会规定，财务公司可作为牵头行或参团行参与银团贷款。227 份调查问卷结果显示，2019 年我国财务公司行业共有 97 家财务公司已开展过银团贷款，其中 25 家财务公司承担过牵头行角色、72 家财务公司主要承担参团行角色；另有 69 家财务公司正在探索研究银团贷款业务。整体而言，近年来财务公司行业银团贷款业务取得长足发展，已逐渐成为财务公司联合外部银行资源支持成员单位融资的重要途径。

北京首旅财务公司为助力集团产业发展，2019 年积极为首寰度假酒店项目资金安排出谋划策，利用金融机构平台优势，通过与多家银行谈判，在综合考虑项目贷款规模、贷款利率、贷款用途及贷款期限等要素后，最终选定中国农业银行作为牵头行、首旅财务公司作为参贷行，确定以银团贷款的方式为首寰度假酒店项目提供信贷支持。银团贷款规模近 20 亿元，截至 2019 年末累计提款 4.65 亿元，其中首旅财务公司放款 1.16 亿元。

浦发财务公司充分发挥投资顾问和智库角色，2019 年作为银团参团方积极为金桥地铁上盖项目提供银团贷款支持，并利用自身金融资源优势与牵头行和其他参团方进行多方沟通协调，最终协助成员单位获取较低融资成本。在保障项目顺利建设、节约集团财务成本的同时，有效提升了集团公司与外部银行的融资议价能力。

中航油财务公司为支持集团公司大型重点项目建设，放大财务公司信贷服务能力，2019 年先后为北京大兴机场供油工程项目和青岛新机场项目配套航油管道工程量身定制了银团贷款业务方案，通过充分的沟通及准备工作，为成员单位提供了更加丰富的融资方式，在分散业务风险、降低集团整体融资成本的同时，通过撬动金融杠杆为集团公司大型重点项目建设保驾护航。

中开财务公司为打破自身资金规模限制，更好向成员单位提供优质金融服务，2019 年积极与外部商业银行联手合作，与中国农业银行组建规模为 5 亿元的银团贷款，其中，中国农业银行为牵头行和代理行，承担 3.8 亿元贷款份额；中开财务公司为参团行，承担 1.2 亿元贷款份额。此次银团贷款主要用途为置换其成员单位的外部银行借款，以达到优化集团公司整体债务结构、降低财务成本的目的。该笔银团贷款项目的成功运作，进一步丰富了中开财务公司为成员单位提供融资的新渠道，开辟了其公司与同业机构相互合作的新途径。

案例

案例 13-5　中化工程财务公司开展首笔银团贷款，打造“投行”+“商行”双品牌

一、案例背景

中国化学工程集团有限公司（以下简称“中国化学工程集团”）下属某成员企业为建设其化工项目于 2014 年向五家商业银行申请 30 余亿元的银团贷款。该银团贷款条件较为苛刻，包含股东保证、股权质押、资产抵押等多重担保，占用较大担保资源，且较大规模的长期外部贷款不利于集团降杠杆。

二、组团方案

为支持公司降杠杆、减负债任务快速推进，中化工程财务公司提出组建新银团贷款并全额提前偿还原贷款的方案，充分运用内外部资源，由财务公司牵头与外部商业银行合作组建银团为成员企业提供资金支持，以达到降低集团整体负债率的目的，同时进一步分散风险。银团贷款金额 18 亿元，其中中化工程财务公司作为牵头行提供贷款份额 8 亿元，3 家外部商业银行作为代理行或参加行提供贷款合计 10 亿元；贷款期限 5 年，担

保措施包括资产抵押、股东按比例股权质押、股东按比例保证担保，资金用途为偿还原银团贷款剩余本金。

三、难点突破

一是主动学习，弥补经验之不足。中化工程财务公司开展首笔银团贷款业务时尚不具备相关经验，为此，其积极对银团贷款相关政策法规、制度流程、各环节操作方式、潜在风险点进行快速学习，完善业务制度，确保依法合规，最终保证银团顺利组建。

二是优势互补，科学选择合作银行。中化工程财务公司在认真分析各类合作银行的审批要求和参团特点后，同时选择大型国有商业银行、中型和小型全国性股份制银行作为该银团贷款的参团行，以充分发挥大型国有银行的号召力、中型和小型股份制银行的专业性和灵活性，提高银团组建效率。

三是统筹协调，解决多项不确定性。中化工程财务公司在各环节充分发挥作为内部企业与外部银行之间的沟通桥梁作用，履行好牵头行职能，先后完成银团贷款涉及的主合同、抵押合同、质押合同等协议洽谈及签署，项目资产抵押、股权质押及贷款发放等环节，最终确保银团贷款顺利发放。

四、发挥效益

中化工程财务公司牵头组建的新银团贷款，在集团公司层面，一是撤销了股份公司对于该项目原银团贷款提供的保证担保责任，释放集团整体担保资源；二是将部分外部负债内部化，实现了降杠杆、减负债的成效；三是实现集团内部资金余缺调剂，将部分外部银团贷款利息费用内部化，助力集团降本增效；四是可有效分散中国化学工程集团内部信贷风险。在财务公司层面，一是丰富了业务种类，进一步提升金融服务的全面性和专业性，打造“投行”+“商行”双品牌；二是进一步提升财务公司金融资源的整合和运用能力，优化金融资源储备，同时也为财务公司拓宽了中间业务收入来源。

五、经验启示

一是加强制度建设，确保银团操作依法合规。财务公司在开展银团贷款业务时，应全面了解相关政策法规，明确政策可行性；应制定完善的银团贷款业务管理制度和操作流程，做到制度先行；在实际业务操作过程中应严格执行，做到银团操作依法合规。

二是完善内部分工，提升各条线协同效果。与传统自营贷款不同，银团贷款在商业银行体系内一般归类为投行业务，具体业务执行中涉及信贷营销部门、投行部门和信贷审批部门等多个业务条线。财务公司在开展银团业务时，应结合行业管理，根据自身情况做好内部分工，确保各业务条线在银团操作中高效协同，提高业务办理效率。

三是合理安排银团角色，发挥各方专业优势。在银团贷款业务中涉及的角色主要包括牵头行、代理行、参团行等，财务公司一般承担牵头行或参团行角色，不能承担代理行。在实践中，为确保银团组建顺利进行，财务公司应根据融资项目复杂性及各方诉求，合理选择或安排银团角色。

四是强化金融队伍建设，积累银团操作经验。银团贷款相对于财务公司传统自营贷款，具有较强的专业性和复杂性。财务公司应当强化自身金融队伍建设，注重培养、储备优秀的银团贷款业务团队，积极参与银团贷款、量力牵头银团贷款，不断积累银团业务经验，为后续银团贷款业务发展储备力量。

2. 资本市场融资

资本市场融资是企业集团获取外部融资的重要途径，鉴于资本市场融资相对于传统信贷融资的专业性、受金融市场行情影响的复杂性，企业集团开展资本市场融资需要更加专业的融资团队。财务公司作为企业集团兼具产业与金融专业双优势的金融机构，是承担其资本市场融资顾问的理想之选。2019 年，许多财务公司通过支持集团境内外债券发行、市值管理、重大并购等事项，为集团资本市场融资提供金融服务。

海亮财务公司充分发挥金融服务平台职能，2019 年协助其成员单位海亮股份（上市公司）成功发行可转债 31.5 亿元。其间，海亮财务公司一方面配合做好债券发行相关前期准备工作，积极协调沟通各承销团成员、交易商协会，加速推进发行工作；另一方面积极跟踪市场信息、利率走向及可比公司新发债情况，有效参与投资者沟通，在海亮股份首次发行可转换公司债券时，申购金额 4.96 万亿元，中签率 2.26‰，获投资者高度认可，充分发挥了其在集团资本市场融资中的金融顾问职能。

浦发财务公司充分发挥融资顾问和智库角色，2019 年通过对宏观经济形势研判及债券市场走势分析，对浦发集团债券发行相关的发行时点、利率、品种选择、发行量等关键要素提出建议，助力浦发集团抓住市场良机、以较低的发行利率完成了超短融及两期公司债的发行工作，融资规模共计 80 亿元。浦发财务公司的参与在协助浦发集团提高资本市场融资效率、降低融资成本、拓宽融资渠道方面做出了积极贡献。

3. 项目融资顾问

对于实体企业而言，项目融资的成功与否与项目成败息息相关，而参与项目融资的团队需要同时充分了解实体项目信息及金融市场信息，并具备较强的金融专业能力。财务公司与外部财务顾问机构相比，融合了项目信息、金融市场信息及金融专业能力三重优势，有助于推动项目融资需求与内外部融资资源高效对接，获取最优融资成本，提升融资效率。

（三）保险管理服务

保险采购与管理是保障企业集团各项业务正常运行、有效转移经营风险的重要途径。近年来，随着精细化管理及降本增效的深入推进，部分企业集团开始对集团保险进行统筹管理，以降低保费支出，提高保险保障水平。在此背景下，越来越多的财务公司开始运用自身保险资质或金融专业优势为集团提供保险管理服务，财务公司参与集团保险集中管理主要有保险代理、保险经纪公司、保险顾问三种模式。调查问卷结果显示，截至 2019 年末财务公司行业具备保险兼业代理资质的财务公司有 171 家，2019 年财务公司行业通过保险兼业代理模式承担集团保险管理职能的财务公司有 33 家，通过保险顾问模式承担集团保险管理职能的财务公司有 4 家，通过保险经纪公司模式承担集团保险管理职能的财务公司有 10 家。

中船财务公司作为中船集团保险业务的管理和中介机构，2019 年配合外高桥船厂积极推进大型豪华邮轮建造保险安排工作。通过对国内各家保险公司对该船型的承保意愿和承保能力进行多方调研，中船财务公司成功组织保险共保体承保该艘大型豪华邮轮的建造风险，并将船舶建造险的费率降至 6‰，免赔额降至 50 万美元（该免赔额仅适用于火灾风险，其他事故的免赔额为 50 万人民币），成功将保险费成本控制在外高桥该项成本预算之内，有力地支持了我国先进制造业的创新建造。

中信财务公司为保证其成员单位江阴恒阳各在建和新建项目的顺利进行，通过对江阴恒阳的尽职调查，2019 年为江阴恒阳制订了综合全面的信贷业务方案，其中创新性地将“保险代理”业务纳入该方案中。中信财务公司充分利用自身保险代理业务资质，积极联系各大保险公司对江阴恒阳统保业务进行询价，通过总对总沟通方式，争取了江阴恒阳保单中更多的扩展条款、更少的除外责任以及更低的免赔标准，充分保障了投保人以及公司作为债权人的利益，同时进一步压降了江阴恒阳的综合保费支出。目前，中信财务公司已经将此创新业务模式运用到集团内有色金属冶炼、装备制造、环保等行业内的成员单位。

案例

案例 13-6 中交财务公司支持集团保险统一管理

中交财务公司作为中交集团保险管理机构，借助自身优势支持集团保险统一管理，取得显著成效。

一是推进精细管理，协助集团提高统保管理品质。中交财务公司为推动统保管理工作有序开展，动态掌握统保相关数据信息，在集团金融管理部支持下，结合成员单位统保工作情况，汇总收集各单位统保管理制度并进行合规检查，确保各单位与集团保险管理制度一致性；收集各单位保险统保数据，并进行全面分析，挖掘问题；定期检查平台数据准确性和完整性，提高统保系统的使用率。

二是开发标准产品，集中发挥保险统一管理效能。中交财务公司创新性地开发了盾构机综合保险产品，通过集中资源进行标准化采购获得了优于市场的保障条件和保险费率；同时，加强对成员单位保险产品宣讲与推广，根据各成员单位具体情况和需求，调整保险协议条款，并协助各单位与中标保险公司签订保险协议。随着标准化统保模式逐步落地，投保条件和保费成本不断优化，保险管理效率不断提升，集团统保效能日益显现。

三是集中处理重大疑难案件索赔，强化风控探索项目风险管理新手段。随着统保规模快速增长，各投保项目也进入了出险高发期。中交财务公司精准发力，选择索赔时间长、争议大的项目进行积极介入，联合经纪公司向各项目提供专业支持，推进案件索赔进度，增强理赔效果。同时，根据试点项目的项目类型和地域特点进行定制化培训，增强培训的针对性，通过现场查勘、征集防损建议、运用科技硬件等手段帮助项目提高对风险的把控能力，提升风险防控水平。

四是完善信息系统，全面助力统保管理提质增效。中交财务公司定期向各单位询征问题和需求，重新梳理信息系统业务流程和操作逻辑，确定系统优化内容；同时，加强对系统数据的核查力度，确保系统数据的可靠性、完整性。

案例

案例 13-7 国投财务公司依托保险经纪公司助力集团发展，为民服务解难题

国投财务有限公司借鉴国际及国内大型央企的先进经验，于 2013 年设立国投保险经纪有限公司（以下简称“国投保险经纪”），并将其定位为“集团保险集中管理平台”“集团与成员企业风险管理好帮手”。2019 年，国投保险经纪在继续协助集团与成员企业提质增效的同时，坚持创新，在助力企业经营、服务集团与员工方面发挥了突出作用。

一、积极探索新产品，助力成员企业发展

关税保证保险。 2019 年海关总署、银保监会在全国范围内启动关税保证保险工作，允许企业以关税保证保险单作为税款担保，替代关税保证金，减轻企业通关成本，提高整体通关效率。国投保险经纪积极响应关税保证保险试点工作，与国投贸易共同开展关税保证保险业务，协助国投贸易在进口铜精矿业务时办理了关税保证保险和关税保函，支持国投贸易释放保证金 5651 万元。此次关税保证保险业务落地，是成员企业间通力合作、协同发展、互利共赢的有益尝试。

诉讼财产保全责任保险。诉讼财产保全责任保险是承保因保全申请人保全申请错误给被申请人造成损失需要承担的赔偿责任的一种责任保险。国投保险经纪 2019 年在集团法律部的支持下，协助集团内多家成员企业成功办理了诉讼财产保全责任保险，确保企业及时完成财产保全程序申报，成功保护了企业的合法权益。

二、创新开展再保险经纪业务，提升市场影响力

国投保险经纪 2019 年首次开展再保险经纪业务，在扩大公司业务规模的同时，促使国投保险经纪积极进入专业的再保险市场，提升了国投保险经纪在保险市场的影响力。海外项目财产保险多是以当地出单、再保险回分国内承接的方式操作，因此，开展再保险业务，可以促进海外业务的开展与落地。国投保险经纪 2019 年度已利用再保险方式顺利完成亚普美国、印尼水泥 2019 ~ 2020 年度的保险安排。

三、创新服务模式，持续做好服务工作

服务集团职能部门。国投保险经纪协助集团财务部建立集团保险供应商备选库，进一步规范保险集中管理工作，提升管理水平；协助人力资源部优化综合医疗保险工作流程，就集团现有重疾险、定期寿险等产品协助人力资源部开展长期重疾险市场调研工作；协助法律部推广诉讼财产保全责任保险。

服务成员企业。一是组织建设国投交通风险地图管理平台，国投保险经纪与国投智

能协同，由国投保险经纪提供相关数据，国投智能提供技术实现手段，以曹妃甸港作为试点，以气象、地质、资产、理赔等多项数据为基础，通过 3D 建模方式绘制出数据可动态调整、形象直观可视的风险地图管理平台，供企业开展风险管理和保险管理使用。二是服务成员企业海外拓展，协助企业安排巴拿马工程项目保险保函，顺利获得 1 亿美元授信额度，并实现 3 个项目的保函安排；为企业科特迪瓦、白俄项目提供咨询服务，对当地市场进行全面摸底并制订保险安排方案，在确保符合当地法规要求的同时最大限度地节省保费成本，为项目落地做好准备工作。

服务全体员工。2019 年国投保险经纪为 2700 名员工安排健康类保险，处理相关索赔 1000 余笔，帮助 3287 人次员工开展医疗保险索赔工作，票据处理超过 29700 张，帮助获得赔款超过 1500 万元；为 2000 余名员工安排意外伤害类保险，处理相关赔案 116 笔，协助员工获取赔款 280 余万元。

（四）信息咨询服务

专业通畅的信息获取渠道是确保企业集团科学决策的重要依据。近年来，财务公司积极运用自身金融专业与产融结合优势，将所属企业集团产业金融相关信息需求与自身优势进行整合，为企业集团提供内刊及信息发布、专题研究与咨询服务，切实发挥金融智库职能。

为确保企业集团能及时全面获取行业资讯、宏观经济、金融市场等相关信息，部分财务公司通过创建内部刊物方式定期向企业集团及成员单位推送资讯信息。调查问卷统计数据显示，截至 2019 年末，财务公司行业已有 45 家财务公司创建内部刊物，其中，37 家财务公司主要从财务公司内部征集文稿，5 家财务公司主要从财务公司内部及成员单位征集文稿，3 家财务公司主要从集团内部及集团外部征集文稿；另有 46 家财务公司正在就创建内部刊物一事进行研究考察。

中航油财务公司作为集团内部的金融机构，利用专业人才队伍优势，将金融服务模式由被动的业务执行较为主动的服务意识，积极主动了解集团及成员企业面临的问题，2019 年向集团及成员企业提供股权收购、创新业务、成立保理公司、成立融资平台等多项可研报告及方案设计。充分发挥自身金融服务顾问职能，积极探索创新性工作，为成员企业面临的难题提供解决方案，为集团发展做出积极贡献。

上海电气财务公司充分发掘集团各项新增外汇业务需求，有效发挥财务公司专业优势，不断拓展外汇顾问服务的新领域、新模式，从原先专注于外汇市场资讯的普通外汇顾问服务逐步扩展为涵盖外汇市场咨询、外汇风险管理、外汇政策咨询等全方位的“外汇顾问服务 +”。2019 年为上海电气集团美元债券发行提供外汇顾问服务，成功完成美元债券发行内保外贷登记相关工作，为美元债券成功发行提供保障。近年来，作为上海电气集团对接外汇监管部门、政策的窗口，上海电气财务公司作为全权代理或业务顾问，陆续协助集团及相关企业完成了包括境外投资登记、境外放款登记、境外放款展期登记等多项政策咨询和业务协调，在严格把关集团相关外汇业务合规的同时，加快了集团重点项目的推进速度，赋予“外汇顾问服务 +”新内容，上海电气财务逐步成长为集团外汇业务的“大管家”。

中化工程财务公司作为中国化学工程集团内部金融服务平台，充分发挥金融智库职能，为中国化学工程集团内部成员单位提供全方位、多角度的金融咨询服务以及专题研究支持。在融资咨询服务方面，2019 年作为融资顾问支持集团公司完成 2 个项目融资落地，为近 20 个项目融资提供咨询服务。在外汇咨询服务方面，2019 年为成员单位累计提供咨询服务 10 余项，覆盖市场、政策、业务实操等诸多方面，为成员单位国际业务开展提供支持。在课题研究方面，2019 年共开展 10 余项课题研究，涵盖具体金融产品、新业务拓展、市场、宏观经济、成员单位业务所在国别等方面，加强了中国化学工程集团产融结合各领域的研究，其中部分课题分别获“2019 年度中国企业改革发展优秀成果二等奖”“2019 年度集团公司战略研究优秀课题二等奖、三等奖”，为中国化学工程集团决策支持及市场品牌宣传做出积极贡献。

案例

案例 13–8　中建财务公司提供多样化财务顾问服务，促进优质资源充分发挥效用

中建财务公司立足集团“资金归集平台、资金结算平台、资金监控平台、金融服务平台”四个平台功能的定位，充分发挥金融平台优势，提供多样化财务顾问服务，助力集团主业发展和产业转型升级。

一是积极承担资本市场融资顾问职能，助力成员单位融资项目顺利推进。充分发挥财务公司金融渠道优势，在成员单位债券发行过程中与基金公司、证券公司和银行等市场金融机构积极沟通，引荐各类投资者，增加成员单位债券发行申购期间的认购规模，有效提高债券发行效率。

二是开展成员单位合作金融机构调研，促进优质资源共享。对与成员单位合作的金

融机构进行地毯式调研，收集与成员单位合作的金融机构信息，制定同业机构合作对手方名单，对所开展业务与集团成员单位业务需求契合度高的金融机构进行资源共享，降低成员单位在市场上的信息不对称。

三是打造集团内部金融刊物，持续提供专业信息支持。充分发挥金融专业优势，定期编撰《产业金融研究》内刊，在金融经济政策动态、金融市场债务融资工具、地方政府融资、PPP 市场、房地产市场等方面进行专业研究，并专设集团内部业务交流板块用于经验交流。内刊向集团总部、下属所有二级单位和重要三级单位管理层发放，实行双月刊制，截至 2019 年底，正式编发 13 期，在集团内部引起良好、积极反响，为集团公司及成员单位的经营决策提供信息支撑。

第十四章 国际业务*

一　总体情况

2019年，财务公司行业的外汇交易[①]金额与2018年基本持平，外汇业务资质申请表现活跃，特别是3月国家外汇管理局发布跨境资金集中运营管理新规，本外币一体化等便利的政策设计为该项资质增加不少亮色。2019年，财务公司还主动发力国际财资服务，发挥专业化金融机构的优势。

2019年，政府部门、行业机构更加重视财务公司国际业务的专业化运作，全年有37家财务公司成立独立的国际/外汇业务部，15家财务公司接受过外汇监管部门现场检查或调研。2019年度财务公司国际业务荣誉榜单上有：江苏国信财务公司跨境资金集中运营工作获得监管当局高度认可，并被作为江苏省亮点工作上报上级管理部门；徐工财务公司持续打造并完善集团“4+1”海外金融服务体系，项目荣获江苏省企业管理现代化创新成果一等奖；中广核财务公司提供的跨境绿色银团贷款融资案例成功入选2018～2019年深圳市银行业社会责任优秀案例；山东重工财务公司“一个账户、集中收付”的国际结算实践获得了欧洲金融主办2019年的“陶朱奖”。

---

* 本章未注明来源的数据和信息，均来自财务公司协会。本章如无特别说明，金额单位是人民币。

① 统计口径包括：即期结售汇业务、人民币与外汇衍生品业务和外币对业务。

二 外汇交易

（一）基本情况

截至2019年末，财务公司行业持有7类外汇交易会员资格（见表14-1），可以开展即期结售汇业务、外汇衍生产品业务、外币对业务和外币拆借业务。①

表14-1 财务公司外汇交易会员汇总

单位：家

序号	外汇交易会员名称	机构数量	比2018年增加	说明
1	人民币外汇即期会员	86	3	
2	人民币外汇远期会员	17	1	统称为“人民币外汇衍生业务会员”
3	人民币外汇掉期会员	16	1	
4	人民币外汇货币掉期会员	6	1	
5	人民币外汇期权会员	3	1	
6	外币对会员（含外币利率互换会员）	14	1	
7	外币拆借会员	70	5	

资料来源：根据中国外汇交易中心网站外汇市场会员资料统计整理。

2019年，有74家财务公司开展外汇交易，②交易金额14248.09亿元、笔数4.29万笔，与2018年基本持平。外汇交易金额和笔数拔得头筹的财务公司分别是中石化财务公司和上汽财务公司。

（二）即期结售汇业务

截至2019年末，共有86家财务公司持有外汇即期会员资格，与2018年末相比新增5家、减少2家，新增财务公司是河钢财务公司、有色矿业财务公司、中电科财务

① 外币拆借业务的内容详见本章第四部分（二）外币同业业务。

② 统计口径包括：即期结售汇业务、人民币与外汇衍生品业务和外币对业务；交易金额与笔数包含中油财务公司的境外子公司数据。

公司、中国南航财务公司、中远海运财务公司；因财务公司合并而取消会员资质的是武钢财务公司、中海财务公司。

2019 年，有 67 家财务公司开展即期结售汇业务，金额 12998.73 亿元、笔数 39596 笔，其中，结汇业务的金额 1118.79 亿元、笔数 8812 笔；售汇业务的金额 11879.94 亿元、笔数 30784 笔；结售汇逆差 10761.15 亿元。即期结售汇交易金额排名前五的财务公司分别为中石化财务公司、中油财务公司、中化财务公司、中海油财务公司和铜陵有色财务公司；即期结售汇交易笔数排名前五的财务公司分别为上汽财务公司、中化财务公司、中油财务公司、中远海财务公司和中石化财务公司。

案例

案例 14-1　部分典型公司的即期结售汇业务

一、中油财务公司外汇电子报价平台——跨时区交易的“百宝箱”

中油财务（香港）公司自境外夜盘交易服务启动以来，为持续优化客户交易体验、降低工作成本、提升工作效率和反应速率，历时一年建设完成了集“最快速率、最优报价、最简流程”于一体的外汇电子报价平台，财务公司也由此成为境外首家使用外汇交易自动报价系统的国有企业。

外汇电子报价平台支持“询价交易”和“一键交易”两种自动交易模式。成员单位通过选择相应外汇交易类型，即可录入交易条件或直接通过单击相应外汇交易类型的买入价或卖出价来提交交易指令，交易速率提升显著；此外，交易指令在自动传抵公司提前设定的银行交易对手群后，系统将自动在银行报价基础上加交易点差传回成员单位端，并显示出最优报价，在提高报价速度的同时，也最大限度地为成员单位降低交易成本；交易达成后，系统还提供自动生成交易记录及打印功能，流程简便、贴心友好。2019 年 6 月外汇电子报价平台完成升级开发，2019 年 9 月正式上线运行。

该平台的上线延伸了财务公司外汇交易服务时间，提升了外汇交易业务效率，为未来全球外汇交易业务集中打下了基础。

二、光明食品财务公司服务创新提升结售汇业务水平

2019 年，光明财务公司的即期结售汇业务在价格、服务和宣传等方面采取一系列的新举措，激发成员单位业务办理热情，当年业绩突飞猛进。

财务公司采取的新举措：一是从统一优惠定价提升为根据客户交易规模推出个性化的定价机制；二是财务公司与合作银行确定高效代审单流程，提高业务时效性，并对所有客户做到一户一辅导，始终将客户的需求放在第一位，在集团内部形成了良好的口碑；

三是以“点”和“面”相结合的方式，即从每个客户的个案服务到面向所有客户的服务方式来宣传结售汇业务。

（三）人民币外汇衍生产品业务

截至2019年末，17家财务公司持有外汇衍生品交易资格，较2018年末增加1家，为紫金矿业财务公司（见表14-2）。

2019年，财务公司办理人民币外汇衍生品业务①的金额累计641.15亿元、笔数2016笔，金额同比减少48.32%、笔数同比增长12.75%。

表14-2 持有衍生品交易资格的财务公司名单

序号	财务公司名称
1	TCL科技集团财务有限公司
2	宝钢集团财务有限责任公司
3	东方电气集团财务有限公司
4	东航集团财务有限责任公司
5	海尔集团财务有限责任公司
6	美的集团财务有限公司
7	上海电气集团财务有限责任公司
8	上海汽车集团财务有限责任公司
9	申能集团财务有限公司
10	西门子财务服务有限责任公司
11	中船财务有限责任公司
12	中广核财务有限责任公司
13	中海石油财务有限责任公司
14	中集集团财务有限公司
15	中油财务有限责任公司
16	中远海运集团财务有限责任公司
17	紫金矿业集团财务有限公司

资料来源：根据中国外汇交易中心网站外汇市场会员资料整理。

① 人民币外汇衍生品业务的统计口径包括：远期结售汇、外汇掉期业务和外汇货币掉期业务、外汇期权业务，不包括外币对远期、外币对掉期和外币对期权业务，外币对业务的交易数据详见“（四）外币对业务”。

1. 远期结售汇业务

截至 2019 年底，共 17 家财务公司持有人民币外汇远期会员资格，较 2018 年末增加 1 家，为紫金矿业财务公司。

2019 年，11 家财务公司①办理代客远期结售汇业务，金额 641.15 亿元、笔数 2016 笔。其中，代客远期结汇 509.50 亿元、笔数 1822 笔；代客远期售汇 131.65 亿元、笔数 194 笔。远期结售汇交易金额排名前五的财务公司分别为中油财务公司、中船财务公司、海尔财务公司、宝钢财务公司、上海电气财务公司；远期结售汇交易笔数排名前五的财务公司分别为中船财务公司、中油财务公司、海尔财务公司、宝钢财务公司、上海电气财务公司。远期售汇金额、笔数最多的是中油财务公司，远期结汇金额、笔数最多的是中船财务公司。

2. 外汇掉期业务和外汇货币掉期业务

截至 2019 年底，共 16 家财务公司持有人民币外汇掉期会员资格，较 2018 年末增加 1 家，为紫金矿业财务公司；6 家财务公司持有人民币外汇货币掉期会员资格，较 2018 年末增加 1 家，为中广核财务公司。

2019 年，5 家财务公司代客外汇掉期 97.60 亿元、笔数 55 笔，开展外汇掉期的财务公司包括：海尔财务公司、中船财务公司、中油财务公司、东航财务公司、TCL 财务公司。

2019 年，财务公司行业未开展外汇货币掉期业务。

3. 外汇期权业务

2019 年，3 家财务公司持有人民币外汇期权会员资格，较 2018 年末增加 1 家，为海尔财务公司。2019 年财务公司行业未开展实质性的外汇期权业务。

（四）外币对业务和外币利率互换业务

外币对业务包括外币对即期、外币对远期、外币对掉期、外币对期权。

截至 2019 年底，共 14 家财务公司持有外币对会员资格，较 2018 年末增加 1 家，为紫金矿业财务公司。2019 年 9 家财务公司②开展外币对业务的交易金额 510.61 亿

① 包括为 1 家办理代理远期结售汇服务的财务公司。

② 包括 1 家办理代理外币对服务的财务公司。

元、笔数 1215 笔。其中，外币对即期业务 351.80 亿元、笔数 981 笔；外币对远期业务 51.46 亿元、笔数 209 笔；外币对掉期业务 107.35 亿元、笔数 25 笔。2019 年财务公司未开展外币对期权业务。外币对交易金额排名前五的财务公司分别为中油财务公司、海尔财务公司、一汽财务公司、中船财务公司、东航财务公司；外币对交易笔数排名前五的财务公司分别为中油财务公司、西门子财务公司、海尔财务公司、东航财务公司、中船财务公司。

截至2019年底，共4家财务公司持有外币利率互换会员资格①，为TCL财务公司、海尔财务公司、美的财务公司、中广核财务公司，可以满足成员单位外币利率风险管理需求。2019 年财务公司行业未开展外币利率互换业务。但中广核财务公司为境外单位提供的美元贷款利率掉期方案，防范境外项目并购款中有浮动利率结构的美元银团贷款所面临的利率波动风险。

案例

案例 14-2　部分典型公司的外汇衍生业务

一、中广核财务公司境外项目美元贷款利率掉期方案

案例背景。中广核境外项目并购款中有浮动利率结构的美元银团贷款面临利率波动风险。该利率风险敞口产生于 2019 年 9 月，此前美联储在 7 月完成了自 2008 年金融危机后的首次降息，5 年期掉期利率已下行至 1.7 的历史较低位置。但此时市场对后续的利率走向意见不一，因此在该时点需要对是否适合开展利率掉期交易进行更深入的分析和研究。

开展路径。中广核财务公司通过对美国宏观经济基本面、货币政策以及利率市场走势的分析，尤其是通过对历史掉期利率与同期限 Libor 平均利率的回测比较，探索了利率掉期交易的盈亏与美联储升息降息周期的关联规律。根据研究判断在美联储降息初期开展利率掉期交易锁定固定利率，实际效果往往不如在同期维持浮动利率。根据这一研究结果，财务公司制定了相应的利率掉期分档交易方案，针对一定比例的贷款按分档目标逐步开展利率掉期交易，剩余部分维持浮动利率结构。

经验与成效。2019 年 9 月至 2020 年 3 月，美联储逐步将基准利率降至 0 ~ 0.25 区间，Libor 利率持续走低，5 年期掉期利率也从 1.7 跌至 0.9。在此期间，财务公司按照既定交

① 外汇交易中心于 2018 年 5 月在新一代外汇交易平台 CFETS FX2017 推出美元等六个币种的利率互换交易，兼具外币对会员及人民币外汇货币掉期会员资格的机构自动成为外币利率互换会员，可直接参与外币利率互换交易。

易目标，逐步对浮动贷款开展了利率掉期交易，在规避了利率风险的同时，也有效地降低了企业的贷款成本。

问题与挑战。受疫情影响，各国央行纷纷降息以应对对经济造成的沉重打击。随着掉期利率的持续走低，成员企业开展利率掉期的需求也逐渐增多。财务公司需对利率掉期产品持续关注和研究，选择合适的时机开展利率掉期交易，在规避利率风险的同时，尽可能为企业节省成本。

二、重庆能源财务公司对企业境外发行外债的锁汇方案

2019 年重庆能源财务公司所属集团在香港发行了 3 年期美元债 5 亿美元。财务公司为集团提供外债锁汇方案，并协助完成锁汇交易，以较低的成本实现了锁汇的目的，公司的专业服务能力得到集团的肯定。

首先，财务公司确定锁汇的目标主要有三个：一是汇率波动尽可能得到对冲；二是尽可能选择锁汇成本最低的方案；三是未来潜在的收益可以放弃，但是未来的潜在损失不可以被无限放大。其次，财务公司通过分析简单掉期、领价式货币掉期、加盖式活期掉期、区间式货币掉期这四种锁汇方案，充分考虑外债到期后存在的两种还款方式，一是通过发行新债还旧债，二是通过人民币购美元还款，进行测算综合比较、利弊分析，得出区间式掉期方案是折中后的最佳方案。最后，对区间掉期方案对应的交易结构进行分析，分别对远期合约和期权的价格走势提出了一些自己的看法。

在这次咨询服务过程中，财务公司全程参与了集团的发债过程，拓展了新的业务，提升了金融服务水平，积累了更多的咨询顾问经验，为以后拓展承销业务奠定了基础。

三　跨境资金池

（一）基本情况

截至 2019 年底，共有 97 家财务公司作为主办企业获得国家外汇管理局跨境资金集中运营管理（简称“跨境资金池”）的资质，较 2018 年末净增加 12 家。[①]2019 年国家外汇管理局发布跨境资金集中运营管理新规，本外币一体化等便利的政策设计，为该项资质增加不少亮色。借助新规东风，中集财务公司申请将主办企业由中集集团改

① 因财务公司合并事项，有注销资质情况，因此为净增加。

为财务公司；外高桥财务公司作为上海首家完成新规备案的财务公司，成功完成上海地区首笔新规下的人民币境外放款，落实了集团全币种跨境资金集中运营管理。

截至 2019 年底，共有 88 家财务公司作为主办企业获得跨境双向人民币资金池业务资质，较 2018 年末净增加 2 家。

（二）国际结算业务

1. 外币国际结算业务和国际贸易融资业务

2019 年，共有 51 家财务公司通过国内资金主账户办理国际结算业务 1384.24 亿元、笔数 16677 笔。其中，付汇 752.25 亿元、笔数 13270 笔；收汇 631.99 亿元、笔数 3407 笔。国内主收付结算金额排名前五的财务公司有中航油财务公司、招商局财务公司、中铁建财务公司、新奥财务公司、紫金矿业财务公司；国内主收付结算笔数排名前五的财务公司有上汽财务公司、万向财务公司、海尔财务公司、创维财务公司、四川长虹财务公司。

截至 2019 年末，财务公司以外币计价的贸易融资余额 6.97 亿元，主要有海信财务公司、中集财务公司、万向财务公司、中信财务公司、中电建财务公司、中化财务公司。

财务公司一般以电汇方式为成员办理国际结算业务（经常项下集中付汇），东方电气财务公司等企业创新信用证结算方式，值得学习与借鉴。

案例

案例 14-3　部分典型公司的国际结算业务

一、东方电气财务公司开拓信用证项下的集中付汇业务

受银行行业惯例影响，信用证付款只能通过开证行支付。因此以前东方电气财务公司只能实现电汇款项的集中付汇，而东方电气集团 90% 以上外汇付款均为信用证。因此，是否能开展信用证项下付汇业务直接关系到集团公司跨境资金集中运营管理效果。

财务公司对此和合作银行积极磋商，大胆进行业务创新。通过信用证开证行与财务公司国内主账户开户行进行内部信息交换和传递实现企业信用证直接通过财务公司对外支付。实现了实际付款人为企业，满足开证行对信用证支付义务的要求。同时，尽量不新增业务单据和资料传递流程，减轻企业工作负担。

经过实践证明，该业务处理方法能够满足业务实际和国家外汇相关监管法规的要求。

二、山东重工财务公司打造“一个账户、集中收付”国际结算平台

山东重工财务公司以客户满意为宗旨，依托跨国公司外汇资金集中管理业务资质，创新地提出了“一个账户、集中收付”的外汇资金池运行模式，即财务公司开立的国内资金主账户设为顶点账户，在顶点账户下挂若干个以成员单位名称命名的虚拟账户，通过财务公司国内资金主账户集中收付汇，而收款人、付款人依旧体现成员单位。由于其具有创新性与实践性，山东重工财务公司获得了欧洲金融主办的 2019 年“陶朱奖”。

三、中车财务公司“一站式”服务贸易付汇解决方案

中车财务公司成员单位服务贸易付汇的特点是：金额较小、不频繁，但付款时效性要求很高。同时，这类服务贸易付汇需求的单位一般没有开立外币账户。企业在当地银行办理，银行经常会要求企业开立外币账户，不利于企业对账户数量的管理，且开户、购汇、付汇各环节银行的操作过于复杂，影响客户付汇的时效。中车财务公司针对上述问题，提出以下解决方案。

（1）成员企业准备背景资料并提交财务公司：服务贸易付汇的材料一般为合同或协议、形式发票、税务备案表。

（2）成员企业在财务公司开立内部账户。

（3）财务公司利用即期结售汇资质为企业办理购汇：财务公司利用即期结售汇资质为企业节省了购汇成本。

（4）用国内资金主账户完成资金跨境：企业无须在银行开立账户且为企业节省了跨境手续费。

（5）主办银行完成还原申报。

上述开户、购汇、资金出境全部环节均在财务公司“一站式”办理，省去了企业频繁去银行的过程，提高了付汇效率。

四、江苏国信财务公司国际结算电子化、全覆盖的行业实践

全面推进电子化单证模式。江苏国信财务公司与银行实现系统对接，全面实现电子化单证集中处理模式。成员单位通过跨境资金集中运营平台提交付汇指令，上传合同、发票等基础材料副本单据即可办理。电子化单证集中处理模式，加快了业务处理速度，免除了单据打印消耗，节约了相应的财务成本，同时外币支付能更好地配合整个集团的资金和财务安排，提高了整体的工作效率和资金利用率。

突破单一结算方式，国际结算全覆盖。鉴于跨境结算中除 TT 付汇以外的信用证付汇的占比较高，为控制整体结算风险，江苏国信财务公司与外汇主管部门充分沟通，获得支持后，将信用证付汇等其他结算方式也纳入跨境集中运营管理，真正做到跨境资金运营全面管理。将所有国际结算业务纳入跨境集中运营是对跨境集中运营业务的创新，也是目前江苏省内唯一一家做到国际结算全面覆盖。

建立高效双重单证审核。建立双重合规性审核体系，由财务公司首先进行审单，银行付款时再进行二次审核。公司开展跨境资金集中运营之前就着手建立外汇团队，采取人才引进与自我培养相结合的方式，打造一支熟悉外汇业务的专业团队，对所有跨境资金集中支付业务率先进行审核。财务公司审单优势有：一是可以协助银行审核，减少出错率，提高支付效率；二是本着对成员单位的风险管控要求，集中审单，可进一步了解所有成员单位贸易现状、主营业务、交易对手等一手信息。

2. 跨境人民币结算业务

2019 年，11 家财务公司通过经常项下跨境人民币结算账户，办理跨境人民币结算支付业务 168.92 亿元（见表 14-3）。

表 14-3　2019 年开展跨境人民币结算业务的财务公司

单位：万元

序号	公司	经常项下跨境人民币结算金额
1	日立（中国）财务有限公司	881000.00
2	中信财务有限公司	341719.00
3	中粮财务有限责任公司	162770.59
4	湖南华菱钢铁集团财务有限公司	162000.00
5	五矿集团财务有限责任公司	125426.18
6	中集集团财务有限公司	7951.75
7	海尔集团财务有限责任公司	3580.88
8	万向财务有限公司	2782.55
9	东航集团财务有限责任公司	1080.00
10	中国石化财务有限责任公司	788.71
11	中车财务有限公司	104.68
合计		1689204.34

（三）外汇存款业务

2019 年，共有 103 家财务公司开展了吸收外汇存款业务，较 2018 年净减少 1 家，外汇存款年末余额 1962.48 亿元，占本外币存款年末余额的 3.54%。

近五年来，财务公司行业吸收外汇存款占本外币存款的比例一直在 4% 左右徘徊，2019 年比 2018 年提高 0.1 个百分点（见图 14-1）。

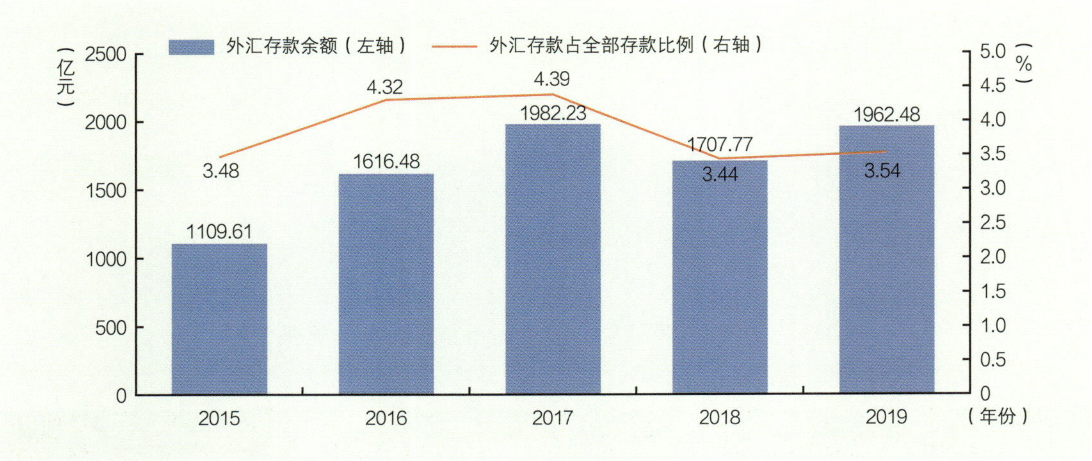

图 14-1　财务公司行业吸收外汇存款余额和占比

（四）外汇贷款业务

2019 年，共有 68 家财务公司开展了自营外汇贷款业务，较 2018 年净减少 3 家；自营外汇贷款年末余额 933.75 亿元，占本外币贷款年末余额的 3.01%；另外，还有 30 家财务公司开展了委托外汇贷款业务。

近五年来，外汇贷款呈逐年递减趋势，外汇贷款占本外币贷款的比例也在不断降低，2019 年创近五年的新低（见图 14-2）。受世界经济不确定性和不稳定性加大的影响，人民币汇率波动幅度加大，企业持有外币负债面临较高的汇率风险。

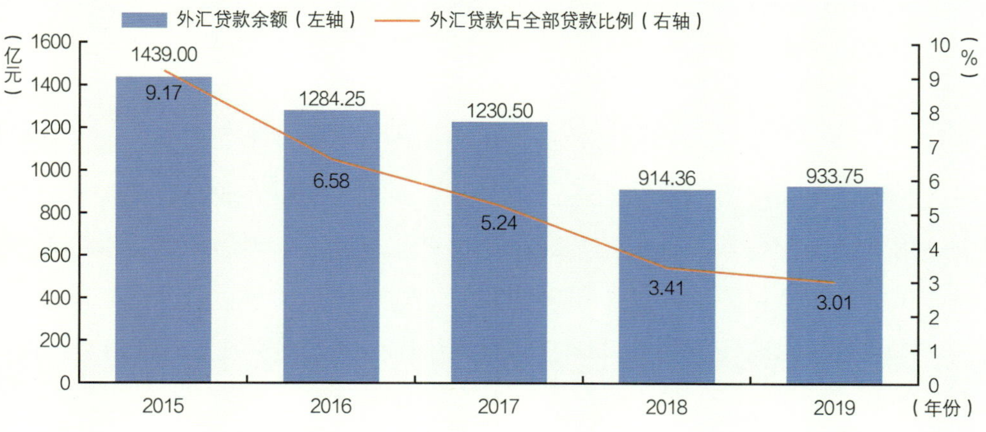

图 14-2　财务公司行业外汇贷款年末余额及占比

（五）跨境资金调剂业务

1. 外债业务和境外放款业务

2019 年，共有 20 家财务公司办理借入外债业务 267.78 亿元，共有 19 家财务公司办理境外放款业务 107.65 亿元，跨境资金调剂活跃度与 2018 年的情况较为相似，仍表现为净流入 160.13 亿元。借入外债金额排名前五的财务公司分别为中航油财务公司、招商局财务公司、中铁建财务公司、新奥财务公司、紫金矿业财务公司。境外放款金额排名前五的财务公司分别为上汽财务公司、万向财务公司、海尔财务公司、创维财务公司、四川长虹财务公司。

2019 年，各财务公司积极推进跨境资金调剂业务首笔落地。例如，东方国际财务公司办理首笔境外放款业务；通用财务公司办理首笔外债业务；江铜财务公司以委托贷款方式，由境外成员单位向境内成员单位引入一笔人民币外债资金，这是该公司跨境资金本外币一体化后的首笔人民币外债资金，也是江西省利用跨境资金集中运营管理平台引入的首笔人民币资金。

2. 跨境双向人民币资金池业务

2019 年，共有 41 家财务公司办理跨境双向人民币资金池业务。其中，37 家财务公司的人民币专用存款账户流入本金 755.13 亿元，金额排名前五的财务公司分别是中化财务公司、中集财务公司、TCL 财务公司、华菱钢铁财务公司、港中旅财务公司；36 家财务公司的人民币专用存款账户流出本金 825.14 亿元，金额排名前五的财务公司分别是中化财务公司、中集财务公司、TCL财务公司、东航财务公司、国家电投财务公司。这是近年来财务公司行业首次出现净流出情况，金额为70.01亿元，人民币专用存款账户年末余额1.94亿元。

2019年，各财务公司积极推进跨境双向人民币资金池业务。例如，山东钢铁财务公司获批跨境双向人民币资金池业务资质，同年4月为集团完成向香港控股公司成功调拨人民币资金，支持其海外业务拓展。自首笔业务成功落地后，资金池的便利逐渐被入池成员单位所认可，仅短短半年多的时间，利用资金池进行资金划转的单位由最初的1家增至6家，有效地将外部融资转换为集团内部资金调配，降低了集团整体财务成本。

四　其他国际业务

（一）自贸区业务

2019年8月，国务院新设一批自贸试验区，包括山东、江苏、广西、河北、云南、黑龙江6个省区。自此，我国已设立了上海、广东、天津、福建、辽宁、浙江、河南、湖北、重庆、四川、陕西、海南等18个自贸区（港）。各自贸区（港）方案均涉及深化金融领域开放创新，但不同自贸区金融创新的目标存在差别、各有侧重。上海自贸区先试先行的自由贸易账户体系，以及海南自贸港的复制推广权利，使得这两地在金融领域的创新有更大的空间。截至2019年末，10家财务公司注册在上海自贸区，2家财务公司注册在海南自贸港。2019年，自贸区财务公司在拓展关税保函业务、降低融资成本的实践、申办自贸区版资金池等方面的努力与成果可圈可点。

拓展关税保函业务。2019年注册在自贸区的财务公司，积极探索海关关税保函业务品种，成为财务公司行业服务“走出去”客户的一个亮点。例如，上海外高桥财务公司主动参与关税多元化担保试点，成功为成员企业出具海关关税保函，目前正积极推进海关税款保函系统的开发，实现该业务的电子化和线上审批。2020年5月，山东自贸试验区济南片区“企业集团财务公司海关税收担保试点启动仪式暨首份保函启用仪式”在济南举行，经海关总署批复同意，济南片区内浪潮集团、中国重汽、晨鸣纸业3家企业集团财务公司参与海关税收担保试点，首批担保金额达4.5亿元，其中中国重汽财务公司已向济南海关申请开展关税担保业务。

降低融资成本的实践。上海电气财务公司创新“跨境人民币＋外汇掉期”组合产品，利用财务公司境内富余人民币资金，在满足境外企业融资需求的同时，降低了融资成本。申能财务公司创新性地将分账核算单元境外借款与集中收付配套贸易融资相结合，通过分账核算单元从境外借入的低成本资金，用于为集团区内及区外系统企业办理经常项下贸易款结算。

申办自贸区版资金池。上海华谊财务公司于 2019 年 12 月成功搭建上海自贸区版全功能型跨境双向人民币资金池，入池企业在上海自贸区开立多币种的自由贸易账户，可享受自由汇兑、离岸汇率等自贸区优惠政策，目前该池已成功归集境内外成员企业的资金，提升企业的存款收益率。自贸区版跨境资金池在入池门槛业务办理便利性等方面，均比全国普惠版跨境资金池更有优势。

（二）外币同业业务

财务公司开展外币同业业务的类型包括外币存放同业外币同业存放、外币拆借。

1. 外币存放同业和外币同业存放

截至 2019 年末，财务公司行业外币存放同业款项余额为 2107.05 亿元，同比增长 3.32%，外币同业存放款项余额为 5.24 亿元，同比降低 0.95%。近五年，外币存放同业年底余额占本外币同业存款的 8% 左右（见图 14-3）。

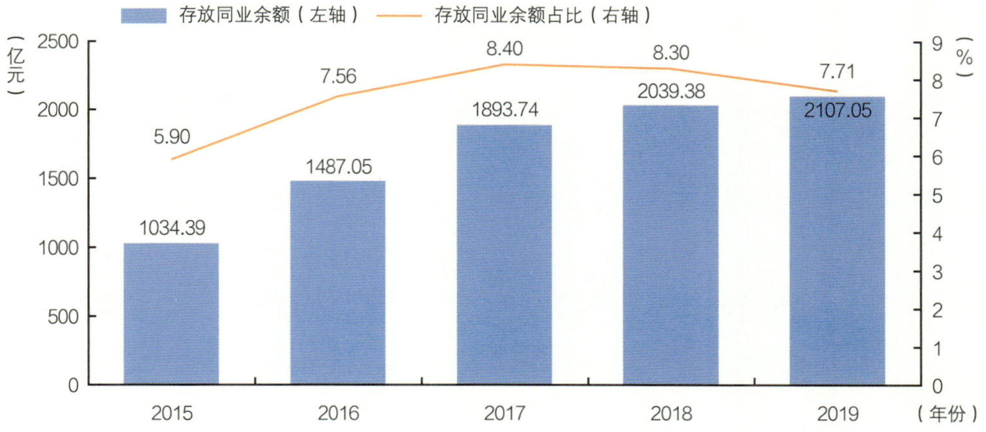

图 14-3 外币存放同业年底余额与占比情况

2. 外币拆借

截至 2019 年末，共有 70 家财务公司持有外币拆借交易资格，较 2018 年末净增加 5 家，其中新增东风汽车财务公司、金川集团财务公司、南方电网财务公司、中国华电财务公司、中油财务公司、中远海运财务公司共计 6 家，因财务公司合并注销会员 1 家。

截至 2019 年末，13 家财务公司有拆入或拆出余额。其中，9 家财务公司的外币同业拆入余额为 647.18 亿元，占本外币同业拆借余额比例高达 58.12%，财务公司外币同业拆入资金余额中有近 91% 来源于境外金融机构；5 家财务公司的外币拆放余额为 10.67 亿元（见表 14−4）。

表 14−4　2019 年末外币拆借业务有余额的财务公司名单

单位：万元

序号	公司名称	拆放同业余额	同业拆入余额
1	中油财务有限责任公司	25114.32	5920692.25
2	海尔集团财务有限责任公司	—	260844.83
3	中信财务有限公司	—	179997.06
4	中集集团财务有限公司	45345.30	—
5	宝钢集团财务有限责任公司	—	42206.01
6	天津物产集团财务有限公司	—	34881.00
7	中化集团财务有限责任公司	15347.64	—
8	中车财务有限公司	13952.40	—
9	大同煤矿集团财务有限责任公司	—	13952.40
10	万向财务有限公司	—	10520.11
11	东方电气集团财务有限公司	6976.20	—
12	紫金矿业集团财务有限公司	—	5580.96
13	徐工集团财务有限公司	—	3126.20
合计		106735.86	6471800.82

（三）外汇投资业务

截至 2019 年末，财务公司外汇投资业务余额为 218.55 亿元，主要是中油财务公司，外汇投资占全部投资的比例为 6.19%（见图 14-4）。近五年，外汇投资业务规模稳步增加，但递增在 2019 年有所回落。

图 14-4　外汇投资年末余额和占比趋势

五　国际财资服务

（一）集团全球资金管理

财务公司作为集团资金监控平台，可根据集团管控现状，采取多种方式，积极承担集团全球资金管理的职责。

一是财务公司境外子公司的管理方式。例如，中油财务公司香港子公司挑战逆时差、归集日起息、大额通知收款三层创新嵌套下的复杂项目，创新和实践了“双主账户逆时差归集”的全球资金管理模式，既满足了境外成员单位“子资金池”内部调剂和全球全天候的支付等管理需求，又实现了“子资金池”盈余资金自动纳入集团公司“主资金池”，实现了集团公司统一调拨全球资金的管理目标。

二是直接 / 间接与 SWIFT 连接的方式。财务公司可以通过申请环球银行金融电信协会（简称“SWIFT”）会员，实现对境外资金可视、可归集的目的。例如，中铁财务公司通过直接连接 SWIFT 系统，能够为成员单位提供高效、快捷的结算通道；实现授权成员单位境外账户的可视化管理，协助成员单位搭建境外资金统一管理平台；具备归集条件的境外项目也可以实现境外资金跨境归集。例如，中化工程财务公司对集团境外资金管理工作取得了一定的成绩。在境外账户管理方面，中化工程财务公司协助集团编制境外账户管理制度，明确了境外账户的开立范围与境外留存资金的管理方式；负责成员单位境外账户备案工作，建立详细的账户信息台账，为加强境外账户管理、开展境外账户分析提供信息支持；在境外资金可视化方面，中化工程财务公司借助 SWIFT 系统，完成中国银行、工商银行等 11 家银行共计 120 余个境外账户的上线工作，协助中国化学工程集团实现了 60% 以上的境外资金监控率，显著提高了境外资金安全性；在境外资金归集方面，中化工程财务公司协助国际投资公司大幅拓展了归集路径，截至 2019 年末国际投资公司累计实现 9 个国家 / 地区的资金归集，集团全球资金集中管理格局已现雏形。

三是通过参与 / 代为管理集团境外财资中心的方式。根据 2019 年行业调查问卷，有 29 家财务公司所属集团设立境外财资中心，其中约 23% 的境外财资中心有财务公司参与 / 代为管理的身影。

案例

案例 14-4　中信财务公司与境外财资中心双平台联动的跨境收付业务模式

中信集团下设的境外财资中心为境外中信集团成员单位提供代理结算、贸易融资与贷款等金融服务。为服务跨国公司性质集团成员单位、大力支持集团境外财资中心发展，中信财务公司与境外财资中心积极沟通、共同探索，将中信金属的境内外结算业务需求作为契机，开展了境内外双平台联动业务模式。

中信金属通过财务公司代理汇款至中信金属香港子公司在境外银行开立的账户存在汇路不易跟踪、境外收款不及时等问题，同时中信金融有对境外资金管理的需求，财务公司经过与中信金属、境外财资中心多次交流探讨以及和国家外汇管理局、境内外银行的协商，成功实施了中信财务跨境代付、境外财资中心代理收款的双平台联动业务模式（见图 14-5）。

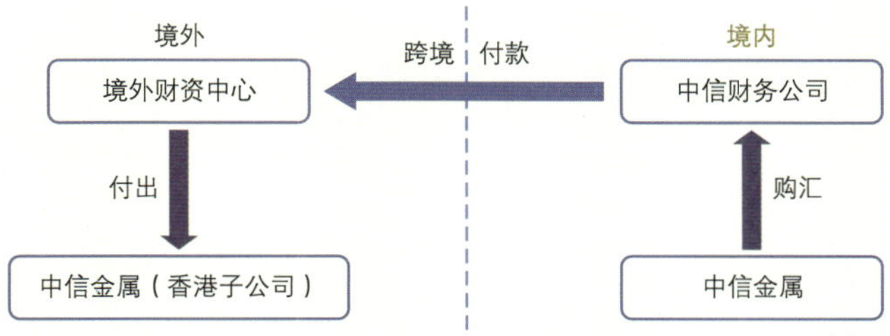

图 14-5　中信财务、境外财资中心双平台联动业务模式

公司可根据业务便利与客户需求灵活选择汇款路径，境外财资中心也能在收款后的第一时间反馈中信金属并入账。同时，中信金属也可以通过境外财资中心，实时掌握境外账户动态。

财务公司与境外财资中心实施境内外结算业务联动不仅满足了成员单位的需求，同时给财务公司也带来可观的体量，为公司外汇业务开展提供清晰的逻辑，实现跨境结算业务、即期结售汇业务、贸易融资业务互相促进；成员单位在境外财资中心存款也实现了中信集团对成员单位的境外资金归集，响应了集团资金集中政策。

（二）集团外汇风险管理

持有即期结售汇、衍生品业务资质的财务公司，可以为境内成员单位提供外汇风险敞口的套期保值交易服务，也可以为境外成员单位制定和执行外汇风险管理方案。例如，中广核财务公司统筹管理集团成员企业汇率、利率风险，为境外项目并购换汇不断创新交易策略和方法。

未持有衍生品业务资质的财务公司，可以通过对集团外汇风险管理的识别、资讯、寻找最优报价等方式，协助成员单位实现管理目标。例如，中化工程财务公司发挥金融顾问专业优势，协助集团建设外汇风险管理体系。中化工程财务公司坚持以统筹管理、自然对冲优先、套期保值和风险中性为原则，通过识别风险、分析风险、管理风险、评估管理结果等标准工作流程，达到降低汇率波动对现金流量、利润总额及国有资本保值增值影响的目标。

案例

案例 14-5　集团外汇风险管理典型

一、中广核财务公司为集团境外项目并购换汇创新交易策略和方法

2019 年初，中广核财务公司收到海外成员企业交易委托，因并购巴西当地的清洁能源项目需要美元兑巴西雷亚尔。近年，美元兑巴西雷亚尔汇率波动剧烈，一旦无法将换汇汇率锁定在目标以上，整个并购项目将面临因无法达成最低内部收益率而投资失败的风险。中广核财务公司采取多项创新交易策略和方法，抓住市场出现交易窗口的第一时间开展汇率风险锁定，高效完成巴西项目雷亚尔并购交割款远期换汇，并跟踪资金到位顺利完成并购交割。

创新交易策略和方法如下：一是采取竞价和留单相结合的方式，将数额巨大的并购需求拆分成数十笔小单，并结合市场阻力位和支撑位分析下单，以达到既提升交易隐蔽性、捕捉稍纵即逝的机会，又不会使市场产生大幅波动，并获取更好留单价格等多重目的。二是通过设置基础询价邮件模板和电话快速报价，缩短竞价时间，提高交易效率，抓住市场短暂机会，减少对市场的波动影响。其标准化的交易流程为今后的交易提供了很好的模式借鉴。三是根据项目交割进度调整，开展“NDF+ 即期 PTAX”的展期交易，并设计多国资金交割路径，全程跟踪银行跨境资金运行，确保最终换汇资金按时到账，拓展海外资金运行管理能力。

二、徐工财务公司打造集团“4+1”海外金融服务体系

徐工财务公司打造的集团“4+1”海外金融服务体系项目，荣获江苏省企业管理现代化创新成果一等奖，主要内容包括如下几点。

一是打造“4+1”风险监测管控模式。“四位一体”是指集团财务部协调推进、财务公司作为内部对冲及操作平台、进出口公司及各海外公司作为业务载体。风险监测管控模式包括：对集团外币资产及负债进行动态监测；通过多样化的融资手段为集团国际化发展提供资金支持；根据汇率走势动态调整集团外币负债结构，减少汇率风险敞口，降低汇率风险。

二是建设本外币资金全球一体化管控平台，有效整合全球金融资源，实现本外币资金池的互联互通及全球资金的有效调拨。

三是开展多元化担保创新，争取海关总署对担保范围拓展至上下游企业的认可，通过 AEO 海关高级认证保函、汇总征收保函、履约保函、减免税保函等多种金融产品，助力集团拓展进出口贸易，开展全球化运营。

四是积极拓展外汇同业资源及渠道，协助成员单位突破外部授信匮乏瓶颈，为成员单位提供代开国际信用证、跨境直贷等服务，助力成员单位拓展进出口业务。

（三）集团境外投融资服务

“走出去”企业既要面对产品的竞争，也要面对金融的竞争。财务公司作为集团专业金融机构为企业海外项目提供投融资服务，能有效发挥实体产能与金融“组合拳”优势，提升企业海外项目的竞争力。

案例

案例 14-6　集团境外融资服务典型

一、中广核财务公司跨境绿色银团贷款融资渠道实践

中广核财务公司近年来协助集团不断拓展创新境外融资渠道，降低融资成本及财务风险。2019 年，针对集团在境外的清洁能源项目收购，财务公司成立专项工作组，拟订融资方案，成功通过集团境外投融资平台完成离岸 5 亿美元绿色银团筹组，成为央企首笔绿色银团贷款。

（一）融资背景

境外银团作为离岸市场重要的中长期融资渠道之一，在询价机制、筹组模式、路演安排、条款谈判、参与机构等方面较境内银团及境外债券均有所区别，利率定价也采用浮动方式，符合境外利率下行的大趋势。巴西清洁能源项目资金需求为中长期，项目模型对融资成本也有一定要求，财务公司在深入研究境外融资市场、多次配合集团成功发行中长期绿色债券经验的基础上，建议此次通过境外筹组绿色银团方式解决项目资金需求。

（二）项目过程

针对此次绿色银团筹组工作，财务公司牵头成立专项工作组，制订工作计划，通过向主要合作银行询价和单独谈判等方式，主动引导和优化各家牵头行报价，以有利的价格推动牵头行承诺全额包销，并于 6 月底前通过包销协议与牵头行锁定项目主要条款，有力地保障银团成功筹组。包销协议签订后，积极跟进融资市场变化，抓住时间窗口及时在香港完成路演宣传，吸引总计 37 家中外资银行机构到场，取得了良好的宣传效果。

后续根据实际情况确定各参贷行及份额，克服困难，推进融资按时落地。在短短 3 个月内，按计划完成了贷款询价、总额包销、路演宣传、贷款合同谈判及签约等一系列工作，推动银团贷款具备提款条件。

工作组充分利用银团贷款借款人在合同条款上的较高灵活度和更高定价可控性的特点，促使集团以低成本完成了贷款签约，完成央企范围内首笔 5 亿美元绿色银团贷款。按合同签署日完成利率掉期计算，较集团同期 5 年期美元债综合成本降低约 20bp，总计为集团节省财务成本折合约 3500 万人民币。

（三）项目意义

此次银团贷款行总计 20 家，不仅包括欧洲、东南亚等国家的银行机构，也得到台湾、粤港澳大湾区及上海自贸区相关银行的大力支持，承诺性订单总额超过 19 亿美元，超额认购近 4 倍，不仅为集团未来“走出去”重大项目融资提供战略支撑，拓宽了集团境外融资渠道，也加深了与中外资银行的业务联系，促使银企形成更为紧密的战略合作伙伴关系。

此外，此次银团贷款采用国际广泛认可的绿色框架，进一步巩固了集团“国际一流清洁能源企业”的资本市场形象。财务公司本次融资案例也成功入选 2018 ~ 2019 深圳市银行业社会责任优秀案例。

二、中化工程财务公司支持集团打通境外股权融资路径

中化工程财务公司作为集团境外股权融资的融资顾问，支持集团打通境外股权融资路径，全流程参与该项融资的合作机构选择、交易结构设计、回款路径把控等事宜。

在项目开展前期，财务公司与各金融机构探讨了多种贷款置换方案，并在综合考虑操作可行性、降杠杆效果、融资成本等因素后，最终选定与境外股权基金公司合作，通过优先股资金对原有银行贷款进行置换，以降低集团的整体资产负债率。

在完成合作方确认后，财务公司与境外股权基金公司经过一年多的深入研究沟通，设计了优先股资金合作的交易架构，同时围绕优先股的会计认定、币种选择、期限、资金用途以及提款方式等，确定相关交易要素，包括优先股发行规模、发行期限、成本、资金用途及提款方式，成功设计出一套标的项目宽泛、资金使用灵活的优先股融资模式。

在资金回款路径的把控方面，由于优先股资金的回款路径与优先股资金的投放路径相对应，中间涉及项目公司、中间持股公司及集团境外财资中心等关键节点，覆盖链条较长，任何一个节点的延迟都会影响境外股权基金公司当期股息的收取。虽然优先股协议中已约定可以递延支付股息，但考虑到境外股权基金公司的流动性需求，财务公司积极协调境外财资中心、项目公司及中间持股公司，通过把控资金链条上的关键环节，保障股息支付来源。

财务公司在业务开展中积极应对挑战。一是进行科学合理的交易结构设计和交易条款安排，尽可能达到降低税费、中间交易费用，满足相关会计认定等多方面的要求。二是在进行融资币种设计时，从坚持风险中性、注重自然对冲的外汇风险管理策略出发，使得融资币种与项目收款币种一致，以消除汇率风险敞口，降低汇率波动对项目工程利润的侵蚀和影响。三是在方案设计、执行的全过程中保持与原贷款行的密切沟通，避免对项目正常运行以及银企合作关系造成不利影响。

此次与境外股权基金公司合作落地并实现首笔优先股资金的正式交割，是集团境外股权融资的第一单。财务公司发挥了作为集团融资顾问以及与境外财资中心的联动作用，充分利用了集团境内外金融资源，打通集团与境外股权基金公司的合作途径，开辟了境外融资的新渠道，助力中国化学工程集团国际业务发展。

第四篇　服务篇

2019 年，面对中美经贸摩擦持续加剧、实体经济需求不振、经济增长下行压力加大等严峻挑战，财务公司始终坚守依托集团、服务为本的职能定位，继续把服务集团、服务产业与实体经济、服务经济发展稳增长作为重点方向。财务公司服务集团发展提质增效，帮助集团强身健体，提高发展质量效益，降低发展成本与风险系数，应对复杂内外环境因素冲击，以集团稳健发展承载经济社会稳定发展；服务集团业务开拓创新，从科技驱动创新、产业升级创新、绿色发展创新等领域入手，发挥内部金融平台引领创新、支持创新、服务创新的独特价值。财务公司积极服务国家战略落地：服务经济体制改革深入推进，服务先进制造业提速发展，服务区域协调战略稳步展开，服务“走出去”和“一带一路”建设持续延伸，服务中小微企业持续健康发展。

2019 年，财务公司行业将提高服务能力、挖掘服务潜能、发挥服务专长、弥补服务短板、提升服务价值作为经营改进、业务创新、管理提升、基础建设的重要出发点，探索建设更好适应未来发展需要、促进服务能力可持续发展的长效机制，服务能力持续提升。财务公司聚焦资金平台核心能力，妥善履行资金归集与资金结算使命，对标商业银行标准推进服务精细化，发挥信息对称、力量集中、全程参与、深度渗透、量身服务的相对特长，形成差异化竞争优势；扩张外部市场连通能力，发挥外引内联优势，形成跨市场产品服务组合，在更加广阔的范围内为集团成员单位生产经营与产业发展打造有利的金融环境；打造链式服务整合能力，构建契合产业链金融服务需要的链式服务模式，为集团上下游产业链合作伙伴提供支持，为集团产业链高效运转和稳健发展提供更好条件；增强集团风险管控能力，发挥资金监控平台作用，帮助集团成员单位管控风险；释放智库增值服务能力，为集团提供智库支持和相关增值服务，为集团持续输送财务、资金、金融专业人才。

Part 4 Service

In 2019, facing severe challenges such as the continuous intensification of Sino-US economic and trade frictions, sluggish demand for the real economy, and increasing downward pressure on economic growth, finance companies adhered to group-directed and service-oriented function positioning, and focused on service for the group, for industries and real economy, as well as for the economic steady development. Finance companies improved the service quality and efficiency, assisting the group entities cutting down development costs, reduce risks, and withstand internal and external fluctuations.They also served with groups' business innovation , promoting technology-driven innovation, industrial upgrading and innovation, and green development innovation. Finance companies also actively served the national strategies: reform of the economic system was deepened, the advanced manufacturing industry was developed at a faster pace, regional coordination strategy was steadily launched, the "going out" and the "Belt and Road" initiative continued to make progress, and the small, medium and micro enterprises continued to develop in a healthy manner.

In 2019, the finance company industry improved its service capabilities, tap full potential, made full use of its expertise to overcome shortcomings and enhanced its management. Companies explored a long-term mechanism for continuous improvement of service capabilities. The finance companies focused on the core capabilities of the fund management platform, properly fulfilled the mission of fund collection and settlement, refer to the standards of commercial banks' services, and made use of information symmetry, fund concentration, full participation, deep penetration, and tailored services to form the competitive advantage; expanded external market connectivity, leveraged external and internal linkage advantages, formed a cross-market product and service portfolio, and created a favorable financial environment for the production, operation and industrial development of group members in a broader scope; built a chain service model that met the financial needs of industrial chain players, provided support for the group's upstream and downstream industrial chain partners, and provided better conditions for the efficient operation and steady development of the group's industrial chain; strengthened the group's risk management and control capabilities, played the role of a fund monitoring, and associated group members manage and control risks; released the value-added service capabilities of think tanks, provided think tank support and related value-added services for the group, and continued to provide the group with auditing, capital, and financial professionals.

第十五章
积极发挥服务职能

2019 年，我国经济发展的外部环境和内部形势更加复杂，特别是要面对中美经贸摩擦持续加剧、实体经济需求不振、经济增长下行压力加大等严峻挑战。企业集团财务公司始终坚守依托集团、服务为本的职能定位，立足所在企业集团与所服务产业的发展需要，以贡献更多更好服务机制作为立足金融服务本职本岗、深入贯彻落实党的十九大精神的首要途径。

各家财务公司结合各自领域从实际出发，积极发挥服务职能，助力所在集团稳健发展、提质增效；配合所在集团转型升级、开拓创新，帮助集团“既打底子又长个子”，为企业集团这一中国经济发展中流砥柱的高质量发展保驾护航，成为现代金融贴近实体经济、服务实体经济的典范，充分体现了企业集团财务公司这一金融业态的鲜明中国特色和从实体经济中来、到实体经济中去的服务基因。

作为中国金融市场的重要组成部分，财务公司还注重发挥自身业务范围比较广泛、深耕产业渗透有力、贴身服务模式先进、管理规范发展稳健等多方面独特优势，在通过服务所在企业集团发展、承担国家赋予使命职责的同时，还通过各类有侧重点的专项服务手段与服务措施，在很多方面直接承载了国家重要战略举措在诸多产业层面的贯彻落实，成为国家战略落地生根、主导国民经济各重要门类按战略意图有序发展的重要抓手，为实现最大范围的团结动员整合、发挥最大合力，为中华民族伟大复兴宏伟目标而奋斗，做出了应有贡献。

一　服务经济发展稳增长

企业集团财务公司作为依托集团、服务集团的内部金融机构，始终千方百计服务所在企业集团，致力集团价值最大化，并以此作为履行自身使命职责、为中国经济社会发展添砖加瓦的首要切入点。

2019 年，财务公司继续把服务集团、服务产业与实体经济、服务经济发展稳增长作为重点方向。一是服务集团发展提质增效，千方百计帮助集团强身健体，提高发展质量效益，降低发展成本与风险系数，应对复杂内外环境因素冲击，以集团稳健发展承载经济社会稳定发展；二是服务集团业务开拓创新，从科技驱动创新、产业升级创新、绿色发展创新等领域入手，发挥内部金融平台引领创新、支持创新、服务创新的独特价值。

（一）服务集团发展提质增效

随着中国经济增速的逐步放缓，特别是原有粗放式增长方式边际效益的逐步降低，越来越多的行业和产业集团，开始日益重视发展的质量与效益，推动发展方式从粗放式、外延式发展，向精细式、内涵式发展迭代进化。这是习近平新时代中国特色社会主义思想与党的十九大精神在转变经济增长方式上的全新要求，是经济发展客观规律和国内外环境因素共同作用的结果，是中国各行各业、各企业集团持续稳健发展的内生动力；更为企业集团财务公司指明了发挥服务价值的广阔空间。

从 2019 年服务集团发展提质增效的实践来看，财务公司继续秉承“集团资金归集平台、集团资金结算平台、集团资金监控平台、集团金融服务平台”的基本定位，积极发挥与集团根本利益、整体利益、长远利益高度驱动的独特优势，通过寓管理于服务的、针对集团成员单位特点量身打造的金融产品与服务体系，帮助集团向发展质量要效益、向成本削减要效益、向资源利用要效益、向风险防控要效益。到 2019 年末，财务公司行业所服务企业集团的资金集中度达到 51.65%，相比 2018 年同期提升 2.17 个百分点；围绕资金集中管理，为集团发展提质增效发挥的服务价值稳步提升。

2019 年，各财务公司在服务实践中的探索与突破，突出表现在融合战略、精细服务、降费减负三个方面。

1. 融合战略

长期以来，财务公司在寓管理于服务战略的实际落地方面，主要强调财务公司平台在帮助集团实施资金集中管理方面的功能，由此衍生出预算监管、融资管理、风险管控等管理价值。2019 年，各财务公司结合自身情况，从集团战略发展全局、日常经营管控整体运转的高度入手，统筹优化财务公司金融服务的整体规划；通过建立健全与集团管理决策中枢、相关职能部门、主要成员单位等不同层级的日常沟通协调机制，实现信息连通、管理融合、服务衔接；将财务公司金融服务与资金管理深度融合、合二为一的独特优势落到实处，使财务公司内部金融平台成为集团内部资金集中、资源调配、信息共享、战略统筹、管控落地、价值趋同、文化熔铸的中枢；以“润物细无声”的力量，推动集团逐步形成用好财务公司平台、用足财务公司平台，将财务公司作为全集团统筹管理、提质增效的重要手段。

2019 年，各财务公司在资金管理主线上的管理职能发挥更加充分，为集团发展提质增效创造的价值更加显著；部分财务公司也开始探索在此基础上进一步建立健全与集团战略规划、管理运行深度融合的日常沟通与工作协调机制，为财务公司平台担纲提质增效发动机创造更加稳妥的制度化基础。例如，联通财务公司于 2019 年建立了比较规范的“集团—财务公司资金管理联席会议”机制，协调集团相关部门与财务公司建立健全定期与不定期结合、线上线下并重的多层次沟通体系，就集团与成员单位预算、现金流安排、资金运作等事项进行沟通，实现了财务公司金融服务与集团统筹管理提升质量效益的深度融合，并为财务公司以此为基础提高服务品质、扩展投研服务等智力支持创造了条件。

2. 精细服务

相对商业银行等外部金融机构，财务公司普遍在资本、网点、人员等资源硬条件方面不占优势，在业务品种、服务范围等方面也面临一定的额外监管软约束。在市场利差空间逐步收窄、银行业整体生存环境发生变化、金融机构之间竞争趋于白热化的情况下，财务公司积极发挥自身与集团及成员单位利益取向高度趋同、信息对称程度较高的天然特性，将熟悉产业、熟悉集团、熟悉客户的相对竞争优势不断释放出来，围绕客户生产经营和投融资活动的全过程，综合运用结算、信贷、票据、外汇与跨境、投资、财务顾问等各种服务产品，为其量身打造从效益性、经济性、便捷性、安全性、灵活性等各个维度出发最富于综合竞争优势的贴身服务、个性服务、一揽子服务方案，实现集团成员单位提质增效最优化、服务收益最大化，既是财务公司承担服务实体经济使命职责、弥补外部金融机构服务短板、延伸产业金融服务毛细血管、为集团提质增效不遗余力贡献价值的重要突破口，也是财务公司在复杂环境下保持自身稳健发展的重要基石。

2019 年，各财务公司继续丰富服务品种，优化产品组合，提高服务标准，推行“一家一策”，深挖服务内涵，发挥协同效应；同时，进一步打造服务团队，完善服务管理、考核与反馈交流，建立常态化客户服务品质管控系统，为精细化服务的可持续发展建设长效保障机制。这方面较好的一些案例，比如中石化财务公司因地制宜实行“一企一策”精准服务，加强客户现场服务力度，其南京分公司为新合资煤化企业提供专员驻点，协助其优化支付结算体系，提供辅助管理支持，就近展开融合银团、流贷、票据在内的组合金融服务，为客户创造个性化降本增效服务价值。再如一汽财务公司融服务运营、风险管理、营销推广为一体，依托微信、电话端建立三维客户服务体系，充分运用信息科技创新智能客服系统，将服务界面前移至集团产品经销商所面对的终端客户群体，客户服务月度渗透量超过 1 万人次。还如招商财务公司深耕服务领域，与成员单位建立多渠道、跨部门精准沟通体系，定期举办成员单位满意度调查与客户单位电话回访，总结分析客户服务经验，精准定位痛点难点，通过专属客户经理队伍落实“一司一策”服务理念，打造横向分客户专属对接与纵向分业务专业衔接的立体化服务网络。

案例

案例 15-1　国投财务公司量身定制协同金融服务

2019 年，国投集团下属金城冶金面临经营压力：公司主营矿产提纯冶炼，外部银行授信额度低、收费价格高；原料进口开立国际信用证需要股东担保并缴纳全额保证金，市场融资困难；进口贸易需要缴纳关税金，日均关税保证金约需 1.8 亿元，挤占金城冶金大量流动资金。

对此，财务公司发挥集团内部金融服务平台全面充分了解集团各成员单位经营特点的独特优势，推动精细化协同服务层次，联合金城冶金、国投贸易及国投保险经纪，探索出由国投贸易代理金城冶金进口铜精矿，国投贸易或国投财务为金城冶金代开国际信用证，票据融资支付国际贸易结算，国投财务全资子公司国投保险经纪提供关税保证保险代替关税保证金的综合业财协同模式。

按此服务模式，在委托代理进口环节，国投贸易或国投财务利用自身在外部银行的授信额度，为金城冶金代开国际信用证，解决金城冶金银行授信额度不足的问题；国投保险经纪根据金城冶金全年预估进口量向保险公司采购关税保证保险，获得年度优惠保险费率；国投贸易在办理铜精矿进口通关业务时，由国投保险经纪安排保险公司根据海关要求的关税金额出具关税保证保险及配套关税保险保函；国投贸易将关税保险保函交海关备案即可通关；信用证到期或贸易结算时，国投财务为金城冶金开立银行承兑汇票，用于向国投贸易支付代理进口货款。国投贸易在金城冶金支付贴现利息前提下，将收到的银行承兑汇票向国投财务申请贴现，贸易融资与清算同时完成。

通过这一精细化协同服务，2019 年，国投贸易累计为金城冶金代理进口贸易额约 25 亿元；国投财务累计为金城冶金办理代开国际信用证业务 3 笔、金额 2389 万美元，办理票据融资业务 100 笔、金额 9.75 亿元；国投保险经纪累计为金城冶金及国投贸易办理关税保证保险 4 笔、保险金额 5651 万元；在满足金城冶金日常经营运转需要的同时，实现集团内部多方共赢和集团整体利益最大化，全年为集团实现直接经济效益 3815 万元，其中节省贸易代理费用 657 万元、节约财务费用 3158 万元，为集团降本增效、提高发展质量做出显著贡献。

3. 降费减负

财务公司积极发挥贴近集团产业链运转各个环节的独特优势，从集团成员单位价值最大化、财务成本最优化目标出发，不断提高内部金融服务优化集团成员单位资金循环的增值服务能力。2019 年，各财务公司通过抓住降低财务杠杆率、降低负债率、降低债务成本等关键环节，为集团成员单位提供包括优化财务模型、协助债务重组、置换高成本贷款，提供优惠信贷支持、扩大免费及低价服务范围，提供还款便利、降低实际资金占用等全方位金融服务，为集团成员单位降费减负、提质增效做贡献，为实体经济轻装上阵实现高质量发展创造条件。调查问卷结果显示，各财务公司 2019 年通过各种手段，累计为集团成员单位节约财务成本 460.46 亿元。这一数据在相当程度上可以体现为财务公司为集团降费减负的价值贡献。

从一些财务公司具体的案例来看，比如开滦财务公司以低于商业银行价格提供贷款支持，以高于商业银行价格支付成员单位存款利息，以优惠手续费率为成员单位办理委托贷款、票据业务、保险代理业务和同业业务等，全年为集团降低财务成本 3982.36 万元。忠旺财务公司探索建立弹性服务定价机制，产品服务价格实行中间业务收入方面支付结算类业务全部免费，票据手续费由 5‰ 下调至 1‰，业务定价中贷款利率优惠点差 130.95bp，存款利率优惠点差 9.64bp。这一定价策略的调整在 2019 年为集团及成员单位节约财务费用 3.79 亿元，切实压降了实体经济的综合经营成本。潞安财务公司配合集团推进去杠杆，降低资产负债率，为成员单位降低财务成本做贡献，年内为司马煤业、潞宁煤业、慈林山煤业和郭庄煤业 4 家成员单位新增低利率流动资金贷款 152976 万元，置换外部高利率贷款。物产中大财务公司针对成员单位所持财务公司承兑汇票贴现难、贴现贵问题，以远低于市场水平的优惠价格，帮助成员单位进行贴现，有效降低成员单位资金成本。南方电网财务公司积极落实集团降杠杆、减负债工作要求，提升信贷服务质效，通过建立信贷项目库，扩充信贷资源，提升服务能力，积极推动各成员单位优先使用财务公司内部资金贷款，全年发放各项贷款 165 亿元支持电网生产经营和电网建设，有效降低集团成员单位对外债务负担。

案例

案例 15-2　万向财务公司“七措并举”，全面惠企减负

2019 年，万向财务公司为协助集团单位降低综合成本，轻装上阵求发展，采取“七措并举”的优惠金融服务“组合拳”，精准“浇灌”实体，全面落实惠企减负。

具体措施如下：第一，财务公司为经营情况良好的成员单位提供贷款利率下浮，全年节约贷款利息 4156.36 万元、贴现利息 496.88 万元；第二，公司对业务合作密切客户实行存款利率上浮，让利 5932.63 万元；第三，公司对结算相关业务实行了手续费优惠减免，优惠手续费 16.94 万元；第四，公司为成员单位提供比银行更有优势的结售汇价格，减少汇兑交易成本 1856.75 万元；第五，公司对客户开立承兑汇票实行较低的手续费，降低费用 23.05 万元；第六，公司为集团成员单位提供对外担保业务，免收手续费，节省费用 1396.00 万元；第七，公司充分发挥“桥梁”作用，通过为集团代办银行贷款、办理同业业务等，降低融资成本 2450.16 万元。

通过综合服务多管齐下，财务公司 2019 年共为集团及成员单位直接节约财务费用 16328.76 万元，为集团成员单位高质量发展做出了贡献。

（二）服务集团业务开拓创新

2019 年，在宏观环境趋于复杂、经济增长速度稳中趋缓的大背景下，各企业集团普遍加快业务开拓创新步伐，努力推进产业升级换代，同时稳步推进现有产业链延伸扩展，寻求新的业务增长点，在促进企业集团稳健发展的同时，通过企业集团在高新技术创新、商业模式迭代、绿色发展升级等方面的价值创造，推动中国经济加快转变增长方式、提高增长品质的步伐向前迈进。

在这一过程中，财务公司依托与集团成员单位价值取向高度一致、信息沟通充分共享的传统优势，根据集团成员单位开拓创新的实际需求，以金融服务理念、产品、模式的创新升级，促进相关产业发展的创新升级。在 2019 年的实践中，财务公司主

要通过妥善设计融资方案、打造专业资金结算服务体系、提供专项优惠信贷服务等方式，为集团整体转型升级、传统产业升级换代、战略新兴产业发展、绿色发展战略落地等业务开拓创新各环节提供专属金融服务，弥补外部金融机构在响应及时性、产品适用性、服务效率性、价格经济性等方面存在的不足；同时，配合集团成员单位妥善对接国家专项政策、社会专项资金等，发挥内部金融平台创新服务的增值效应，为创新项目创造最优的发展环境。

从一些具体的案例来看，比如，安徽能源财务公司配合集团切入可再生生物质资源发电新赛道，为集团内合肥长丰皖能生物质能发电有限公司提供量身打造的全方位金融服务，在商业银行对生物质能发电项目普遍持保守态度的情况下，积极落实项目贷款发放，及时缓解项目资金紧张，同时持续下浮贷款利率，为项目建设创造良好资金金融条件。潞安财务公司紧跟集团主业转型升级步伐，积极支持现代煤化工产业，为集团转型标杆项目——山西潞安高硫煤清洁利用油化电热一体化示范项目提供银团贷款 5 亿元；同时，大力支持集团战略新兴产业发展，为潞安赛拉弗光伏系统有限公司制订个性化金融服务方案，采用销售订单模式提供了 1.1 亿元的铺底流资贷款。福建能源财务公司多措并举支持集团重点新型产业发展，为集团主导开发的福建省首个重点海上风电建设项目——莆田平海湾海上风电场 F 区项目提供主动靠前服务，提供 9.19 亿元固定资产贷款额度；协调商业银行以最优参贷条件，为石城海上风电场项目组织 21 亿元银团贷款，并额外给予 10 亿元额度兜底资金保障。

还有一些较为典型的案例，比如，广东能源财务公司积极配合集团打造全新产业增长点，落实绿色能源战略，为湛江外罗海上风电项目设计融资方案，提供项目前期贷款，协调商业银行以优惠利率组织 63.56 亿元银团贷款，并帮助项目申报中国清洁发展机制基金，额外节约财务成本 612 万元。申能财务公司为上海临港海上风力发电一期、二期示范工程项目提供包括牵头组建 15 亿元银团贷款、发放近 10 亿元过桥贷款、延伸产业链融资，以及配合项目申请财政部清洁基金清洁委贷等途径在内的全方位金融配套支持，显示了内部金融机构专业服务支持绿色信贷的独特优势。青啤财务公司为集团战略新兴产业发展提供个性化金融服务，为上下游产业伙伴提供资金方案设计、融资支持以及金融咨询服务等，为社区酒吧等全新产业形态设计专属资金上收管理模式，并积极发挥电子票据服务对新兴产业、产业伙伴的支持效应。海信财务公司积极配合集团新旧动能转换，配合集团逐步实现从家电公司到科技型公司的整体转型，以“银行承兑汇票 + 保函”服务体系支持海信智慧家居公司提升资金流动性，以“流动资金贷款 + 承兑 + 保函”综合服务支持海信网络科技公司产品研发与技术升级改造。

在上述做法的基础上，财务公司总结服务集团开拓创新的实践经验，优化相关业务管理模式，为进一步释放创新服务能量创造了更加有利的条件。

案例

案例 15-3　中节能财务公司“绿色信贷评价体系”促进绿色金融发展

中节能财务公司为配合集团绿色产业发展，积极开展绿色金融创新，2019 年完成绿色金融管理体系一期建设，在业内首创“绿色信贷评价体系”，为促进绿色金融发展、打造节能环保产业专业特色产融结合体系打下了坚实基础。

在具体工作中，公司在现有对成员单位及项目经营、财务方面的风险调查及评审的基础上，增加针对借款主体的绿色发展落实情况、科技创新程度、长江大保护参与度、运营项目技术指标达标率、产能达标率、企业环境处罚及环境不良信用记录、项目能效、项目资源利用效率、项目污染物排放量、项目市场环境风险等级、温室气体减排量、大气污染物减排量、水污染物减排量等近 20 个维度的量化评价，向优质企业及项目提供信贷额度匡算及贷款利率优惠等信贷政策的倾斜，实现绿色信贷标准化、精确化投放，切实服务集团节能环保产业战略发展。

2019 年，公司已完成绿色信贷评价体系一期建设，包含对光伏电池和组件生产、光伏发电、陆上风电、城镇污水处理及垃圾处理等行业领域的企业主体评价、流动资金贷款定价及固定资产贷款项目评价，并正式上线绿色信贷评价信息化系统，实现绿色信贷评价在信贷业务管理流程中的固化，进一步提升财务公司绿色信贷管理水平。2019 年，公司已累计通过绿色信贷评价给予集团固废处理、水处理、风力发电等主业企业绿色授信 99.57 亿元；通过绿色信贷评价管理，有效服务集团优质节能环保项目 6 个，涉及项目金额 27.06 亿元，切实服务集团绿色金融开拓创新迈上新台阶。

二　服务国家战略落地

财务公司根据所在集团发展战略，依托实体经济产业发展大势，为所在集团和产业提供全方位金融服务，帮助集团提质增效、开拓创新，以此带动实体经济发展，帮助中国经济保持平稳发展势头，实现稳中求进的工作总基调。财务公司作为最有中国特色的一类金融机构，是与实体经济融合最紧密、渗透最深入的一类金融机构，在改革开放中应运而生的一类金融机构，还承担着通过特色金融服务，帮助所在集团高质量落实国家战略、帮助国家重要战略落地生根的重任。财务公司金融服务的出发点和落脚点，既是服务经济发展，也是服务战略全局。财务公司与生俱来的大局意识、管理与服务相结合的业务理念、广泛而精细的服务手段，是国家重要战略部署在企业集团及成员单位层面落实的重要抓手，体现了国家意志、行业全局、集团价值、成员单位利益的高度统一，为2019年国家各项战略部署的平稳推进发挥了不可替代的重要作用。

在2019年服务国家战略落地的实践中，财务公司在服务经济体制改革深入推进、服务先进制造业提速发展、服务区域协调战略稳步展开、服务“走出去”和“一带一路”建设持续延伸、服务普惠金融与助力中小微企业，工作积极，成效显著，充分体现了财务公司的使命感与责任感。

（一）服务经济体制改革深入推进

2019年，我国持续深化推进供给侧结构性改革，国企改革稳步推进，包括国有资产管理体制改革、国企混合所有制改革、重点行业改革等一系列具体领域。在这一改革基调之下，作为企业集团内部金融服务平台的财务公司，特别是国有企业下属财务公司，通过围绕集团成员单位混合所有制改革提供特色金融服务、配合集团整体改制、支持集团在重点行业生产要素市场改革中发挥积极作用，为经济体制改革的深入推进、攻坚克难做出了实实在在的贡献。

例如，淮南矿业财务公司积极配合集团整体改制上市的战略部署，在2019年发行2笔共计30亿元永续中票，帮助集团降低资产负债率1.73个百分点，并完成为集团剥离非上市资产、清理明股实债、顺利推进改制上市创造了条件。公司通过完成国开发展基金转股、银行债转股归还清理、合伙企业清算注销、处理集团计提减值损失、金融留债处置等全方位服务，为集团上市扫清障碍。此外，在上市过程中，财务公司与集团财务部、上市办等部门通力合作，配合集团公司成功引入建设银行、中国银行等战略投资者。

海南农垦财务公司为配合国家和海南省土地资产化和资本化、加快土地要素流动方面的整体改革部署，以财务顾问身份，协助海垦集团创新设计、发行以国有土地承包金收益权为基础资产的资产支持证券。公司完成以海垦集团国有土地承包租赁合约债权为底层资产的证券产品设计定型，参与筹划产品要素结构，协助完成资料编制与审核，配合做好产品发行准备；在成功发行5.5亿元证券、为集团提供多元融资渠道的同时，为创新探索国有土地证券化、推进要素市场改革做出了贡献。

值得注意的是，在经济体制改革不断推进的过程中，随着企业集团合并整合步伐的不断加速，集团所属财务公司的合并也在近年来进入高潮。财务公司自身作为改革战略的直接载体，因地制宜优化整合方案，以整合为契机，全面提升服务能力和服务水平，也为改革提供了不可多得的宝贵经验。

案例

案例15-4 “两核”财务公司完成高效重组整合

为深入贯彻落实党的十九大对国有企业改革的重大部署，加快国有经济布局结构调整，推动国有资本做强做优做大，2018年国家决定中核集团与核建集团实施重组，核建集团整体无偿划转进入中核集团。在一家集团只能设立一家财务公司制度的要求下，2019年“两核”财务公司全面启动重组整合。

在整合顶层设计方面，“两核”财务公司积极探索以党建为引领，以党组织班子为基础，成立财务公司重组专项工作组，在调研交流、与监管密切沟通汇报的基础上，妥善确定整合方案；发挥党管人才作用，推动组织机构及人才整合，完善公司组织架构和人力资源体系；发挥党的思想引领作用，推动企业文化融合。

在业务整合操作中，公司高效推进负债业务转移；通过成立业务转移专项工作组，建立工作机制，统筹安排各项工作；精耕细作完成银行账户清查盘点清理，通过实地走访和培训，深入宣贯重组后资金管理型要求；依靠高效协同，压缩账户迁移空窗期，仅用10个月的时间，业务转移工作圆满收官，累计完成161个客户的监管备案和开户手续、493个银行账户银企直连的解约和新设工作，2019年末资金池新入池单位存款资金达87.58亿元。

同时，在重组期间，合并主体中核财务公司克服业务开展面临的客观限制，妥善制订过渡时期业务开展方案，实现重组重点工作和生产经营两不误、两促进，2019年日均存贷比达到65%，全年发放自营贷款470亿元和委托贷款430亿元，合计900亿元，为集团降低整体资产负债率0.45个百分点，降低集团财务费用19亿元左右，在妥善完成整合的同时，保障了集团的高质量发展。

（二）服务先进制造业提速发展

加快建设制造强国，加快发展先进制造业，促进我国产业迈向全球价值链中高端，是党的十九大报告所做出的重要战略部署。2018 年底中央经济工作会议，将推动制造业高质量发展列为 2019 年要抓好的重点工作任务，充分体现了先进制造业提速发展的战略意义。

作为贴近实体经济产业发展、与制造业结合最紧密的内部金融服务机构，各财务公司从所在集团相关产业板块的具体发展战略、发展路径、发展特点出发，深入研究分析先进制造业经营管理与资金流动的实际情况，捕捉其金融服务的难点、痛点、盲点，精准塑造产品服务体系，提升产业发展质量效益。2019 年，财务公司行业围绕先进制造业提速发展的金融服务，遍及新一代信息技术产业、高档数控机床和机器人、航空航天装备、海洋工程装备及高技术船舶、先进轨道交通装备、节能与新能源汽车、电力装备、农机装备、新材料、生物医药及高性能医疗器械等各个产业领域。据调研统计，2019 年财务公司行业为上述产业领域的企业与项目累计发放自营贷款 7969 亿元、委托贷款 471 亿元，为先进制造业高质量发展做出了贡献。

在具体工作中，比如，商飞财务公司配合先进制造业发展战略，通过信贷支持和优惠利率进一步支持大飞机配套产业发展，2019 年，对于成员单位成都航空有限公司、上海翔运国际货物有限公司分别给予 3 亿元综合授信及 700 万元专项授信额度。格力财务公司支持集团先进制造业发展战略，向格力电器（洛阳）有限公司量身定做金融服务产品，发放基建项目贷款 14 亿元及 12 亿元战略性项目设备采购贷款，为中央空调智能制造基地项目注入金融动力，推动产业智能化升级。在服务先进制造业提速发展的过程中，还有一些财务公司根据集团内先进制造业产业板块的金融服务需求特点，推进产品服务整合与创新，打造综合服务体系，弥补原有服务短板，破解发展难题，为产业发展不断提速增效保驾护航。

案例

案例 15-5　中电建财务公司打造先进装备产业整体服务体系

中电建财务公司为配合集团推动先进装备转型升级，在深入剖析集团装备产业需求和金融业务特点的基础上，打造整体金融服务体系，以破解装备企业生产经营中的资金管理与金融难题。

2019 年，中电建财务公司在总结服务经验的基础上，按照“一企一策”的原则对装备制造企业整体金融服务方案的内涵和外延进行了升级，通过建立财务公司资金结算总通道、加大信贷资金支持企业科技创新发展力度、拓展财务公司金融产品供应范围、延伸产业链金融服务等手段，为装备板块龙头骨干企业量身打造个性化、特色化的专属金融服务方案。

在具体工作中，一是建立财务公司资金结算总通道。在资金结算方面，按照“全收全支”的总目标，为装备企业提供资金结算服务。近期，由财务公司代理装备企业对外资金支付；远期，以装备企业为试点开展代理收款业务，减少资金在外部银行的沉淀。在账户管理方面，拟将开发完成的账户地图向装备企业提供，实施可视化资金管理服务。在资金账务处理方面，探索资金支付记账一体化财企直连服务。二是加大信贷资金支持力度。一方面为装备板块龙头骨干企业首次推出年化利率为 2% 的低息科技创新贷款，支持企业转型升级发展；另一方面为装备企业提供流动性保障，为装备企业提供比同期市场利率下浮 10% 的流动资金贷款，保障企业资金链安全稳定。三是拓展金融产品供应范围。丰富融资工具，针对装备企业有选择性地开展票据贴现融资、应收账款保理融资和融资租赁，缓解企业资金压力。利用集团信用，鼓励使用电建财务公司承兑的票据支付款项，通过产业链上下游财务公司同业合作拓展电建保函的使用范围，降低企业保证金支出。提供咨询服务，发挥电建财务公司贴近市场、熟悉金融政策的专业优势，为装备企业提供财务顾问、融资顾问服务。四是围绕“销售端和供给端”，延伸产业链金融服务。将供应链融资等特色服务纳入整体金融服务方案，一切以服务装备企业改革发展为出发点和落脚点，不断提高金融服务的针对性和实效性。

通过努力，装备企业资金管理水平大幅提升，资金集中度从 12.18% 提升至 75.65%，内部融资比率提升到 78% 以上，负债率稳步下降，财务公司金融服务创造价值在装备板块利润总额中占比超过 10%；集团先进装备产业的发展质量得到切实提升。

（三）服务区域协调战略稳步展开

党的十九大报告将实施区域协调发展战略作为贯彻新发展理念、建设现代化经济体系的重大举措之一。稳步推进区域协调发展战略，是指导地区经济发展的长期方针，也是中央经济工作会议部署的 2019 年的一项重点任务。在宏观经济形势复杂多变、经济增长速度放缓、原有发展结构边际效应递减、跨区域要素配置需求日益迫切等多重因素作用下，区域协调发展的意义更加重大，已成为稳定中国经济发展全局的重要抓手。

企业集团作为中国经济发展的中流砥柱，在区域协调发展战略中，同样承担着重要的经济、社会与政治责任。2019 年，财务公司依托所在企业集团落实区域协调发展中的具体方略，推进特色金融服务。一方面，推动区域协调发展在广度上不断延伸，随着国家战略与时俱进，从京津冀、长三角、粤港澳大湾区向长江经济带、海南自贸港不断扩展；另一方面，推进区域协调在质量上不断提升，为不同区域结合自身要素禀赋和发展目标量身打造金融服务体系，深度融入各重点区域的金融基础设施建设全局。据调研统计，2019 年，财务公司行业为京津冀、长三角、粤港澳大湾区、长江经济带四大重点区域协调发展累计发放自营贷款 1.24 万亿元、委托贷款 2156 亿元，成为区域协调发展的重要金融服务支柱。

比如，格力财务公司配合集团贯彻落实《粤港澳大湾区发展规划纲要》指导精神，通过金融服务积极参与粤港澳大湾区建设，累计服务粤港澳大湾区企业 43 家；截至 2019 年末，粤港澳大湾区企业贷款余额合计 36.04 亿元，年内增长 64.79%，全年累计发放贷款 87.02 亿元。其中科技型企业 7 家、科创型企业 4 家。公司立足客户实际需求开展粤港澳大湾区综合金融服务，在准入条件、业务流程、风险控制、服务方式等多方面为湾区企业提供政策倾斜，并为湾区企业提供费用减免和利息优惠，切实推动粤港澳大湾区企业发展。

三峡财务公司配合集团在长江大保护中发挥骨干助力作用，2019 年积极争取产业链金融业务资质，服务集团环保产业链上游；及时调整信贷资产配置，放弃部分大水电等高收益信用配置规模，为大保护项目腾挪信贷空间。公司积极与银行对接，为大保护项目按时筹集银团贷款，同时积极与政策性银行对接，争取政策性银行 PSL 贷款资金发放，从而进一步降低项目综合融资成本。另外，公司及时为大保护相关项目公司出具履约保函等增信措施，并通过旗下保险经纪公司提供暂保服务，为项目提供无缝金融支持。

南方电网财务公司积极支持集团服务海南建设中国特色自贸港，将广东地区金融资源引向海南，区域内贷款投放连创新高；积极拓展“一头在外”票据贴现业务方面实现突破，全年累计为海南地区产业链客户办理票据贴现近 3 亿元，积极打造具有南网特色的“产业金融生态圈”，为自贸港建设添砖加瓦。

（四）服务“走出去”和“一带一路”建设持续延伸

中国企业加快步伐“走出去”，是中国深化改革开放、加快经济转型、进一步融入全球经济圈的重要战略举措。中国提出的“一带一路”国际合作倡议，为各国各地区扩大开放合作、改善全球经济治理体系、促进全球共同繁荣、构建人类命运共同体画出了新的宏伟蓝图；“一带一路”倡议和“走出去”相辅相成，为中国进一步扩大高水平开放扩展了空间，推动中国企业在更加宽广的国际舞台，在经贸、科技、金融等多个领域深化合作，实现互利共赢。2019 年，以中美经贸争端持续升级为标志，国际格局中不稳定因素有所增加，中国发展所面临的外部环境更加复杂，在这种情况下，坚定步伐“走出去”、深化拓展“一带一路”合作，对中国而言其战略意义更加重大。

财务公司作为所在集团、所在产业面向全球实现国际化发展的重要推手，一方面顺应全球化大势和国家大战略，另一方面抓住集团成员单位国际化发展的实际需求，以“集团业务到哪里，财务公司金融服务也要努力跟进到哪里”为己任，通过协助集团建立全球资金管理体系、为重点企业跨国经营提供贴身优质金融服务、为集团业务扩展重点地区提供专属金融服务方案等手段，为所在企业集团各显其能、开拓进取，在“走出去”和“一带一路”建设中发挥积极作用，充分贡献服务价值，实现财务公司内部金融服务的“走出去”。据调研统计，2019 年，各财务公司在帮助所在集团落实“一带一路”倡议、中非合作、中拉合作，致力服务企业“走出去”的过程中，累计完成国际结算业务额、外汇交易额、发放自营贷款、委托贷款、挖出财务顾问项目标的金额为 2.2 万亿元（均折算为人民币），并将服务范围积极扩展到跨境人民币双向资金池服务等更多领域。

比如，中铁财务公司为配合集团业务在全球范围内特别是“一带一路”重点地区的积极推进，在原有人民币资金集中体系基础上，基于 SWIFT 国际标准规范，结合外汇及跨境人民币资金集中管理政策，开发并上线运营了全球外汇资金管理系统，实现外汇业务全流程线上自动化操作，满足成员企业境内外账户在线查询和支付需要，为集团实现全球资金集中管理、建设全球结算体系做出了贡献。

红豆财务公司配合集团以柬埔寨西哈努克特区等项目为重心，推进“走出去”战略，构建“一带一路”产业支点，为西港地区提供专属项目资金支持，为泰国轮胎项目提供政策咨询、财务顾问等个性化的金融服务。公司以此为基础成功申请跨境资金集中运营业务资格，并不断提高外汇资金集中度、资金使用效率及安全性，防控汇兑风险，增强集团国际竞争力。

案例

案例 15-6 中油财务公司以香港为支点服务“一带一路”建设

中油财务公司将香港分公司作为配合集团践行“一带一路”倡议和“走出去”战略的战略服务支点，配合“十三五”期间“一带一路”油气合作发展规划，充分发挥“境外司库平台”职能，利用香港、新加坡、迪拜子公司的海外金融环境和政策优势，全力支持集团与“一带一路”共建国家和地区之间的设施联通、贸易畅通和资金融通。

海外融资方面，香港公司利用境外三个贷款服务平台间的协同互补优势，以点带面，主动策划并协助集团完成各项重大金融事项，处理好海外项目金额大、期限长、风险大等各种复杂情况，全面助力集团公司在“一带一路”共建区域的业务发展；针对成员单位在行业链汇总不同位置，提供多品种定制化金融服务，覆盖全产业链。

资金管理方面，公司运用国际评级机构高等级信用评级，创新服务手段，多渠道融入市场低成本资金，为“一带一路”共建成员企业客户提供稳定充足的长短期资金保障。

资金结算方面，公司加大资金归集力度，及时将海外新公司、新项目金资纳入资金池管理，尤其创新采用双主账户模式实现对国际事业公司全球资金跨时区逆时差自动归集，进一步提高集团公司境外资金集中度。

外汇交易方面，公司启动外汇夜盘交易，为“一带一路”共建成员企业提供全天候跨时区服务，逐步将当地企业主要币种外汇交易纳入公司服务范围，提高多时区交易服务覆盖面和集团公司外汇交易集中度。

通过努力，中油财务公司香港分公司在“十三五”期间，累计签署中亚管道 D 线、新加坡环宇油库（UT 项目）、阿布扎比收购等 36 个贷款项目、金额共计 166.97 亿美元，累计发放外汇各类优惠贷款 121.26 亿美元。将“一带一路”共建国家和地区共 44 家成员企业合计 111 个账户纳入自动归集，“一带一路”共建国家和地区结算量已占公司当年整体结算量的 95%。通过存款加息、贷款降息、结算手续免费、汇兑价格优惠和中间业务手续费减免等让利政策，支持成员企业降本增效，累计让利 4.7 亿美元，年均 1.2 亿美元。累计提供外汇交易服务 1008.9 亿美元，提供套期保值交易 87.7 亿美元，为油气贸易提供购汇服务 921.2 亿美元，累计完成夜盘外汇交易 11.06 亿美元，国际化服务能力进一步提升。

此外，2019 年，部分财务公司配合集团加快境外财资中心建设，以此充分利用特定国家或地区在资本环境、管制环境、金融市场、税收政策、人才资源等方面的综合优势，建设覆盖全球的资金集中管理体系，实现全球范围内资金资源的有效管理与统筹运用，在为“走出去”提供有效支持的同时，提升风险管控能力。据调研统计，目前财务公司所属集团设立境外财资中心的已超过12家，除部分财务公司和境外财资中心尚未建立管理或业务协同之外，其他财务公司或是通过由集团明确委托管理模式，或是通过人员兼职、管理统筹、业务协作方式，在境外财资中心的筹划建立与具体运作过程中发挥影响、贡献价值，实现境内外资金池的统筹联动。

其中，中化财务公司协助集团在香港设立国际咨询公司，成功搭建境外财资中心，通过为其持续提供专业化金融咨询服务的方式，帮助其推动境外资金归集；并根据集团“走出去”的业务布局构想，为集团提供在迪拜设立区域财资中心的筹划方案。

中信财务公司与集团境外财资中心中信财务（国际）积极沟通，共同探索，以中信金属的境内外结算业务需求为契机，探索建立境内外双平台联动业务模式。

（五）服务普惠金融与助力中小微企业

以2018年底习近平总书记在民营企业座谈会上的重要讲话为标志，2019年，扶持民营企业与中小微企业发展，为其发展减少负担、扫清障碍，特别是加大金融方面的支持力度，缓解中小微企业“融资难、融资贵”问题，成为中国经济发展战略的一个重要焦点。中小微企业的持续健康发展，对稳定经济增长、缓解就业压力、活跃消费市场、扩大对外开放、提高发展质量效益等各个方面，都具有不可替代的重要意义。

财务公司虽普遍依托于规模较大、实力较强的企业集团，但集团内仍然存在大量中小微企业，存在金融服务的迫切需求；更重要的是，财务公司还可以通过买方信贷、消费信贷、包括“一头在外”保理和贴现等在内的产业链金融服务手段，将服务范围延伸至集团产业链上下游的中小微企业。2019年，财务公司继续以上述重点服务途径为突破口，积极打造适应中小微企业特点的特色金融服务产品，丰富服务品种，扩大服务规模，建设手段灵活、响应迅速、服务精细、经济高效的中小微金融服务体系；在为集团主业发展创造良好产业链环境的同时，将国家致力于扶助中小微企业的普惠金融政策充分落实到位，将国家致力于为中小微企业创造更好金融环境的货币政策精准传导到位。

比如，万向财务公司切实加大对小微企业信贷资源投入，公司小微企业审贷获得率达到100%，同时制定小微企业信贷专属管理办法和尽职免责实施细则，为小微企业金融服务发展扫除后顾之忧。截至2019年末，财务公司提供贷款服务的小微企业达到 70 家，贷款余额 507384.91 万元，不良贷款为零。

一汽财务公司针对商用车销售产业链企业，坚持精准金融服务，不断创新开发按季还款产品、灵活缓冲产品、二手车金融产品、小微企业专属金融产品等。2019 年公司全年累计对经销商采购融资投放 75.5 亿元，支持 180 家经销商采购 2.4 万台解放卡车。

重汽财务公司稳健开展产业链金融服务，支持中小微企业发展，不断改进业务模式，实现精细化服务；对于供货量下降严重和退出供货体系的供应商及时清退，对主动降价、份额提升的优质供应商适当增加资金支持力度，集中资源加大对核心供应商的资金支持力度，并通过设立“价格委员会”推行差异化融资方案。2019 年公司累计为近 500 家供应商办理贴现 3000 余笔，金额 49 亿元，盘活供应商应收账款，办理保理融资 10 亿元，有力支持了集团公司和上下游中小微企业的发展。

首农财务公司为集团玉米产业链相关成员单位特别是其中的小微企业提供沿产业链商票保贴服务。由产业链末端的玉米淀粉贸易企业开具商业承兑汇票，并使之沿产业链向中、上游流转，最终玉米贸易企业收票后可以在财务公司或其他金融机构进行贴现，也可以持票到期，使用票款继续向农民采购玉米。公司以此打通产业链上下游成员单位和中游集团外企业的资金通道，并帮助产业链企业充分降低融资成本；2019 年全年累计业务规模超过 6.7 亿元，并引入人民银行支持涉农、小微企业再贴现和外部银行商票保贴。

中国电科财务公司通过集团集采平台实现直联，依托直接面向中小微供应商的产业链金融系统，实现小额、多频供应商融资业务的在线办理，实现了中小微金融服务全面升级。2019 年公司为 1045 家中小微供应商提供了 38.37 亿资金，成为公司金融服务的全新亮点。

在开展普惠金融服务、为中小微企业解决融资难融资贵问题的基础上，部分财务公司将服务深入渗透中小微企业经营过程，积极发挥自身优势，为其创造全方位服务价值，帮助其全面改进生产经营，巩固集团上下游产业链业务合作关系，成为支持中小微企业发展的全天候金融服务伙伴。

案例

案例 15-7　山东重工财务公司为小微企业提供管家式服务

山东重工财务公司大力发展延伸产业链金融业务，以此积极支持实体经济发展，帮助集团上下游中小微企业互利共赢。2019 年，公司专门成立产业链业务部，按照专业化管理、全产业链经营、以市场为导向的经营理念，业务种类向产业链两端延伸，客户群体向中小客户下沉，取得了较好的效果；截至年末，公司产业链融资总额37.84亿元，其中小微企业保理客户达到40户，相比年初增幅达147%。

在延伸产业链金融服务中，公司坚持全面精准营销，对集团内重点单位长期供货小微企业的营销覆盖率超过90%；针对小微企业融资痛点，公司与成员单位建立业务协同机制，将对供应商的融资比例、融资价格与供应商对成员单位的合作关系挂钩，与成员单位合作良好、供货稳定的供应商享受优惠的融资价格和较高的融资比例；对小微企业开通绿色授信通道，审批要点集中到小微企业信用状况、与核心企业合作情况及应收账款情况，优化申报审批资料，切实提升小微信贷服务审批速度，适应小微客户用款节奏。

在此基础上，公司进一步延伸服务触角，为小微企业提供管家式增值服务。针对小微企业普遍存在的财务体系不健全、信息化程度低、人员管理不规范等问题，公司从建立业务合作开始，便着手根据不同企业情况筹划专属管家式提升方案。在合作过程中，公司客户经理积极主动帮助小微企业解决难题、提升管理，提供的咨询与顾问服务范围大到融资规划、小到网银设置，涵盖资金、财务、融资等各个领域，帮助小微企业深化对财务公司和山东重工集团的认同与信任，同时切实改进经营管理，维持集团产业链供需关系的稳定，也为促进行业生态优化做出了贡献。

第十六章 探索提高服务能力

2019 年是企业集团财务公司服务价值不断彰显的一年，也是服务能力持续提升的一年。财务公司在依托集团、服务集团，为中国经济稳增长创造价值，为国家各项重要战略落地贡献力量的同时，认真总结回顾行业诞生以来以致力服务为主轴的发展历程，吸收国际国内金融同行不断推陈出新的服务经验，将提高服务能力、挖掘服务潜能、发挥服务专长、弥补服务短板、提升服务价值作为经营改进、业务创新、管理提升、基础建设的重要出发点，探索建设更好适应未来发展需要、促进服务能力可持续发展的长效机制。

就行业发展整体情况而言，在自身定位、监管引领、集团战略等多重动力的共同影响下，引导财务公司在集团内不断提高金融服务能力、提升服务品质效能，成为行业发展的一大趋势。这一趋势在一定程度上体现在集团对财务公司绩效考核体系的引导方向。据 2019 年调研，在 226 家财务公司中，已有 124 家公司所在集团将财务公司金融服务品质、效能、质量等指标明确纳入考核范围，占比达到 55%；具体呈现指标既包括比较宏观的服务满意度、财务贡献度等，也包括相对具体的服务差错率、具体服务品种的服务效益或让利水平等；服务相关指标所占权重大多在 10% ~ 30%，部分财务公司权重甚至在 60% 以上，为财务公司以服务能力、服务效能为重心改进生产经营发挥了重要的激励约束作用。

2019 年，财务公司行业的工作亮点，集中体现在资金平台核心能力、外部市场连通能力、链式服务整合能力、集团风控辅助能力、智力增值服务能力等重点方面。这些方面的创新探索与扎实践行，有助于财务公司行业将自身生存发展的前途命运更加牢固建构于服务能力不断增长、服务品质不断提升的坚实基础之上。

一　聚焦资金平台核心能力

在财务公司行业“四个平台”定位中，集团资金归集平台与集团资金结算平台相辅相成。资金结算在满足集团成员单位生产经营基本资金需求的同时，形成资金内部网络通路与有效沉淀，成为集团资金的归集载体。资金有效归集于财务公司账户体系，为安全、便捷、高效的集团结算操作创造条件。财务公司在集团充分支持下，依靠自身优质服务，实现管理职能与服务效能的统一，妥善履行资金归集与资金结算使命，就是财务公司建设和维护集团统一资金平台的核心服务能力。这一核心能力是财务公司履行集团资金监控平台、集团资金金融服务平台职责定位的基础，它所形成的资金资源有效沉淀，资金网络全面铺开，也是财务公司各项业务有序开展、金融服务开拓创新的基础。

2019 年是财务公司持续坚守本源定位的一年。这种趋势既体现为行业资金集中度的持续提升，也体现为财务公司聚焦资金平台核心能力建设的持续努力。这方面的探索与实践，包括在顶层设计方面加强与集团资金管控活动之间的无缝衔接，将财务公司帮助集团将资金“集中管起来、高速动起来、有效用起来”的服务潜力更好释放出来。在服务品质方面，针对资金集中、存款、结算等传统业务，对标商业银行标准推进服务精细化，甚至在局部发挥信息对称、力量集中、全程参与、深度渗透、量身服务的相对特长，形成差异化竞争优势。在服务载体方面，大力推进资金核心的信息系统开发与应用进程，加大资源投入，探索建立和扩大信息化专业团队，与时俱进地运用大数据、人工智能、区块链等先进技术，消化吸收先进金融科技成果，打破财务公司传统的“小规模、小格局”，适应客户数量、业务规模不断增长，业务效率、服务标准不断提高的客观情况。同时，部分财务公司在深入理解资金平台核心服务能力与核心服务职能的基础上，继续推进企业集团司库体系建设，围绕企业资金金融资源统筹管理、优化运用、高效控制的各个环节，提升包括现金和流动性管理、投融资管理、风险管理、内外金融资源管理等方面在内的司库管理与服务能力。此外，在服务外延方面，部分财务公司通过参与集团财务共享中心建设等方式，实现资金平台核心服务能力与服务价值的有效溢出，帮助集团以资金管理与金融服务思维推进“大财务”体系建设。

在具体的探索和实践中，美的财务公司在 2019 年搭建了财务公司账户管理平台，实现内外账户统一闭环管理，规范账户开销户变更的操作，简化业务办理流程，进一步提升业务效率，切实提升集团内部资金平台核心服务能力；依托服务能力提升，2019 年累计为成员企业办理收支业务超 100 万笔，累计金额超 1 万亿元。

兖矿财务公司从“支付结算”“账户管理”“资金管控”三方面入手，借助集团大数据系统，通过科学的账户架构设计、良好的资金管控策略、高效的支付结算体系，发挥财务公司资金集中的规模效应，提高现金周转效率和现金使用效益，确保支付结算安全及时。构建了“SAP—共享中心—财务公司”无缝对接的资金管控一体化运营平台。

南航财务公司积极协助集团搭建司库系统，增强核心服务能力；2019 年顺利上线新一代核心业务系统、完成司库银企直联系统切换并上线司库运营管理平台，打通银行、企业资金流，运用大数据和互联网工具，提供资金计划与预算、收付结算、国际业务、票据业务、融资管理、账户管理等多样化金融服务，全面提升资金金融资源管理能力，同时推进全球资金管理布局。

马钢财务公司在集团建立财务共享平台基础上，打通财务公司与财务共享平台之间的资金结算通道，建设将集团职能部门、股份公司职能部门、部分重要二级子公司、财务共享平台与财务公司囊括在内的司库体系，有效延伸财务公司资金平台服务能力。

中铁财务公司积极参与集团财务共享服务生态系统建设，主力承担共享服务生态系统内集团账户管控、收支结算过程预算控制、资金支付分级权限管理、资金收支大额监控等重要功能建设与实施。为满足共享服务线上结算需要，公司 3 年累计科研投入超过 1000 万元，新建本外币资金系统与共享核算系统接口，将资金结算结果全部实时推送共享中心自动生成凭证，有效提升适应共享模式的支付及会计核算服务能力。

案例

案例 16-1　国家电投财务公司建设境外司库服务系统

2019 年，国家电投财务公司配合集团发展战略部署，启动并初步完成集团全球司库系统建设工作，在帮助集团实现境外账户可视、资金归集、融资管理、风险管控、数据应用等管理服务职能方面迈出了坚实的一步。

国家电投财务公司司库服务系统由司库中心管理系统、财务公司业务系统、资金统一业务系统和国际业务系统构成，采用集中部署、三级应用，并探索和尝试大数据、区块链、人工智能等新技术的应用，以满足国际、国内、多层次、多国别、多语言、多币种、多模型的资金管理需求。具体功能框架见图 16-1。

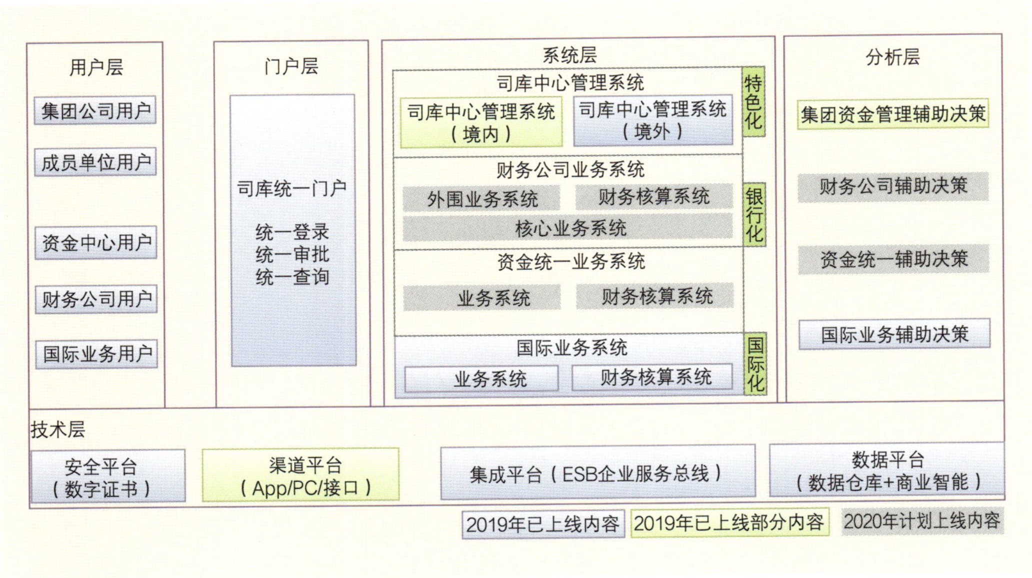

图 16-1　国家电投财务公司司库系统功能框架

为了满足境内、境外的差异化资金管理需求，集团司库中心管理系统按照特色化设计理念，分为境内和境外 2 个子系统，并通过统一门户将 2 个子系统深度集成，主要包括全球融资管理、全球账户管理、全球支付工厂、全球资金集中管理、集团票据管理、全球资金计划、全球投资管理、全球外汇管理、合作伙伴管理、司库风险管理等功能模块，每个模块都涵盖境内资金管理功能和境外资金管理功能。财务公司业务系统按照银行化设计理念，设计了核心、外围和核算 3 个子系统。资金统一业务系统按照专业化设计理念，设计了业务和核算 2 个子系统。国际业务系统按照国际化设计理念，设计了业务和核算 2 个子系统。各个金融业务系统主要包括存款、贷款、票据、外汇、投资、同业、结算、财务核算、风险管理、客户、产品、定价等模块。 辅助决策系统分为境外司库、境内司库、全球司库、财务公司、国际业务、资金管理中心六类，基于数据仓库和商业智能技术，按照智能数据分析设计理念，涵盖关注指标、分析图表、报表报告等辅助决策功能。一体化集成方面，基于先进的 Smart@ESB 系统集成平台，创新性地将国际化的 SAP 境外司库管理系统、特色化的九恒星 G6 境内资金管理系统以及专业化的神州数码 Smart@Ensemble 银行核心等系统进行一体化集成，通过银企直联、SWIFT 连接境内外近 20 家银行支付体系，并与集团财务共享系统全面集成，搭建全流程、一体化的集团司库系统。

二 扩张外部市场连通能力

财务公司既是企业集团内部的金融服务平台，也是持牌金融机构，是中国金融市场的重要参与者，具有连接集团内外两个市场，在两个维度统筹供需、调配资源的独特优势。这种背靠集团内部金融资源与金融服务需求，连通外部金融同业和其他市场参与者的特殊能力，是财务公司金融服务能力的重要一环。在内部金融服务在品种、规模、品质、效益等方面存在客观欠缺的时候，这种能力能够帮助财务公司及时补齐服务短板，发挥外引内联优势，形成跨市场产品服务组合，甚至单纯发挥通路或中介职能，在更加广阔的范围内为集团成员单位生产经营与产业发展打造有利的金融环境。在集团成员单位直接面对金融市场，面临种种困难之时，财务公司又能发挥专业持牌金融机构沟通同业、搭建桥梁、咨询顾问、示范压价等多方面优势，为集团争取利益最大化。同时，广泛深入的外部市场连通渠道与协作关系，也为财务公司优化资产配置、扩大负债来源、精细头寸管理、改善经营管理创造了条件，为金融服务能力的全方位提升奠定了基础。

在 2019 年扩张外部市场连通能力的实践中，财务公司一方面继续抓住商业银行、财务公司同业等主要合作对象，通过同业授信、票据互认等方式，巩固传统金融生态圈，并在银团贷款筹组、同业拆借、票据合作等传统业务领域精耕细作，继续保持传统优势；另一方面有序扩大合作伙伴范围，打造与日常金融服务、生产经营深度融合的外部金融资源连接获取与高效利用模式，探索外部合作精细化管理，提高协助集团成员单位对接外部金融资源的咨询顾问与中介服务能力。

在具体工作中，海翼财务公司积极提高同业合作能力，为集团发展争取更多金融资源，2019 年新增金融同业授信交易伙伴 6 家，合作范围从传统的财务公司同业与商业银行扩展到金融租赁公司、消费金融公司、证券公司等，金融合作生态圈实现有效扩张。

南方电网财务公司精心打造同业“金融合作圈”，构建相互支持、平等互利的同业合作关系，提高对外部市场资源的获取与利用能力。截至 2019 年底，公司已获得 16 家商业银行对公司授信并获得授信额度 608 亿元，公司依托资本转增，将同业拆借限额从 50 亿元增加到 70 亿元，提高公司关键时点融入资金能力，保障集团资金链安全。2019 年公司妥善应对集团内部资金波动加剧局势，同业拆入和质押式正回购累计融入资金 7932.07 亿元，有效保障集团及各成员单位结算支付资金需求，同时依托合作关系争取优惠融入利率，全年节约融资成本约3893万元。

徐工财务公司对外统一协调金融资源，进一步加强与商业银行各层级审批机构的沟通与协同，提高对外部合作的引导与管控能力；通过对合作银行打分评价等机制，引导银行加大对集团战略新兴板块和重大建设项目的精准授信，先后为徐工矿机公司协调大型国有、股份制银行授信额度近10亿元。同时，公司依托银行同业授信资源的有效拓展，推进同业代开电子银行承兑汇票业务，2019年代开额度从6亿元增加到19.5亿元，有效扩展连通外部市场的金融服务能力。

陕煤财务公司与开源证券等集团内金融板块企业联动，以集团核心企业对下游客户应收账款债权为底层资产，成功在上海证券交易所发行“开源—陕煤应收账款第一期资产支持专项计划”20亿元，成为全国煤炭行业首单出表型应收账款ABS，在深化集团内金融企业合作的同时，为集团打造连通广阔资本市场获取资金资源的全新服务能力。

三　打造链式服务整合能力

近年来，在财务公司行业业务创新推进步伐相对稳健的大背景下，产业链金融服务成为财务公司延伸服务领域、深化产融结合、服务所属集团及行业整体发展生态、为实体经济良性运转贡献更多价值的主要突破口，也成为财务公司在传统业务模式之外寻求全新业务增长点的重要手段。具体到财务公司职能的发挥，无论是为集团上下游产业链合作伙伴提供必要支持，稳固业务合作，实现互利共赢，为集团产业链高效运转和稳健发展提供更好条件，助力实体经济，为经济发展稳增长创造价值，还是落实国家战略，承担普惠金融职责，服务中小微企业，精准传导货币政策，激发经济运行活力与动力，都需要财务公司按照国家赋予的职责定位，遵循监管部门指明的发展方向和发展节奏，更好贡献产业链金融服务价值，不断提升产业链金融服务能力。

客观来说，产业链金融服务相对于财务公司以集团成员单位为中心的传统内部金融服务，在很多方面存在差异，也对财务公司自身的服务能力提出了新要求。产业链金融服务所面对客户数量更多、规模较小、经营分散、情况复杂；服务从产品设计、业务频度、信息密度、运行效率、风险防控力度，到金融服务信息系统适应性、服务网络覆盖性、服务团队数量和质量，都给财务公司带来了前所未有的严峻挑战。

2019年，财务公司行业在产业链金融服务领域呈现了不畏挑战、迎难而上、强基扩能、整合成链的特点。具体来说，财务公司在总结产业链金融服务经验、充分吸收借鉴金融同业产业链服务产品与服务模式优秀成果的基础上，强基固本，开拓创新，针对产业链金融服务对公司金融服务基础架构的新要求和新挑战，整合服务机构，完善服务网络，锤炼服务团队，优化信息系统，改进审批流程，提升运转效率，强化风险防控，从企业经营理念、运营模式、管控手段、业务筹划的整体全局出发，加速适应产业链金融服务的内在逻辑与内在标准。其中的努力重点，一方面在于加速信息系统建设，在完善公司核心业务系统基本架构的基础上，大力开发适应产业链金融服务实际需求的专业系统、专业平台、专业终端，以信息科技力量提升整体服务效能；另一方面，则是在机构人员等各方面资源相对有限的客观条件下，充分运用连通集团内外客户、内外金融市场、内外中介服务等市场其他参与者的整合优势，按照“财务公司内部产品服务整合—集团内部产品服务整合—跨市场产品服务整合”的圈层次第展开，在更大范围内充分运用金融服务基础设施，围绕资金流、物流、信息流展开广泛业务合作，统筹运用多方资源，充分运用科技进步成果；将各个市场不同服务者具有比较优势、处于分散状态的多元化服务产品，根据产业链各个环节的实际需要进行整合对接，打造契合产业链金融服务需要的链式服务模式，形成助力资源统筹与需求对接最优化、产业链价值最大化的链式金融服务能力。

在具体工作中，宝钢财务公司推出“宝利通”产品，整合票据融资、通宝融资、保理融资等服务功能，为上游供应商提供全面的供应链融资服务；通过产品移动客户端，客户可及时了解自身的报支全流程信息，申请融资业务，打印融资单据，享受在线化、智能化服务。2019 年，“宝利通”产品融资发生额较 2018 年增长超 70%，新增客户近千家，其中超 80% 为小微企业。

中国电力财务公司开展产业链金融业务区域集中作业、票据业务全线上办理、保理业务全线上办理三项产业链金融管理创新，以此持续优化创新产业链金融业务组织形式、管理机制、业务流程和系统功能，进一步提升业务线上办理水平，降低操作风险，提高业务效率，全面提升公司产业链金融服务能力。通过管理创新，产业链金融服务处理时限由原先的一周压缩到 2～3 天，特殊情况下进一步压缩到 24 小时以内。2019 年各创新试点单位共办理电票承兑、电票贴现、保理业务 31506 笔，累计金额 389.71 亿元，分别同比增长 63.33% 和 47.47%，实现了服务能力的更新换代。

中化财务公司积极推动智慧供应链金融系统平台建设，2019 年完成线上化保理业务系统上线；该系统深度连接财务公司、集团核心企业及其上下游客户，提供专业化产业链融资服务，实现签约、审核、放款、还款全业务流程线上化、无纸化、电子化、智能化，有效简化线下操作，降低经营成本，提高运营效率，实现产业链金融服务能力全面提升。

中车财务公司以“一头在外”票据贴现为重点，面向集团产业链供应商提供供应链金融服务。公司在优化升级核心系统、增加“供应商管理”模块的基础上，与集团旗下供应链电子商务平台——“中车购”开展了在线推广合作，努力推进物流、资金流、信息流统一；业务启动半年左右，已为35家供应商客户提供授信，其中中小微企业33家，累计授信额度18.66亿元。

中建财务公司运用科技手段，搭建线上供应链金融服务平台，线下内部保理融资业务模式升级为线上化管理。通过平台，成员单位可以作为核心企业对赊销贸易下的到期付款责任进行确认，其他成员单位作为各级供应商可将确认后的应收账款转让于上一级供应商用以抵偿债务，或转让于财务公司获取融资。平台上线的内部成员单位达45家，包括核心企业及各级供应商，累计开展供应链业务175笔，金额近12亿元。

广汽财务公司协同集团内广汽汇理打造“产业链库存融资汇财贷”产品，为产业链下游经销商提供高额度库存融资服务；通过联合定制开发业务系统，与整车企业系统实现连通，实现订单、物流、销售数据实时交互，三方库存融资资金账务处理统一在广汽财务资金结算体系完成。该产品2019年全年累计为60家经销商审批“汇财贷”授信额度，累计发放买方信贷贷款6.95亿元，融资车辆8600台，日均贷款余额8000万元。

创维财务公司协同联易融主导研发，结合腾讯金融科技能力，以腾讯区块链技术为底层框架，联合打造“创维供应链金融服务创新项目”，为集团供应链结算、流转、融资业务中的各种角色提供服务，全线上实现应收账款资产的认证、转让及融资等功能，全面盘活中小企业应收账款资产，促进核心企业上游供应商应收账款融通及交易。

马钢财务公司协同集团内仓储物流合作伙伴，为产业链下游客户提供货权质押买方融资，下游客户将购买的马钢产品质押给财务公司，财务公司审核经销商资质通过后，委托马钢内部白名单仓储物流公司对质押货物出入库进行监管控制。通过这一合作，财务公司实时掌握货物出入库、解质押的动态信息，确保实现全流程物权控制。

四　增强集团风险管控能力

依托集团内部金融服务，在帮助集团加强资金集中、账户集中、结算集中的同时，发挥资金监控平台作用，帮助集团成员单位管控风险，既是国家对财务公司职能定位的重要方面，也是集团对财务公司深化扩展金融服务能力的必然要求。

2019年，在宏观经济环境比较复杂、经济增长速度放缓、各类不确定因素增加的大背景下，财务公司抓住集团以资金为纽带加强全面风险管理的迫切现实需要，从自身作为持牌金融机构的风险防控专业优势出发，继续坚持寓管理于服务、寓“管风险”于“管资金”。在配合集团增强风险管控能力的过程中，财务公司的探索与努力方向，主要包括依托资金集中管理与结算服务系统，在获得集团管理授权的情况下进行扩展，以账户、资金、结算为纽带，强化对成员单位经营管理活动的管理监控能力，并不断完善相关信息系统功能；与集团计划预算管理深度融合，以资金支付审核为抓手，落实预算审批管理，协助集团强化内部财务资金纪律；配合集团完成账户清理等专项工作；同时，针对投资风险管理、外汇风险管理等专业性比较强、成员单位需求比较迫切的风险管控领域，扩展风险管理专业顾问、咨询服务，在原有金融服务产品体系之外，释放财务公司依托专业团队、专业系统、专业机制、专业经验所形成的增值服务能力。

具体工作方面，华菱财务公司利用资金、账户、结算“三集中”优势，依托资金管理系统，不断完善覆盖全集团的资金监控与风险管控能力；截至2019年末，公司监控平台对121家成员单位、573个账户进行全覆盖，从资金和账户两个维度，协助集团对成员单位的账户、资金、票据等进行在线实时监测；对外付款实行三级审核，对大额支付实行事前报告、事中控制、实时预警，对资金业务的交易和授权进行管控；确保全集团资金“看得见、管得住、用得好”。

广西交投财务公司积极打造全集团资金风险管控体系，以严控资金计划为管理切入点，由财务公司充分发挥对资金计划执行控制的核心作用。财务公司负责对各成员单位资金计划的执行进行审核和管控，并纳入对成员单位的年度经营业绩考核；主导建立账户管理系统，与区内20家主要银行建立直联。公司以结算支付为抓手，形成全集团资金管理闭环，实时确保每一笔支付均符合资金计划，针对土地收储、投资、捐赠等特殊支付采取严格的特殊审查措施，针对贸易等大额资金业务采取了“白名单准入制”。由此，公司帮助集团实现所有账户“可视”、所有资金“可控”、所有变动“可循”、所有结果“可查”，形成了帮助集团在线、实时、全面监控资金情况的强大服务能力。

联通财务公司牵头开展全集团账户“瘦身”工作，进一步增强账户风险管控能力。公司从集团全局出发，通过深入研究账户体系架构，制订账户“瘦身”工作原则；提出本地网银行账户结构建议，编写账户“瘦身”工作指引；组织各级单位找准账户清理突破点，明确账户“瘦身”压降目标；结合集团智能财务共享、营收线上线下一体化等重点工作的推进，指导分、子公司尝试突破原有管理上的束缚，研究使用虚拟账户、沃账户等金融产品替代银行账户。2019 年共计压降银行账户 2036 户，年度账户压降比例高达 23%，较 2016 年初压降 39%。

案例

案例 16-2　国投财务公司打造客户汇率风险管理增值服务能力

近年来，国内外汇市场价格波动加大，人民币汇率走势呈现双向波动，对企业的外汇风险管理提出了更高的要求。国投财务公司充分发挥自身金融机构专业性，为有需求的成员企业提供套期保值咨询服务，形成了汇率风险管理增值服务能力。

以针对成员企业 A 的专属服务方案为例，A 企业主业为国际工程承包和进出口业务，外币结算业务频繁。收入主要以美元、欧元等外币结算，支出以人民币为主，存在外汇收支错配情况。由于未获得银保监会的衍生品经营资格，财务公司暂不能为成员企业直接提供套期保值服务。但公司持续探索新的业务模式，在 2019 年为成员企业 A 办理了代理远期结售汇询价业务。

具体操作中，财务公司与其一同对国有、股份制及外资银行的汇率衍生产品进行调研，并针对不同银行的产品特点为其提供客观建议。成员企业 A 选定合作银行后，公司积极与合作银行沟通，利用同业合作关系，争取到报价点差。在交易询价过程中，公司发挥自身专业性和对市场的敏感性，帮助成员企业 A 分析银行报价模式，减少信息不对称，在合理价位达成交易。

具体询价模式如下（见图 16-2）。

（1）成员企业向财务公司提出具体业务需求，包括币种、金额、期限、方向；

（2）财务公司与合作银行沟通成员企业具体需求；

（3）合作银行向财务公司提供产品方案和远期报价；

（4）财务公司将报价反馈给成员企业，协助其与银行沟通；

（5）如果成员企业同意达成交易，则成员企业独立与合作银行签署衍生品合约。

（6）在合作银行对成员企业有专项授信的情况下，占用专项授信额度；若授信额度不足或无授信情况下，则由成员企业缴纳保证金，不占用财务公司同业授信。

（7）远期合约到期时，银行通过成员企业在银行的人民币和外币账户直接进行交割。

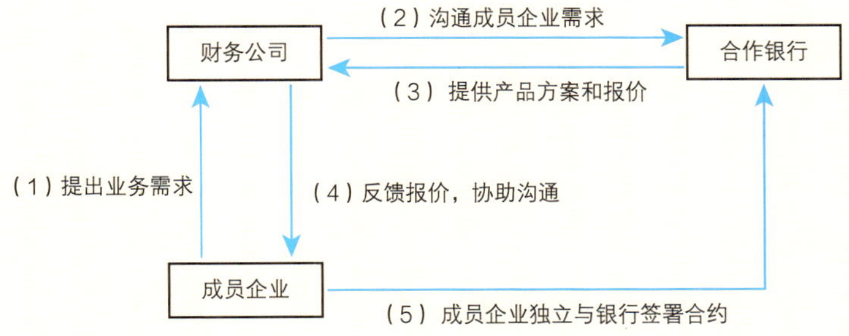

图 16-2　国投财务公司询价模式

通过这一模式，财务公司为成员单位提供专业风险管控服务的能力切实增强；在帮助成员单位控制风险的同时，也切实帮助客户加深对汇率风险管理的理解，有效提升其风险管控能力。

五　释放智库增值服务能力

近年来，财务公司为所在集团提供智库支持、释放增值服务能力的独特价值，且日益得到关注和认可。财务公司具有紧密连接外部金融市场、深耕集团产业发展的独特优势。总的来说，财务公司与集团成员单位特别是实体主干产业成员单位相比，对金融环境、金融市场、金融产品、金融规律认识较深，眼界开阔，专业性强；与外部市场化金融机构相比，贴近产业发展一线，了解集团战略全局，对于实体产业和成员单位发展的难点、痛点，有着更加深刻的理解。因此，财务公司的智库服务能力与服务价值在一定程度上具有不可替代性。同时，通过金融服务实践经验的不断积累，对行业职能定位认识的不断深化，各财务公司普遍形成了一支经验丰富、能力突出、素质过硬、可塑性强的金融服务专业团队；无论就所在企业集团、实体产业，还是就金融市场而言，都是不可多得的宝贵财富；也为财务公司将智库优势转化为实实在在的增值服务价值奠定了坚实基础。

在 2019 年的探索和实践中，财务公司除作为集团财务、资金、金融专业人才培养与锻炼基地，为所在集团持续输送专业人才，以人为载体释放智库服务价值之外，着力打造以各类顾问咨询服务产品、市场动态报告、政策分析报告、专项研究报告为载体的智库服务体系，建设集团内智库产品增值服务中心；在做好单个客户、单个项目智库服务支持的基础上，探索建立覆盖集团全局的常态化智库支持服务体系；同时，在原有单项智库服务产品以融资方案、筹资方案、资金收付结算方案等为主的基础上，针对集团成员单位“走出去”步伐的加快，大力强化针对外汇、跨境等专业领域的全新智库服务能力，将财务公司智库服务优势切实转化为帮助集团高质量发展的强大动力。

具体工作中，国信财务公司积极发挥金融智库服务能力，为集团旗下苏晋能源控股公司收购山西电厂提供专属服务支持。公司作为集团代表，牵头重大融资事项，统筹制订融资方案，与银行谈判协商获取授信额度与优惠利率，确保并购顺利完成。并购完成后，公司团队第一时间实地调研，摸清被收购电厂资金情况、经营状况与融资需求，协调各大银行完善后续授信支持，并帮助其设计以财票支付工程款的操作方案，保障经营管理安全顺畅，节约财务成本。

青啤财务公司面对集团战略新兴板块成员单位、上游供应商和下游经销商的实际需求，不断增强个性化智库服务能力，切实为客户提供资金集中管理、风险综合控制、资金融通、合理提高资金收益等专业化智库服务并答疑解惑，2019 年提供金融服务咨询 1001 项。

联通财务公司发挥智库优势，为集团公司打造投研支持体系，包括每日财经资讯、宏观经济月报以及不定期热点事件专题分析；通过持续关注、搜集市场热门信息，并对各项宏观政策、市场数据进行解析，为集团投融资等经营决策提供参考依据。此外，公司收集、整理集团在市场上的可比发债主体，为集团发行债券提供更多可参考的信息；2019 年公司完成的多篇分析报告，为集团行业发展布局、金融能力提升、融资结构优化等多方面提供决策依据及建议，充分彰显了智库服务能力。

浦发财务公司不断提升针对不同成员单位的个性化智库服务能力，2019 年成功助力浦房集团和养老公司，贡献智库服务价值。其中，财务公司配合浦房集团，设计了结合 ABS、ABN、保债计划、住房租赁专项债等产品的综合金融服务方案，最终帮助浦房集团选定住房租赁专项债作为融资主渠道。同时，财务公司助力养老公司产业发展，走访了养老产业知名企业，同时对浦东“朱家滩社区”等居民社区及上海市周边地区养老地产供需进行分析，形成了包括《浦东新区养老产业发展综合研究及浦发养老板块发展建议》与《上海市养老地产发展方向和运营模式》共计 30000 字的产业研究报告，为养老公司发展定位、盈利模式及发展规划等提出了有益的建议。

上海电气财务公司充分发掘集团各项新增外汇业务需求，有效发挥智库优势，不断拓展外汇顾问服务的新领域、新模式。外汇顾问服务从原先专注于外汇市场资讯的普通外汇顾问服务逐步扩展为涵盖外汇市场咨询、外汇风险管理、外汇政策咨询等全方位的“外汇顾问服务 +”。在 2019 年集团美元债发行项目中，财务公司针对外管局内保外贷等级要求，充分发挥熟悉外汇管理政策，与国家外汇管理局、银行沟通渠道通畅等多项专业优势，自发充当集团与外汇监管机构的桥梁，并作为代理落实了与监管部门的发债前沟通，监管申报材料准备、提交，后期协调等各项工作，充分展现了不可替代的智库服务优势。

案例

案例 16-3　中化工程财务公司金融咨询与专题研究常态化服务

随着境内外业务的快速发展和市场竞争的日益加剧，中国化学工程集团内部成员单位面临的金融咨询需求逐渐增多。对此，中化工程财务公司积极拓展服务职能，为中国化学工程集团内部成员单位提供全方位多角度的金融咨询服务以及专题研究支持，充分释放金融智库服务能力。

融资咨询方面，财务公司充分发挥自身金融专业及金融资源优势，针对中国化学工程集团境内外重大项目探讨项目贷款、保理、融资租赁、股权融资等多种融资方式，为成员单位提供融资条件咨询、融资方案设计、金融资源对接等服务，支持成员单位将融资设计前置，在更激烈的工程市场竞争中获得优势。目前已帮助两大项目融资实现落地，完成近 20 个融资咨询项目。

外汇咨询方面，公司利用自身国际业务经验、与国家外汇管理局等部委的密切沟通以及与中外资国际化银行的良好合作关系，根据成员单位需求，提供包括外汇政策、对外投资政策、外汇市场情况、境外国别风险、境外项目资金路径规划、外汇风险管理等咨询服务，支持集团国际化经营。目前已完成相关咨询服务 10 余项。

课题研究方面，公司利用自身金融、经济相关专业知识，紧跟中国化学工程集团业务发展需求，提供包括各项金融产品研究、行业研究、国内外市场宏微观研究等相关专业课题研究服务，协助集团紧跟行业发展新趋势与市场新动态，改进决策质量。目前，公司已完成课题研究 10 余个；在贡献智库研究价值的同时，有效锻炼研究团队，为智库服务能力的可持续发展奠定了基础。

第五篇　发展篇

2019 年财务公司行业新特点。财务公司行业更加注重高质量发展与服务实体经济，资产质量进一步提升，服务实体经济效果明显。更加注重基本功能发挥与金融风险防控，持续发挥基本功能，确保合规经营与风险可控。更加注重服务效率与服务质量，完善核心业务和数据分析系统，提升金融服务和数据分析支撑的效率与质量。更加注重融入集团战略与整合内外部金融资源，发挥金融平台作用，搭建连接外部市场的桥梁。

2019 年财务公司行业新挑战。外部环境的负面冲击加大，实体经济普遍承压，财务公司经营管理难度上升。提高行业竞争力更加紧迫，企业集团内金融板块的融资租赁、商业保理、保险代理等机构对财务公司造成一定冲击，信托、资管计划、银行理财等业务受限给财务公司提升资产收益带来压力；在核心业务方面，财务公司面临银行等的竞争不断加大。行业分化更加明显，市场同业机构提高合作门槛，倾向于与大型财务公司合作；对财务公司资金管理提出更高要求，更加强调细化资金计划、强化流动性管理、确保全集团资金链安全。

未来财务公司行业新趋势。适应新常态发展需要再出发，强化与金融市场联系沟通、与其他金融机构业务合作，服务集团整体战略和转型发展。利率并轨倒逼转变发展思路，推动集团公司转变对财务公司考核角度，向精细化管理要效益，通过数字化转型释放发展潜能。开放合作破解票据发展难题，加强与外部金融机构和产业链上下游财务公司的合作，强化财票品牌效应。区块链成为科技赋能新利器，财务公司利用真实可靠的企业间贸易背景、应收（应付）账款等信息为上下游企业提供金融服务；实现成员单位信用集中管理，更好地承接外部金融资源，降低集团融资成本。落实金融行生业务新要求，央企财务公司或将承担内部货币类衍生业务统一平台建设者重任。

Part 5 Development

In 2019, the finance company industry showed new development features. Companies paid more attention to high-quality development and service to the real economy, asset quality was further improved, and the effect of serving the real economy was obvious. They paid more attention to fundamental functions and financial risk prevention and control to ensure operation compliance and risk control. They kept improving service efficiency and quality, and improved core business and data analysis systems. Companies also kept in line with the group strategies and integrated internal and external financial resources, building a bridge for the internal the external market.

The industry were also faced with challenges in 2019. The negative impact of the external environment has increased, the real economy was generally under pressure, and the operation and management of finance companies has become more difficult. It became more urgent to improve the competitiveness of the industry. Various financial institutions within enterprise groups developed rapidly, such as financial leasing, commercial factoring, insurance agencies, etc., and they brought some negative impacts for finance companies. Business prohibition on trust, asset management plans, and bank wealth management products brought more pressure on the industry's profitability; in terms of core business, finance companies were in the face of competition from banks and group overseas treasury centers.The differentiation within the industry became more obvious. The market peers have raised the threshold of cooperation and tend to cooperate with large finance companies; companies had to meet with higher requirements on the fund management and put more emphasis on detailed capital plans, strengthened liquidity management, and ensured the group’s capital chain security.

In the future, the finance company embodies several development trends. To adapt to the needs of the new normal development, companies need to strengthen communication with the financial market, and business cooperation with other financial institutions to serve the group's overall strategy and transformational development. The unification of interest rates forces a change in development thinking, and promotes group companies to change their assessment indicators for finance companies, requiring companies to achieve benefits from refined management, and release development potential through digital transformation. Companies extend cooperation to solve the problems of bill issuance, strengthen cooperation with external financial institutions and other finance companies upstream and downstream of the industrial chain, and strengthen the brand effect of finance company bills. Blockchain has become a new weapon for technological empowerment. Finance companies use real and reliable intercompany trade background, accounts receivables (payables) and other information to provide financial services for upstream and downstream companies; realize centralized credit management of member units and better connect with external financial resources to reduce group financing costs. To implement the new requirements for financial derivatives business, centrally-managed state-owned finance companies may assume the responsibility of building a unified platform for internal currency derivatives business.

第十七章 新特点

一　更加注重高质量发展与服务实体经济

2019 年是全面贯彻落实党的十九大精神的重要一年，也是金融业践行高质量发展与服务实体经济要求的重要一年。高质量发展成为发展方向，强监管、严监管成为常态，特别是随着个别财务公司票据违约事件发生，监管部门对财务公司票据等业务提出精细化要求，财务公司高风险类业务受限，监管政策的一系列变化促进财务公司强化服务实体经济。

（一）资产质量进一步提升，实现了高质量发展

财务公司坚持稳中求进的发展总基调，积极适应严监管的新要求，紧紧依托集团产业发展需求，审慎合规开展结算、资金集中、存贷款、票据等业务，在资产、利润等主要经济指标实现平稳较快增长的同时，资产质量得到进一步提升，实现了高质量发展。2019 年末，财务公司行业资产总额为 7.02 万亿元，同比增长 10.87%，高于同期银行业 2.73 个百分点；财务公司行业不良资产率继续保持较低水平，仅为 0.65%；信贷资产质量进一步提升，不良贷款率仅为 0.86%，同比下降 0.1 个百分点，显著低于同期银行业 1 个百分点。

（二）服务实体经济效果明显，助力集团高质量发展

作为非银行金融机构，财务公司积极发挥金融服务实体经济作用，加大信贷投放对集团产业的支持力度，2019 年末，信贷余额为 3.29 万亿元，同比增长 14.15%，高

于同期资产总额增速 3.28 个百分点；存贷款比例为 57.59%，较上年增加 1.49 个百分点，在降低企业集团整体融资成本、控制风险的前提下，发挥产融结合优势，积极为企业集团内部产业与产业链上下游单位提供信贷资金支持，有力助推企业集团全产业链发展，并降低集团整体对外负债与财务费用，助力企业集团整体高质量发展。2019 年，财务公司行业通过信贷为企业集团节约对外财务费用 1283.10 亿元，同比增长 12.16%。

案例

案例 17-1　中电建财务公司通过特色化整体金融服务方案助推装备类成员企业高质量发展

中电建财务公司根据金融运营和业务资质获取情况，结合装备类成员企业“融资难、融资贵”的难题，按照“分步推进、逐级覆盖”的原则，通过稳步推进特色化信贷服务，助推装备类成员企业高质量发展。一是加大信贷资金支持力度。首次推出年化利率为 2% 的低息科技创新贷款，支持企业转型升级发展，并为装备企业提供比同期市场利率下浮 10% 的流动资金贷款，保障企业资金链安全稳定。二是拓展金融产品供应范围。针对装备企业有选择性地开展票据贴现融资、应收账款保理融资和融资租赁，缓解企业资金压力。利用集团信用，鼓励使用中电建财务公司承兑的票据支付款项，通过产业链上下游财务公司同业合作拓展中电建保函的使用范围，降低企业保证金支出，并为装备企业提供财务顾问、融资顾问服务。三是围绕“销售端和供给端”，延伸产业链金融服务。将供应链融资等特色服务纳入整体金融服务方案，不断提高金融服务的针对性和实效性。推进特色化信贷服务后，装备类成员企业资金状况得到极大改善，提质增效明显，内部融资占装备类成员企业总体融资的 78% 以上，流动性问题得到极大缓解；资产负债率由实施前的 77.81% 下降到 2018 年底的 76.02%；利润增幅显著高于营业收入增幅；财务费用增幅大比例下降；融资总额增幅有所回落，融资规模得到有效控制，较好完成了“降减防”的任务；着力解决这些企业融资额度小、融资成本高和资金回笼慢等问题，帮助成员企业将精力更多投放到成本控制、财务核算等领域，推动实现高质量发展。

二 更加注重基本功能发挥与金融风险防控

2019年1月，银保监会修订发布新的财务公司监管评级办法，除评估内部控制与风险管理状况外，突出对财务公司服务实体经济功能发挥与集团支持、绩效考核导向等方面的评价，删除了利润考核评价要素，引导财务公司坚持基本功能发挥，服务集团产业发展，发挥好辅助管理与金融服务双重属性。国资委下发了规范中央企业财务公司经营管理事项相关文件，进一步强调财务公司功能定位，提出应逐步下调效益类指标考核权重，加强对集团整体财务管理贡献、服务能力与满意度、资金管理效率、风险管理能力等方面的考核，明确财务公司信贷业务应聚焦集团主业、审慎开展高风险企业贷款等重要内容。财务公司积极适应新的监管要求，继续深化财务公司功能定位，加强金融风险防控。

（一）围绕服务集团资金集中管理，持续发挥基本功能

2019年，财务公司行业紧紧围绕服务集团资金集中管理的基本定位，立足集团主业发展，充分发挥集团资金归集平台、集团资金结算平台、集团资金监控平台、集团金融服务平台四个功能，为加强企业集团资金集中管理和提高企业集团资金使用效率发挥有效作用。2019年末，财务公司行业资金集中度达51.65%，较上年增加2.17个百分点。财务公司资金集中的范围进一步由本币逐步拓展至本外币，资金集中的渠道进一步由境内集中拓展至跨境资金集中运营、跨境双向人民币资金池，资金集中管理模式与支撑系统持续完善。同时，财务公司资金计划管理进一步优化，资金运用效率持续提升。2019年，尽管财务公司行业积极让利成员单位，信贷收益率较上年下降0.09个百分点，但财务公司通过科学精准的资金计划管理，资金管理效率进一步提升，2019年效益类指标仍然实现利润总额1071.63亿元，同比增长3.39%。

案例

案例17-2 中广核财务公司打造新一代资金集中管理平台，助力集团加强资金管控

2019年，中广核财务公司围绕集团资金管理平台功能定位，多措并举，着力提升精细化管理水平，注重业务创新能力建设，助力集团资金集中管理迈上新台阶。

在资金归集方面，境内非上市公司资金无监管政策限制实行零余额管控，境内上市公司资金通过签订《关联交易协议》及提供全方位金融服务，确保资金归集无障碍；在目前财务公司无法设立海外子公司的情况下，一是统筹设立香港、欧洲资金中心，充分利用跨境资金池实现资金归集；二是创新外汇管制国家资金集中管理模式，搭建马来西亚区域资金管理平台，依托集团制度及银行账户体系建设，实现资金区域归集。截至2019年底，集团全口径资金集中度已达到78.17%，可归集口径集中度超过97%。

在资金监控与计划管控方面，筹建中广核集团资金管理系统，实施账户、资金与计划全方位管控。账户管理实施“开销统一申报、代理集团统一前置审批、集中统一办理直联监控”管控措施，集团超过2350个银行账户纳入在线实时监控范围，实现集团全球资金集中监控，有效提升资金安全保障能力。同时，着重打造资金计划管理平台，涵盖中长期计划及年度、月度、周计划，月度及周资金计划编制到日，实现资金计划实时滚动更新及全流程管控。

（二）加强金融风险防控，确保合规经营与风险可控

2019年，财务公司坚持稳中求进的发展总基调，积极适应严监管的新要求，紧紧依托集团产业发展需求，审慎合规开展结算、资金集中、存贷款、票据、金融性投资等业务，持续完善全面风险管理流程与体系建设，加强对流动性风险、操作风险、信用风险、政策风险、利率风险和汇率风险等主要风险的识别与管控，财务公司行业整体运行良好，整体抵御风险的能力进一步增强。2019年末，财务公司行业资本充足率为19.78%，高于同期银行业5.9个百分点。

案例

案例17-3　京能集团财务有限公司实施合规风险管控体系，推动可持续发展

京能集团财务有限公司在金融行业严监管、集团高质量发展、公司可持续运营三重压力叠加的背景下，以可持续发展为目标，顺应宏观政策和监管形势的变化，实现合规经营与持续发展的有效平衡。在全面风险识别的基础上，以前、中、后台职责分离为出发点，围绕业务流程实施组织再造，启动合规管理的信息化升级，实现合规风险防控的

“数据依据”；以制度、人员、机制为支点，撬动合规管理的供给侧改革，实现合规风险防控的“行动保障”；以法人治理、风险自评、对标管理、案防管理、整改库跟踪“五位一体”年度考核为指挥棒，通过有效激励与适度约束，培育合规文化，形成“要我合规”到“我要合规”的规范行动，继而全面实现合规风险的管控、在控、能控，最大限度地发挥公司金融机构牌照优势，为集团发展提供源源不断的金融动力。通过实施上述合规风险管控举措，公司各类风险继续保持在良好可控水平，在传统存贷结业务的基础上提供财务顾问、承销企业债券、有价证券投资、单位存款证明业务、保险代理业务、外汇业务等多品种的金融服务，增加客户黏性，开展“精准营销”和“个性化服务”，除利用内源资金调剂余缺外，也成为集团连接外部金融市场的桥梁和纽带，公司连续 6 年获得北京市企业现代化管理创新成果一等奖，3 次蝉联中国财务协会行业评级 A 级单位和监管评级“风险评级一级”。

三　更加注重服务效率与服务质量

为更好地支撑集团产业发展，深化财务公司功能定位，财务公司积极加大信息化投入力度，持续完善信息系统，全面提升金融服务效率与服务质量。

（一）完善核心业务系统，提升金融服务效率与质量

财务公司行业积极适应金融科技发展趋势，推动新核心业务系统的上线或现有核心业务系统功能的完善。一是部分财务公司上线新核心系统，提升服务效率与用户体验。例如，海信财务公司上线新核心系统，提升线上服务与管理的范围，更好地服务集团及公司未来业务发展。中信财务公司上线新核心系统，实现全业务线上化，有效提升了内部工作效率，为成员单位提供了更高效的结算服务和更便捷的网银服务。二是部分财务公司基于现有核心系统功能，持续完善网银、票据管理等功能，线上金融服务范围进一步拓展，服务效率与质量持续提升。例如，航天科工财务公司搭建“支付通”资金支付平台，建立一套标准接口，破解传统解决方案需要分别建设多家银行接口、管理多个秘钥、确认多道口令的难题，极大降低了管理成本，业务效率提升 50% 以上。南方电网财务公司优化现有票据系统功能，提升现有系统 3 倍以上的票据

交易承载量，缩短整个票据流转时间至原来的 1/4 以内。中国电力财务公司深化结算自动化建设与应用，结算服务效率大幅提升，实现了收款自动化、记账自动化、银财自动对账及业务回单服务的线上化、电子化，将原 6 个多小时的记账过程缩短为几分钟，将原持续一天的对账工作缩短为十几分钟，每次季度付息记账工作时间由 2 个小时缩短为几分钟。

案例

案例 17-4　五矿财务公司资金系统升级，助力提供优质服务

五矿财务公司实施了中国五矿资金管理与结算系统的二期建设，目的是以流动性管控核心为基础，实现资金运营效益化、风险管控透明化、资金决策结构化三大目标。

一是资金运营效益化。二期增加了多级资金池功能，以项目一期资金池为基础进行双向延伸，实现资金多层级上收下拨和借款调剂。实现双票据池功能，在统一的五矿资金系统实现财务公司和商业银行双票据池质押和融资开票，实现集团票据集中管理、内部调剂和额度共享，目前财务公司票据池与交通银行票据池已上线。

二是风险管控透明化。五矿资金管理与结算系统功能在风险管控上落地聚焦横向监控业务流程、纵向管控关键节点、容灾保障数据安全三大视角。资金系统功能建设将横向监控从业务流程角度实现可预警、可监测、可追溯、可约束经营行为。根据收款、付款、贷款和票据业务特征以及风险监控点，分成事前、事中和事后三个阶段进行分析。

三是资金决策结构化。二期项目也结合资金缺口和期限缺口确定安全现金持有量，识别资金流动性风险，通过成本评估和期限匹配的测算，为融资品种的选择提供决策支持。通过结合资金盈余和期限确定安全现金持有量，识别资金盈余，通过收益评估和期限匹配的测算，为资金运用方式的选择提供决策支持。

（二）完善数据分析系统，提升数据分析支撑效率与质量

财务公司积极上线大数据与驾驶舱系统，提升数据分析与支撑能力。例如，航天科技财务公司上线大数据系统，促进金融信息统计、分析、管理的效能初步显现。中电建财务公司建设管理驾驶舱系统，通过对企业经营管理指标的监控和分析，辅助支

撑资金集中管理、风险防范预警、融资运营管理、金融服务分析等业务应用。华能财务公司上线数据分析平台，灵活定制搭建统一的业务及经营指标展现、数据分析、报表数据平台，提升服务集团资金集中管控分析能力。

四 更加注重融入集团战略与整合内外部金融资源

（一）积极融入集团战略，发挥金融平台作用

作为集团内部金融机构，财务公司紧密围绕集团战略需求，全面提升经营管理与金融服务水平，坚持创新发展与合规经营双协同，持续拓展金融服务业务范围与服务领域，通过提供金融专业化、特色化服务，充分发挥金融平台作用，帮助集团节约财务成本、保障资金安全、提升运行效率，从支撑财金管控、服务集团产业发展等方面，以专业优质的金融服务助力集团战略目标的实现。在信贷业务方面，财务公司充分发挥集团内源融资功效，帮助集团降低对外财务费用，提高集团整体资金使用效率。在财务顾问服务方面，部分财务公司积极参与集团重大产业项目融资，积极制订方案、加强沟通与协调，在企业集团确定外部融资金额、融资期限与窗口等方面提供专业指导，压降融资成本，例如，中核财务公司、中建财务公司、上海电气集团财务公司、国投财务公司、开滦财务公司等提供专业化财务顾问服务，参与集团发债等外部融资，帮助降低外部融资成本。在产业链金融服务方面，财务公司积极打造集团上下游企业“金融生态圈”，例如，中国电力财务公司、中国电子科技财务公司、南方电网财务公司、马钢财务公司等牢牢把握“金融服务实体经济”定位，推广产业链金融服务，助推集团产业链发展。在推动保险集中管理方面，不少财务公司通过申请并获得保险兼业代理资质或成立保险经纪公司等举措，加强企业集团保险统一集中管理，例如，中交财务公司、国投财务公司、广西交通投资集团财务公司等积极推进保险集中管理，帮助集团降低保费规模，解决集团产业保费贵、理赔难等问题。在产融结合方面，除传统信贷业务与产业链金融服务外，上海电气财务公司、中海油财务公司等积极开展保函业务，降低成员单位开立保函的成本，减轻成员单位在外部银行的授信压力。

案例

案例 17-5　三峡财务公司提供全方位金融服务，为三峡集团践行长江大保护战略保驾护航

三峡财务公司成立以来，紧紧围绕三峡集团主业，服务三峡集团战略。从水电建设中强化资金结算、保障建设资金安全，到新能源建设中充分发挥内源融资平台作用，充分释放特色金融牌照的综合服务潜能，通过有针对性的金融服务和辅助管理手段，服务三峡集团战略。为更好服务三峡集团践行长江大保护战略，公司积极拓展业务资质，创新开展产业链金融业务，同时充分发挥传统服务功能，全方位向大保护战略服务倾斜。一是拓展业务资质，将产业链金融创新及时服务于大保护战略。2019 年公司积极争取产业链金融业务资质，通过“一头在外”的票据贴现业务办理，将服务范围延伸至集团成员单位之外，积极发挥服务实体经济、服务集团环保产业链上游的独特价值，在金融服务领域生动阐释了“共抓”的保护理念。二是充分发挥公司金融服务专业优势，提供从制度设计到人力资源的全方位支持。在监管合规的前提下，针对长江大保护项目的特殊性，量身定制相关业务制度，扫清流程障碍，输送多名优秀员工参与长江生态环保集团的筹建，选派多名优秀客户经理为大保护项目提供专属服务。三是调整自营资产配置，为项目提供搭桥资金。通过及时调整信贷资产配置，放弃部分大水电等高收益信用配置规模，为大保护项目腾挪信贷空间，通过搭桥贷款发放，有效填补了从项目开工到项目贷款落地之间的资金空白。四是充分发挥财务公司连接金融与产业的桥梁作用，为项目筹集长期建设资金。通过积极与银行对接，为大保护项目按时筹集银团贷款，同时积极与政策性银行对接，争取政策性银行贷款资金发放，进一步降低项目综合融资成本。五是及时为项目增信，确保项目合同顺利实施。根据公共事业项目采用的 PPP 合同惯例要求，三峡财务公司及时为项目公司出具履约保函等增信措施，助力合同顺利实施。六是为建设期项目提供暂保服务，确保项目风险保障无缝衔接。公司通过旗下全资保险经纪公司及时对接保险公司为大保护项目提供暂保服务，有效填补了集团统保协议签署前的保险空白，并落实相关理赔，做到了风险有效分担与保障的无缝连接。

（二）整合内外资源，搭建连接外部市场的桥梁

与一般商业银行等金融机构相比，财务公司更了解所属企业集团产业发展的特点与需求，通过积极加强与内外部金融机构的合作，开展银团贷款、票据、同业等业务，满足成员单位产业需求，规避信用风险，降低集团整体融资成本。一是部分财务公司通过协调外部金融资源，在发挥自身金融服务专业优势的同时，帮助集团获得外部资金。例如，徐工财务公司等对外统一协调金融资源，引导银行加大对集团战略的精准授信，精准解决集团产业融资需求。中化工程财务公司、北京首都旅游集团财务公司、中开财务公司等协调外部银行开展银团贷款，将部分外部负债内部化，降低集团公司整体资产负债率、分散部分集团内部信贷风险。二是部分财务公司通过加强同业合作，利用同业授信、金融牌照等金融资源，融入短期同业资金，拓宽资金来源渠道。例如，航天科技财务公司、诚通财务公司、中化工程财务公司等开展票据质押式回购业务，浙江海港财务公司、中铝财务公司、电子科技财务公司等开展债券回购业务，中化工程财务公司、南网财务公司、兖矿财务公司、徐工财务公司等开展票据再贴现业务，大唐财务公司、宝钢财务公司、天瑞集团财务公司、哈电财务公司等开展票据转贴现，进一步盘活了财务公司存量债券及票据资产，拓展多样化的主动负债管理工具，支撑流动性管理。

案例

案例 17-6　中铁财务公司“联合保理”及“联合保理 +”产品方案

中铁财务公司创新开展“联合保理”并推进“联合保理 +”业务，即以一小部分中铁财务“有追索权保理”撬动金融机构“无追索权保理”，满足成员企业应收账款出表需求；同时，通过整合双方优势来实现金融服务实体经济、金融资产“脱虚向实”的目标。这是国内首家财务公司“联合保理”业务落地。

业务模式主要有三种。一是联合保理模式。通过与金融机构联合，整合双方优势，以组成联合保理商的形式对成员企业的应收账款进行认购，联合保理出资采用平层结构（无优先劣后关系），中铁财务公司出资 10% ~ 20%，金融机构出资 80% ~ 90%，每期产品不超过 1 年期，可滚动循环使用。中铁财务公司与金融机构共同为成员企业提供坏账担保、承担买方信用风险的保理业务，保理融资出账方式为预支价金，成员企业将应收

账款无追索权转让中铁财务与金融机构；同时，金融机构认购部分享有公允价值回购权利。二是联合长期应收账款保理模式。联合长期应收账款保理业务分为两个部分：第一部分为融资，融资部分是以债权人（成员企业）转让其应收债权（长期应收账款、其他应收账款等）为前提，由中铁财务与金融机构按照一定的出资比例联合收购长期应收债权，并向债权人支付相应的转让对价。第二部分为资本金投资，是指债权人在获得应收债权转让对价后，通过互投基金等合理出表模式投入表外项目中充当资本金。三是联合双保理模式，实施该模式的财务公司作为中国中铁集团下属企业的买方保理商承担无商业纠纷的买方信用风险，并对贸易背景真实性负责；金融机构作为卖方保理商，为上游客户（中国中铁其他下属公司）提供公开无追索卖方保理融资。

中铁财务设计开展的“联合保理”及“联合保理 +”业务的亮点在于产品组合丰富，能够满足成员企业的不同需求，定制化满足成员企业对于出表、压降“两金”、保证应收账款收益不同诉求的组合。同时，由于“联合无追”能起到通过小比例资金撬动外部大比例资金的效果，可以将其作为集团应收账款管理的重要业务品种。

第十八章 新挑战

一　外部环境的负面冲击加大

2019 年，中美经贸摩擦叠加全球经济放缓，中国经济发展环境更加复杂多变，经济下行压力持续增大，实体经济普遍承压。这些因素传导至财务公司，会出现以下两个状况。一是经营管理难度上升。在负债端，受宏观经济和政策环境影响，企业经营成本增加，盈利能力下降，资金归集减少；在资产端，大部分企业经营困难，由于外部融资难、融资贵，所以更依赖于内部融资。负债只降不增，资产只增不降，财务公司资产负债背离趋势明显，管理运营弹性变小，经营管理难度加大。二是风险管理压力增大。资产负债趋势背离，流动性缺口增大，资金紧平衡成为新常态；与此同时，成员企业风险事项增多，给信用风险管理带来较大挑战。

在金融市场环境方面，中国人民银行继续采取稳健货币政策，保持市场流动性合理充裕，资金利率下行低位运行。传导至财务公司，会出现以下两个状况。一是存贷利差减少。存款方面，商业银行资金渠道多元化，综合成本更具优势，对财务公司吸收存款造成成本和竞争压力；贷款方面，部分融资能力较强成员企业，以外部低成本贷款置换财务公司贷款，或发债成本低于财务公司贷款利率，倒逼财务公司贷款利率中枢不断下探。二是银行间市场资金价格一路下滑，同业收益创下新低，甚至出现同业存款报价与一般企业活期存款报价倒挂的趋势。

在外汇管理方面，中美经贸摩擦演变、英国脱欧等事件加剧汇率波动，对外汇流动性管理提出更高要求；美联储先后三次降息，财务公司外币存款利率随行下调，影响外币利息收益。

整体而言，财务公司亟须丰富业务种类，提升服务品质，提升资产效益。

二　提高行业竞争力更加紧迫

财务公司作为企业集团内部银行，其各项职能在促进集团主业发展中发挥着重要作用，但局限性也在凸显。

2019 年初，国资委下发《关于加强中央企业金融业务管理和风险防范的指导意见》，进一步规范金融金控平台发展，企业集团内各金融业态整体实力不断加强，对财务公司的融资租赁、商业保理、保险代理等业务造成正面冲击，财务公司作为企业集团内外部资本市场唯一或主要金融桥梁的作用逐渐虚化。2019 年末，国资委下发进一步规范中央企业财务公司经营管理有关事项的通知，明令财务公司严禁开展信托、资管计划、银行理财等非标准产品投资。诚然，规范资管业务对促进资金回归实体经济、实现财务公司稳健经营发展影响深远，但在遵守监管投资范围及保证投资收益的双重目标下，可选优质资产极度稀缺，给财务公司提升资产收益带来压力。同时，投资业务作为财务公司行业最市场化、最具活力的前沿阵地，受此影响，其投研和风控能力恐将弱化，人才流失是大概率趋势，这也是一种遗憾和损失。

核心业务方面，在科技金融跨越式发展背景下，商业银行凭借强大信息科技支持，推出更加灵活便捷的产品，如“秒贴”为企业提供线上极速贴现服务，推广云信平台实现企业信用流转等，对财务公司产品创新和信息科技能力提升造成压力；同时，受政策和自身能力限制等影响，企业集团设立境外财资中心正在成为大趋势，部分财务公司与其集团共享中心还存有职能竞争的困扰，这使得具有鲜明内部特征的财务公司，培育产品竞争力、重塑盈利模式、去边缘化的紧迫性不断加强。

三　风险事件导致行业分化更加明显

2019 年 5 月，某商业银行被接管事件爆发后，各金融机构紧急梳理同业授信，分析对手风险，开展资产排查。相关影响传导至财务公司，导致出现以下状况。一是市场同业机构提高同业合作门槛，倾向于与大型财务公司或央企背景财务公司开展融资业务，部分民营财务公司可开展业务额度相对较小，融资利率上升。二是对财务公司资金管理提出更高要求。更强调细化资金计划，强化流动性管理，要求统筹长短期资金安排，做好资金回笼和付款计划衔接，充分发挥财务公司资金拆借职能，扩展流动性供给渠道，确保集团资金链安全。三是财务公司同业资产配置风险偏好发生改变，股份制商业银行为同业定期和同业存单的主要增量交易对手，以控制可能风险。

在经济结构调整和金融供给侧改革的大背景下，各类金融机构都面临转型，受市场选择和监管引导的影响，低端、无效金融供给面临自然淘汰，行业分化更加明显，头部金融机构会明显受益。

第十九章
新趋势

一　适应新常态发展需要再出发

面对集团和成员单位多样化、综合化和专业化的金融需求与财务公司服务能力之间的矛盾，中国银保监会党委委员、副主席祝树民在中国财务公司协会第22次会员大会上明确指出，财务公司下一步发展需要做到两个坚持：一是坚持内部金融服务属性，财务公司要牢牢坚守服务企业集团的定位，通过资金集中管理提高资金使用效率，发挥内源融资的作用，降低集团整体运营成本。二是坚持辅助管理集团属性，财务公司要发挥集团内部金融机构的信息优势和专业优势，在发挥好基本功能的同时，还应在投融资和集团管理等方面为集团当好参谋，做集团合规管理和稳健发展的得力“助手”。

以此为指导，可预期为实现高质量、可持续发展，行业发展将呈现以下趋势。一是主动适应新常态发展，立足本位，扎根实业。紧跟集团发展战略，深化资金集中，提升产融结合，围绕财务公司定位开展业务与服务模式创新；完善风险管控，强化科技赋能，打造服务标准，引入高端人才，强根固本转型升级。二是强化与金融市场联系沟通、与其他金融机构业务合作，拓展低成本融资渠道，优化资产配置途径；发挥银企桥梁功能作用，加强同业产品创新，联合提供金融服务，合作共赢。三是服务集团整体战略和转型发展，运用金融科技手段，预警、评估、监控和化解成员单位经济风险；加强资金形势与监管政策分析，做好政策解读和引导，协助集团公司维护外部声誉和内部金融秩序。

二 利率并轨倒逼转变发展思路

2019 年 8 月 17 日，人民银行宣布决定完善“贷款市场报价利率（LPR）形成机制”，代表我国正式步入货币市场利率和贷款基准利率逐渐统一的利率并轨时期，进入利率市场化后半程。商业银行利差缩小成为共识，财务公司受规模、专业能力等因素制约，面临更大转型升级发展压力。

面对此形势，从发展思路来看，一是推动集团公司转变对财务公司考核的角度。财务公司的根本目标是发挥好四个平台作用，利润增长受限将促使财务公司解放思想，坚守服务本源，通过主动压缩利差，降低成员单位财务成本，降低集团公司整体税费，协调集团考核体系与之相适应。二是向精细化管理要效益。在新贷款定价机制下，规模边际收益递减，规模至上发展模式难以为继，对资产负债管理提出更高要求，推动财务公司加强资金计划管理，健全存贷定价机制，合理搭配期限结构，畅通同业融资通道，完善流动性风险管理。三是数字化转型释放发展潜能。与集团 ERP 系统连通，提升财务公司信用风险管理和贷款客户获取能力，更好实现需求挖掘、精准服务、产品创新，寻找新利润增长点；探索利用信息化前沿技术，提高经营效能，释放管理潜力，突破效率瓶颈。

案例

案例 19-1 行业加强资金集中管理典型

一、中广核财务公司

在资金集中管理方面，一是完善制度建设，在集团资金管理制度上明确管理要求；二是强化境内资金归集管理，除监管受限资金外，其余资金原则上零余额管理；三是优化境外资金管理，充分利用跨境资金池通道实施境外资金归集，减少资金沉淀；四是做好资金计划管控，实行年度、月度、周计划并滚动更新，成员企业月度及周资金计划要求编制到日。

二、海尔财务公司

一是在集团制度、流程和系统设计层面上，成员企业开户必须按规定进行资金系统审批流程，财务公司必须要经过审核环节，对不合理账户的开户申请坚决予以闸口。只有在集团资金系统进行审批通过的开户申请才可以用印，并后续维护到系统中账号关联

SAP 记账。二是升级归集模式。打通多家银行归集渠道，监控各渠道每日资金归集是否顺畅。为解决集团销售平台收款“周期较长、金额受限、手续费较高”的痛点，与集团共享收付中心、信息部和银行并联设计创新方案，升级智能 POS、直连代扣代收等，支持实时在线打款，资金清算优化升级为 T+0，销售回款可以直达财务公司同业账户，为集团降低成本。三是对快捷通、银联结算收款渠道，安排专人监控，核对其数据的一致性和资金清算的及时性。四是与集团资金中心联动，按月盘点清理集团外部结存账户以及账面资金，闸口不合理外部滞留资金。五是升级直连平台。搭建银企直连平台和财企直连平台，直连了多家银行并与集团系统直连，除高效满足集团支付结算需求外，各项交易数据、回单、对账单、账户信息等线上共享集团收付中心和往来中心实现了数据实时共享，便于大数据分析增值，节约了集团资源，提高了各方工作效率，降低了人工记账和对账操作风险。

三、航天科技财务公司

近年来调研多家全国股份制银行、城市商业银行和财务公司总行或总部负责资产负债管理部门，学习借鉴先进经验。针对公司在安全性、流动性和盈利性三个方面面临的新环境、新形势和新要求，提出资产负债管理四个阶段建设方案，制定并发布了公司《资产负债管理办法》，完成资产负债管理体系的框架建设，迈出了资产负债管理从 0 到 1 的第一步，系统性推进资源配置效率优化，提升资源配置效率：一是从原有的部门条线决策上升至公司层面决策，打破部门条线固有思维；二是从原有的单点管理提升为全局统筹管理；三是进一步提升管理颗粒度，很多涉及资源调配的指标涉及公司多项资产负债，需明确各执行部门资源配置变化对公司产生的量化影响；四是从被动管理变为主动前瞻管理，通过搭建资本充足率、流动性比例预估模型，提前安排资产配置，确保指标达标。

四、中电建财务公司

不断优化资金集中管理机制，借助集团资金管控要求，将时点资金集中度、日均资金集中额等指标纳入企业经营业绩考核范围，实现与子企业班子绩效挂钩。采取激励导向，对集中度完成情况不同的企业给出不同存款利率，进行差异化、精细化管理。

五、东风财务公司

通过建立从主营业务到资金计划的每月逐日资金模型，每日编制资金头寸表，监测资金的变动情况并滚动更新，结合预算编制、业务发展规划、N+3+X 资金预测等模型手段，提前预测大额头寸的流入、流出；建立贴现业务定价模型，进行资金归集回归分析，流动性压力测试等，为业务开展提供有效建议。

三 开放合作破解票据发展难题

回顾2019年的票据市场，严监管依然延续，但业务平稳增长，市场交易活跃。这一年，金融科技深刻影响票据市场，票交所上线“贴现通”，建设了全国统一的贴现服务平台，解决了贴现市场分散、信息不对称、企业受困于授信额度等多个“痛点”问题；标准化票据陆续创设成功，提升票据流动性，使得标准化票据向标准资产迈出了坚实的一步。国新控股携手51家中央企业共同发起设立了央企商业承兑汇票互认联盟，有效推动了央企商票互认生态圈的建立，为商业承兑汇票市场发展提供了广阔空间。展望未来，随着票据法规的修改、上海票交系统的完善、应收账款票据化的推动、供应链上下游票据支付和融资的推进，未来的票据交易将更加活跃。

观察近年来财务公司票据发展，受极少数财票违约事件影响，行业品牌受到影响，市场认同度较低，贴现成本高，计提风险准备比例高。面对此局面，财务公司要加强与外部金融机构和产业链上下游财务公司的立体化合作，强化财票品牌效应。

在与商业银行合作方面，财务公司要加大与商业银行的票据合作，推动集团将财务公司与商业银行的合作作为集团公司与商业银行战略合作的一部分，以实现更广泛的票据互认、同业授信、财票保贴、银行增信等深度合作。

在与上下游财务公司合作方面，坚持平等互利原则，相互接纳，努力构建良好的供应链生态圈。仿照国新商票合作联盟，统一共享服务平台、业务集中管控平台，打破上下游财务公司之间的互信壁垒，并通过增加平台信用保证，减少银行同业机构开展财票贴现、授信业务的担忧，增加企业接收财票意愿。

在与上下游企业合作方面，财务公司要积极主动争取核心企业支持，参与成员企业贸易过程，加强财票宣传，跟进服务体验，提供一揽子解决方案，正面树立财务公司票据品牌形象。

此外，财务公司行业也在酝酿开展票据分类管理的可行性，引导票据市场对财票信用主体评级。通过开放合作心态，加强合规经营和风险控制，加大市场参与度和品牌宣传，逐步扩大财票在金融市场的认可度。

四 区块链成为科技赋能新利器

近年来，区块链因具有去中心化、分布式存储和防篡改加密等技术特性，在支付结算、票据金融、供应链金融等领域运用广泛，特别是区块链技术与产业链金融的结合，成为财务公司探索科技赋能的重要立足点。

根据行业有关研究，产业链金融利用区块链技术特点突破地域限制，促进形成无国界的链接网络，而区块链基于产业链金融运作机制获取参与主体，实现信息数据化、资产化并签名加密（交易会形成新的可拆分、可流转的区块链资产），通过将参与主体的数据信息与基于区块链技术构建的金融平台对接，各参与方通过“私钥”实现信息交互共享。财务公司在此过程中，可以参与搭建金融信息平台，获取真实可靠的企业间贸易背景、应收（应付）账款等信息，为上下游企业提供金融服务，企业得到流动资金和链上信息（包括物流信息、交易信息、订单信息等）的支持，可以进一步提高链条业务的流动性和公司参与的积极性，从而促进整个产业链的良性循环和金融的高效运作。财务公司也可以利用金融信息平台，实现成员单位信用集中管理，更好地承接外部金融资源，降低集团融资成本。

目前，区块链技术在财务公司行业广泛运用还有不小挑战，其应用成效取决于熟悉区块链技术的信息科技人员情况、财务公司信息基础设施条件，以及集团内部、产业链上下游各单位的参与度和信息共享意愿等，为解决上述问题，财务公司要更多地与国内领先区块链科技公司合作，依托科技公司的技术优势与基础设施，解决技术及硬件投资等问题，而财务公司也能发挥金融专长，健全基于区块链的授信体系和风控体系，完善产业链金融客户数据库和交易模型，促进区块链技术在财务公司行业的创新应用。

案例

案例 19-2 宝钢财务公司创新区块链融资产品

“通宝”是中国宝武核心企业基于应付账款、向其供应商在线开立、由供应商持有的应收账款债权凭证。“通宝”持有人可以将“通宝”拆分流转、在线融资或持有至到期收款。通过区块链技术的应用，中国宝武核心企业可将自身信用沿着可信、可视化的贸易链路传递，以大企业的担当带动其他节点企业特别是广大中小微企业进一步畅通产业链、资金链。

针对核心企业的支付工具创新，宝钢财务公司积极响应，加强与欧冶金服、同济大学、上海银行的技术协同和业务合作，创新政、企、产、学、研、用六位一体的合作模式，2019年初，推出“通宝”保理金融创新产品。“通宝”保理是宝钢财务公司在供应链金融领域与区块链技术深度结合而孕育的产品，为核心企业供应商提供高效便捷的融资服务，助力中国宝武构建高质量钢铁生态圈，也为区块链技术在供应链金融领域的应用提供经验，起到了示范作用。

一、业务模式创新

“通宝”保理主要在两大方面进行了创新。（1）融资模式创新。“通宝”保理是应收账款债权融资的创新，通过产融高效协同，解决传统应收账款弊端，实现应收账款融资材料简、全在线、秒放款，极大提高了保理客户的融资体验。（2）风险管理创新。“通宝”运用区块链技术，确保业务数据确权、链上信息共享，从而为市场创造信任、传递信任。宝钢财务公司与欧冶金服完成系统对接，实现信息共享，提高工作效率，通过交叉验证的方式保障业务背景的真实性，降低信用风险和操作风险。

二、产品运用成效

2019年1月，宝钢财务公司推出“通宝”保理第一笔融资；3月，实现“通宝”保理在线融资；全年融资数量超过400笔，融资规模超过25亿元。通过融资产品创新，宝钢财务公司更好地掌握了产业链中小微企业真实的业务往来与经营状况，并实现“全在线、一对多”的新型服务模式，显著提高了服务中小微企业的效率，缓解了中小微企业融资难、融资贵的难题。在“通宝”保理融资客户中，小微企业占比超过80%，小微客户数超过70家。

三、未来展望

今后，宝钢财务公司将继续深化区块链技术在产业链金融领域的应用，通过设置区块链节点，实现产业链下游业务上链，争取“区块链＋产业链”双链业务规模进一步增大。同时，加强智能合约的应用，创新业务中各参与方的签约方式，提高业务在线化水平，保障业务的真实性和可靠性，进一步增强延伸产业链金融服务的能力，践行金融服务实体经济的政策导向。

五　落实金融衍生业务新要求

2020年1月，国资委下发《关于切实加强金融衍生业务管理有关事项的通知》，旨在针对部分企业在开展金融衍生业务中存在的集团管控不到位、业务审批不严格、操作程序不规范、激励趋向投机、业务报告不及时不准确等问题，以及中央企业在积极拓展国际业务过程中运用金融衍生业务对冲风险需求增多的情况，从落实监督责任、严守套保原则、有效管控风险、规范业务操作、强化监督检查、建立报告制度等方面提出要求，构建中央企业金融衍生业务监管制度框架体系，切实发挥金融衍生业务促进企业平稳运行的作用。

为落实关于“集团内部同类金融衍生业务原则上由统一平台进行集中操作”的要求，央企财务公司很可能被赋予承担内部货币类衍生业务统一平台建设者的重任，体现金融服务使命担当。特别是在金融衍生业务方面，对于具有汇率、利率衍生业务开办资质的财务公司，将在协助集团建立衍生业务管理体系，提供全套实施方案意见，建立风险监测、预警、处理机制，提供交易处理执行等方面服务支持。对于暂未获得相应资质的财务公司，也将先从承担统一报价平台或综合信息服务平台入手，协助集团信息收集、方案咨询、牵头组织、检查核实、汇总报送等工作。为更好履职尽职，财务公司将在人员、系统、内控等方面加大投入，覆盖事前防范、事中监控和事后处理等各环节，确保流程处理规范、风险可控在控。

案例

案例 19-3　中广核财务公司英国 H 项目套期保值方案的制订与实施

中广核财务有限责任公司统筹管理中国广核集团内部成员企业汇率、利率风险，坚持审慎的风险管理原则，通过开展金融衍生品交易，为成员企业规避汇率、利率风险敞口。

一、案例背景

中国广核集团在英国参与投资的 H 核电项目以英镑注资，部分基建期支出以欧元进行支付，存在 GBPEUR 的汇率风险敞口。近年来，受英国脱欧不确定性影响，GBPEUR 汇率波动幅度加大，项目成本管理面临较大压力。一方面，如不做套期保值则一旦英国硬脱欧，英镑将有大幅下跌的风险，会进一步推高项目造价；另一方面，如果当下开展高比例套保，一旦后续脱欧出现较好结果，则前期锁定的汇率就可能锁定在较差水平。同时，开展套期保值的诉求与 H 项目的法国大股东利益相悖，这在客观上给套期保值方案的设计造成了困难。

二、开展路径

凭借事前充分细致的准备以及在外汇风险管理方面的专业素养和成熟体系，财务公司外汇保值项目组分析了英国脱欧不同情境下的外汇风险管理策略和套保方案，经历长达半年多的多轮谈判，逐步扭转了和法国大股东截然不同的管理思路，准确把握双方潜在的共同利益诉求，在 2019 年初最终成功推动套期保值方案的实施。方案针对英国脱欧可能出现的几种可能性进行了汇率走势的预估，并分别设置了英镑购欧元分档远期汇率目标，根据英国脱欧的进展及市场实际走势情况，按档位分阶段开展保值交易。

三、经验与成效

目前，H 项目公司已按照套期保值方案逐步开展远期交易。2020 年 2 月，中广核财务公司有效抓住交易时机，在 GBPEUR 汇率达到 1.19 和 1.20 这一近 3 年高点时，对部分欧元预期现金流完成了汇率锁定。

专　题

专题一
财务公司行业公司治理调查报告

公司治理是现代企业制度的核心内容。近年来，在国内外经济金融新形势下，加强公司治理机制建设是财务公司高质量发展和防范风险的坚实基础。

2019 年，中国财务公司协会（简称“中国财协”）开展了公司治理行业调查。总体来看，财务公司行业公司治理主要有以下几方面的特点。

一是财务公司行业公司治理符合企业公司治理的一般规律。“三会一层”的基本特点近年来保持稳定，并且随着行业公司治理机制建设的加强而不断规范。

二是财务公司行业公司治理紧跟党建新形势。在党建工作不断加强的新形势下，财务公司将党的领导融入公司治理的各个环节，让党组织参与到公司的各项重大决策中来。

三是财务公司行业公司治理具有鲜明的行业特殊性。财务公司依托于企业集团的行业特殊性决定了财务公司的公司治理与所在集团紧密相关，探讨财务公司行业公司治理不可避免地要考虑集团对财务公司的影响。

调查结果包括以下几个方面。

一　股东会

财务公司法人治理结构与股权结构保持一致，法人代表的产生方式以集团公司直接任命或推荐为主，法人由集团公司财务高管兼任的占比最高。大部分财务公司股东结构保持稳定，除部分单一股东的财务公司外，均设立股东会，部分财务公司引入战略投资者。

（一）大部分公司均设立股东会，部分公司引入战略投资者

财务公司股东结构较为稳定，根据行业统计数据，截至 2018 年末，股东为单一单位的财务公司占比 12.80%；2 家股东单位的财务公司最多，占比 34.80%；3 ~ 4 家股东单位的财务公司占比 28.40%。有 187 家财务公司设立了股东会，占比为 86.98%。

根据行业统计数据，非成员单位股东为 46 家，其中 16 家为战略投资者，其余主要为个别公司债权人转变为股东和原成员单位由于股权变动而成为非成员单位的情况。共有 13 家财务公司引入战略投资者。战略投资者数量为 1 ~ 3 家，多数为 1 家，类型包括信托公司、银行和其他财务公司，持股比例在 2.5% ~ 19.5%。多数战略投资者会派遣 1 ~ 2 名董事进入董事会。

（二）财务公司法人代表产生方式以集团公司直接任命或推荐为主，由集团公司财务高管兼任的占比最高

财务公司法人代表的产生方式主要有以下三种：由集团公司直接任命、由集团公司推荐董事会选举产生及由股东会选举产生。采用这三种方式的财务公司占比分别为 32.09%、42.33% 和 20.00%。

根据调查问卷，由集团董事长或总经理兼任财务公司法定代表人的占比为 13.49%；由集团公司财务高管兼任财务公司法定代表人的占比为 41.86%；由集团公司其他高管兼任财务公司法定代表人的占比为 11.63%；财务公司专职董事长担任的占比为 20.47%；由财务公司高管担任的占比为 6.51%；由金融控股平台单位高管担任的占比为 1.40%；其他情况占比为 4.64%。

（三）股东大会多按规范召开，股东会职能发挥较为充分

大多数财务公司均能按规范每年至少召开 1 次股东大会。根据行业统计数据，2018 年，财务公司行业共召开股东会 695 次，其中，现场会议 401 次。有 25 家公司未召开股东会，主要是单一股东的公司。

通过开展董事履职评价工作、审议董事会工作报告、由监事会监督董事会工作等，大部分财务公司股东会对董事会能够进行有效监督，80.09% 的财务公司股东会建立了与董事会的日常沟通联络机制。

反馈问卷的 215 家财务公司均不存在股东损害财务公司利益的行为。其中，73.95% 的财务公司建立了有效预防股东损害财务公司利益的机制。

二 董事会

财务公司董事会和董事情况基本稳定，董事会会议召开频率较高，行业内专职董事长及引入独立董事的公司增多，大部分财务公司设立了董事会专门委员会。

（一）董事任期多为3年，董事会会议召开频率多数达到《商业银行公司治理指引》的要求

反馈问卷的 215 家财务公司中，214 家财务公司董事任期均为 3 年。

98.60% 的财务公司在公司章程中规定了公司董事会会议召开频率，按季度、半年和一年至少召开 1 次董事会会议的财务公司占比分别为 37.21%、36.74% 和 24.65%。从实际执行情况来看，2018 年，73.60% 的公司召开了 4 次及以上董事会，已经完全达到《商业银行公司治理指引》的要求。董事会开会次数逐年增加，2018 年，财务公司行业共召开董事会会议超过 1300 次，较 2015 年增加了 60.84%，其中，2018 年共召开现场会议超过 700 次，占总召开次数的 55.59%，占比较 2015 年下降 2.78 个百分点。

（二）董事队伍基本稳定，平均任职时间有所提升

213 家反馈信息的财务公司共有董事 1197 人，平均每家有董事 5.62 人。其中，女性董事占比 21.22%，占比较 2014 年提高 4.25 个百分点。

从年龄结构来看，31 ~ 40 岁董事 97 人，占比 8.10%；41 ~ 50 岁董事 552 人，占比 46.12%；51 ~ 60 岁董事 499 人，占比 41.69%。

从学历构成来看，博士研究生 64 人，占比 5.35%；硕士研究生 531 人，占比 44.36%；大学本科 512 人，占比 42.77%；专科及以下学历 53 人，占比 4.43%。

从职称分布来看，具有中级以上专业职称的董事共 927 人，占总人数的 77.44%，其中，高级职称 684 人。

从董事类别来看，集团内部派出董事 1007 人，占比 84.13%；集团外部派出董事 26 人，占比 2.17%；独立董事 33 人，占比 2.76%；职工董事 108 人，占比 9.23%。

从董事产生方式来看，股东单位推荐 574 人，占比 47.95%；集团推荐 489 人，占比 40.85%；财务公司推荐 121 人，占比 10.11%。

从任职时间来看，财务公司董事平均任职时间为 3.38 年，较 2014 年的调查结果提升 0.54 年。其中，任职 5 年及以下的占比最大，达到 81.33%。

（三）行业专职董事长人数增多，引进独立董事的财务公司数量增加

从董事长在集团内任职情况看，由集团经营管理层领导兼任财务公司董事长的情况占比最高。从 2015 ~ 2018 年的数据可以看出（见图 1），集团董事长或总经理担任财务公司董事长的占比始终超过 10%，集团副总担任财务公司董事长的占比始终超过 50%，可见集团对财务公司的重视程度始终较高。另外，专职董事长的比例增长较快，从 2015 年的 6.42% 增至 2018 年的 14.86%。

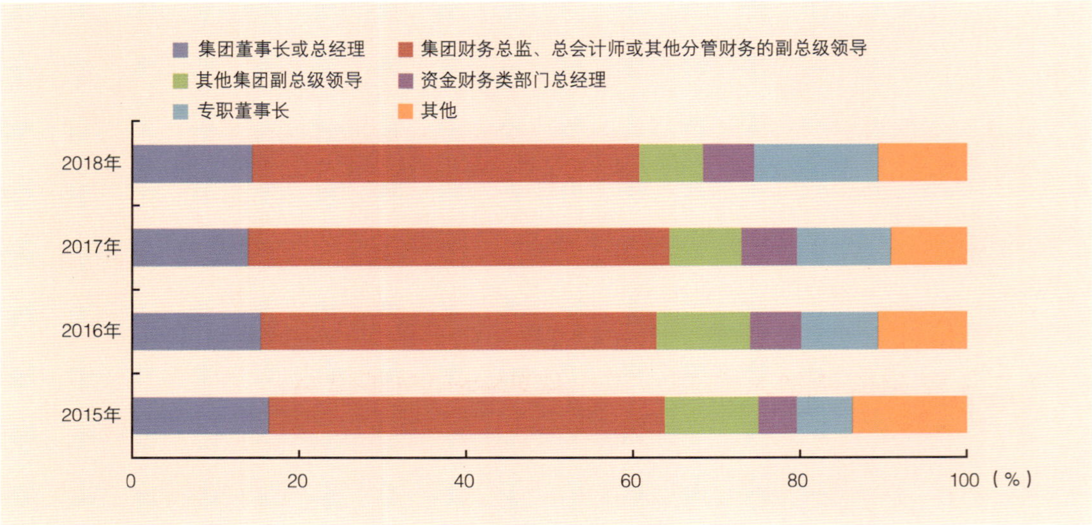

图 1　公司董事长在集团内任职情况

引进专业的独立董事可以增强公司治理的规范性和决策的科学性。根据行业统计数据，截至 2018 年末，全行业共有 32 家公司设有独立董事，较 2014 年增加了 9 家，独立董事的来源主要是高校教授、公司退休人员、律师或会计师事务所合伙人。

85.49% 的财务公司董事均不从财务公司领取薪酬，领取报酬的董事有 163 名。董事领取薪酬的财务公司中，有 27 家财务公司由股东会决定董事报酬，6 家财务公司由董事会决定，3 家财务公司由监事会决定，14 家财务公司由集团或股东决定。

（四）董事会专门委员会设立增多，风险管理委员会和审计委员会最受重视

大多数财务公司根据公司情况及监管要求设立了董事会专门委员会，截至 2018 年末，全行业仅 1 家财务公司未设立董事会专门委员会，设有 2 个专委会的财务公司最多，为 104 家，占比 41.60%。

211 家反馈信息的财务公司共设立了 589 个董事会专门委员会，共有委员 2099 人（在 1 个以上专委会兼职的董事重复计算）。财务公司平均设有专门委员会 2.79 个，平均每个专门委员会 3.56 人。与 2014 年的调查数据相比，财务公司董事会专门委员会平均个数有所上升，而平均每个专门委员会的人数有所下降。

部分财务公司存在董事会专门委员会成员不是董事的现象，董事人数占比为 82.56%。由于人员有限，85.23% 的财务公司董事会专门委员会存在成员兼任其他委员会委员的现象。

211 家反馈信息的财务公司均设有风险管理委员会（或风控委员会），199 家设有审计（或审计稽核等）委员会，75 家设有战略（或战略发展等）委员会，61 家设有薪酬（或薪酬考核等）委员会，29 家设有投资决策委员会。与 2014 年的调查数据相比，设有风险管理委员会的财务公司占比由 89.03% 上升到 100%，体现出财务公司董事会对风险控制的重视程度，设有审计委员会的财务公司也显著增多，占比由 43.23% 上升至 92.56%。

589 个董事会专门委员会中，具有决策职能的有 285 个，占比 48.39%。有 438 个董事会专门委员会在制度中规定了每年应召开的会议次数，占比达到 74.36%。2018 年，各财务公司董事会专门委员会累计召开 1354 次会议，平均每个专委会召开了 2.30 次会议，有 50 个专委会在 2018 年并未召开会议。

（五）设立董事会办公室的财务公司逐渐增多，直接对董事会负责的部门多为稽核审计部门

由于财务公司普遍规模较小，人员有限，董事会日常工作机构较为零散，但呈逐渐规范化的趋势。215 家财务公司中，有 62 家设立了董事会办公室，占比为 28.84%，较 2014 年的调查数据上升了 8.33 个百分点。设立董事会办公室的 62 家公司共有 161 人从事相关工作，其中全职 41 人。未设立董事会办公室的 153 家公司中，有 112 家为

综合管理部或办公室行使董办职能，占比 73.20%。

215 家财务公司中，设有专职董事会秘书（简称“董秘”）的仅有 7 家，占比 3.26%；设有兼职董秘的 63 家，占比 29.30%。

215 家财务公司中，有 128 家财务公司设有直接对董事会负责、由董事会任免负责人的职能部门，占比为 59.53%。其中，有 111 家为稽核、审计或风险管理部门。

（六）董事会与经营管理层权责划分清晰，日常沟通联络机制不断完善

215 家财务公司中，93.02% 的财务公司建立了与经营管理层的日常沟通联络机制。有 208 家财务公司均向董事会定期披露信息，占比为 96.74%，披露内容主要包括财务状况、经营情况、利润分配等。

三　监事会

大部分财务公司均设立了监事会或监事岗位，以监督董事会和管理层的工作情况。

（一）多数公司设有监事岗位，职工监事占比增长明显

截至 2018 年末，有 190 家财务公司设立了监事会，占全行业的比例为 88.37%；99.20% 的财务公司设置了监事岗位。监事的产生方式主要是股东推荐，占比 65.82%，职工推选产生的监事占比为 31.34%。

财务公司监事会工作人员共 786 人，2015 年以来年均复合增长率为 2.68%，其中监事会主席 190 人、监事 292 人、职工监事 186 人、独立监事 1 人；职工监事占比由 2015 年的 7.21% 增至 2018 年的 15.52%，增长较为明显（见图 2）。监事会组成人员中，男女比例约为 6 : 4，本科以上人数占比 89.09%，中级职称以上人员占比超过 70%；监事会人员基本符合监事会工作要求，人才队伍专业化逐步实现。

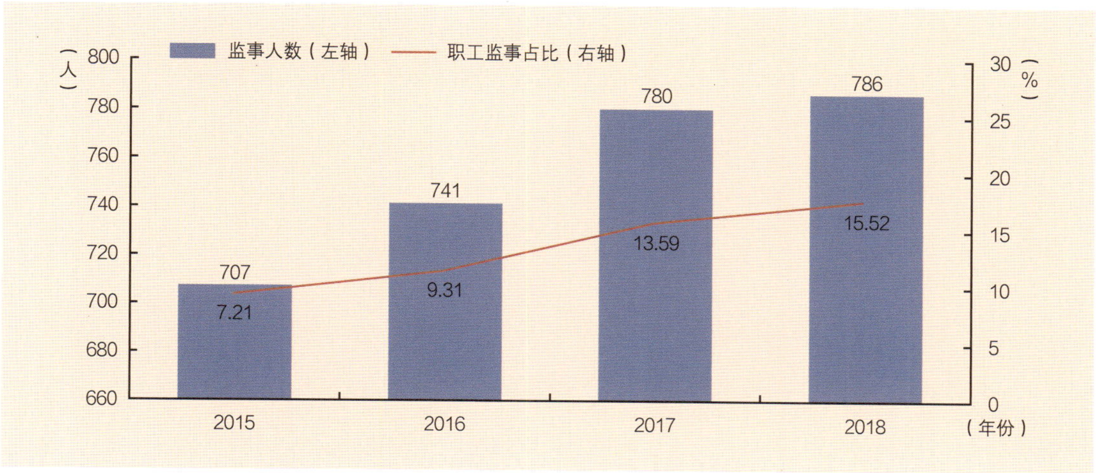

图 2　2015～2018 年监事人数及职工监事占比情况

（二）监事会开会次数明显增加，但多数公司仍无法满足《商业银行公司治理指引》要求

从监事会下设机构来看，3 家财务公司设置了监事会专门委员会，包括审计稽核委员会、监事会监督委员会；14 家财务公司设置了监事会秘书，其中 1 家为专职监事会秘书。

监事会会议召开次数增长明显，2018 年，全部财务公司共召开监事会会议 584 次，较 2015 年增长 72.27%，平均每家召开 2.34 次，其中共召开现场会 480 次，平均每家召开 1.92 次，现场会占比逐年下降，具体情况见图 3。

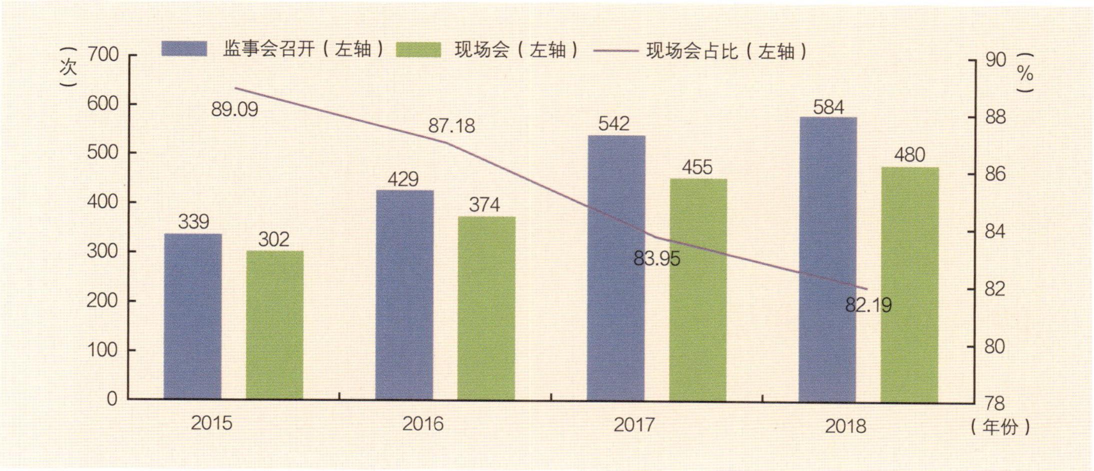

图 3　2015～2018 年行业监事会会议召开情况

截至2018年末，开会低于2次的有90家，较2015年下降31.82%。满足《商业银行公司治理指引》要求开会4次及以上的由23家增至62家（见图4）。

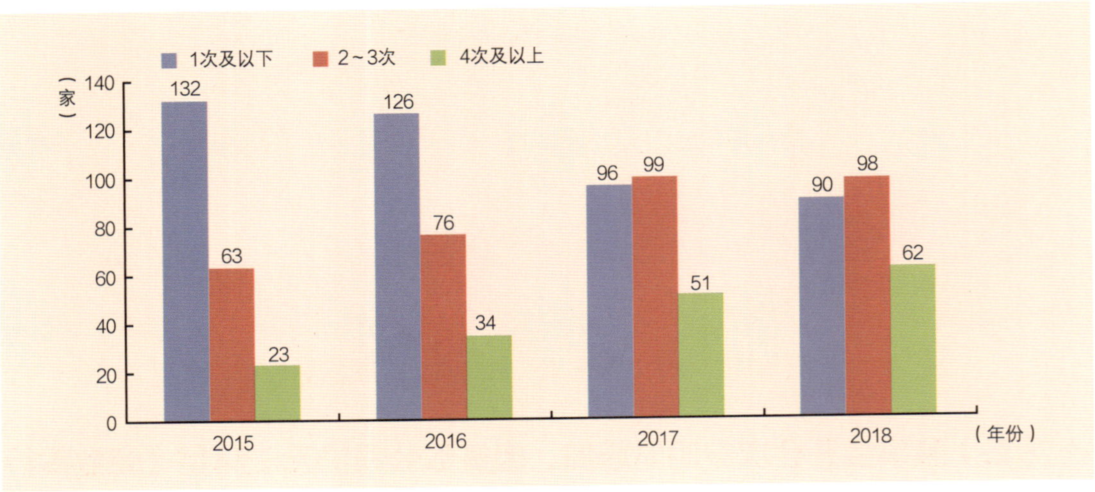

图4　2015~2018年监事会开会次数分布情况

（三）监事会以多种方式开展监督，大部分履职情况良好

监事会向股东会提交监督报告次数逐年增加。2018年，有188家财务公司提交了监事会监督报告，占比为87.44%。

监事会以多种方式实现对董事会的监督。有88家对董事会履职的合法、合规性进行了监督；有78家对利润分配方案、重大资产处置、董事违法违规或损害公司利益等方面提出审查、监督意见；有40家参加（列席）董事会等公司重大会议。82.79%的财务公司监事会对经营管理层建立了日常监督机制，具体方式主要有出席、列席有关会议，听取有关报告等。对监事会的监督一般由股东会执行，主要通过监事的履职评价机制，对照监事会工作制度、监事会工作报告等对监事会工作进行评价。

四　经营管理层

大多数公司经营管理层人数可以满足要求，建立了较为完善的组织机构、议事规则和决策流程，集团对财务公司高管人员直接和间接管控能力较强，高管人员大部分由集团推荐。

（一）大部分公司经营管理层人员配备充足，多数公司设立了经营管理层专门委员会

212 家反馈调查问卷的公司高管人数共 778 人，平均每家 3.67 人。大部分财务公司经营管理层人员配备符合监管要求，90% 以上公司经营管理层由 3 人及以上组成。其中，153 家财务公司经营管理层由 3 ~ 4 人组成，占比 72.17%。

根据调查问卷，有 198 家设置了经营管理层专门委员会，占比 93.40%，较 2014 年的调查提升 15%。专门委员会设置数量为 1 ~ 9 个不等，其中 85.35% 的财务公司设立 1 ~ 3 个。65.64% 的专门委员会有决策权限。

管理层专门委员会会议多为根据业务需要适时召开，多数没有频次要求，73.39% 的专委会在召开频次上未从制度层面进行限制，19.60% 的专委会要求定期召开会议，频次从每月2~3次到每年1次不等。专门委员会成员一般由公司高管和业务骨干组成，198 家财务公司反馈的专委会成员构成情况为，公司管理层占比 43.88%、员工委员占比 54.29%；部分委员会有集团其他公司人员或集团外人员参与，但占比较低。

（二）高管人员多为集团推荐，总经理多数有集团工作经历

高管人员产生方式仍然以集团推荐为主，同时结合内部选拔和外部聘任等方式。其中，59.13% 采用集团推荐的方式，21.47% 采用公司内部选拔的方式，12.60% 采用外部聘任的方式。部分高管人员同时兼任公司董事，34.20% 的高管人员为董事会成员。

97.77% 的高管具备本科以上学历。其中，博士研究生占比 3.27%、硕士研究生占比 36.52%。高管具有高级以上职称的占比 52.14%，具有中级职称的占比 40.67%。公司高管存在年轻化趋势，41 ~ 50 岁的高管 424 人，占比 54.50%，超过一半；51 ~ 60 岁的高管占比 29.42%；31 ~ 40 岁的高管占比 8.27%。

财务公司总经理在担任本职位前的任职情况较为丰富。主要分为三大类：74.02% 的财务公司总经理长期在集团系统财务、资金、审计等相关领域工作；21.57% 的财务公司总经理前期在集团系统外的商业银行、证券公司、其他财务公司等金融机构工作；4.41% 的总经理前期在高校、政府机关、非金融企业等机构工作。

根据调查问卷，有 19 家财务公司经营管理层存在在集团成员企业或集团外企事业单位兼职的情况，主要集中在集团内部，少数财务公司经营管理层担任金融协会副会长、支付清算协会副会长、金融学会理事等职位。

（三）经营管理日常决策方式丰富多样，总经理仍起到决定作用

根据调查问卷，有164家财务公司通过各类专门委员会、134家通过各类专题会、201家通过总经理办公会进行经营管理决策。

在经营层决策过程中，绝大多数公司总经理起到决定作用。213家财务公司中，有103家采用“会议讨论，总经理最终决策”的决策方式，占比48.36%，较2014年的调查有明显下降，36家采用“投票制，总经理具有一票否决权”的决策方式，占比16.90%；在经营管理层决策中采用集体决策方式的公司不断增多，26家采用“投票制，过半数通过，总经理无一票否决制”的决策方式，占比12.21%。

（四）多数公司已形成内部授权体系，内部分级授权流程主要为逐级授权

多数公司已形成内部授权体系，90%的财务公司建立了内部授权相关流程。81.34%的财务公司建立了法人授权体系；78.54%的财务公司建立了内部分级授权体系。其中，大部分财务公司已制定了《董事会对总经理授权制度》《分级授权管理办法》等相关授权管理制度，日常内部授权主要按照制度执行，初步形成了内部授权体系。

在建立了法人授权体系的170家财务公司中，总经理是最普遍的被授权对象，135家公司对总经理进行了授权，占比79.41%。内部分级授权流程主要为逐级授权原则，各相关被授权人必须在授权范围内依法进行经营管理活动，禁止越权操作。

五　党组织

财务公司党建工作开展较好，党组织较为完善，党员比例较高，党的领导在各项重大决策中体现比较充分。

（一）财务公司普遍设立党组织，党员人数不断增加

在反馈问卷的213家财务公司中，195家单位设立了党组织，占比91.55%，其中

设立党委 45 家、党总支 20 家、党支部 114 家、联合党支部 13 家、党小组 3 家。

截至 2018 年底，全行业共有党员 6525 人，较上年增加 513 人，增幅为 8.53%，占财务公司行业员工总数的 49.42%。

（二）公司党组织参与的重大决策占比大幅提升，主要通过党组织会议进行决策

在 195 家设立了党组织的公司中，公司党组织负责干部的选拔、考核的有 171 家，占比 87.69%；负责企业的经营方针和重大改革重组问题的有 172 家，占比 88.21%；贯彻落实党和国家方针政策的有 187 家，占比 95.90%；负责关系到职工群众重大切身利益措施的有 185 家，占比 94.87%。

从公司党组织在决策“三重一大”事项和其他经营管理重要事务时采取的形式看，在 195 家设立了党组织的公司中，参与“三重一大”事项合计占比为 93.33%。其中，采取“党组织、董事会或未设董事会的经营管理层做出集体决策”95 家，采取“股东会、董事会或经营管理层决策，决策前向党组织备案”59 家，采取“股东会、董事会或经营管理层决策，党组织支持”28 家。

在 195 家设立了党组织的公司中，采用“党委会 / 党总支会（党支部会）/ 支委会制度”进行决策的财务公司有 184 家，绝大多数公司均使用此种方式发挥党组织作用；采用“专题工作研究会议制度”的有 53 家；未参与决策或以其他形式参与的有 15 家；71 家公司党组织采用多种形式参与公司决策。

（三）党组织领导通过兼任职务、制度建设和参与会议讨论介入经营管理的情况较为普遍

党组织与董事会、监事会、经营管理层进行沟通协调，介入公司日常经营管理采取的主要方式如下。

一是党组织主要领导兼任公司主要领导。董事长或总经理担任党组织书记的有 673 人，占比 93.34%；不兼任行政职务的有 48 人，不兼任行政职务的人员主要包括专职党组织书记、纪委书记。

二是在公司章程中明确公司党组织研究讨论是董事会、经营管理层决策重大问题的前置程序，公司重大经营管理事项必须经党组织研究讨论后再由董事会或经营管理层做出决定。177 家已经将党建写入公司章程，部分公司还制定和实施了有党组织讨

论作为前置程序的议事规则。

（四）党内领导干部主要通过本级党组织选举产生，“70后”占比超过50%

根据问卷调查，195 家公司中担任党组织职务的有 721 人。从党内职务来看，任党组织书记 171 人、副书记 111 人、纪委书记 30 人、各类委员 423 人。

从党内领导干部产生方式来看，上级党组织任命 232 人，本级党组织选举产生 495 人，集团直属党委指派 1 人。

党组织领导的男女比例为 511∶210。从年龄结构上看，“60 后”253 人，占比 35.09%；“70 后”355 人，占比 49.24%，是各公司党组织领导的主体；“80 后”96 人，占比 13.31%。

六　集团关系

财务公司在集团一般作为二级企业管理，集团对财务公司的定位集中于资金集中平台，要求财务公司承担内部银行职能，同时需要兼顾利润、风险和服务。大部分集团对财务公司的考核普遍较为重视利润指标，近年来，利润考核占比逐步下降，集团对风险、服务的重视程度加大。

（一）财务公司一般作为二级企业，主要定位于资金集中平台

财务公司在集团中的管理层级基本保持稳定，2015 ~ 2018 年，作为集团本部直接管理二级单位的情况占比始终在 90% 以上。

211 家公司中，作为资金集中平台集中管理集团资金的最多，有 205 家；发挥筹融资作用的有 93 家；作为风险管理平台，集中管理集团市场风险的有 65 家；通过财务公司开展金融市场投资的有 51 家；通过财务公司开展委托资产业务的有 48 家；开展承销、财务顾问等投行服务的有 42 家；作为产品促销平台，开展买方信贷和融资租赁等业务的有 19 家；承担上述以外职能的有 30 家，主要包括保险代理和企业司库等。

（二）集团主要依靠委派管理人员实施管控，日常管理方式以沟通协调为主

根据问卷调查，210家公司中，集团直接委派人员在财务公司经营管理层任职并履行管理职责的公司最多，有180家；集团委托其他子公司（资本公司或其他金融子公司）代集团管理的有6家；仅由集团财务、投资、审计及风险管理等部门对财务公司进行事前、事中、事后管理（或集团委派外部审计机构独立审计）的有25家。

集团从公司治理角度对财务公司的管控方式主要是设置专门股权管理部门与财务公司开展股权、三会、章程等内容对接，或与财务部、资金管理部等职能部门实行一体管理，占比分别为40%和48%。

集团对财务公司日常事务管理的主要方式以沟通协调为主，占比68%，以行政命令为主的占32%。

（三）集团对财务公司的运营以内部银行模式为主，集团利润考核比重较高但不断下降

集团对财务公司的运营以内部银行模式为主，208家公司中，98家采用此模式，即集团财务部（或资金部等部门）对财务公司直接管理，财务公司的主要功能体现在服务方面。67家公司采用一体化管理模式，即集团公司财务部、资金部等部门与财务公司管理一体化，财务公司承担一定的辅助管理职能。43家公司采用市场竞争模式，即成员单位具有比较主动的金融服务选择权，财务公司作为金融服务提供商，将外部商业银行和内部其他金融机构作为平等的竞争对手，靠高效特色的服务争取成员单位。9家财务公司采用上述多种模式结合的方式。

集团对财务公司考核，主要包括经济效益指标、服务水平指标、资金管理指标、风险控制指标等。208家反馈有效调研数据的公司中，以上四类指标涉及家数分别为169家、150家、150家和166家。但从考核权重来看，经济效益指标远超其他各项指标，有46.15%的公司经济效益指标占比最大；26.44%的公司风险控制指标在考核中占比最大；服务水平指标和资金管理指标占比最大的分别占18.40%和7.08%。

从各项指标考核权重分布也可看出集团对财务公司经济效益考核权重较高，经济效益权重占比超过50%的26家，明显高于服务水平指标的7家和风险控制指标的8家。集团对财务公司服务水平考核权重主要集中在10%～30%。集团对财务公司风险控制

考核权重主要集中在 30% ~ 50%，所占权重高于服务水平，同时风险控制指标更多地用于一票否决机制（见表 1）。40.10% 的集团考核中存在一票否决机制，最主要的一票否决事项为风险控制，占比约为 80%，其他一票否决事项主要包括廉政、安保和党建等方面。

表 1　考核权重分布情况

单位：家

项目	经济效益	服务水平	风险控制
80% ~ 100%	6	1	0
50% ~ 80%	20	6	8
30% ~ 50%	43	31	66
10% ~ 30%	77	90	57
0 ~ 10%	26	36	29
合计	172	164	160

2015 ~ 2018 年，利润考核权重不断下降。截至 2018 年末，利润考核权重在 30% 以下的财务公司占比由 2015 年的 50.24% 上升至 59.43%，接近 90% 的公司利润考核权重占比低于 50%（见图 5）。

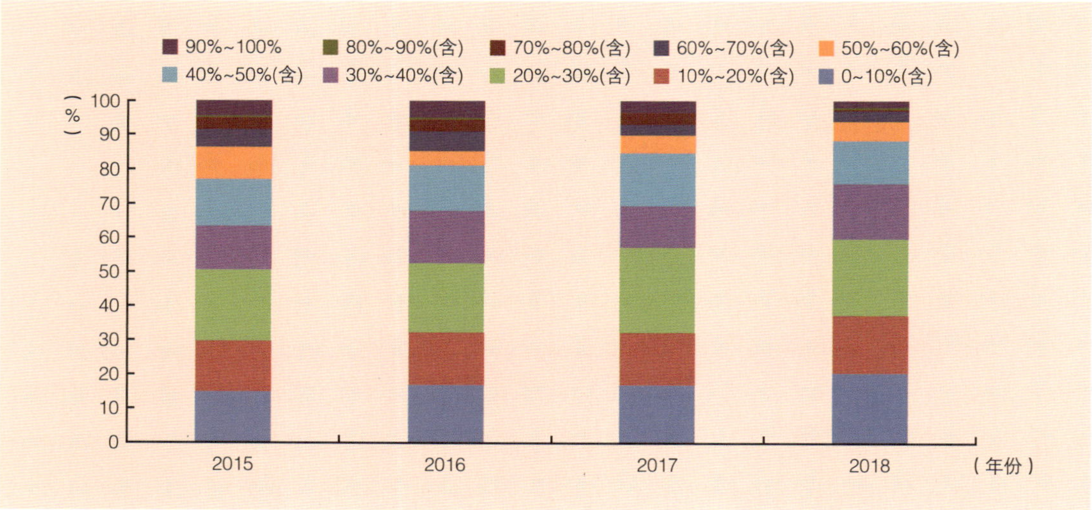

图 5　2015 ~ 2018 年集团对财务公司利润类指标考核情况

七　存在的问题

总体来看，财务公司行业公司治理基本符合规范，为财务公司健康发展奠定了坚实的基础，但部分公司的治理环节仍存在一些不足，需要进一步按照制度要求加强规范。

（一）行业公司治理的部分环节有待完善

1. 独立性不足

财务公司股权结构相对单一，董事、监事和高管人员多由集团推荐，财务公司生存、发展和经营管理决策高度依赖所在集团，集团主导地位突出，造成财务公司公司治理架构独立性不足。

2. 部分财务公司偏离功能定位和监管导向

部分集团对财务公司功能定位存在偏差，经营策略偏重利润导向，对服务功能体现不足，未充分发挥财务公司“四个平台”作用。

3. 合规性仍需提升

行业公司治理基本能够按照公司法及相关监管规定执行，但仍存在部分环节不符合规范、各治理主体职责边界存在不清晰的现象，有职责相互交叉及职责缺位的情况，合规性仍需继续提升。

4. 实质性作用还需进一步发挥

目前行业公司治理部分环节流于形式，停留在设置上满足监管要求的阶段，主要体现在监事会监督及董事会专门委员会作用发挥等方面，公司治理主体并未充分发挥相互补充、有效制衡的作用。

5. 专业人才缺乏

行业内对公司治理较为熟悉和了解的人才比较少，有待继续培养或引进熟悉公司治理并且了解财务公司的人才，建立能够推动公司高质量发展的专业化队伍。

（二）多重监管下部分要求存在冲突

1. 集团统筹安排高管人员兼职

按照财务公司监管评级有关要求，高管人员不应在财务公司以外兼职。目前，部分财务公司根据集团公司安排，财务公司总经理、副总经理在集团金融板块内部有关单位兼任董事。

2. 高管薪酬延期支付执行难度较大

按照《商业银行稳健薪酬监管指引》要求，高管薪酬应执行延期支付机制。但一方面财务公司高管人员的考核与薪酬体系一般由集团公司制定并实施，单独向集团协调调整薪酬支付方式较为困难；另一方面，大部分财务公司薪酬激励总体水平与商业银行的激励程度差距较大，导致财务公司高管人员不愿执行高管延期支付制度。

3. 对财务公司的考核导向不一致

多数集团对财务公司的考核中经济效益指标考核占比较大，而银保监会新监管评级中剔除了盈利能力部分指标，侧重点在“风控”和“服务”两个指标上。两者与财务公司的考核导向存在冲突，公司治理要求存在部分不一致的情况。

4. 董事变更时存在衔接空档期

银保监会对公司董事变更时的要求是，在下任董事任职资格批复之前，继续履职。若在此期间召开董事会，则需原董事参会表决。但是在工商变更时，认为董事变更后就不再有表决权，二者要求有冲突，造成公司董事出现无人履职的空档期。

（三）财务公司特色导致对现有法规中的部分要求执行较难

1. 董事会专门委员会人员高度重合

对于大部分财务公司而言，董事人数较少，需要设立的委员会较多，极可能造成董事会和下设专门委员会人员高度重叠，并且各委员会人员高度重合的情况。各委员会形成会议决议后，51.61% 的决议仍需提交董事会审议通过，由此形成决策链条重复，效率降低。

2. 存在关联方同时提名董事、监事现象

《商业银行公司治理指引》要求，同一股东及其关联人不得同时提名董事和监事人选；同一股东及其关联人提名的董事（监事）人选已担任董事（监事）职务，在其任职期届满或更换前，该股东不得再提名监事（董事）候选人。然而，财务公司性质决定其股东几乎均为集团及成员单位，不可避免存在关联方同时提名董事和监事的现象。

3. 董事会及监事会开会次数较难达标

《商业银行公司治理指引》对于商业银行董事会、监事会开会最低次数有明确规定，但由于财务公司规模和业务体量所限，董事会和监事会召开频次很难达到商业银行要求，存在大量为开会而开会的现象。

八　启示与建议

综合上述问题，本报告对完善财务公司行业公司治理形成了以下建议。

（一）制定科学发展战略，立足功能定位

集团应按照“支持到位，有限干预”的原则，一方面，赋予财务公司准确的功能定位，突出服务及风险防控，防止利润类指标占据主导地位，促使财务公司充分发挥“四个平台”及服务集团主业的功能作用；另一方面，集团通过股东会、董事会行使职权，给予财务公司在战略规划、业务创新、人事、风险管控等方面的自主权，提高财务公司公司治理独立性。

（二）完善激励约束机制，调动主观能动性

推动集团构建更加注重风险、依法合规的激励约束机制，建立既符合集团整体利益及财务公司职能定位，又与财务公司监管要求和自身发展实际需要紧密衔接的绩效考核体系。同时，充分发挥经营管理层的主观能动性，建立完整、规范的经营管理事项授权体系，在日常经营管理活动中，为经营管理层自主决策提供必要空间。

（三）加强公司治理创新，助力高质量发展

财务公司可进行适当的创新。持续优化股权结构，考虑引进治理理念先进的战略投资者，或引进独立董事，提高公司决策的科学性。此外，财务公司还应通过继续积极探索党组织在公司治理中的作用发挥，重视培养和引进公司治理专业人才，不断提高公司治理能力。

（四）完善行业管理制度，健全治理机制

建议银保监会结合财务公司行业特点，考虑财务公司集团管控等特性，单独制定《财务公司公司治理指引》等制度文件，以更加贴近财务公司实际，支持财务公司更好发挥职能作用。

（五）明确制度执行标准，规范经营管理

建议监管部门根据财务公司实际情况，明确财务公司参照执行《商业银行公司治理指引》等相关规定的尺度和标准，并予以公布，方便财务公司规范公司经营管理。

（六）增加行业培训，提高治理水平

中国财协将根据会员需求组织专业、系统的公司治理相关培训，帮助财务公司相关工作人员提高专业能力，促进财务公司提高公司治理水平。

（七）组织交流合作，推广先进经验

根据会员需求，中国财协将组织会员开展关于行业公司治理的广泛交流，推广行业内的成功经验，宣传先进做法，促进行业公司治理的规范发展。

专题二
新冠肺炎疫情对财务公司行业发展的影响与应对

2020 年初，新冠肺炎疫情暴发并在全球蔓延，成为波及国家或地区最广、影响人口最多的重大公共卫生事件。对世界经济发展、社会环境、政治局势、国际交往、思想理论、大众舆论等产生了重大影响，也成为 2020 年乃至于今后一段时间，企业集团财务公司发展所必须面对的关键外部环境因素。

人类彻底认识新冠病毒并在战胜新冠肺炎疫情的努力中取得决定性胜利，需要一个客观过程；对新冠肺炎疫情所产生影响的深入分析、准确把握、妥善应对，也需要在实践中与时俱进、不断完善。这对财务公司行业而言亦是如此。

不过，基于目前已知情况，结合行业应对疫情思路与举措的不断积累，仍然可以对疫情影响做一简要梳理分析，以短期、中长期两个维度展开，展望行业发展大势，以求对各公司迎难而上的探索与努力有所启发，并在一定程度上深化我们对财务公司定位与价值的认识。

一　短期影响

疫情暴发之后，企业集团财务公司行业短期内仍保持比较稳健的整体发展态势，但部分行业已开始承受疫情及其次生灾害的压力。同时，在落实国家政策、配合所在集团与所在行业，努力复工复产，推动经济复苏的过程中，财务公司近水楼台贴身服务的独特优势，在很多方面有所凸显。

（一）行业发展保持整体稳健

2020年第一季度，中国GDP同比下降6.8%，为1992年开始公布季度GDP数据以来的首次下降，充分显示了疫情压力之沉重。不过，在经济发展整体受挫，交通、旅游、餐饮等重点行业承受巨大压力的同时，企业集团财务公司行业在一段时间之内仍保持稳健发展态势，第一季度全行业收入、利润、资产规模等主要经济指标仍呈现上升势头，不良资产率、不良贷款率等风险指标也未出现明显抬头，成为在危急关头支撑中国经济运转的重要支柱之一。同时，财务公司行业保持整体稳健态势，坚持正常经营，为各财务公司全力以赴支持所在集团公司及行业抗击疫情、复工复产，在特殊时期贡献金融服务价值，创造了有利条件。

财务公司行业在疫情冲击下之所以能够保持相对稳健，和行业属性息息相关，和金融行业特别是存款类金融机构在这一阶段的总体表现大体相似。与很多行业供需两端均受制于人流、物流通畅与活跃程度的客观情况不同，财务公司行业受制相对较小，复产复工节奏较快，借助网上金融服务等方式恢复正常经营的步调相当迅速。同时，国家为应对疫情、促进经济复苏，在经济和金融领域推出多项刺激政策，各企业集团普遍开展生产自救，在客观上也会为财务公司创造额外业务空间，形成对疫情压力的有效对冲。

不过，应当承认，从经济运行的客观规律来看，疫情及其次生灾害的影响，从实体经济产业向金融行业、财务公司行业的传导，是需要一个过程的。如果疫情对经济发展带来的整体影响在较长时间内持续，特别是如果出现疫情二次高峰、境外疫情回流共振等更加复杂的情况，财务公司行业的整体发展态势也可能在未来趋于恶化。

（二）部分行业财务公司局部承压

即便在行业整体稳健的大局之下，部分行业所属财务公司因为其所在集团、所在行业面临疫情冲击的影响过于猛烈、直接，已开始承受不同程度的经营压力。

此类局部承受压力的财务公司，又分为两种情况。

一种情况是直接影响承压。如交通运输、民生消费、电子电器、商贸、酒店旅游等行业的部分财务公司，因所在集团及行业受制于疫情影响，损失比较严重，产业运行链条停滞，正常生产经营秩序恢复艰难而漫长，导致集团内部及相关上下游产业资金活动停滞，资金供需两端承受压力，金融服务需求萎缩，财务公司业务规模和经营绩效都受到严重影响，风险隐患也有所抬头。例如，部分航空集团因航班停飞，导致主业运转停滞，对财务公司整体运行造成重大影响；部分汽车、电子电器集团因下游消费市场萎缩，在直接影响财务公司内部金融服务需求与资金供给的同时，也会对下游买方信贷、消费信贷业务造成沉重打击，都是比较典型的承压案例。

另一种情况是次生灾害承压，这种情况的影响波及范围更加广泛，尤其集中体现在石油石化行业的部分财务公司。在疫情暴发并在全球范围内蔓延的情况下，疫情影响导致的消费萎靡，与国际地缘政治矛盾等复杂因素交织，形成强烈共振，导致国际原油价格出现历史上罕见的跳楼式下跌，原油期货价格甚至一度跌入负值区间，形成严重次生灾害。这种情况下，石油石化财务行业部分财务公司所在集团面临严重生存与发展危机，被迫勒紧裤带严控资本性支出，导致财务公司资金沉淀、资金需求均出现跳水，生存发展压力陡然加剧。

（三）特殊服务价值充分彰显

在疫情暴发之后，不同财务公司所面对的形势与压力虽然各不相同，但各公司积极依托所在集团及产业，因地制宜，充分发挥服务优势，在帮助政策落地生效、帮助产业重回正轨、帮助集团纾困解难的过程中，以扎扎实实的贡献，体现了内部金融平台独特的服务价值。

其中，比较普遍的做法如下。

第一，发挥资金结算网络优势，完成抗击疫情、保障民生、重要物资装备生产与公益捐赠等环节的资金应急支付。

第二，发挥贴身金融服务优势，满足集团成员单位与上下游关联企业在特殊困难时期的金融服务需求，提供贷款、票据、外汇、担保及保函等多元化金融产品，辅助设计优化财务资金问题解决方案，全力配合复工复产。

第三，发挥连通内外市场的优势，加强与外部金融机构、中介机构的合作，为集团成员单位在特殊时期建立最优金融支持环境。

第四，发挥了解产业、贴近集团的优势，配合国家各项支持政策贯彻落实，将专项金融扶持政策落地生根，将专项财政货币政策的支持效应传导到位，并以优质服务配合优惠政策，实现集团成员单位财务成本最优化。

第五，发挥信息对称、人员机构精干的优势，顺应各地抗击疫情要求，及时进行服务模式转型，借助网络平台、信息系统等途径保证高效沟通，确保特殊时期业务安全不打折、顺畅不掉线、效率有保障。

财务公司在上述方面发挥服务价值，有助于在复杂环境下争取业务空间，弥补经济下行造成的影响；也有利于在特殊时期展现自身承担国家使命、履行集团责任的独特价值，加固行业安身立命的基石。

二 中长期影响

从人类认识和战胜新生疾病的普遍规律来看，本轮新冠肺炎疫情在短期内得到完全控制的概率不高，考虑到疫情及其多元次生灾害对世界经济的持续压力，影响可能延续的时间就更长了。按照部分国外机构预测，本轮新冠肺炎疫情极有可能引发一轮持续性全球经济危机。虽然中国在抗击疫情方面有信心走在全球前列，且经济发展具有内在强韧特性，但在跨国经济贸易金融网络如此错综复杂的当前，在全球危机面前独善其身，是不容易的。在这种情况下，疫情对财务公司行业发展的影响，也很难在短期内消弭无形。

除上文所提及的疫情对财务公司等金融部门的整体压力，可能随时间推移，经由实体经济部门传导逐步暴露之外，在中期范畴内，财务公司行业发展所面临的局面，还有可能包括不同行业、不同集团所属财务公司因压力不同出现加速分化，行业整体发展所面临的利率环境加速恶化，行业面临商业银行、政策性银行等金融机构的竞争压力显著上升，行业经营管理的潜在风险系数上升。但是疫情压力的持续，也有可能成为倒逼财务公司经营管理多个环节特别是经营管理系统化、信息化全面升级的强大动力。

（一）行业内部分化加剧

疫情初期，部分行业、部分集团所属财务公司面临的局部承压状况，可能会随着疫情在全球范围内的持续，以及疫情对实体经济和消费市场影响的继续发酵，在一定时期内保持甚至有可能在范围上有所扩大。其中，除了前文提及的交通运输、民生消费、商贸、酒店旅游、石油石化等行业之外，受跨国人流物流持续封锁、贸易承受重压，以及可能继发的经贸摩擦加剧、保护主义抬头等次生影响，其他行业财务公司所属集团如进出口贸易或海外业务占比较大，也有可能长期承受压力，导致财务公司相关业务出现资金需求不足、资金回笼乏力、资金流动低迷的局面，对经营管理产生不利影响。

与此同时，部分财务公司有可能依托所在产业与集团，继续保持相对稳健的发展节奏。其中，军工等行业承受疫情影响的直接冲击相对较小，投资控股等行业可能在整体趋于宽松的货币市场环境下寻求全新机会形成内部对冲，医药、健康等行业还有可能获得特殊的发展机遇。这会导致财务公司行业的内部分化有所加剧，呈现冷热不均的发展态势。

（二）利率环境挑战严重

疫情发生后，为稳经济、稳就业、稳民生，推动复工复产，缓解实体经济部门特别是小微企业的生存压力，政府运用多种积极财政政策与适度宽松货币政策工具，这对金融市场产生了重大影响。这一政策导向，对中国经济发展到目前阶段所自然呈现的利率下行趋势形成助推，加快了中国进入低利率时代的步伐；同时和 2019 年下半年以 LPR 利率定价机制起步为代表的利率市场化改革进程形成叠加效应，使利率市场化与利率中枢下移两大进程彼此交织。

在上述长期趋势、政策导向、市场化推手三方力量作用下，国内金融市场利率持续走低，而且由于存款利率变化存在滞后性，存贷款利差收缩态势更加明显。这在有效降低实体经济资金成本压力的同时，也对高度依赖利差空间的存款类金融机构，包括财务公司在内，造成了巨大的经营压力。

值得注意的是，相比一般存款类金融机构，财务公司还有可能面临利率环境双重挑战的局面。

一方面，财务公司各主要资产配置渠道将普遍面临利差空间收窄。其中，在信贷领域，贷款、票据市场利率中枢持续下移，资产端利率走低，负债端却由于滞后效应存在，加上需要向集团成员单位让利的行业特殊性，难以在节奏和力度上与资产端产生匹配，导致信贷利差空间急剧收窄，甚至出现倒挂。对同业、投资等其他渠道而言，由于市场利率下行导致普遍资产荒，财务公司坚持安全性、流动性标准，遴选及争取有价值配置产品的难度也会加速上升。

另一方面，财务公司还有可能面临金融同业市场特殊利率溢价空间消失的压力。长期以来，财务公司作为持牌存款类金融机构，其同业存款、同业拆借、同业资金配置渠道等，相比集团及成员单位直接面对外部金融机构进行存款或资金配置，具有显著优势，这一优势可视为财务公司作为金融机构的利率溢价，有助于巩固财务公司作为集团内资金集中平台、对外融资与资金配置主体的价值。但在疫情暴发之后，市场利率下行，利差空间收窄，大大压缩了这种利率溢价空间。

（三）机构竞争趋于白热

疫情影响可能持续相当长一段时间，经济复苏需要过程且始终存在被疫情抬头打断的风险，加上利率中枢下移、利差空间收窄，上述因素相互叠加，可能使金融机构之间的竞争趋于白热化，并直接对财务公司经营造成压力。

对财务公司而言，首当其冲的行业竞争压力，主要还是来自商业银行在信贷领域的正面竞争。因为财务公司所服务的企业集团及其下属重点成员单位，大多属于金融机构竞相争抢的优质客户。在竞争趋于白热化的情况下，财务公司信贷服务在价格、担保方式、提款还款条件、产品组合等各个维度，都将面临来自商业银行的强力争夺，不仅新业务拓展困难重重，存量业务也存在被商业银行以更优惠价格置换挤出的风险。商业银行之外，国开行、进出口银行等政策性银行，凭借极低资金成本，借助国家所赋予在市场中压低利率的特殊“鲶鱼效应”，也通过参与银团组建、重组置换等方式，对财务公司的信贷业务造成直接冲击。

除信贷领域的竞争压力之外，因为市场普遍呈现优质资产荒，在同业、投资等市场，财务公司面对同样存在资产配置需求的多元化金融机构，也将面临竞争压力，争夺优质项目份额的难度也将水涨船高。另外，在针对小微企业的产业链金融、外汇与跨境、财务顾问及其他中间业务领域，财务公司面临的其他金融机构竞争压力，也有可能随金融行业生态环境的整体变化同步加剧。

这种几乎无所不在的竞争压力，一方面将直接影响财务公司的各项金融业务与经营绩效；另一方面，将有可能进一步暴露财务公司面对商业银行等市场化金融机构的短板，例如，规模相对有限，客户高度集中，业务范围较广但实践展开较少，对冲、转移和缓释冲击的余地非常有限等。虽然财务公司在面对市场化金融机构竞争时可以依赖集团管理支持缓和部分压力，但长此以往将透支财务公司在集团整体战略与管理体系中的价值，削弱内部金融平台优势，也会使财务公司在面对利益取向趋于多元的各级成员单位时，面临越来越多的质疑与挑战。

（四）风险隐患有所抬头

新冠肺炎疫情是全球经济与社会发展遭遇的重大风险事件，这种风险压力也将不断传导、扩散、渗透。在疫情持续发生影响的情况下，外部压力与财务公司行业自身面临的风险潜流叠加，也有可能在今后一段时间，引发风险隐患逐渐抬头甚至在局面呈现风险暴露，对行业整体面貌和个体公司发展造成实际影响。

可能出现的风险隐患上升，所波及范围是相当广泛的。其中比较容易引起关注的，是财务公司资产配置所面临的信用风险，包括利率风险和汇率风险多个维度在内的市场风险，可能随公司经营压力整体上升而来的流动性风险，法律法规政策频繁落地环境下的合规风险，等等；同时，疫情期间特殊防疫要求可能导致员工在岗操作及协作方式发生变化所引起的操作风险，信息系统功能需求和运行压力急剧上升所导致的信息系统风险，等等。可以说，压力波及各个领域，应当引起充分关注，予以妥善应对。

应当注意的是，这种风险隐患抬头的压力，可能呈现一种“三元共振”：其一来自近年来财务公司行业风险不断积累的自然进程；其二来自疫情影响和各类次生灾害的冲击；其三则来自行业内各财务公司为缓解疫情冲击和经营压力所采取的主观努力，可能引发的派生风险。例如，财务公司在疫情持续、需求不振、利率下行、利差缩减、竞争激烈的复杂局面下，信贷业务面临巨大冲击，在这种情况下，在项目选择和审批环节，风控尺度相比原标准有所松动，是一种非常自然的应激反应。如个别财务公司面对的经营压力持续释放，将有可能引起公司整体风险偏好的调整。必须承认，这也是一种正常经营范围之内的调适过程，但这种调适，无论是被动适应还是主动筹划，都会对公司全面风险管控能力、对公司经营管理的整体水平提出新的严格要求。

（五）倒逼行业迭代升级

总体来说，新冠肺炎疫情如果持续，将在相当长一段时间内对财务公司行业的生存和发展造成多方面的压力。但是，无论是对行业整体还是对各财务公司而言，外部压力也有可能成为倒逼迭代升级的动力，在诸多方面促进行业增强内功、弥补短板、巩固基础、提升效能，使行业发展进入全新轨道。

其中，最为直接的迭代动力体现在金融服务信息化平台建设和在线金融服务方面。疫情期间传统上门服务、柜台服务方式难以开展，唯有依托信息系统实施在线金融服务，才能维持公司金融服务和生产经营的正常秩序。在这个过程中，各公司根据自身服务需求，普遍提高了对信息化工作的重视水平，加大资源投入，加紧功能开发，完善运维保障，强化安全保障，充实专业人才；在弥补信息化短板、维持公司运转的同时，也会对金融服务信息化的理解和认识提升到新层次。同时，因为在线办公方式的改变，全面提升信息化水平的内在要求不仅在前台业务领域充分体现，也在逐步渗入中后台管理的各个环节，加快财务公司经营管理全领域、全流程信息化的升级换代步伐。如果这一趋势能够稳步向前，在信息化上层建筑统筹规划的指导下持续展开，同时与时俱进、因地制宜，不断吸收利用金融信息科技的最新成果，将有利于财务公司行业进一步弥补规模和网点劣势，转变发展方式和服务模式，依托个性化系统形成面对商业银行等竞争者的差异化竞争优势，为行业面向未来可持续发展提供条件。

这种有利于行业可持续发展的倒逼迭代升级，还体现在很多其他方面，例如，疫情压力之下，集团成员单位对财务公司金融服务的响应速度和效率要求更高，就会倒逼财务公司完善服务体系、梳理业务流程、精简审批环节、加强内部协作、提升服务效能；市场环境变化多端，其他金融机构竞争趋于白热化，对于公司金融服务产品的设计、定价等都会提出更高要求，就会倒逼财务公司吸收市场化金融机构的优秀经验，深化内部改革，提高灵活性，促进产品和服务创新，甚至改进管理模式，优化激励约束机制；同时，新的压力和挑战，也会推动财务公司进一步加强与所在集团、成员单位的沟通协作，从顶层设计入手巩固价值共同体、利益共同体和行为共同体，尽量缓和外部挑战对于内部协作关系的影响和冲击。

除此之外，这一倒逼效应，也有可能在财务公司与监管部门的关系中得到体现。疫情暴发之后，财务公司和监管部门沟通频度和深度远超以往。在全力帮助实体经济复产复工、助力国家各项政策落地、精准传导货币政策的共同目标驱动之下，以监管部门为代表的政府机关与财务公司之间的沟通协作，有可能呈现从互信到互动的良性循环，有利于完善新型监管关系，加快推动适应财务公司特点、高效助力行业发展的特色监管体系全面铺开，将财务公司行业的稳健可持续发展建立在更加坚实的基础之上。

三　展望与应对

客观地说，不管是新冠肺炎疫情本身的演进，还是国际国内经济社会发展因此而受到的影响，都还存在很大的不确定性；疫情相关因素对财务公司行业发展的影响，同样难以做出简单的结论或判断。不过，这并不妨碍我们立足当下、展望未来，期待财务公司行业最终战胜种种挑战、化危为机，将种种压力转换为行业进一步成熟的蓬勃动力，伴随中国经济和社会发展战胜一切艰难险阻的磅礴气势，继续向前，永不停歇。

在这一过程中，无论是财务公司行业还是各家财务公司，都应当承担责任去认真分析、妥善应对各种挑战。以应对挑战为契机，统筹规划，精准施策，立足当下，致力长远，在帮助财务公司战胜随疫情而来各种困难、维持公司和行业稳健发展节奏的同时，借助压力倒逼，全力提升发展的质量和层次。在实践中，财务公司应对挑战、化危为机的具体方略，可以就如下几个方向展开。

第一，对利率环境恶化的长期趋势予以充分关注，妥善应对。在利率中枢不断下移、利差空间日益收窄的大势面前，财务公司一方面要提高经营绩效，在确保业务安全前提下，增强在同业、投资等市场寻求优质资产投资渠道的能力，同时精细化头寸管理调配，向管理要效益；另一方面要稳步推进产业链金融、中间业务等领域的开拓创新，努力缓解对集团内部存贷款利差的依赖，打造新的业绩增长点。同时，财务公司应当将经营环境变化的整体趋势适时充分向集团传导，争取理解支持，缓和在绩效考核方面的压力。

第二，对于日趋激烈的金融机构竞争，要在扬长避短的同时弥补短板，努力发挥相对竞争优势。财务公司要继续发挥自身贴近产业、贴近集团、贴近成员企业的独特优势，将价值观一致、利益趋同、信息对称对竞争的正向作用充分发挥出来，在一揽子金融服务组织、产品设计、服务模式等方面精益求精，深耕局部市场，打造局部竞争优势；同时，财务公司要眼光开阔，学习市场化金融机构在产品、服务、信息系统等方面的先进经验，在成本可控的前提下合理弥补短板。此外，财务公司要保持与集团的充分沟通，争取认同与支持，强调财务公司的管理贡献，突出财务公司对集团整体利益、长远利益的不可替代价值，避免成员单位因片面强调局部短期利益将财务公司置于不公平竞争环境。

第三，高度重视新冠肺炎疫情及相关因素引起的风险隐患抬头与风险效应叠加共振，打造聚焦实质风险的强大风控能力。财务公司在思想上，要加速摆脱财务公司风险水平很低、可以高枕无忧的惯性思维；在工作中，要对各种风险因素通盘考虑，深入分析研判，在坚持风险、合规、内控标准不动摇的情况下，针对风险偏好可能出现的变化，做好平衡协调，准备必要的风险缓释与应急预案，要顶住业绩压力、经营压力对风控体系可能带来的冲击。

第四，借力倒逼升级，打开行业发展新局面。财务公司要借助疫情期间金融服务信息化进程普遍加速的趋势，关注金融科技发展前沿，在经营管理全流程、全领域信息化上取得新突破。同时，财务公司也要珍惜当前与监管机构之间良好的沟通氛围，主动积极发力，维护充分互信、密切互动的良性循环，在严监管、强监管的大环境下营造促进行业发展的温暖小环境。

同时，新冠肺炎疫情和随之而来的压力也在提醒我们，应当借此机会，深入思考财务公司行业的自身定位。随疫情而来的挑战中，有些是短期因素，有些则是长期趋势，只不过在疫情中被放大了，得到了更加充分的暴露，如上文分析中提到的利率下行、利差收窄，特别是金融同业利率溢价空间的消失。那么，在这一长期趋势下，财务公司如何将依托集团、服务集团的价值发挥到位，如何将内部金融服务平台的优势落到实处，就成了一个必须面对的长期挑战。在这种情况下，财务公司必须要在贴身服务力度、一揽子服务宽度、产融结合深度、管理与服务融合程度、终端服务精细度、增值服务广度等诸多方面全力提升，才能对冲外部市场变化造成的影响，对内继续保持向集团成员单位的价值输出，对外努力保证对于外部竞争对手的差异化竞争优势，将安身立命之本建立在对集团成员单位实实在在的价值贡献基石之上。

近年来，无论是国家导向、监管要求，还是财务公司行业的内在呼声，都要求财务公司坚守本源，服务集团，服务产业，服务实体经济。而立足于疫情特殊环境下的深入反思，将有助于深化行业对坚守本源的理解与认识。坚守本源的定位，只有在能够为集团、为产业、为实体经济创造实实在在价值贡献，体现不可替代服务优势的情况下，才能立得住、立得稳。因此，在一定程度上，对于疫情挑战的应对，以及在这一基础上展开的反思与实践，将有助于财务公司紧跟中国经济社会和金融市场发展的新趋势、新动向，实现与时俱进的转型升级，将内部金融服务的路越走越宽。

回顾历史，财务公司行业本身，就是在市场金融供给相对缺乏、企业集团内部金融需求难以满足的现实环境压力催化之下，从企业集团发展的实际需要出发，立足于资源整合与价值创造的改革创新产物；也必将在不断面对新压力、战胜新挑战的过程中，持续成熟完善、开拓创新，伴随中华民族的伟大复兴事业，不断走向光明未来。

专题三
外管局跨境资金集中运营管理新规解析

2019 年 3 月，《国家外汇管理局关于印发〈跨国公司跨境资金集中运营管理规定〉的通知》（汇发〔2019〕7 号，以下简称“新规”或“外管局跨境资金池”），对《跨国公司外汇资金集中运营管理规定》（汇发〔2015〕36 号）进行了修订。

本次修订最显著的变化是制度名称，新规删除“外汇”二字，将人民币纳入池内，这是外管局首次在制度层面，明确支持跨国公司进行跨境资金本外币一体化运作。实践上，在 2014 年《中国人民银行关于跨国企业集团开展跨境人民币资金集中运营业务有关事宜的通知》之前，外管局本着先试先行、服务实体经济等方面的考虑，曾经有一段时间是允许人民币入外管局跨境资金池的。

一 外管局跨境资金池的缘起

2012 年由北京、上海两地精选优质企业集团，以试点形式开展的跨国公司外汇资金集中运营管理政策，至 2014 年成为全国推广的普惠政策，目前已成为企业集团开展外汇资金集中管理的不二选择。

实践中，我国企业集团进行外汇资金集中管理政策起源于 21 世纪初，是在中资和外资跨国公司提出境内分（子）公司之间的外汇资金进行拆借的需求下推出的。从个案特批开始，再到简单业务试点、政策整合与试点、政策普惠的稳步开放发展特点（见表 1）。最先“走出去”的一批企业集团与其财务公司例如五矿、中粮、中油、中化等参与其中，受惠于此，形成可复制、可推广的企业集团外汇资金集中管理实践。

表 1　外汇资金集中管理政策的演变

<table>
<tr><th>政策特点</th><th>政策名称</th><th>政策文号</th><th>业务功能</th></tr>
<tr><td rowspan="2">简单业务试点</td><td>《国家外汇管理局关于跨国公司外汇资金内部运营管理有关问题的通知》</td><td>汇发〔2004〕104 号</td><td>境内成员单位之间、或境内成员单位与境外成员单位之间相互拆放外汇资金</td></tr>
<tr><td>《国家外汇管理局关于推动浦东新区跨国公司外汇管理改革试点有关问题的批复》</td><td>汇复〔2005〕300 号</td><td>委托贷款框架下外汇头寸日内集中；贸易项下集中收付汇</td></tr>
<tr><td rowspan="4">政策整合与试点</td><td>《国家外汇管理局关于企业集团财务公司开展即期结售汇业务有关管理问题的通知》</td><td>汇发〔2008〕68 号</td><td>财务公司开展结售汇业务</td></tr>
<tr><td>《国家外汇管理局关于发布〈境内企业内部成员外汇资金集中运营管理规定〉的通知》</td><td>汇发〔2009〕49 号（现行有效）</td><td>财务公司开展结售汇业务；境内企业相互拆放外汇资金业务；吸收参与成员外汇存款，对参与成员发放外汇贷款，开展外汇资金运营业务</td></tr>
<tr><td>《国家外汇管理局关于开展跨国公司总部外汇资金集中运营管理试点的批复》</td><td>汇复〔2012〕167 号</td><td rowspan="4">集中运营管理境内外成员单位外汇资金（境内外汇资金集中管理、境外资金境内归集）；
外债和对外放款额度集中管理；
经常项目集中收付汇和净额结算</td></tr>
<tr><td>《国家外汇管理局关于扩大跨国公司总部外汇资金集中运营管理试点的批复》</td><td>汇复〔2014〕59 号</td></tr>
<tr><td rowspan="3">政策普惠</td><td>《国家外汇管理局关于印发〈跨国公司外汇资金集中运营管理规定（试行）〉的通知》</td><td>汇发〔2014〕23 号</td></tr>
<tr><td>《跨国公司外汇资金集中运营管理规定》的通知</td><td>汇发〔2015〕36 号（现行有效）</td></tr>
<tr><td>《国家外汇管理局关于印发〈跨国公司跨境资金集中运营管理规定〉的通知》（现行有效）</td><td>汇发〔2019〕7 号</td><td>集中运营管理境内外资金，办理外债和境外放款额度集中管理、经常项目资金集中收付和轧差净额结算等业务</td></tr>
</table>

上述政策中“汇发〔2009〕49 号文”是当时财务公司申请即期结售汇和境内外汇资金集中运营管理（以下简称“境内外汇资金池”）的指导文件。直至 2012 年外管局推出“跨国公司总部外汇资金集中运营管理试点”、2014 年“跨国公司外汇资金集中运营管理试行”、2015 年去掉“试行”二字，我国已正式形成较为完整的外汇资金集中运营管理政策体系。

可见，“境内外汇资金池”让财务公司从本币业务扩展到外币业务的服务领域，而“跨境外汇资金池”为财务公司开启了从国内服务走向境外服务的大门。

二　外管局新规解析

根据新规及各地外管局的过渡期方案工作要求，财务公司作为集团跨境资金集中运营管理业务的主办企业，需要在 2019 年 8 月底前完成新规下的重新备案。笔者结合外管局、人行、合作银行对新规的指导，以及业内实践，从两方面进行解析：一是解析外管局新规与旧规的区别；二是由于新规纳入本外币一体化运作模式，必然涉及与跨境人民币资金集中运营业务（以下简称“跨境人民币资金池”）的异同，笔者尝试将外管局新规与人行政策进行对比分析。受限于外汇属地管理原则，加之各银行对外管局、人行政策的理解与执行可能存在一定差异，建议读者在与当地监管部门、合作银行进行充分沟通后再进行实际操作。

新规采取简政放权、简化操作、政策导向、优化管理等改革措施，重新规范了跨境资金池业务的开展，外管局跨境资金池新规与旧规对比，其优势是降低了财务公司对该项业务的管理成本，提高了财务公司为成员单位办理业务的效率。关于新规与旧规主要区别和对比的解读如表 2 所示。

表 2　新规与旧规的对比与解析

内容	旧规	新规	解析
备案流程	分局报总局同意后出具备案通知	备案权限下放至分局	外管局简政放权，提高审批效率
退出机制	无	已取得备案资质后不开展业务或已清理完跨境债权债务的企业实行退出管理	取得资质后必须开展业务，否则 1 年后必须退出
额度计算	外债余额不超过净资产 1 倍，境外放款余额不超过所有者权益 50%，允许部分集中额度	外债余额不超过所有者权益 2 倍，境外放款余额不超过所有者权益 30%，原则上不再允许部分集中额度	扩流入、控流出的政策导向
登记管理	外债和境外放款均须逐笔登记	在业务备案的同时办理一次性登记	旧规要求办理外债或境外放款，主办企业须持有真实的借款协议至外管局办理业务备案登记，取得业务编号后才可以办理跨境资金划拨。新规推出后，以财务公司与一家业务量较大的境外成员企业签订（外债和境外放款业务各一份）借款框架协议进行一次性备案登记，在实际业务发生时，无须再到外管局逐笔登记
账户结构	双账户模式，主办企业可以开立国内外汇资金主账户和国际外汇资金主账户	单账户模式，主办企业只能开立国内资金主账户。可以选择一家境外成员企业，在经备案的合作银行开立 NRA 账户	减少账户数量，调整优化账户功能
办理币种	外币	外币和人民币	本外币一体化管理
结汇支付	意愿结汇，逐笔提供真实性证明材料	意愿结汇或支付结汇，仅需支付命令函	增加企业本外币转换选择，简化办理程序

新规优势明显，但从外汇监管角度出发的政策，对财务公司发挥集团资金集中管理的职责存在个别的不便之处。例如，简化账户结构使得财务公司以国际主账户进行“境外资金境内归集”的业务操作变得无所适从。新规的政策导向为解决跨国公司跨境资金融通提供了便利通道，作为主办企业的财务公司除了利用这个便利通道，调剂集团境内

与境外成员单位资金的余缺，更想通过利用通道吸收境外成员单位存款，提高集团全口径资金集中度。部分地区财务公司采取以国内主账户进行“境外资金境内归集”，并以占用外债额度的方式，实现集团资金集中管理平台吸收存款的目标。另外，本次新政将外债资金从国内主账户收支范围内剔除，导致成员单位自行举借的外债资金无法入池。

外管局跨境资金池业务资质一直是财务公司行业持有最多的外汇业务资质。从近三年的跨境外汇资金池业务发展情况可见，2019 年度持有该资质的财务公司有 97 家，较上年末净增加 12 家。财务公司开办国际结算业务（经常项下集中收付）表现活跃，开展外债业务和境外放款业务的家数在 2018 年达到一定的高峰后，于 2019 年有所回落（见图 1），但各项业务办理的金额均呈现不断增长的态势（见图 2）。

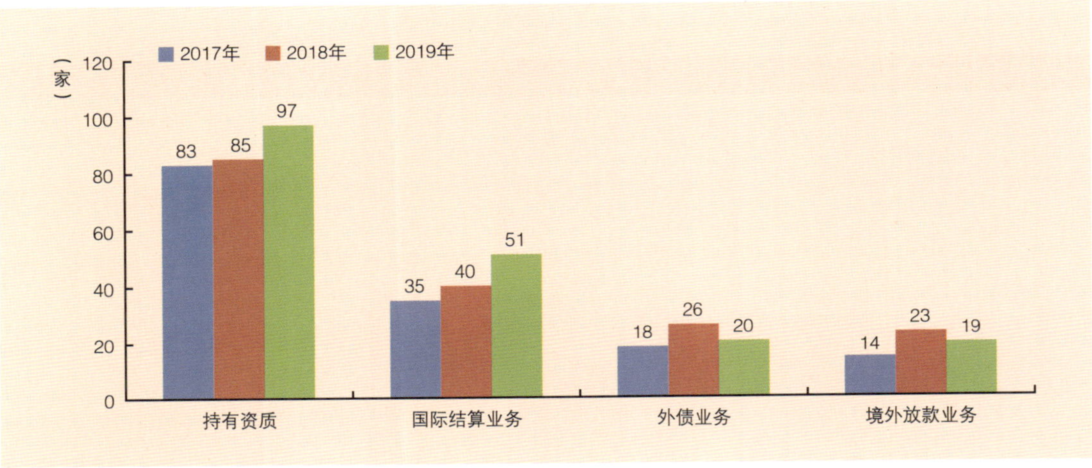

图 1　2017 ~ 2019 年财务公司持有外管局跨境资金池资质家数及各项业务开展家数情况

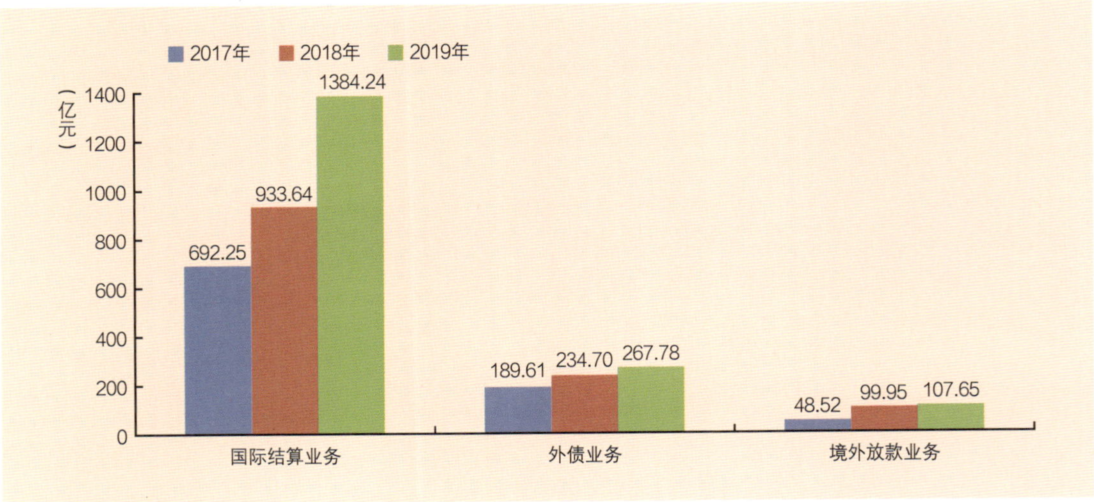

图 2　2017 ~ 2019 年财务公司开展外管局跨境资金池各项业务的金额情况

三　外管局跨境资金池与人行跨境人民币资金池对比

新规允许主办企业开立人民币国内主账户，办理经常项下跨境人民币集中收付、人民币外债和境外放款等业务，但与人行[①]的跨境人民币资金池业务分属不同的监管体系，两个政策的对比与解析如表 3 所示。

表 3　外管局跨境资金池与跨境人民币资金池的对比与解析

项目	外管局跨境资金池	人行跨境人民币资金池	解析
入池币种	外币和人民币	人民币	外管局将人民币作为一个币种纳入池内，关注完善资金池服务功能；人行关注推进人民币国际化
跨境调剂协议方式	委托贷款框架、点对点协议两种方式	以委托贷款框架为主，部分银行或地区可以采取点对点协议方式	外管局跨境资金业务办理更加灵活
跨境资金调剂期限	短期、中长期	1 年（含）以内	外管局给予更活期的资金调剂周期
额度计算	外债额度：境内成员单位所有者权益 ×2； 境外放款额度：境内成员单位所有者权益 ×0.3	净流入额度：境内成员单位所有者权益 ×0.5； 净流出额度（指导）：境内成员单位所有者权益 ×0.3	外管局从业务类型角度管控额度，人行从净流入流出角度管控额度，两个渠道互补，扩大跨境资金调剂的总额度
经常项下集中收付	主办企业申办此项业务且在取得的备案通知书中列示经常项下集中收付即可办理	主办企业应与开展业务的各方签订集中收付协议，明确各自承担贸易真实性等的责任	人行要求更加严格、具体
主账户	可以开立多币种（分币种）、人民币国内主账户用于办理经常项下集中收付和净额结算、外债和境外放款业务	开立人民币专用存款账户，专门用于办理跨境双向人民币资金池业务（跨境流入、跨境流出）；开立人民币银行结算账户办理经常项下跨境人民币集中收付业务，可采用轧差净额结算方式	外管局一个国内主账户可以办理经常项目和资本项目业务；人行要求经常项目和资本项目业务分两类账户办理
合作银行数量	无限制	3 家	外管局选择合作银行无限制
业务有效期	企业在获批之后 1 年内需要实际开展业务，否则 1 年后失效	无规定	人行无退出机制

综上所述，外管局跨境资金池取消国际主账户设计，与人行跨境双向人民币资金

① 《中国人民银行关于跨国企业集团开展跨境人民币资金集中运营业务有关事宜的通知》（银发〔2014〕324 号）和《中国人民银行关于进一步便利跨国企业集团开展跨境双向人民币资金池业务的通知》（银发〔2015〕279 号）。

池业务的账户设置趋同。但在跨境资金调剂协议与期限、合作银行数量等方面仍存在较大的差异。由于成员单位可以同时纳入外管局与人行跨境资金池，两池并存的优势是渠道互补，扩充跨境资金调剂额度。财务公司可以根据所在企业集团需求，申办一个或两个跨境资金池，加强财务公司国际金融服务功能的发挥。另外，自贸区版相关政策的门槛相对较低，又有先试先行政策突破的契机，注册于自贸区内的财务公司一般优先选择申请适用自贸区版的跨境本外币资金池业务。例如，上海电气财务公司通过自贸区版跨国公司外汇资金池、人民币现金池和自贸区分账核算单元三个体系的搭建，将金融服务扩展至集团全球范围内所有成员单位，构建了全球资金管理体系。

案例

中铁建财务公司跨境资金集中运营

中铁建财务公司（以下简称“公司”）于 2016 年分别取得即期结售汇业务资质、跨国公司外汇资金集中运营管理业务资质，开始搭建外管局政策体系下的外币资金池框架。之后，公司又陆续申请了环球银行金融电信协会（简称“SWIFT”）会员，跨境人民币结算、外币拆借等业务资质，并逐步开展相关业务。

目前，公司可依托跨境外汇资金集中运营管理业务资质，建立中国铁建境内外币资金池，归集境内外成员单位分散的外汇资金；可代理成员单位完成经常项目跨境收付汇，贸易类型可涉及货物进口付汇、工程款收支、办公经费支出等；可通过银行间外汇市场交易资格，提供实时盯市服务，代理成员单位集中办理即期结售汇业务；可代理境内成员单位办理经常项目跨境人民币集中收付业务；可在外币拆借市场办理拆借业务，获取低成本外汇资金、丰富头寸管理手段等。

通过公司办理外汇业务，成员单位的收益将通过以下几方面得到最大化：归集至公司的外汇资金按照人民币同等政策计算上述存款指标；账户开立、外币结算等业务均无手续费；成员单位享受的存款利率在银行挂牌利率基础上上浮；成员单位享受的贷款利率在银行挂牌利率基础上下浮；结售汇价格采用市场询价的方式，远优于企业在银行办理交易的挂牌价。

针对成员单位境外资金受政策方面限制而出现的供需不平衡、境外账户信息获取时效性差等问题，公司与成员单位、有关合作机构，逐个分析成员单位所在国别的货币政策、税务政策，分别制订可行的资金集中方案。公司通过直接连接 SWIFT 系统和银企直联方式，为成员单位提供高效、快捷的结算通道；实现成员单位境外账户的可视化管理，具备归集条件的账户实现境外资金跨境归集管理，协助成员单位搭建境外资金统一管理平台。

公司外汇业务办理渠道丰富，合作银行有国有大型银行、股份制银行、外资银行，议价能力强，资金收益高，政策差异取长补短。同时，公司通过实地对接交流等方式，与各地成员单位形成良好的外汇业务合作关系；通过召开全集团外汇业务推介会，建立外汇业务QQ群、微信群，定期编制外汇市场要闻简报，组织外汇业务研讨会等多种方式，加深财企交流，拓展业务空间。同时，制定公司外汇业务产品说明书（操作手册），为成员单位高效、快捷办理国际结算业务提供有效指引和业务协助。

外汇资金集中运营管理，是公司落实海外优先发展的重要抓手，公司努力打造“7×24小时全球结算体系”，依托政策优势、价格优势、服务优势、金融资源优势和资质优势等，充分利用海外优先发展的战略契机，与客户深入对接、沟通和联系，积极推动跨境结算、外汇资金归集、即期交易、SWIFT项目授权等业务的普及，构建集团全球资金管理体系。

四　适应新规的若干思考①

财务公司以跨境资金集中运营管理业务资质为抓手，结合其他外汇业务资质，实现收结汇、购付汇一体化操作链条，为成员单位提供结售汇、收付汇、跨境资金调剂等综合业务解决方案；同时，财务公司国际业务人员基于对外汇政策、金融市场产品的了解，以电话咨询、会谈、培训、咨询外管局、协调合作银行等方式，为成员单位提供经常项目和资本项目外汇政策咨询，有效解决成员单位在国际化经营中遇到的外汇政策难题，提高客户满意度。

其一，专业化运营体系是关键。跨境资金池相关业务都采用专岗专人的方式，制定相关制度、操作规程以及风险管理办法，明确各业务环节、执行角色、业务规则等要素，有效控制业务风险。

其二，账户管理清晰是基础。从监管机构的外汇业务管理方式来看，经常、资本区分是大的口径，国际收支编码是统计抓手，账户性质是业务区分渠道。因此，成员单位需要根据业务性质对应开立经常或资本性质的账户。因为不同性质资金的监管政策不一样，区分账户性质管理资金，账户在功能设置上做不同安排，能够保证成员单位资金流动路径清晰，防范因资金混用而产生的监管问题，尤其涉及成员单位账户财

①　资料来源于招商局财务公司《关于跨境资金池业务的经验与思考》。

银直连的情况，外汇账户管理细化更加重要。

其三，台账登记完善是保障。财务公司开展的跨境集中运营管理业务与银行有一定差别，银行是基于客户、账户管理，各类账户的监管和各类业务的报送均由专人负责，并且可通过监管系统获取丰富的数据信息以保证业务正确、合规办理。对于财务公司而言，银行只是记录了财务公司在银行的国内主账户、跨境人民币资金池专户及结汇待支付专户等相关账户的资金变动和业务情况，很难全面反映每一笔业务的背景。大部分财务公司的跨境业务体量并不是非常大，通常系统建设的速度远远无法满足跨境业务的复杂性和不断变化以及监管报送信息的要求，详细、准确的台账登记就成为业务连续性、可追溯的重要保障。因此，财务公司虽然业务操作上依托于银行，但是在业务背景记录及追踪上更加依托于台账登记。

其四，政策把握准确是前提。跨境资金集中运营管理业务是基于经常、资本、国际收支和结售汇等业务的政策法规，但又有自身特定的政策规定。财务公司需要通过监管发布、监管网站、公众媒体等多渠道、多方面不断更新自身的"政策库"，保证自身的政策把握与时俱进。业务具体处理依托于合作银行，但是合规性审核和政策理解并不能完全依赖合作银行，更不能迷信合作银行。在遇到与合作银行政策理解不一致的情况时，要深入沟通、讨论，厘清业务、弄清根源，如果有必要也可以寻求监管机构对政策做进一步解释。既不能违规操作，也不能"束手就擒"。此外，在遇到不同合作银行对于外汇政策理解、把握不一致的情况时，财务公司也可以在合规的前提下，灵活地为成员单位选择最为便利、适合的渠道。

其五，发挥主观能动是必需。在财务公司跨境资金运营管理业务中，成员单位和银行对于财务公司的依赖性非常强，也就是说，财务公司需要充分发挥主观能动性，要比成员单位和银行更加了解业务背景。例如，跨境资金调剂业务，如果借贷双方成员单位之间通过财务公司跨境通道点对点办理，而并非通过财务公司委托贷款办理，财务公司对于借款人的资金用途、偿还安排不易于管理。首先，财务公司需要与成员单位保持紧密沟通，在业务办理时充分掌握业务背景，确保合规开展。其次，财务公司在业务办理后仍需持续了解成员单位的公司经营情况、还款计划等，例如公司如有注销计划，财务公司要提前协助成员单位完成贷款偿还。此外，财务公司还需在日常工作中加强对监管政策的宣讲和风险提示，如有必要可增加到定期工作中。

综上所述，财务公司在跨境资金集中运营管理业务中，既是成员单位业务的引导者，也是监管人；与合作银行既存在同为金融机构业务合规要求的统一战线，也存在因角色相对而产生的不同立场。做好基础工作、延伸服务臂膊，灵活转换身份，财务公司一定可以在跨境资金集中运营管理业务中发挥重要作用。

附　录

财务公司机构名录

序号	机构名称	机构简称	地区	行业	所有制
1	TCL 科技集团财务有限公司	TCL 财务公司	广东省	电子电器	集体民营企业
2	安徽省能源集团财务有限公司	安徽能源财务公司	安徽省	电力	地方国有企业
3	安徽省皖北煤电集团财务有限公司	皖北煤电财务公司	安徽省	煤炭	地方国有企业
4	鞍钢集团财务有限责任公司	鞍钢财务公司	辽宁省	钢铁	中央国有企业
5	百联集团财务有限责任公司	百联财务公司	上海市	商贸	地方国有企业
6	包钢集团财务有限责任公司	包钢财务公司	内蒙古自治区	钢铁	地方国有企业
7	宝钢集团财务有限责任公司	宝钢财务公司	上海市	钢铁	中央国有企业
8	宝塔石化集团财务有限公司	宝塔石化财务公司	宁夏回族自治区	石油化工	集体民营企业
9	保利财务有限公司	保利财务公司	北京市	投资控股	中央国有企业
10	北大方正集团财务有限公司	北大方正财务公司	北京市	投资控股	中央国有企业
11	北京金融街集团财务有限公司	金融街财务公司	北京市	投资控股	地方国有企业
12	北京金隅财务有限公司	金隅财务公司	北京市	建筑建材	地方国有企业
13	北京控股集团财务有限公司	北京控股财务公司	北京市	投资控股	地方国有企业
14	北京汽车集团财务有限公司	北汽财务公司	北京市	汽车	地方国有企业
15	北京首都旅游集团财务有限公司	首旅财务公司	北京市	酒店旅游	地方国有企业
16	北京首农食品集团财务有限公司	首农食品财务公司	北京市	农林牧渔	地方国有企业
17	本钢集团财务有限公司	本钢财务公司	辽宁省	钢铁	地方国有企业
18	兵工财务有限责任公司	兵工财务公司	北京市	军工	中央国有企业
19	兵器装备集团财务有限责任公司	兵装财务公司	北京市	军工	中央国有企业
20	渤海钢铁集团财务有限公司	渤海钢铁财务公司	天津市	钢铁	地方国有企业
21	诚通财务有限责任公司	诚通财务公司	北京市	商贸	中央国有企业

续表

序号	机构名称	机构简称	地区	行业	所有制
22	重庆化医控股集团财务有限公司	重庆化医财务公司	重庆市	石油化工	地方国有企业
23	重庆机电控股集团财务有限公司	重庆机电财务公司	重庆市	机械制造	地方国有企业
24	重庆力帆财务有限公司	重庆力帆财务公司	重庆市	机械制造	集体民营企业
25	重庆市能源投资集团财务有限公司	重庆能源财务公司	重庆市	煤炭	地方国有企业
26	传化集团财务有限公司	传化财务公司	浙江省	石油化工	集体民营企业
27	创维集团财务有限公司	创维财务公司	深圳市	电子电器	集体民营企业
28	大连港集团财务有限公司	大连港财务公司	大连市	交通运输	地方国有企业
29	大唐电信集团财务有限公司	大唐电信财务公司	北京市	电子电器	中央国有企业
30	大同煤矿集团财务有限责任公司	同煤财务公司	山西省	煤炭	地方国有企业
31	东方电气集团财务有限公司	东方电气财务公司	四川省	机械制造	中央国有企业
32	东方国际集团财务有限公司	东方国际财务公司	上海市	民生消费	集体民营企业
33	东方集团财务有限责任公司	东方财务公司	黑龙江省	农林牧渔	集体民营企业
34	东风汽车财务有限公司	东风财务公司	湖北省	汽车	中央国有企业
35	东航集团财务有限责任公司	东航财务公司	上海市	交通运输	中央国有企业
36	东旭集团财务有限公司	东旭财务公司	河北省	电子电器	集体民营企业
37	鄂尔多斯财务有限公司	鄂尔多斯财务公司	内蒙古自治区	民生消费	集体民营企业
38	福建七匹狼集团财务有限公司	七匹狼财务公司	福建省	民生消费	集体民营企业
39	福建省交运集团财务有限公司	福建交运财务公司	福建省	交通运输	地方国有企业
40	福建省能源集团财务有限公司	福建能源财务公司	福建省	煤炭	地方国有企业
41	甘肃电投集团财务有限公司	甘肃电投财务公司	甘肃省	电力	地方国有企业
42	港中旅财务有限公司	港中旅财务公司	深圳市	酒店旅游	中央国有企业
43	供销集团财务有限公司	供销财务公司	北京市	农林牧渔	中央国有企业
44	光明食品集团财务有限公司	光明财务公司	上海市	农林牧渔	地方国有企业
45	广东能源集团财务有限公司	广东能源财务公司	广东省	电力	地方国有企业
46	广东省广晟财务有限公司	广晟财务公司	广东省	有色金属	地方国有企业
47	广东省交通集团财务有限公司	广东交通财务公司	广东省	交通运输	地方国有企业
48	广东省农垦集团财务有限公司	广东农垦财务公司	广东省	农林牧渔	地方国有企业
49	广东温氏集团财务有限公司	广东温氏财务公司	广东省	农林牧渔	集体民营企业
50	广西交通投资集团财务有限责任公司	广西交投财务公司	广西壮族自治区	交通运输	地方国有企业

续表

序号	机构名称	机构简称	地区	行业	所有制
51	广州发展集团财务有限公司	广发财务公司	广东省	投资控股	地方国有企业
52	广州汽车集团财务有限公司	广汽财务公司	广东省	汽车	地方国有企业
53	贵州茅台集团财务有限公司	茅台财务公司	贵州省	民生消费	地方国有企业
54	贵州盘江集团财务有限公司	盘江财务公司	贵州省	煤炭	地方国有企业
55	国电财务有限公司	国电财务公司	北京市	电力	中央国有企业
56	国机财务有限责任公司	国机财务公司	北京市	机械制造	中央国有企业
57	国家电投集团财务有限公司	国电投财务公司	北京市	电力	中央国有企业
58	国联财务有限责任公司	国联财务公司	江苏省	投资控股	地方国有企业
59	国投财务有限公司	国投财务公司	北京市	投资控股	中央国有企业
60	国新集团财务有限责任公司	国新财务公司	北京市	投资控股	中央国有企业
61	国药集团财务有限公司	国药财务公司	北京市	商贸	中央国有企业
62	哈尔滨电气集团财务有限责任公司	哈尔滨电气财务公司	黑龙江省	机械制造	中央国有企业
63	海尔集团财务有限责任公司	海尔财务公司	青岛市	电子电器	集体民营企业
64	海航集团财务有限公司	海航财务公司	北京市	交通运输	集体民营企业
65	海亮集团财务有限责任公司	海亮财务公司	浙江省	有色金属	集体民营企业
66	海马财务有限公司	海马财务公司	海南省	汽车	集体民营企业
67	海南农垦集团财务有限公司	海南农垦财务公司	海南省	农林牧渔	地方国有企业
68	海信集团财务有限公司	海信财务公司	青岛市	电子电器	地方国有企业
69	杭州锦江集团财务有限责任公司	杭州锦江财务公司	浙江省	有色金属	集团民营企业
70	航天科工财务有限责任公司	航天科工财务公司	北京市	军工	中央国有企业
71	航天科技财务有限责任公司	航天科技财务公司	北京市	军工	中央国有企业
72	河北港口集团财务有限公司	河北港口财务公司	河北省	交通运输	地方国有企业
73	河北建投集团财务有限公司	河北建投财务公司	河北省	投资控股	地方国有企业
74	河钢集团财务有限公司	河钢财务公司	河北省	钢铁	地方国有企业
75	河南能源化工集团财务有限公司	河南能源化工财务公司	河南省	煤炭	地方国有企业
76	河南双汇集团财务有限公司	双汇财务公司	河南省	农林牧渔	集体民营企业
77	亨通财务有限公司	亨通财务公司	江苏省	电子电器	集体民营企业
78	红豆集团财务有限公司	红豆财务公司	江苏省	民生消费	集体民营企业
79	红星美凯龙家居集团财务有限责任公司	红星美凯龙财务公司	上海市	民生消费	集体民营企业
80	湖北交投集团财务有限公司	湖北交投财务公司	湖北省	交通运输	地方国有企业

续表

序号	机构名称	机构简称	地区	行业	所有制
81	湖北宜化集团财务有限责任公司	湖北宜化财务公司	湖北省	石油化工	地方国有企业
82	湖南出版投资控股集团财务有限公司	湖南出版财务公司	湖南省	其他	地方国有企业
83	湖南高速集团财务有限公司	湖南高速财务公司	湖南省	交通运输	地方国有企业
84	湖南华菱钢铁集团财务有限公司	华菱财务公司	湖南省	钢铁	地方国有企业
85	华联财务有限责任公司	华联财务公司	北京市	商贸	集体民营企业
86	淮北矿业集团财务有限公司	淮北矿业财务公司	安徽省	煤炭	地方国有企业
87	淮南矿业集团财务有限公司	淮南矿业财务公司	安徽省	煤炭	地方国有企业
88	吉林森林工业集团财务有限责任公司	吉林森工财务公司	吉林省	农林牧渔	地方国有企业
89	冀中能源集团财务有限责任公司	冀中能源财务公司	河北省	煤炭	地方国有企业
90	江铃汽车集团财务有限公司	江铃财务公司	江西省	汽车	地方国有企业
91	江苏凤凰出版传媒集团财务有限公司	凤凰出版传媒财务公司	江苏省	其他	地方国有企业
92	江苏国泰财务有限公司	江苏国泰财务公司	江苏省	商贸	地方国有企业
93	江苏华西集团财务有限公司	华西财务公司	江苏省	民生消费	集体民营企业
94	江苏交通控股集团财务有限公司	江苏交通财务公司	江苏省	交通运输	地方国有企业
95	江苏省国信集团财务有限公司	国信财务公司	江苏省	投资控股	地方国有企业
96	江苏悦达集团财务有限公司	悦达财务公司	江苏省	汽车	地方国有企业
97	江西高速集团财务有限公司	江西高速财务公司	江西省	交通运输	地方国有企业
98	江西铜业集团财务有限公司	江铜财务公司	江西省	有色金属	地方国有企业
99	金川集团财务有限公司	金川财务公司	甘肃省	有色金属	地方国有企业
100	锦江国际集团财务有限责任公司	锦江财务公司	上海市	酒店旅游	地方国有企业
101	晋煤集团财务有限公司	晋煤财务公司	山西省	煤炭	地方国有企业
102	京能集团财务有限公司	京能财务公司	北京市	电力	地方国有企业
103	酒钢集团财务有限公司	酒钢财务公司	甘肃省	钢铁	地方国有企业
104	巨化集团财务有限责任公司	巨化财务公司	浙江省	石油化工	地方国有企业
105	开滦集团财务有限责任公司	开滦财务公司	河北省	煤炭	地方国有企业
106	浪潮集团财务有限公司	浪潮财务公司	山东省	其他	地方国有企业
107	连云港港口集团财务有限公司	连云港财务公司	江苏省	交通运输	地方国有企业
108	联通集团财务有限公司	联通财务公司	北京市	其他	中央国有企业
109	潞安集团财务有限公司	潞安财务公司	山西省	煤炭	地方国有企业
110	马钢集团财务有限公司	马钢财务公司	安徽省	钢铁	地方国有企业

续表

序号	机构名称	机构简称	地区	行业	所有制
111	美的集团财务有限公司	美的财务公司	广东省	电子电器	集体民营企业
112	南方电网财务有限公司	南网财务公司	广东省	电力	中央国有企业
113	南山集团财务有限公司	南山财务公司	山东省	有色金属	集体民营企业
114	内蒙古电力集团财务有限责任公司	内蒙古电力财务公司	内蒙古自治区	电力	地方国有企业
115	内蒙古伊泰财务有限公司	伊泰财务公司	内蒙古自治区	煤炭	集体民营企业
116	青岛港财务有限责任公司	青岛港财务公司	青岛市	交通运输	地方国有企业
117	青岛啤酒财务有限责任公司	青啤财务公司	青岛市	民生消费	地方国有企业
118	青建集团财务有限责任公司	青建财务公司	青岛市	建筑建材	集体民营企业
119	清华控股集团财务有限公司	清华控股财务公司	北京市	投资控股	中央国有企业
120	日立（中国）财务有限公司	日立财务公司	上海市	电子电器	外资企业
121	日照港集团财务有限公司	日照港财务公司	山东省	交通运输	地方国有企业
122	三房巷财务有限公司	三房巷财务公司	江苏省	石油化工	集体民营企业
123	三环集团财务有限公司	三环财务公司	湖北省	汽车	地方国有企业
124	三峡财务有限责任公司	三峡财务公司	北京市	电力	中央国有企业
125	沙钢财务有限公司	沙钢财务公司	江苏省	钢铁	集体民营企业
126	山东晨鸣集团财务有限公司	山东晨鸣财务公司	山东省	民生消费	地方国有企业
127	山东钢铁集团财务有限公司	山东钢铁财务公司	山东省	钢铁	地方国有企业
128	山东黄金集团财务有限公司	山东黄金财务公司	山东省	有色金属	地方国有企业
129	山东能源集团财务有限公司	山东能源财务公司	山东省	煤炭	地方国有企业
130	山东省商业集团财务有限公司	山东商业财务公司	山东省	商贸	地方国有企业
131	山东招金集团财务有限公司	招金财务公司	山东省	有色金属	地方国有企业
132	山东重工集团财务有限公司	山东重工财务公司	山东省	机械制造	地方国有企业
133	山西焦煤集团财务有限责任公司	焦煤财务公司	山西省	煤炭	地方国有企业
134	陕西煤业化工集团财务有限公司	陕西煤化财务公司	陕西省	煤炭	地方国有企业
135	陕西投资集团财务有限责任公司	陕西投资财务公司	陕西省	电力	地方国有企业
136	陕西延长石油财务有限公司	延长石油财务公司	陕西省	石油化工	地方国有企业
137	商飞集团财务有限责任公司	商飞财务公司	上海市	机械制造	中央国有企业
138	上海城投集团财务有限公司	上海城投财务公司	上海市	投资控股	地方国有企业
139	上海电气集团财务有限责任公司	上海电气财务公司	上海市	机械制造	地方国有企业
140	上海复星高科技集团财务有限公司	复星财务公司	上海市	投资控股	集体民营企业

续表

序号	机构名称	机构简称	地区	行业	所有制
141	上海华信国际集团财务有限责任公司	上海华信财务公司	上海市	石油化工	集体民营企业
142	上海华谊集团财务有限责任公司	华谊财务公司	上海市	石油化工	地方国有企业
143	上海浦东发展集团财务有限责任公司	浦发财务公司	上海市	投资控股	地方国有企业
144	上海汽车集团财务有限责任公司	上汽财务公司	上海市	汽车	地方国有企业
145	上海上实集团财务有限公司	上实财务公司	上海市	投资控股	地方国有企业
146	上海外高桥集团财务有限公司	外高桥财务公司	上海市	投资控股	地方国有企业
147	上海文化广播影视集团财务有限公司	上海文广影视财务公司	上海市	其他	地方国有企业
148	申能集团财务有限公司	申能财务公司	上海市	电力	地方国有企业
149	深圳华强集团财务有限公司	华强财务公司	深圳市	其他	集体民营企业
150	深圳能源财务有限公司	深圳能源财务公司	深圳市	电力	地方国有企业
151	深圳市有色金属财务有限公司	深圳有色财务公司	深圳市	有色金属	地方国有企业
152	神华财务有限公司	神华财务公司	北京市	煤炭	中央国有企业
153	首都机场集团财务有限公司	首都机场财务公司	北京市	交通运输	中央国有企业
154	首钢集团财务有限公司	首钢财务公司	北京市	钢铁	地方国有企业
155	顺丰控股集团财务有限公司	顺丰财务公司	深圳市	其他	集体民营企业
156	四川省宜宾五粮液集团财务有限公司	五粮液财务公司	四川省	民生消费	地方国有企业
157	四川长虹集团财务有限公司	长虹财务公司	四川省	电子电器	地方国有企业
158	松下电器（中国）财务有限公司	松下财务公司	上海市	电子电器	外资企业
159	苏州创元集团财务有限公司	苏州创元财务公司	江苏省	机械制造	地方国有企业
160	太钢集团财务有限公司	太钢财务公司	山西省	钢铁	地方国有企业
161	特变电工集团财务有限公司	特变电工财务公司	新疆维吾尔自治区	机械制造	集体民营企业
162	天津渤海集团财务有限责任公司	天津渤海财务公司	天津市	石油化工	地方国有企业
163	天津港财务有限公司	天津港财务公司	天津市	交通运输	地方国有企业
164	天津能源集团财务有限公司	天津能源财务公司	天津市	电力	地方国有企业
165	天津天保财务有限公司	天津天保财务公司	天津市	投资控股	地方国有企业
166	天津物产集团财务有限公司	天津物产财务公司	天津市	商贸	地方国有企业
167	天津医药集团财务有限公司	天津医药财务公司	天津市	石油化工	地方国有企业
168	天瑞集团财务有限责任公司	天瑞财务公司	河南省	建筑建材	集体民营企业
169	通用技术集团财务有限责任公司	通用财务公司	北京市	商贸	中央国有企业

续表

序号	机构名称	机构简称	地区	行业	所有制
170	铜陵有色金属集团财务有限公司	铜陵有色财务公司	安徽省	有色金属	地方国有企业
171	万向财务有限公司	万向财务公司	浙江省	汽车	集体民营企业
172	五矿集团财务有限责任公司	五矿财务公司	北京市	有色金属	中央国有企业
173	武汉钢铁集团财务有限责任公司	武钢财务公司	湖北省	钢铁	中央国有企业
174	物产中大集团财务有限公司	物产中大财务公司	浙江省	商贸	地方国有企业
175	物美商业财务有限责任公司	物美财务公司	北京市	商贸	集体民营企业
176	西部矿业集团财务有限公司	西部矿业财务公司	青海省	有色金属	地方国有企业
177	西电集团财务有限责任公司	西电财务公司	陕西省	机械制造	中央国有企业
178	西门子财务服务有限责任公司	西门子财务公司	北京市	电子电器	外资企业
179	西王集团财务有限公司	西王财务公司	山东省	农林牧渔	集体民营企业
180	厦门海翼集团财务有限公司	厦门海翼财务公司	厦门市	机械制造	地方国有企业
181	厦门翔业集团财务有限公司	厦门翔业财务公司	厦门市	交通运输	地方国有企业
182	新奥财务有限责任公司	新奥财务公司	河北省	其他	集体民营企业
183	新凤祥财务有限公司	新凤祥财务公司	山东省	投资控股	集体民营企业
184	新华联控股集团财务有限责任公司	新华联财务公司	北京市	投资控股	集体民营企业
185	新疆金风科技集团财务有限公司	金风科技财务公司	新疆维吾尔自治区	机械制造	集体民营企业
186	新希望财务有限公司	新希望财务公司	四川省	农林牧渔	集体民营企业
187	徐工集团财务有限公司	徐工财务公司	江苏省	机械制造	地方国有企业
188	兖矿集团财务有限公司	兖矿财务公司	山东省	煤炭	地方国有企业
189	阳泉煤业集团财务有限责任公司	阳煤财务公司	山西省	煤炭	地方国有企业
190	一汽财务有限公司	一汽财务公司	吉林省	汽车	中央国有企业
191	伊利财务有限公司	伊利财务公司	内蒙古自治区	农林牧渔	集体民营企业
192	亿利集团财务有限公司	亿利财务公司	北京市	农林牧渔	集体民营企业
193	营口港务集团财务有限公司	营口港财务公司	辽宁省	交通运输	地方国有企业
194	有色矿业集团财务有限公司	有色矿业财务公司	湖北省	有色金属	中央国有企业
195	粤海集团财务有限公司	粤海财务公司	广东省	投资控股	地方国有企业
196	云南建投集团财务有限公司	云南建投财务公司	云南省	建筑建材	地方国有企业
197	云南昆钢集团财务有限公司	昆钢财务公司	云南省	钢铁	地方国有企业
198	云南冶金集团财务有限公司	云南冶金财务公司	云南省	有色金属	地方国有企业

续表

序号	机构名称	机构简称	地区	行业	所有制
199	云南云天化集团财务有限公司	云天化财务公司	云南省	石油化工	地方国有企业
200	招商局集团财务有限公司	招商局财务公司	北京市	交通运输	中央国有企业
201	浙江海港集团财务有限公司	浙江海港财务公司	宁波市	交通运输	地方国有企业
202	浙江省交通投资集团财务有限责任公司	浙江交投财务公司	浙江省	交通运输	地方国有企业
203	浙江省能源集团财务有限责任公司	浙能财务公司	浙江省	电力	地方国有企业
204	振华集团财务有限责任公司	振华财务公司	贵州省	电子电器	地方国有企业
205	正泰集团财务有限公司	正泰财务公司	浙江省	电子电器	集体民营企业
206	郑州宇通集团财务有限公司	宇通财务公司	河南省	汽车	集体民营企业
207	中车财务有限公司	中车财务公司	北京市	机械制造	中央国有企业
208	中船财务有限责任公司	中船财务公司	上海市	军工	中央国有企业
209	中船重工财务有限责任公司	中船重工财务公司	北京市	军工	中央国有企业
210	中广核财务有限责任公司	中广核财务公司	深圳市	电力	中央国有企业
211	中国大唐集团财务有限公司	大唐财务公司	北京市	电力	中央国有企业
212	中国电建集团财务有限责任公司	中电建财务公司	北京市	建筑建材	中央国有企业
213	中国电力财务有限公司	中国电力财务公司	北京市	电力	中央国有企业
214	中国电信集团财务有限公司	中国电信财务公司	北京市	其他	中央国有企业
215	中国电子财务有限责任公司	中国电子财务公司	北京市	电子电器	中央国有企业
216	中国电子科技财务有限公司	中电科财务公司	北京市	军工	中央国有企业
217	中国航发集团财务有限公司	中国航发财务公司	北京市	军工	中央国有企业
218	中国航空集团财务有限责任公司	国航财务公司	北京市	交通运输	中央国有企业
219	中国航油集团财务有限公司	中航油财务公司	北京市	石油化工	中央国有企业
220	中国核工业建设集团财务有限公司	中核建财务公司	北京市	建筑建材	中央国有企业
221	中国华电集团财务有限公司	华电财务公司	北京市	电力	中央国有企业
222	中国华能财务有限责任公司	华能财务公司	北京市	电力	中央国有企业
223	中国化工财务有限公司	中国化工财务公司	北京市	石油化工	中央国有企业
224	中国黄金集团财务有限公司	中国黄金财务公司	北京市	有色金属	中央国有企业
225	中国建材集团财务有限公司	建筑建材	北京市	建筑建材	中央国有企业
226	中国南航集团财务有限公司	南航财务公司	广东省	交通运输	中央国有企业
227	中国能源建设集团财务有限公司	中国能建财务公司	湖北省	建筑建材	中央国有企业
228	中国平煤神马集团财务有限责任公司	平煤神马财务公司	河南省	煤炭	地方国有企业

续表

序号	机构名称	机构简称	地区	行业	所有制
229	中国石化财务有限责任公司	中石化财务公司	北京市	石油化工	中央国有企业
230	中国铁建财务有限公司	中铁建财务公司	北京市	建筑建材	中央国有企业
231	中国铁路财务有限责任公司	中国铁路财务公司	北京市	交通运输	中央国有企业
232	中国一拖集团财务有限责任公司	一拖财务公司	河南省	机械制造	地方国有企业
233	中国移动通信集团财务有限公司	中移动财务公司	北京市	其他	中央国有企业
234	中国重汽财务有限公司	重汽财务公司	山东省	汽车	地方国有企业
235	中海石油财务有限责任公司	中海油财务公司	北京市	石油化工	中央国有企业
236	中航工业集团财务有限责任公司	中航工业财务公司	北京市	军工	中央国有企业
237	中核财务有限责任公司	中核财务公司	北京市	军工	中央国有企业
238	中化工程集团财务有限公司	中化工程财务公司	北京市	建筑建材	中央国有企业
239	中化集团财务有限责任公司	中化财务公司	北京市	石油化工	中央国有企业
240	中集集团财务有限公司	中集财务公司	深圳市	机械制造	集体民营企业
241	中建财务有限公司	中建财务公司	北京市	建筑建材	中央国有企业
242	中交财务有限公司	中交财务公司	北京市	建筑建材	中央国有企业
243	中节能财务有限公司	中节能财务公司	北京市	其他	中央国有企业
244	中开财务有限公司	中开财务公司	深圳市	交通运输	地方国有企业
245	中联重科集团财务有限公司	中联重科财务公司	湖南省	机械制造	地方国有企业
246	中粮财务有限责任公司	中粮财务公司	北京市	农林牧渔	中央国有企业
247	中铝财务有限责任公司	中铝财务公司	北京市	有色金属	中央国有企业
248	中煤财务有限责任公司	中煤财务公司	北京市	煤炭	中央国有企业
249	中铁财务有限责任公司	中铁财务公司	北京市	建筑建材	中央国有企业
250	中信财务有限公司	中信财务公司	北京市	投资控股	中央国有企业
251	中兴通讯集团财务有限公司	中兴财务公司	深圳市	电子电器	集体民营企业
252	中冶集团财务有限公司	中冶财务公司	北京市	建筑建材	中央国有企业
253	中油财务有限责任公司	中油财务公司	北京市	石油化工	中央国有企业
254	中远海运集团财务有限责任公司	中远海运财务公司	上海市	交通运输	中央国有企业
255	忠旺集团财务有限公司	忠旺财务公司	大连市	有色金属	集体民营企业
256	珠海格力集团财务有限责任公司	格力财务公司	广东省	电子电器	地方国有企业
257	珠海华发集团财务有限公司	华发财务公司	广东省	投资控股	地方国有企业
258	紫金矿业集团财务有限公司	紫金矿业财务公司	福建省	有色金属	地方国有企业

后　记

2019 年，是新中国成立 70 周年，是全面建成小康社会、实现第一个百年奋斗目标的关键之年，三大攻坚战取得关键进展，供给侧结构性改革继续深化。企业集团财务公司坚守“服务集团”的基本定位，不断深化金融服务，继续强化风险管控，进一步服务实体经济，为集团践行国家战略、优化产业结构提供了有力支持。2020 年是中国财务公司协会（以下简称“中国财协”）联合中国社会科学院财经战略研究院第五次组织撰写《中国企业集团财务公司行业发展报告》（以下简称“报告”）。报告运用大量数据和案例生动、翔实地展示了 2019 年财务公司行业发展运行情况，客观描述了中国企业集团财务公司在发展过程中面临的机遇和挑战。

报告得到了中国银保监会及中国财协领导的关心和指导，得到了各会员单位的支持和帮助。各会员单位积极反馈调查问卷和案例，为报告提供了翔实的数据和丰富的案例；社会科学文献出版社对报告的出版给予了大力帮助。在此一并表示衷心感谢！

报告由中国财协、中国社会科学院财经战略研究院、中海石油财务有限责任公司、国投财务有限公司、航天科技财务有限责任公司、南山集团财务有限公司、清华控股集团财务有限公司、神华财务有限公司、中国电子科技财务有限公司、中国石化财务有限责任公司、中核财务有限责任公司、中化工程财务有限公司、中油财务有限责任公司等机构共同撰写。

报告各篇章的写作分工如下：第一、二章由中国社会科学院郑联盛、王朝阳、白云凯、魏雨桐、史晓琳等共同撰写；第三章由中油财务有限责任公司王文忠、梁潇撰写；第四章由中国财协陈达整理；第五章由中国财协尚丽丽撰写；第六章由国投财务有限公司乔薇撰写；第七章由清华控股集团财务有限公司张文撰写；第八章由中国石化财务有限责任公司杨睿撰写；第九章由中国电子科技财务有限公司吕煌撰写；第十章由国投财务有限公司乔薇撰写；第十一章由南山集团财务有限公司高玉臣撰写；第十二、十三章由中化工程财务有限公司蒋燕撰写；第十四章由中核财务有限责任公司张剑撰写；第十五、十六章由中海石油财务有限责任公司汪恒撰写；第十七章由航天科技财务有限责任公司王晓莉撰写；第十八、十九章由神华财务有限公司王颖撰写；

专题一由中国财协朱静撰写；专题二由中海石油财务有限责任公司汪恒撰写；专题三由中核财务有限责任公司张剑撰写。

中国社会科学院郑联盛、王朝阳和中海石油财务有限责任公司汪恒负责报告的统稿工作；社会科学文献出版社史晓琳等负责报告的编辑校对工作；中国财协李清军、陈达、陶亮、朱静承担了报告的修改完善工作，尚丽丽承担了报告的数据统计和复核、问卷和案例整理及组织协调工作，孙现梅、刘姜琛协助开展了问卷回收工作，钟舒婷承担了报告英文目录及各篇摘要的翻译工作。

虽然已经是第五次编写，但由于自身水平有限，不足之处在所难免，恳请广大读者批评指正。

编写组

2020 年 7 月

图书在版编目(CIP)数据

中国企业集团财务公司行业发展报告. 2020 / 中国财务公司协会, 中国社会科学院财经战略研究院编著. -- 北京：社会科学文献出版社，2020. 10
ISBN 978-7-5201-7107-6

Ⅰ. ①中… Ⅱ. ①中… ②中… Ⅲ. ①企业集团－金融公司－经济发展－研究报告－中国－2020 Ⅳ. ①F279.244

中国版本图书馆CIP数据核字（2020）第152032号

中国企业集团财务公司行业发展报告（2020）

编　　著 / 中国财务公司协会
中国社会科学院财经战略研究院

出 版 人 / 谢寿光
责任编辑 / 史晓琳

出　　版 / 社会科学文献出版社·国际出版分社（010）59367142
地址：北京市北三环中路甲29号院华龙大厦　邮编：100029
网址：www.ssap.com.cn
发　　行 / 市场营销中心（010）59367081　59367083
印　　装 / 三河市东方印刷有限公司

规　　格 / 开　本：889mm×1194mm　1/16
印　张：22.25　字　数：428千字
版　　次 / 2020年10月第1版　2020年10月第1次印刷
书　　号 / ISBN 978-7-5201-7107-6
定　　价 / 148.00元